知识生产的原创基地
BASE FOR ORIGINAL CREATIVE CONTENT

颉腾文化
JIE TENG CULTURE

职场通识系列

有效交际

人际关系的奥秘

（原书第15版）

[美] 约瑟夫 · A. 德维托（Joseph A. DeVito）/ 著
张郝莉 余建平 / 译

THE INTERPERSONAL
COMMUNICATION BOOK
15th Edition

西苑出版社
XIYUAN PUBLISHING HOUSE
· 北京 ·

图书在版编目（CIP）数据

有效交际：人际关系的奥秘：原书第15版 /（美）约瑟夫·A. 德维托著；余建平，张郝莉译．-- 北京：西苑出版社，2022.6

ISBN 978-7-5151-0844-5

Ⅰ. ①有… Ⅱ. ①约… ②余… ③张… Ⅲ. ①人际关系－通俗读物 Ⅳ. ① C912.11-49

中国版本图书馆 CIP 数据核字（2022）第 090813 号

著作权合同登记号　图字：01-2022-2541 号

有效交际：人际关系的奥秘

YOUXIAO JIAOJI: RENJI GUANXI DE AOMI

责任编辑：樊　颖
特约编辑：程天祥
装帧设计：王建敏
责任印制：陈爱华
出版发行：西苑出版社 XIYUAN PUBLISHING HOUSE
地　　址：北京市朝阳区和平街 11 区 37 号楼　　邮政编码：100013
电　　话：010-88636419
印　　刷：北京市荣盛彩色印刷有限公司
开　　本：787 mm × 1020 mm　1/16
字　　数：442 千字
印　　张：22.25
版　　次：2022 年 7 月第 1 版
印　　次：2022 年 7 月第 1 次印刷
书　　号：ISBN 978-7-5151-0844-5
定　　价：99.00 元

（图书如有缺漏页、错页、残破等质量问题，请与出版社联系）

The Translator's Words | 译者序

每次译完一本书，心里总是五味杂陈，当然觉得很高兴，就像孕育了一个新生命，但更多的是忐忑不安，这个新生命能否获得持久的生命力呢？

拿我的亲身经历来讲，我每次读到一本从外文翻译过来的书，总感觉有些句子需要读好几遍才能明白其中的含义，更有些句子简直就是佶屈聱牙。起初我以为是自己的理解能力有问题，后来发现其实大多是翻译不当的原因。主要有两个原因：第一，有些句子过度直译，让人不知所云；第二，有些句子符合汉语的表达方式，但是翻译过来的意义却与原文有一定差距。

在翻译《有效交际：人际关系的奥秘》的过程中，我和张郝莉老师对译文反复斟酌，有些译文是经过几次修改才定稿的。英文书名 *The Interpersonal Communication Book* 的翻译就经过了几轮的讨论，考虑到全书的主要内容和人际交流的目的是搞好人际关系，本书的译名才最终确立下来。我们这样做的目的就是想让读者能够有一个良好的阅读体验，同时，读者不仅能够学会在工作和社会关系中如何与人交流，也能够在阅读的过程中体会到行文的韵律。

翻译本来就是一件十分艰苦的事情。清末翻译家严复在翻译《天演论》时，为了说明翻译的艰难，曾在“译例言”中指出：“译事三难：信、达、雅。求其信已大难矣。”要让译文忠实于原文，表达流畅，语言优雅确实不易，而要做到忠实、流畅和优雅这三全其美，更是难上加难。但是考虑到《有效交际》的读者，他们想要通过阅读此书来提高自己与人沟通的能力，我们在翻译过程中尽量在忠实于原文的基础上，保持语言表达的流畅，词汇和句法结构的选择尽量符合中国人的语言表达方式，满足中国人的阅读习惯，当然，也会偶尔引进英文的表达方式，或有耳目一新之效。

本书的作者在前言中开门见山，认为一本书能够出到第 15 版，对任何作者都是至高无上的荣耀。对于我们译者来说，又何尝不是如此呢？由于此前的许多版本都有了中文译本，因此，我们在翻译本版时，可以说是诚惶诚恐，小心翼翼。我们翻译此书可以说是站在前人的肩膀上。我们的做法是先自己独立完成本书的翻译，然后再去阅读参考前人的翻译，比较前人译文的优劣，最终做出合理的选择。

《有效交际》第 15 版及时更新了相关内容并做出相应的调整，保持了内容的前卫新颖，能够反映该领域中的最新进展。作者是人际关系方面的专家，故本书内容可以说是十分翔实，深度讨论了人际交流的方方面面，既有理论与研究的融合，还有理论与实际的结合，语言清晰易懂，实例生动有趣。例如，在解释不同信息的抽象程度时，作者以“娱乐”一词为例，建立了六级的抽象程度等级，从抽象的“娱乐”“电影”，到“美国电影”“经典美国电影”“经典美国西部电影”，最后到最为具体的《原野奇侠》这部美国电影。在这个实例中，“娱乐”这个词的抽象程度最高，而《原野奇侠》的抽象程度最低。换句话说，《原野奇侠》指称最为明确，信息最为具体，在交流过程中产生误解的可能性也就最小。

在阅读完本书之后，你至少能够从以下三个方面获得巨大的收获：

首先，你可以在不同的人际交流场合下，确认以及解释你做出某种交际选择的理由。例如，根据交际中的“关系原则”（relation maxim)，你只能谈论和主题有关的信息。当你正在谈论帕特和克里斯，但是与此同时，你又说“钱是导致关系破裂的罪魁祸首”。那么根据关系原则，别人就会认为，你的评论和帕特与克里斯有关。在这个例子中，如果“钱是导致关系破裂的罪魁祸首”这句话和帕特与克里斯毫无关联，你就不应当说出这句话，以免让人产生误解。

其次，你还能够解释你所做选择背后的理论和研究依据。例如，你在和朋友聊天时，可能会谈及你们共同的朋友或者是共有的经历。但是如果你跟一个陌生人聊天，你可能就会省略这些信息，或者做一番解释。你为什么会这么做呢？读完这本书，你就会明白你做出如此选择的原因是你遵循了“方式原则”（manner maxim)。也就是说，你说话要清楚，避免模棱两可，把自己的思维按照一定的顺序表达出来。根据方式原则，你说话时要使用听众能够明白的词汇。如果你认为听众可能不明白，便要做出澄清。在和孩子们谈话时要使用简单的词汇。与此相同，根据你和听话人所共享的信息，要不断调整你的说话方式。

最后，本书还能告诉你一些交际技能，让你根据自己的选择进行有效的交际。例如，在“打断别人说话”这个小节中，作者提供了这样一个情境：你小组的一个成员不断地打断你。只要你想做出解释，这个人就会打断你并改变话题，以此干扰你的思路。你想找个办法解决这个问题，那么，在交流过程当中你应当做什么来阻止别人打断你？作者会提供几个选择，你可以根据自己的情况做出合理的选择。

a. 告诉对方，打断别人谈话没有任何意义。

b. 忽略别人的插话，你继续讲下去。

c. 私下或者是在会议上批评打断你的人。

d. 下一次某人打断你的时候，解释一下打断别人会产生什么样的问题。

e. 其他

《有效交际》第 15 版在排版和形式上都较前几版有所突破，令人耳目一新。内容方面的安排则是，第 1 章介绍人际交流的原则和要素，厘清了许多概念；第 2 章涉及文化的本质以及文化差异对人际交流的影响；第 3 章解释了自我、感知的不同阶段、印象的形成和管理等基本概念；第 4 章讨论了语言信息、肯定和熟视无睹以及语言信息的有效性；第 5 章讲述了非语言交际的原则，列举了 10 种不同的交流渠道以及编码和解码的非语言能力；第 6 章讲述倾听的阶段和方式，以及倾听的文化和性别差异；第 7 章讲述了情感交流的原则、情感交流的障碍和情感交流的能力；第 8 章讲述了交谈的原则、自我表露以及日常交谈；第 9 章讨论了人际关系的各个阶段及个中的交流，并解释了使人际关系改善和恶化的一些理论；第 10 章讨论了友谊、爱情、家庭和工作关系，以及这些关系的两个阴暗面：妒忌和暴力；第 11 章介绍了冲突的本质、原则以及冲突管理的策略；最后一章讨论了权力和影响的原则，关系中的权力、个人权力、信息权力以及权力的滥用（性骚扰、霸凌和强权行为）。如果你想掌握每一章的具体内容，提升自己，就请尽快开启你人际关系的知识之旅吧！

余建平

2021 年 11 月 8 日重订

前言 | Preface

欢迎阅读《有效交际》第 15 版。

一本书能够出版到第 15 版，对任何作者来说都是至高无上的荣耀。每一次修订《有效交际》，我都会及时更新本书的内容并做出相应的调整，使之保持前卫新颖，反映该领域的最新进展。我尽量使当代的读者感到本书清晰易懂、生动有趣，与他们的生活息息相关。

与前几版一样，第 15 版深度讨论了人际交流的方方面面，不仅有理论与研究的融合，还有理论与实际的结合。本书的哲学理念还是选择。选择是人际交流的核心概念，也是我们生活的核心概念。作为说话者和倾听者，在人际交流的每个阶段，你都会面临不同的选择：你应当说什么？你应当什么时候说？你应当如何表达？你应当通过何种渠道表达？此类选择不一而足。从很大程度上来讲，你的选择能够决定你所说的信息是否有效，同时也能影响你与别人的关系。

阅读本书可谓一举三得：

1. 在不同的人际交流情境中，确认以及解释你所做的选择。

2. 解释你所做选择背后的理论和研究依据，这样你就可以确认你的选择，并从中选择合乎逻辑的、合理且有效的交际方式。

3. 告诉你一些技能，让你能够根据自己的选择进行有效的交际。

第 15 版的更新

下面择要提示本书各章内容，并举例说明第 15 版的修订之处。

- 第 2 章，文化与人际交流。本章涉及文化的本质以及主要文化差异对人际交流的影响，还提出了能让我们在跨文化交流中更为有效的建议。这一章澄清了民族认同感的概念，涵盖了文化与交流、文化多样性与交流等内容。
- 第 3 章，对自我和他人的感知。本章解释了自我、感知的不同阶段、印象的形成和管理等基本概念。本版新增了一节来解释如何提高感知的准确度。

- 第 4 章，语言信息。本章讨论了语言信息、肯定和熟视无睹以及语言信息的有效性。本章的结构做了重新修订，现包括三节。对文化的外显增加了一些新的内容。
- 第 5 章，非语言信息。本章讲述了非语言交际的原则，10 种交流渠道或方式，以及编码和解码的非语言能力。本章的新增内容包括学习非语言交流的好处，以及非语言信息的威力。
- 第 6 章，倾听。本章讲述倾听的阶段和方式，以及倾听的文化和性别差异。本章的新增内容包括批判式倾听、倾听方式的定义修订和概念重构、有关共情的综合说明，以及有关礼貌的强化部分。
- 第 7 章，情感信息。本章讲述了情感交流的原则、情感交流的障碍和情感交流的能力。本章的新增内容包括如何表达情感、有关“情绪劳动”的讨论，以及如何使情感快乐。
- 第 8 章，交谈信息。本章讲述了交谈的原则、自我表露以及日常交谈。本章的新增内容是如何请人帮忙，还讨论了交谈过程在长度上如何缩减。
- 第 9 章，人际关系的阶段、人际交流和人际关系理论。本章讨论了人际关系的各个阶段，人际关系各阶段中的交流，并解释了使人际关系改善和恶化的一些理论。本章的新增内容包括内容结构的改变，把“人际交流”直接放在了“人际关系各阶段”之后；在谈论社会渗透时，把社会渗透与密切关系的讨论放在了一起，而没有把社会渗透这部分内容与理论放在一起。
- 第 10 章，人际关系类型。本章讨论了友谊、爱情、家庭和工作关系，以及这些关系的阴暗面：妒忌和暴力。本章的叙述更为紧凑，更为新颖。
- 第 11 章，人际冲突及冲突管理。本章介绍了冲突的本质和原则以及冲突管理的策略。本章的新增内容包括冲突原则的重构（关系冲突原则以及冲突可能以任何形式出现这些内容现在都并入冲突问题中），除此之外，我还重写了冲突管理这一节，并以多级过程的方式呈现。
- 第 12 章，人际权力和影响。本章讨论了权力和影响的原则，关系中的权力、个人权力、信息权力以及权力的滥用（性骚扰、霸凌和强权行为）。本章的新增内容是亲社会交流，它同时也是本章和本书的结尾。

本书特色

本书体系完整，给读者提供机会学习人际交流中的理论与研究成果，以期获得人际交往过程中的必备技能。

人际关系抉择时刻和视野

人际关系抉择时刻简明扼要地设置某些情境，让读者做出自己的选择，以把章节中所学内容运用于不同的具体场合。这个专栏设置的目的就是让读者把书中所学理论与研究成果运用到现实生活中去。读者可以在页边栏找到它们。

视野是以图片加注文的形式呈现的，它要求你在人际交流的过程中考虑不同的因素，其目的就是帮助读者从自己的角度深度探究本章所讨论的重要人际交流问题。

理论与实践的完美结合

本书融入了过去五年的最新研究成果，同时也认识到技能发展的重要性，因此对人际交流技能的掌握也给予了相当多的关注，但是所有的技能都以本书中所讨论的理论和研究为基础。前一版了解人际交流理论和研究中的表格都转换成了叙述文本，这样内容更加清楚明了，章节之间的连贯性也更强。

与理论和研究一样，我在这本书中花了大量的篇幅讨论人际交流技能。除此之外，每章中还包括一个"人际关系技巧"专栏，重点强调了人际交流技能的重要性：小心谨慎、文化敏感、他人导向、外向开放、元交际、灵活应变、能说会道、设身处地、支持平等和互动管理。

文化与人际交流

随着我们的文化和人际交际知识的增长，本书对文化的讨论也相应增加。本书强调了文化对人际交流中方方面面的影响。

本书中我花了一整章的篇幅来讨论文化（第 2 章，文化与人际交流），并以此作为了解人际交流概念的基础。第 2 章讨论了文化与人际交流的关系、文化差异、如何有效进行人际交流的策略。除了第 2 章，本书其他章节也对文化有一些重要的讨论：

- 情境中的文化维度，互补和对等人际关系中的文化，调整原则中的文化以及伦理问题中的文化（第 1 章）。
- 自我概念，准确感知，内在的性格理论，自我偏见，自私的偏见和不确定性（第 3 章）。
- 倾听、文化和性别（第 4 章）。
- 礼貌、直接、自信中的文化和性别差异，以及文化身份、性别歧视、同性恋歧视、种族歧视和年龄歧视（第 5 章）。

- 文化与肢体语言，面部表情，眼神交流，颜色，触摸，元语言，沉默与时间（第 6 章）。
- 文化对情感的影响，文化风俗对情感交流造成的障碍（第 7 章）。
- 会话原则，文化和性别，文化与表达，文化对自我表露的影响（第 8 章）。
- 文化对人际关系的影响以及人际关系的各个方面（第 9 章）。
- 友谊与爱情中的文化差异，文化与家庭（第 10 章）。
- 文化对冲突和冲突管理的影响（第 11 章）。
- 权力的文化维度（第 12 章）。

礼貌

在整本书中我一直都强调人际交流中要讲礼貌，同时，礼貌也是有效互动的主要特征。本书中有关礼貌的讨论如下：

- 礼貌策略能够增强你的魅力（第 3 章）。
- 信息礼貌（第 4 章）。
- 礼貌倾听（第 6 章）。
- 交谈中的礼貌（第 8 章）。
- 关系中的礼貌理论（第 9 章）。
- 冲突管理中的礼貌（第 11 章）。

社交媒体

社交媒体的方式与方法贯穿于本书。例如，随着社交媒体变得越来越重要，人际交往中的匿名原则就成了我们应当遵守的基本原则。我在本书中一直强调，无处不在的电话和短信彻底地改变了人际交流。与此相同，在这个由社交媒体主宰的社会中，约会、和家人与朋友保持联系、结交朋友、卷入冲突越来越受到人们的重视。

致谢

很多专家仔细地审阅了本书，由于这些专家的评论，本书才能以全新的面貌出现在大家眼前，我在此一并表示感谢。其中我需要特别感谢的是：

Cynthia Langham，底特律大学

Gretchen Arthur，Lansing 社区学院

Karl Babij，DeSales 大学

Martin Mehl，加利福尼亚理工州立大学

Ellie Leonhardt，Rogue 社区学院

Rachel Reznik，Elmhurst 学院

Stacie Williams，波特兰社区学院

Diane Ferrero-Paluzzi，Iona 学院

此外，我还要感谢在培生工作的各位朋友，他们为本书的出版做出了巨大的贡献，没有他们的努力，本书不可能如此精彩，没有他们的努力，我可能就要付出更多的努力。

约瑟夫 · A. 德维托

Contents | 目录

第三部分　人际关系

① 原书参考文献由于体量较大，未便在纸书上呈现，有需要的读者可从“颉腾文化”微信公众号下载使用。——出版者注。

人际交流概要

1 第一部分

第 1 章

人际交流基础

有效且令人满意的人际交流离不开坚实的知识和技能基础。一定要为自己的交流建立真正牢固的基础。

本章介绍人际交流的学习，分析人际交流之所以重要的原因，探讨这一独特交流形式的基本要素，并描述其主要原则。

学习人际交流的益处

在本章开篇，我们很自然地会问这样的问题："从这本书中我能学到什么？""我为什么要学习人际交流？"对这些问题现在可以给出一个明确的答案：人际交流极为重要，它是人类生存的主要组成部分，是每一个受教育者都需要了解的。正如你需要了解历史、科学、地理和数学一样，你也需要了解人们如何交往（即人们相互之间如何交流），了解人们如何形成各种关系，包括面对面的关系和网络关系。从一个更实用的层面而言，你将学会一些技能，使你个人和职业生涯都受益匪浅。

为个人带来的益处

人际交流是否有效很大程度上能决定人生的成败。良好的人际交流可以使亲密的朋友关系和浪漫的恋爱关系得以发展、保持。当然，不良的人际交流也会对这些关系造成破坏。同样，家庭关系是否良好也在很大程度上取决于家庭成员间的人际交流情况。例如，对 1001 名 18 岁以上的受访者进行调查发现，53% 的人感觉婚姻失败的主要原因是缺乏有效沟通，大大高于把失败原因归于金钱（38%）和姻亲矛盾（14%）的人数比例。

同样，能否与邻居、熟人和每天见面的人愉快交往，也要看你是否具备某些能力，可以使你参与到令人满意的对话中去——这些对话常常让人感觉舒适而愉快。

为职业生涯带来的益处

人们普遍认为，人际交流的能力对于职场成功极为重要。从大学时代的第一次招聘会面试到实习，再到参与并主导会议，你的人际交流技能水平的高低将在很大程度上决定你成功与否。

雇主都想聘用具备口头及书面交流技能的毕业生。人际交流技能甚至被认为比口头及书面交流技能还要重要，因为雇主认为后者可以在工作中学习。例如，有一项研究发现，在所列出的对做出聘用决定"非常重要"的 23 项品质中，"交流及人际关系技巧"名列榜首，高达 89% 的招聘人员特别提到这一条。这一比例远远高于看重"核心课程的内容"（34%）和看重"招聘工作投资整体价值"（33%）的人数比例。人际关系技巧能为金融人士带来明显优势，能在预防工作的激烈冲突中发挥重要作用，能减少医疗事故并改善医患关系，而且是确定医生和实习生职业能力的六项内容之一，还有助于保持工作场所多元化、促进团队多样化及保持员工士气。在一项调查中，雇主被问及大学教育应该重视什么，89% 的受访者认为“口头及书面有效交流能力”是最重要的。在同一项调查中，当被问及大学生如何才能成功时，绝大部分雇主（84%）认为是具备“交流技能”。在另一项有关女性和领导能力的调查中，交往的能力和建立关系的能力——人际交流的两大要点——在高层领导所示例的若干能力中凸显而出。人际交流技能的重要性可贯穿职业范畴的各个层面。

显而易见，人际交流技能对个人和职业都非常重要，而了解人际交流的理论及相关研究与掌握该技能密切相关。你对人际交流了解越充分，你就越容易洞察并知道什么有效、什么无用。你在交流策略中储备的技巧越多，你就越容易具备在任何条件下选择如何交流的能力。换言之，你能掌控的知识和交流选择越多，你就越有可能达成交流目标。因此，你可以这么理解：本书的目标就是扩大人际交流选择范围。与阅读本书前你所具备的选择数量相比，本书将为你提供更多的选择，从而提升交流效率。

如何选择是非常重要的，毕竟，在任何情境中，你的人际信息和人际关系都是你选择的结果，因此，我设置了人际关系抉择时刻的专栏。抉择时刻就是你需要做出有关人际交流的选择和决定的那一刻，例如，与谁交流、该说什么、不该说什么、如何措辞、在网络平台不想张贴什么照片，等等。这些涉及选择的问题，有的简单有的很难，而难度的变化反映了现实生活中人际交流的情况；把你的意思和感受解释清楚有时候很容易，而有时候又很困难。让我们首先看一下难易程度，然后再看抉择时刻。

考虑以下情景，并将其由易至难进行排序。

1. 在招聘会上给招聘人员留下好印象。
2. 在脸书（Facebook）上请求工作主管加为好友。
3. 因为已经不再爱对方而结束一段两年的恋爱关系。
4. 回应别人对你的穿着的夸赞。
5. 通过电话与已失联很久的朋友联系。
6. 在课堂上表达自己对于宗教的观点，而你的观点与其他所有同学都不一样。
7. 与三四位同性朋友一起看电影时哭泣。
8. 请一位亲戚帮你撒谎，这样你就不必参加某次家庭聚会了。
9. 在一群文化与你迥异的人面前做自我介绍。
10. 请求上司延长你的报告提交时间。

11. 与在电梯里遇到的陌生人闲聊。

12. 与一个你在网络上有过深入交流的人线下见面。

对这些从易到难排列的人际互动行为加以反思，将有助于确定你在做各种交往选择时，哪些技能是需要学习或加强的。

人际关系抉择时刻

形象的传达

设计本专栏是为了帮助你将书本知识用于实际生活场景。首先，考虑一下你能做出的选择，然后做一个交流决定。在每一个抉择时刻，尽可能具体地判断你所能做出的选择的优缺点。在所有能做出的选择中，问一问自己，哪一种回应对你来说最可能有用。

你新修了一门人际关系课，你希望你的同学们能喜欢你。你如何表现才能让自己招人喜爱，让别人认为你平易可亲？哪些是你认为一定不能做的？

a. 微笑并进行目光交流。

b. 常常夸奖他人，即便没有什么原因。

c. 穿着上比普通学生高一个层次。

d. 在课堂上发言，积极地提问和回答问题。

e. 其他。

人际交流的要素

人际交流（interpersonal communication）指的是两个（或两个以上）独立人之间进行的语言或非语言交流。这一比较简单的定义包含了我们在本节将讨论的各种要素。不过，还是让我们先来看一下有关人际交流的谬解，这些错误观点会阻碍我们对它的理解和掌握。

对下列说法标记正误。

1. 是否善于交流是天生的，不是后天培养的。
2. 交流得越多，你的交流能力就会越强。
3. 人际交流需遵循一个原则，即尽可能坦诚，尽可能理解和支持他人。
4. 与不同文化的人交流时，最好忽略差异，像对待相同文化的人那样去对待他们。
5. 怕见生人是有害处的，因此必须消除这种恐惧。
6. 一旦有冲突，人际关系就会陷入麻烦。

也许你已经意识到，以上六个说法基本上都是错误的。在阅读本书的过程中，你不仅能找到这些观点错误的原因，而且能了解你的错误判断会给你带来什么样的麻烦。现在简单解释以上说法错在哪里。

1. 有效交流的能力是可以后天习得的。虽然有人天生聪明些或外向些，但是每个人都可以提高自身能力，提升交流的有效性。
2. 重要的不是交流的量而是交流的质。如果交流过程中养成了坏习惯，那么交流效果只会下降而不会提升，因此，了解并遵照有效原则去做是非常重要的。
3. 每一个交流情境都是独一无二的，因此，适用于这一情境的交流模式未必适用于另一情境。
4. 如果你这么认为，那么很有可能你将麻烦不断，因为不同文化的人对同一信息会有不同的理解，在人际交往过程中，不同文化的成员对合适与否的判断也会遵循不同的原则。
5. 许多人在与陌生人见面时都会紧张，尤其这个陌生人有权有势。控制恐惧，而非消除恐惧，那么无论你当时有多害怕，都能进行有效交流。
6. 一切有意义的交往都会有冲突。有冲突并不表示关系出现了问题，不过，不能有效地应对冲突常常会损害人际关系。

图 1-1 所示的模型反映了人际关系的循环特性。信息由交流双方同时发出，而不是有先有后地以线性方式从第一个人到第二个人，再到第一个人，再到第二个人这样持续进行。

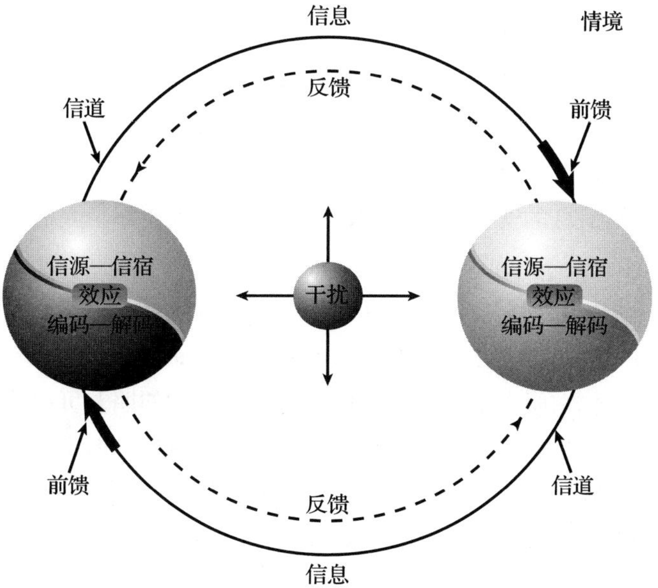

图 1-1　人际交流模型

阅读了上文关于人际交流要素的内容之后，也许你可以尝试建构自己的交流过程模型。在建模过程中，千万不能把人际交流想象成是线性的或仅仅是从左到右的静态过程。一定要记住，所有要素都是相互关联、相互依赖的。完成建模后可以思考一下：（1）你的模型能否适用于自我沟通模式（即自己与自己的沟通）？该模型是否在面对面交流和网络交流中都适用？（2）除了这里已经列出的要素，还可以在此模型中加入哪些元素或概念？

视野：人际关系比喻

比喻是将两个不同事物加以对比的修辞手法，它可以很好地帮助我们从不同角度理解人际交流。不同的比喻能让我们从不同的视角看待人际交流，也突出了人际沟通过程中的不同方面。

你会如何用比喻的方式来解释人际关系呢？把它比喻成跷跷板、一种球类运动、电视情景剧、摇摇椅、天气、一部戏剧、一本好书，还是一场拔河比赛？

模型中所显示的和此处所讨论的每一个概念都可视为具备人际交流的普遍性，因为它们存在于所有人际交流中：（1）信源—信宿（source-receiver）（包括能力、编码—解码、转码）；（2）信息（以及反馈和前馈这两类元信息）；（3）信道；（4）干扰；（5）情境；（6）效应；（7）伦理，这是在所有人际关系因素中最值得思考的因素（虽然未在图中标明）。

信源—信宿

人际交流至少发生在两个人之间，而每个人既是信源（构想并发送信息）也是信宿（感知并理解信息）。信源—信宿这一名称强调的就是在人际交流中，每个人都发送并接收信息。当然，这并不表示每个人在发送或接收信息时是处于同等地位的。你平时一定也注意到了，有些人是（或基本是）诉说者而有些人则是（或基本是）倾听者。有些人总是滔滔不绝地谈论自己，而有些人则更多地相互交换意见。有研究认为推特（Twitter）用户主要分这样两类：

- 交流信息者。既分享信息也对他人做出回应，占比约20%。
- 自我信息者。基本只诉说自己的事，占比约80%。

你是谁、你知道什么、你相信什么、你重视什么、你想要什么、别人告诉了你什么、你的态度是什么，所有这些都会影响你说话的内容和方式，也会影响你接收信息的内容和方式。同样，你说话的对象是谁以及你认为该对象知道些什么，这些也会极大影响你俩之间信息的交流。每个人都是独特的，因而每个人的交流也是独特的。

再进一步，我们需要明白，即便人际交流发生在两个亲密的朋友间，但一般而言还存在可被称为远程受众（remote audience）的人。例如，你在脸书上更新了你的状态，以便你的朋友可以看到，他们是你的目标受众，也就是你信息的发送对象。但是，有可能（甚至可能性还挺大）你未来的老板或其他人通过你的目标受众也能看到这些信息，这些人就是你的远程受众。这一点对于我们实际交流具有很重要的含义：我们必须知道存在目标受众和远程受众这两类人群，并且二者之间的界限日益模糊。

人际交流能力

人际交流能力（interpersonal competence）即你作为信息发送者和信息接收者与他人进行有效交流的能力。举例来说，这些能力包括：在特定的情境中，面对某个特定的对象，你应该知道哪个话题是合适的，哪个是不合适的；你应该了解非语言行为的规则，如身体碰触的适当部位、说话声音的大小、身体亲密度等，这些都是人际交流能力的一部分。简言之，人际交流能力指的是知道如何根据交流情境、交流对象以及其他因素调整交流方式。

学习怎样提高交流能力跟学习如何使用刀叉是一样的——你可以观察他人，可以遵从明确的指导，也可以通过试错的方式。不过有些人比其他人学习得更好些，这些人往往是那些在谈话中会让你感觉有趣并舒服的人。他们似乎就是知道该说什么、如何说以及什么时候说。

人际交流能力强对大学学业和职场成功都有积极的影响。大学生活和职业生涯中处处需要较强的人际交流能力，例如，与其他同学、老师或同事沟通，提出和回答问题，提供信息或表达观点等，因此二者间有这样的关联并不意外。人际交流能力强还能使你在交友、爱情、家庭和工作中发展并保持各类有意义的关系；反过来，由于有这样的关系，那些具备较强人际交流能力的人表现出的焦虑、沮丧和孤独感都相对较低。

编码—解码

编码（encoding）指的是发出信息的行为，如说或写。解码（decoding）则正好相反，指的是理解信息的行为，如听或读。把想法通过声波（说话）或光波（书写）发送，就是把这些想法编成了代码，故而称为编码。而把声波或光波转成想法的过程就是把这些代码解读出来的过程，所以称为解码。因此，说话者和书写者被称为编码者，而听众和读者则被称为解码者。编码—解码这一提法强调的是每个对话参与者都共同发出这些行为。开展人际交流，必须将信息加以编码和解码。例如，爸爸或妈妈在对孩子说话时，如果孩子眼睛闭着，戴着耳机，人际交流则无法进行，因为孩子无法接收到信息。

转码

严格意义上说，转码（code-switching）指的是在对话中，通常在同一个句子里，使用不止一种语言。比如，一个以西班牙语为母语的人可能在一个大部分用英语表达的句子中插入一个西班牙名称或词语。然而，转码更多情况下指的是根据情境的不同而使用不同的语言表达方式。比如，与孩子说话跟与成人说话是不一样的，你会谈论不同的话题，使用不同的语言表达方式。同样，发短信或发推特时，你会使用许多简写和缩写这样的网络特别语言，而这些语言在写学期论文或者参加面试时是绝对不会使用的。

转码的能力至少有两个非常重要的作用。首先，这样的能力可以确定你归属于某个群体，而不是外人。它是使你与该群体紧密结合的一种方式。其次，转码能力可以使你更清楚地表达自己的观点，有些事情似乎就是只能用某种语言或代码来表达才好。

不过，转码也会带来问题。如果你通过转码来迎合某人，或者明明你不属于某个群体却要冒充自己是群体的一员，而你的冒充行为在群体其他成员眼里又显而易见，那么，这种转码可能会对你不利，你会被当成一个闯入者，硬要闯进一个你本不从属的群体。还有一种情况，那就是你把适合某一类交流情境的代码用在了另一类交流情境中，例如，你在工作面试的时候使用了脸书或推特上适用的语法表达。由此可见，人际交流能力包含了在恰当的时候进行转码的能力。所谓恰当，就是转码能更清晰地表达信息，表达的是真实的信息。

视野：荧屏中的交流能力

你认为电视剧或戏剧中哪些角色具备出众的人际交流能力？哪些角色又明显地表现出较差的交流能力？具体而言，这些角色说的哪些话或做的哪些事（也可以是没有说什么或没有做什么）让你这样认为？

信息

信息（messages）是对接收者发出的刺激信号，由我们的感官接收，这些感官包括听觉感官（听）、视觉感官（看）、触觉感官（触）、嗅觉感官（闻）、味觉感官（尝）或以上感官的组合。人际交流不仅通过词语和句子进行，还会通过手势和接触进行。你的着装可以传达给他人一定的信息，事实上，也同样能给自身传达信息。你走路的方式也能传达信息，你如何握手、如何歪头、如何梳头发，以及你坐、笑或皱眉的方式，都能传达信息。此外，你手机的颜色和款式、电脑的墙纸和屏保图案，甚至你电脑的机型和功率，都能传达有关你的信息。比起你推特页面上的实际内容，你为你的推特页面选择的照片和背景主题更能反映出你的情况。有的推特用户使用通用的白鸟照片和标准的页面背景，有的则有自己专门的页面装饰：有自动变换的照片、原创的背景以及工具栏。这两类推特用户所传达出的信息是完全不同的。脸书页面也能反映出同样的情况。所有这些信号都属于人际交流信息。

人际交流可以通过电话、摄像头进行，也可以面对面进行。如今，人们越来越多地通过电脑以及脸书和推特进行人际交流。这些信息交流有些是实时的，被称为同步交流（synchronous communication），即信息的发送和接收是同时发生的，如面对面交流和电话交流。而有些信息的交流是非实时的，被称为异步交流（asynchronous communication），即信息在某个时间发送出去，但在另一个时间才被接收，而其回复可能又在其他时间。例如，你今天在脸书上戳了某人一下打个招呼，而那个人可能第二天才看到，然后第三天才戳回你。同样，你今天读到的推特或博客帖子可能是几周前甚至几年前写的。

信息可以是有意的也可以是无意的。信息可能是精心设计后传达出来的，也可能通过无意的一次口误、挥之不去的体味或某个神经的抽动而表达出来。信息包括有关世界、人和事的信息，也包括有关其他信息的信息。

有关其他信息的信息被称为元信息（metamessages），很多日常交流中的信息都属于这一类。例如，"你懂了吗""我说的对吗""你刚刚说什么""这么说公平吗""坦率地说""那没道理"，等等。元信息包含两种特别重要的信息类型：反馈和前馈。

反馈信息

通过人际交流过程，人们交换反馈信息，即把有关所说内容的反应回馈给说话人。反馈（feedback）告诉说话人其对听众产生的影响。在此反馈的基础上，说话人可以对信息的内容或形式进行调整、修饰、加强、淡化或改换。

反馈可以是来自本人的，也可以是来自他人的。当你发送一个信息，比如，对另一人说话时，你自己也能听见你说了什么。也就是说，你从你自己发送的信息中得到反馈：你听得见自己说的话，感觉得到自己走路的方式，看得到自己写的字。除了这些自我反馈，你也从其他人那里得到反馈。这些反馈的形式多种多样，是皱眉还是微笑，是赞成还是否定，是轻拍背部还是揍你一拳，都是反馈的形式。

视野：反馈与人际关系

要得出人际关系反馈理论，就必须知道，无论是深厚的友谊、浪漫的爱情，还是愉快的职场关系，它们的特点是其中的反馈是积极的、关注他人的、即时的、审查度低（不是自我审查）且具支持性的。而不良人际关系的特点则是其反馈是消极的、以自我为中心的、非即时的、审查度高且具批评性的。

这一"理论"在多大程度上能有效地解释你与熟悉的人之间的关系？

反馈当然对接收者有重要影响。有一项研究表明，社交网络上的正反馈，比如赞美一张照片或一个帖子，能增强自尊心，提升幸福感；反之，负反馈（如批评）则会导致自尊心下降，幸福感降低。

反馈有时候很容易辨识，有时候又不太明显。有效交流的诀窍之一就是辨识反馈并在此基础上对信息加以调整。

前馈信息

前馈（feedforward）指的是在发送主要信息前所提供的信息。前馈信息能反映即将发送的信息的相关内容。以下为前馈信息的常见例子：一本书的前言或目录，一个章节或一封邮件的起始段落，杂志封面，电子邮件的主题，公开演讲的开场白等。前馈信息有许多作用。例如，你可以利用前馈信息表达你想交谈的愿望，说一些诸如“嗨，一个星期都没看到你了，你还好吗”这样的话。或者，你也可以说，“你最好坐下，因为我要说的事可能会吓你一跳”，以此来预告你要说的主要信息。又或者，你可以要求对方在对你做出评判前好好听你把话讲完。

信道

交流的信道（channel）是信息传送的媒介和渠道。它是连接信息发送者和接收者的桥梁。交流很少只通过一个信道进行，而是常常同时使用两个、三个或四个信道。例如，在面对面交流过程中，你既说话也倾听（声音—听觉信道），而且还会做手势并通过视觉接收信号（手势—视觉信道），同时你会散发某种气味并且闻到其他人的气味（化学—嗅觉信道），此外，我们还常常通过碰触进行交流（皮肤—触觉信道）。在网上交流的时候，我们常在同一条信息中上传照片、音频或视频文件，或者附上其他文件或网址的链接。人际交流大部分情况下都涉及多种信道。

还有一种理解信道的方式，就是把它看作是交流所使用的方法或工具，如面对面交谈、电话、电子邮件和普通邮件、推特、即时信息、新闻公告、脸书、电影、电视、收音机、烟雾信号、传真，等等。

需要注意的是，信道会对创建信息施加不同的限制。例如，写电子邮件时，你可以停下来思考选哪个词或短语更合适，你想写多久就写多久，无须担心会被打断或被反驳，而且修改信息也非常方便。而在面对面交流时，你的停顿时间就得相对短些，虽然我们回顾所说的话后可以稍做调整，改换一个说法，但没有足够时间去选择合适的词或去编辑要说的话。

本书对面对面交流和网络或社交媒体交流这两种交流方式综合加以讨论，原因如下：

1. 二者都是我们现今人际交流所采用的方式。我们不仅面对面交流，也通过网络交流。有的人际沟通可能完全是面对面的，也有的完全是通过网络进行的。而我们越来越多地通过线上线下两种方式进行人际交流。

2. 线上和线下交流是相互关联的。这里讨论的有关面对面交流和网络交流的研究及理论是相辅相成的。大部分人际关系理论适用于面对面交流，但是对网络交流也有很大的启示。

3. 雇主都期望员工们具备线上线下两种交流技能。在雇主希望新员工具备的最重要的能力中，口头和笔头（包括线上和线下）交流能力一直占据一席之地。例如，在很大程度上，你通过电子邮件和电话会议进行沟通的效率，在网络电话面试或现场面试中进行有效沟通的能力水平高低，将决定你能否被聘用。

4. 这两种交流形式对现今的人际沟通都至关重要。我们越来越多地通过网络保持和发展人际关系，如果线上沟通得很愉快，我们会转向面对面沟通。同时，我们也越来越多地通过电子邮件、脸书和推特的帖子解除与他人的关系。

在本书中，我们对面对面交流和网络交流都会加以讨论和比较。表 1-1 简要地列举了交流的一些概念和方式，以体现这两种交流形式的相同点和不同点。

> **人际关系抉择时刻**
>
> **信道**
>
> 你想跟某人约会，但是不知道怎么告诉对方。你们经常在脸书上交流，也会在别的场合面对面交流。你会怎样提出约会的请求呢？
>
> a. 通过脸书。
> b. 当面说。
> c. 打电话。
> d. 发邮件。
> e. 其他方式。

表 1-1　面对面交流和网络交流的异同

	面对面交流	网络交流
信源（信息发送者）		
• 自我展现及印象管理	• 个人特征（如性别、大致年龄、种族等）一目了然，信息接收者可以决定关注的顺序，伪装是很难的	• 可以隐藏个人特征，在你需要展示的时候再展示出来
• 说话顺序	• 你得为自己争取讲话的机会和时间，你可能会被打断	• 你可以一直发言，说话时间没有限制，没人会打断你
信宿（信息接收者）		
• 数量	• 你能看到的一个人或几个人	• 基本是无穷的
• 交流机会	• 只有能见面的才有交流机会，很难找到有共同兴趣的人	• 无限
• 第三方	• 信息可能会被别人听到或重复，但是准确性不能保证	• 信息可被他人接收，也可以被一字不差地转述给第三方或千万人
• 印象形成	• 信息接收者所感受到的语言和非语言线索决定了其印象	• 决定印象的是文本信息以及上传的照片和视频

（续）

	面对面交流	网络交流
情境 • 空间 • 时间	 • 基本在同一个现实空间 • 交流同步发生，信息在同一时间实时交流	 • 可能就在隔壁房间，也可能相隔几英里① • 交流可以是同步发生的（如聊天室），也可以是异步发生的（即信息在不同时间传送，如电子邮件）
信道	• 所有感官都参与信息的发送和接收	• 视觉（读文本，看照片和视频）和听觉
信息 • 语言和非语言 • 持久性	 • 言辞、手势、目光交流、口音、声音暗示、空间关系、身体接触、服饰、头发，等等 • 除非录音，否则无法持久存在；语言信号即刻消失	 • 文字、照片、视频和音频信息 • 信息相对而言可以长久保存

干扰

严格地说，干扰（noise）指的是任何可能扭曲信息的东西，导致接收者无法完全接收到发送者所发送的信息的都是干扰。在极端情况下，干扰可使信息无法从发送者传送到接收者。啸叫声或静电干扰能轻易地妨碍信息传达到接收者。比较常见的情况是，在信息从发送者传到接收者的过程中，干扰会扭曲部分的信息。这里列出四种相关的干扰类型（物理干扰、生理干扰、心理干扰和语义干扰），以帮助你判断你想减轻的是哪一种干扰。

- 物理干扰（physical noise）对说话者和听众来说都是一种外部阻碍，它妨碍信号或信息进行物理传输，如路过的车辆发出的噪声、电脑的嗡嗡声、墨镜、发送的不相关信息、潦草或模糊的字迹、字体太小太难看清、拼写或语法错误、突然弹出的广告，等等。还有一种类型的干扰是无关信息，它会增加你查询所需信息的难度，比如垃圾邮件或在脸书上贴了太多照片。
- 生理干扰（physiological noise）指的是信息发送者或接收者自身的障碍，如视觉缺陷、听力丧失、发音困难和记忆力衰退。
- 心理干扰（psychological noise）是说话者或听众的心理阻碍，包括成见、犹豫不决、偏见、思想保守和极度情绪化。与一个思想保守的人交流，或者对方拒绝倾听任何自己认为不对的事情，这时候，你就很可能会遭遇心理干扰。
- 语义干扰（semantic noise）是当说话人和听众具有不同语义系统时所发生的障碍，如

① 1 英里 = 1609.344 米。

不同的语言或方言，使用行业用语或过度复杂的术语，具有歧义或过度抽象的术语（其含义很容易被误解）。你跟医生交流时，医生常会不加解释地使用“医疗术语”，这时你便遇到了语义干扰。另一个例子是保险推销员常会使用保险业的专业术语，造成语义干扰。

要理解干扰及其在人际交流中的重要性，就需要知道一个很有用的概念：信扰比（signal-to-noise ratio）。信（信号 signal）指的是对你有用的信息，而扰（干扰）则是指无用的信息（对你而言无用）。例如，一个博客帖子含有许多有用信息，该帖子的信大于扰，而含有许多无用信息的则扰大于信，像垃圾邮件、广告弹窗、你不感兴趣的产品广告都是很好的例子。在网上搜索信息时，各类广告和无关网址都是扰，而你正在搜索的信息则是信。

任何人际交流都包含干扰。我们无法彻底清除干扰，但是可以减少其影响。使用准确的语言、提升发送和接收非语言信息的能力、加强倾听和反馈能力，这些都是减少干扰影响的方法。

视野：网络信号和干扰

社交媒体使用者发送资料时最好简明扼要，甚至在回复时也最好简单明了。同样，招聘人员发现，脸书上发布信息太多会导致应聘者的简历不易被关注。

你如何用信号和干扰的理论对此加以解释？

情境

人际交流总是在某个情境（context）或环境中进行的，该情境会影响信息的形式和内容。有时候，情境会不太明显，影响较弱，似乎是很自然的，因此易被忽视，如背景音乐。而有时候，情境会起决定作用，其对信息的限制或刺激方式非常明显。例如，在殡仪馆、足球场、高档餐厅、摇滚音乐会这些不同的情境中，人们的交流是完全不同的。人际交流的情境至少包括四个层面的内容，它们相互作用、相互影响。

物理层面

物理层面的情境是指交流发生在有形的或具体的环境中，如房间或走廊、公园、会议室、家里的餐桌旁等。空间的大小、温度的高低以及参与人数的多少都是物理情境的一部分。对杂志或报纸这样的印刷媒体而言，情境包括刊登报道或新闻的位置，如第 37 页上的文章会显得没有第 1 页或第 2 页上的文章重要。推特规定发送的信息不得超过 140 个字，这是物理情境影响信息的极好例证。推特要求人们缩减信息，而在星巴克喝咖啡似乎正好相反。

时间层面

时间层面的情境不仅关于一天的某个时间和历史上的某个时刻，还涉及某个特定信息在一系列交流事件中的发生位置。例如，同一个有关疾病的笑话，你是在刚刚提及一个朋友的病情后讲的，还是在听了几个类似笑话之后讲的，人们的接收情况是完全不同的。此外，有些信道（如面对面、聊天室和即时信息）允许同步交流，即信息的发送和接收是同时的，而有些信道（如信件、电子邮件和社交媒体帖子）允许异步交流，即信息发送和接收的时间是不同的。

社会心理层面

举例而言，社会心理层面的情境包括交流参与者的社会地位关系、人们扮演的角色和玩的游戏、社会或团体的规范，以及友善程度、礼节仪式或交流的正式程度等。诸如脸书这样的社交网络平台是非正式的，基本为娱乐而交流。而领英（LinkedIn，专业求职网站）和Plaxo（在线地址簿服务软件）这样的网络平台则主要进行比较严肃的、面向业务的交流。

文化层面

文化层面的情境包括文化信仰和人们的交流习惯。来自不同文化的人们在交流时会各自遵循不同的交流原则，这就会导致困惑、无意的冒犯、不正确的判断，以及其他许多交流不畅的情况。同样，在某个文化群体中可带来愉快感受的交流策略或技巧，换到另一个文化群体中可能就令人烦扰或显得无礼。事实上，有研究表明，在跨文化情境中交流可能丢失的信息量（约50%），远远高于在同文化情境中交流可能丢失的信息量（约25%）。

效应

人际交流对参与交流行为的一人或多人总会产生某些效应（effect）。每一次人际沟通都会带来一些结果或效应。一般而言，效应有如下三种。

- 认知效应。认知效应是你想法上的改变。你的朋友在脸书上发布了某场音乐会的时间，你从中得到的信息产生的效应主要是认知上的。
- 情感效应。情感效应指的是态度、价值标准、信仰和感情方面的变化。因此，你听说枪击暴力案件上升后感到恐惧，这主要是情感效应。同样，与来自另一种文化的某个人相处久了，你对那种文化的感觉也会改变，这一效应也主要是情感上的（可能也有认知上的）。
- 行为效应。行为效应是行为方面的改变，如学会新的舞步、投掷曲线球、油漆一个房间，或是使用不同的语言和非语言行为等。

这些效应不是孤立存在，而是相互影响的。在大多数情况下，一个单一的信息，比如有关无家可归问题的谈话，可能给你提供一些信息（认知效应），给你带来不同的感受（情感效应），也会使你在遇到流浪人士的时候慷慨相助（行为效应）。

除了对他人产生效应，人际交流也会对自己产生效应，其中部分效应来自自我评价。发出一个妙语评论后你会微笑，而批评了一个朋友之后你会感觉很糟。此外，其他人的反应也会对你产生效应。例如，你的妙语评论可能在推特上被转发了 30 到 40 次（这很可能对你的自信产生效应，也许对你以后发推特也有影响），而你对朋友的批评可能导致你们关系破裂（这将会产生情感效应和行为效应）。

伦理

正是由于人际交流会对他人产生效应，因此也会牵涉伦理（ethics）问题，即对好与坏、对与错、道德与不道德进行的审查。伦理与行为举止有关，涉及辨别哪些行为是道德的（符合伦理的、好的、正确的），哪些行为是不道德的（不符合伦理的、坏的、错误的）。任何人际交流行为都涉及伦理这个方面。

以下是一些关于伦理的常见看法，请判断正误。

1. 我感觉（发自内心地）我做的是正确的，那么我的行为就符合伦理。
2. 我的行为如果与我的宗教信仰一致，那么该行为就是符合伦理的。
3. 如果我的行为合法，该行为就符合伦理。
4. 如果绝大多数有理性的人都认为我的行为是符合伦理的，那么该行为就是符合伦理的。
5. 如果我的行为给更多人带来的是益处而不是危害，那么该行为就是符合伦理的。

以上五个说法（基本上）都是错误的，任何一条都不能对什么是不符合伦理的提供合理的解释。

- 第 1 个说法是错的，原因很简单：对于自己的非伦理行为，人们往往自认为是道德的，开膛手杰克[①]杀害若干妓女的案件就是一个很好的例证。还有非法跟踪（我太爱这个人了，我必须紧紧跟着他）或者保险诈骗（我的家人比保险公司更需要这笔钱）。尽管杰克、跟踪者和诈骗者都认为自己的行为是有正当理由的，但并不表示这些行为是符合道德规范或合乎伦理的。

① 英国伦敦系列凶杀案的凶手绰号。——译者注

- 如果你知道不同的宗教宣扬不同的行为，而且不少行为间相互矛盾，那么你一定会明白第2个说法是错误的。这方面的例子在每天的日报上比比皆是。
- 如果你意识到在世界的许多地方，对某些人群的歧视还大量存在，而在许多国家，战争（甚至是发起一场战争）是合法的，那么你一定会判断第3个说法是错误的。
- 第4个说法是错的，因为大部分人的想法会随着时间而改变，而且这些想法后来常被证明是极度不道德的。曾经，如果人们认定某人是巫婆，或是某个人所说的话与大多数人的观点不同，那么人们会对他们施以火刑（如异端审判），这就是很好的例证。
- 第5个说法最有可能正确，有时也最接近正确，但在更多情况下这一说法是错误的。因为对巫婆施以火刑就是为了大多数人的利益，正如奴隶制以及歧视同性恋者、歧视某种宗教或不同种族的人一样，都是符合大多数人利益的，尽管如此，我们仍应毫不迟疑地认为这些行为是不道德的。

人际交流中的伦理道德

道德或伦理标准

每一个研究领域都会对该领域中哪些行为不合乎伦理给出定义。这里略举几例，重点强调一些与交流相关的行为规范。

- 全国传播协会道德信条
- 博主伦理规范
- 推特基本规则
- 网络新闻学
- 广播电视新闻导演协会以及基金会道德和职业行为准则

抉择时刻

了解一下你所在的行业或即将加入的行业的行为规范，是一件很有趣的事。不过，在此之前，思考一下你认为什么是合乎伦理的交流。在你自己进行交流的过程中（无论是网络交流还是面对面交流），你遵循什么样的伦理标准？哪些伦理规则你会违背（即便是极偶尔地违背）？

那么，到底什么行为是合乎伦理的？对此很多人提出了各种理论。从一个客观视角来看，可以说其判断标准是：任何一个行为，如果在任何时间、任何情况下、对任何人而言都是合乎伦理的，该行为就具备伦理属性。如果撒谎、虚假广告、使用非法获得的信息、泄密等行为被认为是不道德的，那么无论在什么情况下，无论这些行为发生在何种文化价值观和信仰下，它们都是不合乎伦理的。

如果从一个主观视角来看，一个行为是否合乎伦理要看一个特定的文化价值观和信仰是什么，也要看特定情况是什么。因此，站在主观的立场，你可以说结果决定手段，如果结果好，那么为达到这样的结果而做出的一个不道德行为就被合理化了。你还可以进一步说，为骗取选票或兜售香烟而撒谎是错误的，但是如果撒谎带来的结果是积极的，那么它就是合乎伦理的（比如为了让相貌平平的人感觉好一点，就说他们看起来很棒，或者告诉一个病入膏肓的人他很快就能好起来）。

人际交流技巧

专注：一种清晰觉察当下的状态

专注（mindfulness）是一种清晰觉察当下的状态，在这种状态下，你知道自己为什么以某种方式思考或交流。你能发现当前情境的独特之处，也能知道在交流过程中你有多种选择。而且，对于人际交流而言，更重要的是，你对自己可做出的选择一清二楚。你是在明白自己可做出哪些选择的情况下进行交流的。

与之相反，非专注（mindlessness）则是指对自己的思考和交流缺乏有意识的认识。要想正确有效地使用人际交流技巧，就需要对你所在的独特交流环境、你能做出的交流选择，以及为什么某个选择可能比另一个更好这些问题有清晰的觉察。本书将为你提供一些方法，唤醒你的专注力，让你对人际交流方式有清晰的认识。

一个人应该在任何地方都一直保持专注的状态吗？显然，有些时候，胡思乱想可以让你冒出一个好的想法。但一般而言，我们需要练习的是专注力。

带有专注力的交流

尝试以下建议，以便从总体上提升专注力。

- 分类再分类。要学会将物品、事件和人归到更多的类别中去。不要只给某个人贴上一个特定标签，这样做，你以后就很难把这个人再归到其他类别里去了。
- 善于接收新信息和新观点，哪怕这些信息和观点违背了你深信不疑的固有观念。对于那些可能已经陈腐过时的思维方式，新的信息会逼迫你重新考虑；你长期持有的观念和态度，如今可能已经不合时宜了，新的信息能帮助你做出改变。要乐于用各种观点，尤其是用与你迥异之人的观点，去看待自己和他人的行为。

- 要能觉察到自己太过于依赖第一印象。要把第一印象当作是暂时的印象，是一个需要进一步考察的假设。随时准备对这些印象加以修改、抛弃或接受。
- 要明白对信息的理解可能有误。一定要想办法确保自己正确理解了信息。例如，你可以用不同的方式对信息加以解释或复述，也可以让对方解释一下。
- 要能意识到某些交流模式是徒劳无效的。例如，在发生冲突时，一种交流模式是一方提及过去两人关系中的不公平事件。如果你注意到这种情况发生了，那么停下来问一下自己，这种交流模式是否有效。如果没有，那么想想如何改变。比如，在这个冲突的例子中，你可以避免提及类似的事情，从而打破这一交流模式。
- 提醒自己，当下的交流情况是独特的。考虑一下，什么样的信息才适合当下这一独特交流情境。例如，你会用特别积极乐观的态度对待一个倍感焦虑的朋友，但是对一个泄密的人就不会这样。
- 确定并衡量你的交流选择。特别是在一些比较微妙的情况下（如表达愤怒或做出承诺时），明智的做法是停下来，专注地思考一下当前的情境，然后确定并衡量你能做出的交流选择。

人际交流的原则

接下来我们将进一步探讨一些具体原理或原则，它们存在于所有或大部分人际沟通行为中。

人际交流是一个差异序列

人际交流存在于一个序列轴上，其范围从相对非私密性过渡到高度私密性。在该序列的非私密性一端是人们与互不相识的人进行简单的对话，如服务员和顾客之间的对话。而在高度私密性的一端，对话发生在非常亲密的人之间，如父亲和儿子、相爱多年的恋人、挚友等。以下是区分两者的几个特征。

- 社会角色与个人了解。请注意，在非私密性交流的例子里，交谈双方是根据当前所扮演的角色来进行沟通的。服务员不会把顾客当成一个独特的个体，而是把他当作许多顾客中的一员。而顾客同样不会把服务员当成一个特别的个体，而是像对待任何服务员那样对待他。然而，父亲和儿子是把对方当成一个特别的个体来沟通的，因此他们的交流是建立在个人了解的基础之上。

- 社会规则与个人规范。还必须注意，服务员和顾客之间的交流遵循的是支配服务员—顾客行为的社会规范。而父亲与儿子的交流则与之不同，是建立在个人既定规则的基础上的。他们称呼对方和接触对方的方式，以及身体的亲近度等都是独特的，由他们自己而不是社会来规定。
- 社会信息与个人信息。还有一个区别是交流的信息不同。例如，服务员和顾客所交流的信息本身就是非私密性的，他们几乎不会交流任何个人信息，信息中也基本不会有任何情感内容。而在父亲与儿子的例子中，各种信息都会有，而且时常是高度私密性的，充满个人信息和情感。

图 1-2 对人际交流序列的某种可能情况做了描述。

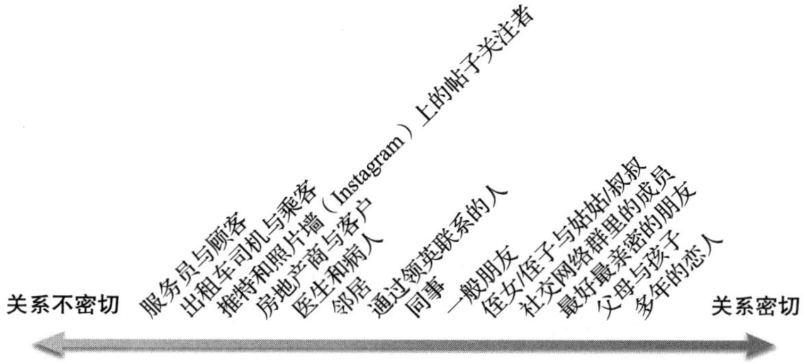

图 1-2　人际交流序列

人际交流所牵涉各方相互依赖

人际交流的参与者从某种程度上说是“有关系的”，因此，儿子与父亲、老板与员工、姐妹俩、老师与学生、一对恋人、两个朋友，这些人之间都会发生人际交流。虽然大部分情况下人际交流本质上是双向的（即在两人之间进行），但也常常可以扩展到小型亲密团体，如一家人或一群朋友。不过，即便在家人中，常发生的交流也多是二者之间的，如母亲与孩子、父亲与母亲、女儿与儿子，等等。

人际交流的参与者不仅“有关系”，还相互依赖、相互影响：一个人所做的事情会对另一人产生影响，一个人的行为会给另一人带来某些后果。例如，在家庭中，孩子在外惹的麻烦会影响其父母、兄弟姐妹等亲人，也许还会影响朋友和邻居。

脸书正在以大致相同的方式改变对友谊的定义，也许还将改写人际交流的定义。给你的15个亲密朋友发一条信息，而他们也回复你了，类似举动在某些理论家看来属于人际交流，而有些理论家却否认这是人际交流。同样，有些理论家认为线上聊天和电视电话会议是人际交流，而另一些理论家则认为不是。还有一个问题是，区分人际信息和公共信息之间的界限愈发模糊。通过任何一个社交媒体给朋友发送信息，该信息会变成公共信息（至少存在相当大的可能性）。虽然你是打算在二人之间（比如，你和你的好友）传递这条信息的，但这条信息有可能（而且常常就会）变成一条公共信息，在你和毫不相干的人之间传递。

人际交流从本质上说是具关联性的

人际交流具备相互依赖性，因此其本质上必然是具有关联性的。人际交流发生在有关系的人之间，并对这种关系产生影响，对这种关系进行定义。

在有关系的人之间发生的交流，部分而言也是这一关系产生的结果。也就是说，你用何种交流方式很大程度上要看你们之间是何关系。你和上级沟通的方式与你和好朋友沟通的方式是不一样的，你与兄弟姐妹交流的方式也不同于你与邻居、同事或普通朋友交流的方式。与在脸书和推特上进行交流相比，面对面交流所用的方式也大不相同。

还应该注意到，交流的方式会影响后续发展出的关系。你用友好的方式与某人交流，那么很可能收获友谊；如果你常常发送憎恨和伤人的信息，那么很可能你得到的是敌对关系。如果相互尊重和支持，那么你们之间的关系也是相互尊重、相互支持的。这绝对是你能观察到的很明显的现象。显然，一个人所说的话与这些话对人际关系的建立（或毁坏）是密切相关的，但就是有很多人似乎对此无法理解。

人际交流在具备关联性的同时，也会透露你的信息。无论你说什么，你都在以某种方式展现你自己：你是谁、你在想什么、你有何感受、你在乎什么，等等。甚至有研究表明，你在脸书上的“点赞”也能透露你的相关信息，如你的性取向、年龄、智力水平和是否吸毒等；而从照片上你的表情可以看出你的生活幸福与否。

人际交流是一个互动的过程

从一个互动视角（transactional perspective）来看，人际交流是一个过程，其中各要素相互依赖，并且交流参与者也相互影响。图1-3形象地解释了这一观点，并将其与前文提及的人际交流线性开展方式做了区分。

人际交流是一个过程

最好是把人际交流看成一个时刻变化的、循环的过程。人际交流所涉各方面都在不断演变：你在变化，你的交流对象在变化，你们交流的环境也在变化。有时候这些变化不太容易被人发觉，而有时候又会以很明显的方式呈现，但无论如何，变化一直在发生。

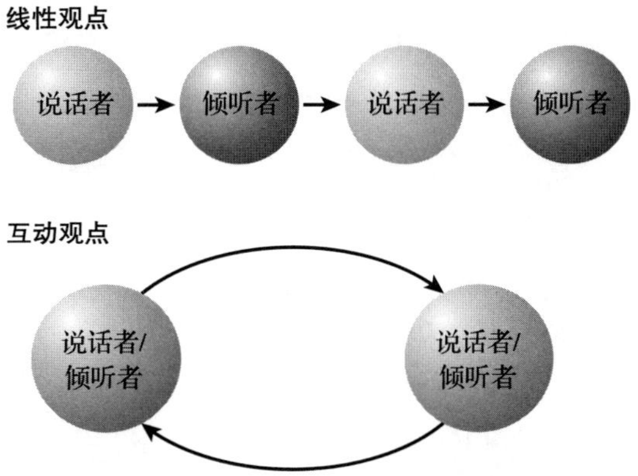

图 1-3　人际交流的线性观点和互动观点

上面的图形代表线性观点下的交流情况，其中说话者只说话，而听众只倾听。下面的图形代表互动观点下的交流情况，这是大多数人际交流理论家所赞同的视图，其中每个人同时充当说话者和听众；你在发送消息的同时，还接收对方反馈的信息，以及来自你自身交流的信息。

一个人发送的信息促使另一人发送信息，而该信息又促使第一个人继续发送信息，循环往复。在这一循环过程中，每个人既是说话者又是倾听者，既是行动者又是反馈者。由此可见，人际交流是一个互动的过程。

相比社交平台上的交流，这一循环过程在面对面交流中表现得更为明显。例如，在对推特信息进行分析后，一名研究人员发现，高达 80% 的推特用户仅仅发送自己的信息，只有 20% 的用户会回复其他人的推特信息。而在面对面交流中，即便你保持沉默，也得用某种方式回应对方。

交流各要素相互关联

在人际交流中，不仅交流参与者是相互依赖的，而且交流中的各个基本要素也是互相影响的。每一个要素，亦即交流的每一个组成部分，都与其他要素以及整个交流紧密相关。例如，没有信息接收者也就无所谓信息发送者，没有信息发送者就不会有信息，没有信息接收者也就不存在反馈。由于具有相互关联性，任何一个要素发生改变都会引发其他要素的变化。例如，你正在跟同事谈论最近的一次考核，这时你们的上级参与进来，这一参与者的变化带来了其他变化：也许你们会改变说话的内容，也许你们会调整表达的方式。但无论哪一个要素变化，都会引发其他一系列的变化。

相互影响

在互动过程中，每个参与者都在一定程度上影响其他人。例如，在面对面交谈中，你所说的会影响另一人要说的，而这个人说的反过来再影响你想说的，以此类推。相互影响这一特点是区分传统媒介与网络社交媒介的主要特征。在诸如报纸、杂志、电视、电影等传统媒介中，交流是单向的，如图 1-4a 所示，信息仅从该媒介传送到你，这基本符合图 1-3 中所示的线性交流理论。而通过网络社交媒介，如照片和视频分享、脸书和领英之类的社交平台、维基网站等，则如图 1-4b 所示，交流是双向的。在过去的 10 年左右，传统媒介（最明显的是电视节目）正在朝网络社交媒介的方向转变，双方互动成分在增加，如新闻节目直播推特上的文章，“与星共舞”节目请你为喜爱的一组选手投票，在奈飞网（Netflix）上给电影打分，等等。当然，你也可以与报纸和杂志之类的传统媒介互动，不过程度极为有限。例如，你可以写信给编辑，可以向专栏作家求助，或者可以续订或停止订阅某报纸杂志。随着报纸、杂志越来越数字化，传统媒介也在很大程度上越来越接近网络社交媒介了。

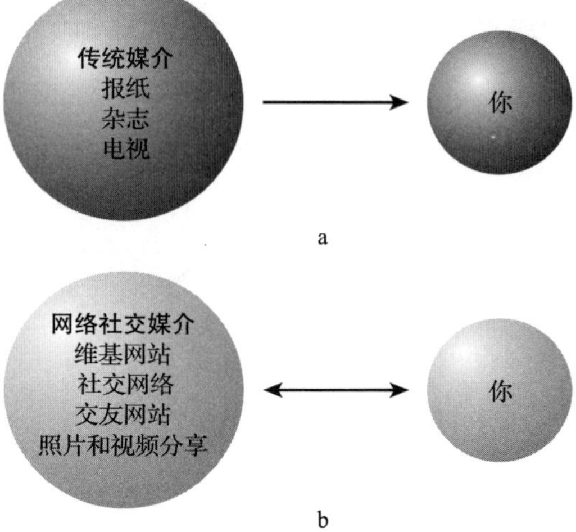

图 1-4　传统媒介与网络社交媒介

在传统媒介中（图 a），信息从媒介流向个人，基本不会有互动。而在网络社交媒介中（图 b），信息的流动是双向的：既从媒介流向个人，也从个人流向媒介。

人际交流有许多功能

无论是面对面的还是通过网络的人际交流，都具有目的性，因此具备一些功能，主要包括学习功能、联系功能、影响功能、娱乐功能和帮助功能。

学习功能

人际交流可以促使你去学习，去更好地理解外部世界，理解外部世界中的各种物体、事件和人。当你阅读推特上跟帖者的发言时，你就是在了解他们，也在了解他们生活的世界，无论这个世界是近在咫尺还是远在天涯。虽然大部分信息来自媒体，但讨论并最终学习或吸收这些信息很可能得通过人际互动来实现。事实上，对你的信仰、态度和价值观影响更大的可能是人际交往，而不是媒体，甚至不是正规教育。

然而，更重要的是，人际交流可以帮助你更好地了解自己。与他人谈论自己时，你可以得到有关你的感受、想法和行为等的反馈，这些反馈都是很有价值的。通过这些交流，你也能更加清楚你在别人眼中是什么样的——哪些人喜欢你，哪些人不喜欢你，为什么，等等。你会发现，这一功能已经融入了脸书、推特和博客中，任何一个帖子的所有评论、推荐和点赞都能轻而易举地展现出来。

联系功能

人际交流有助于建立你与他人的联系。通过人际沟通，你表达自己的友谊和爱，也对他人所表示出的友谊和爱做出回应。在脸书上戳某人一下打个招呼，你表达的是你想跟他联系和交流的愿望。这样的交流是我们人类最大需求的核心所在：建立和保持亲密的关系。你希望被人爱、被人喜欢，同时你也愿意喜欢他人、爱他人。这样的关系有助于减轻孤独和抑郁，使你能与他人分享快乐并得到更多快乐，也总能使你积极乐观。

影响功能

通过人际互动，你很有可能影响他人的态度和行为。你会希望别人以某种方式投票、尝试一种新的饮食、买一本新书、听一个唱片、看一部电影、报名参加某个培训、以某种方式思考、相信某事是真的或假的，或重视某个观点等，这方面的例子不胜枚举。我们可能会把相当多的时间都花费在说服对方上。事实上，有些研究者认为，所有的交流都具备说服性，都在一定程度上以说服为目标。

这一影响功能在网络社交平台上主要以两种方式表现出来：（1）试图施加直接的影响（如广告，或朋友们劝你去参与某项事业或参加某个团体）；（2）试图施加间接的影响（如知道你的朋友们看了某部电影并很喜欢，看到一条动态消息说你的某个朋友参与了某项事业或买了一张音乐会的门票，报名参加某个群组或某项事业等）。

娱乐功能

娱乐功能包括与朋友谈论周末活动、讨论体育运动或约会、讲故事、说笑话、发推特、在某社交网站上发一个有趣的笑话或贴一张漂亮的照片等，甚至打发打发时间也是娱乐功能的体现。这是一个特别重要的功能，它绝非无聊，而是使你的生活达到平衡，让你的头脑从周围严肃的事件中解脱出来，得到它所需要的休息。通过网络在真实或虚拟世界打游戏，是网络交流中最能明显地体现娱乐功能的活动。在游戏过程中，玩家可以掌握很有用的技能，比如能够以他人视角来看问题。甚至某种形式的网络互动也被看作是娱乐。

帮助功能

各类治疗师通过人际沟通对病人加以指导，实现其提供专业服务的功能。而我们每个人都能通过日常交流提供帮助，比如，你安慰失恋的朋友，为同学提一些选课建议，或是给一位同事提出工作建议，等等。人们还广泛使用各种社交网站以寻求帮助并为他人提供帮助。无论所涉及的帮助是不是专业性的，要想把这一功能用好，就得靠你的人际交流知识和技能。

视野：博客等

博客等社交网络平台是人们进行人际交流或向大众表达自己的主要平台。上文提到的人际交流五个功能的理论，能否用于对比博客帖子和脸书最新动态？

人际交流具有不确定性

不确定的信息指的是可以用不止一种方式理解的信息。有时候，不确定性（ambiguity）的产生是由于使用了可做多种解释的词汇。一些表示时间的非正式表达就是很好的例子，比如，很快、马上、一会儿、早、晚，不同的人对这类词会有迥然不同的理解。

所有人际交往都存在一定的歧义：从某种程度上说，所有信息都具有不确定性。表达一个想法时，你不可能完完整整且绝对精确地说出你所有的意思，而是以一种比较合理的准确度来传送你的信息，让对方清楚你的意思就行。当然，有时候你不一定能把自己期望表达的意思都准确表达出来。例如，也许你只是想幽默一下，可是对方却“会错了意”或“感觉被冒犯了”，或者对方会“误解你的情感含义”。由于不确定性难以避免，因此你可以对所说的话加以补充和修正，如举一个具体例子，或是问一下对方：“你明白我说的意思了吗？”这种附加的解释有助于他人理解你的意思，并且能（在一定程度上）减少不确定性。

了解人际交流具备不确定性，对于我们避免武断推测他人的说话意图是很重要的。例如，如果某人没有在网上戳回你，这可能表示他没兴趣跟你交流，也可能是因为信息太多没看见或不知道如何戳回你，或者这个人不在电脑旁。同样，某人不再继续关注你的推特帖子，或者在脸书上解除了与你的好友关系，也可能

人际关系抉择时刻

减少人际关系不确定性

你已经与某人约会了几个月，此刻，你想确定你们未来的关系，并了解对方的态度，但是你又不想吓着对方。你会如何确定你们的关系呢？

a. 直接问对方。

b. 向你们共同的朋友打听。

c. 就当你俩的关系就是你希望的那样。

d. 开个玩笑，比如问对方：“那么，我们啥时候结婚呀？”

e. 其他。

仅仅是个误操作而已。表达含义的主体是人，而不是说的话或贴出的照片。

还有一种不确定，称为战略性不确定（strategic ambiguity），即你故意表达一种模棱两可的态度，这种不确定在许多情况中都存在。例如，面试人员夸奖了你的面试表现（但并未给你提供这份工作），这可能就是一种战略性不确定，这样，在公司面试更多也许更优秀的求职者时，你仍会对该职位存有期待。再比如，你的恋人刻意不跟你同居，却明确表示想跟你住在一起，这可能也是一种战略性不确定的信号，表示住在一起或是不住在一起都行。

人际关系具有对称性或互补性

有的人际关系具有对称性，而有的则具有互补性。在对称型人际关系（symmetrical relationship）中，双方的行为表现得一模一样。一方不停地抱怨，另一方也以同样方式回应；一方易怒，另一方也动不动就生气；一方表示嫉妒，另一方也开始吃醋；一方态度消极，另一方也一样。这种关系是一种等同关系，强调的是两人之间的差异最小化。

需要注意的是，这种类型的关系容易产生问题。想象一下，一对夫妻都是暴脾气，一方发火就会引发另一方发脾气，然后进一步使前者暴跳如雷。继续发展下去，谁也控制不住火气，最后两人的关系会因为这种暴脾气而破裂。

在互补型人际关系（complementary relationship）中，双方的行为表现很不相同。一方的行为会刺激对方做出正好相反的行为。在这一类型的人际关系中，双方的差异达到最大化。交流的双方处在不同的位置，一方较高则另一方较低，一方被动则另一方主动，一方强则另一方弱。有时候，文化会导致这种关系出现，如在老师和学生之间、老板和员工之间，就会有这种互补关系。

人际交流具有内容指向和关系指向

信息可以指向真实世界（内容信息），如你看到的物体和事件。而同时，信息也可以指向交流双方的关系（关系信息），例如，法官对律师说："立刻到我办公室来。"这一简短的信息既包含内容指向也包含关系指向，内容指向是期望得到的回应（即那个律师马上到法官办公室去），而关系指向是从中可以看出这名法官和这个律师的关系，以及他们会如何在这样的关系中进行交流。即便是这么一个简单的命令，也能看出二者之间地位不同。要想更容易看清楚这种不同，不妨假设这个指令是一个律师发送给一名法官的，这时，这一交流不仅令人尴尬而且不合时宜，因为它违背了法官和律师之间的正常关系。

对于任何两个交流场景来说，内容层面（content dimension）可能是相同的，而关系层面可能不同或者相反；关系层面可能相同，而内容层面却不一样。例如，法官可以对律师说：

“你最好马上来一下。”他也可以这么说：“你是否方便尽快到我这里来一下？”在这两种交流中，内容信息基本相同，即该信息对反应的期待是相同的，但是，关系层面（relationship dimension）却完全不同。显然，第一条信息反映出二者的关系有明显的高低之分，而第二条信息展现的是比较平等的关系，说明该法官对这位律师比较尊重。

有时候，信息的内容层面可能不同，但是关系层面却基本一致。例如，女儿对她父母说：“我这个周末能出去玩吗？”或者“我今晚能用一下车吗？”很明显，这两个问题涉及的内容不一样，但是其中的关系指向却是一样的。这两个问题都清晰地反映出地位上的主次关系，一方必须得到另一方的许可才能做某些事情。

如果不能辨识交流中的内容层面和关系层面，那么人际关系就会出现问题。请看下面的对话：

对话	评论
男：明天我要去打保龄球，厂里那帮家伙正在组队呢。	他的重点是信息的内容指向，但忽视了该信息的关系层面。
女：为什么你永远都不能跟我一起做点什么？	她的回答主要是在关系层面，而未关注该信息的内容层面，发现对方的决定忽视了自己，她表示对此很生气。
男：我们一起什么时候不行啊？可是明天他们就要组队了。	他再一次几乎只把注意力放在内容层面上。

有研究表明，男性一般更关注内容层面，而女性更重视关系层面。一旦能觉察这一差异，你就可以敏感地发现异性的交流指向，从而更好地消除两性之间交流的障碍。以下是同一情景的另一组对话，不过双方对信息的两个层面都有所关注。

对话	评论
男：厂里那帮家伙正在组保龄球队呢，我特别想参加。明天我去参加球队的话，你觉得行不行？	虽然重点仍是内容指向，但他也意识到了关系层面，并将两个层面都表达了出来：他知道和对方的关系，询问对方行不行，并且表达的是愿望而非决定。

女：听上去不错啊，不过我很想咱俩能一起做点什么。	她的重点是关系层面，但对对方表达出的内容做出了回应。还要注意的是，她的回答并非要为自己强调关系层面找理由。
男：那你在乔氏比萨店等我怎么样？我活动结束后咱俩一起吃饭。	他对关系层面做出了回应，但并未放弃参加保龄球队的愿望，而是把二者结合在一起了。
女：太好了！我太想吃比萨了。	她对两个层面的信息都做出了回应，同意他参加球队，也赞成二人一起吃饭。

与信息的内容层面相关的争论一般比较容易解决，我们可以查阅书籍，或向他人询问到底发生了什么，对争议的事实情况进行核实也相对简单。然而，争论若是涉及信息的关系层面，解决起来就困难得多，部分原因可能是你没有意识到这一争论其实是关系层面上的。一旦意识到这一点，就能找到解决争端的正确方法，直接将其解决。

人际交流是一系列可分解的活动

交流活动是连续的互动行为，无法明确区分开始和结束。而作为交流者或是观察者，我们常把一连串连续的交流活动切分成较小的片段。有些片段我们称之为原因或刺激因素，另一些片段我们则会称之为影响或回应。

请看下面的例子。餐馆里有一对夫妻，丈夫在和另一个女人调情，而妻子在给自己的姐姐发短信聊天。显然，两人都在生对方的气，一场无声的争吵正在进行。后来回忆这个场景，丈夫说他看到妻子在给别人发信息，自己才跟别的女人调情的，情有可原。他这么做的唯一原因（据他自己说）是他们夫妻说好了在一起吃饭，可是妻子却给别人发信息，他很生气。注意，丈夫是把自己的行为看成了对妻子行为的回应。而回忆同一件事，妻子可能会说，她给姐姐发信息是因为看到丈夫跟别的女人调情。他越是调情，她发信息的时间就越长。如果不是看到丈夫跟别人调

视野：社交媒介、内容和关系

如果从信息的内容层面和关系层面来分析社交媒介，那么推特和博客可能更偏向内容指向，而脸书则较偏向关系指向。

从内容指向和关系指向的角度，你会如何对你所使用的其他社交媒介加以分类呢？

情，她根本不想用电话跟任何人联系。在妻子看来，丈夫的行为是刺激因素，而自己的行为是回应，是丈夫导致了她行为的产生。于是，丈夫看待这一系列行为是先有发短信然后才有调情，而妻子认为是先有调情然后才发的短信。这一例子在图 1-5 中有明确描述，也得到了一些研究的证实。这些研究发现，至少在已婚夫妇中，一方常常把对方的行为看成是冲突的原因。

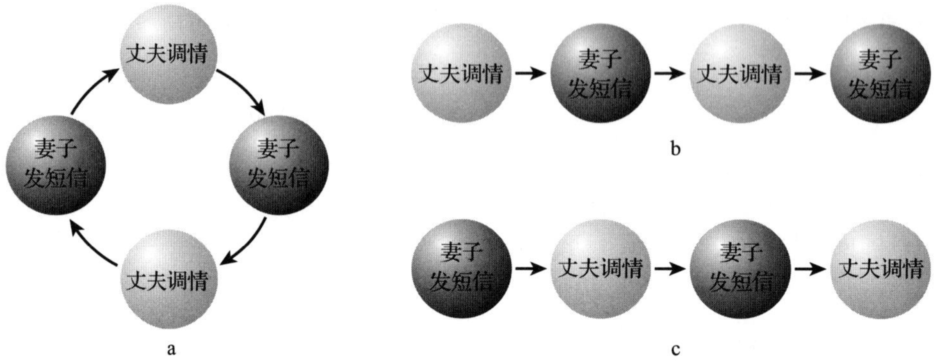

图 1-5　分解及交流活动序列

图 a 表示的是交流活动事实上的排列情况，所发生的一系列行为没有特定的开始或结束，每一个行为（发短信和调情）都刺激另一行为，但无法辨识最初原因是哪个。图 b 展示的是妻子眼中事件的发生顺序，她认为这一序列始于丈夫的调情，而她的发短信行为是对这一刺激的回应。图 c 展示的是丈夫对同一事件的看法，他认为这一序列始于妻子给他人发短信，而他的调情行为是对这一刺激的回应。请试着用这三个分图回答以下问题：主管抱怨工人缺乏培训，工作做不好，而工人抱怨主管根本不懂怎么管理，接下来会发生什么？

把交流活动划分为刺激—回应系列行为的做法，可称为分解（punctuation)。每个人都会为方便起见把一系列连续的事件分解为刺激和回应。上述丈夫与妻子的例子说明，人们的分解行为总是以对自己有利为出发点，而且符合对自我形象的看法。

明白他人如何解读以及如何分解某个情景，是做到人与人相互理解的重要一步。它也是具备共情能力（即能感受到他人的感受）的必要因素。在所有交流互动中，尤其是在冲突中，一定要努力弄清楚别人是如何将这一交流情景加以分解的。

人际交流具有不可避免性、不可逆转性和不可复制性

人际交流的发生是无法阻止的（不可避免性），交流顺序是无法颠倒的（不可逆转性），且人际交流无法重复（不可复制性）。让我们简单看一下以上每一个特征及其含义。

不可避免性

我们常认为人际交流是有意图、有目的的，其动机也是有意识的。在许多情况下确实如

此。但不可避免性（inevitability）这一原则指的是，很多时候，尽管你不认为你在交流或者你甚至根本不想交流，而事实上你正在交流。例如，一个助理面无表情地坐在办公桌旁，可能正望着窗外发呆，虽然他并没有在跟经理进行任何交流，但是经理却可以从中解读出不少信息——该助理兴味索然、百无聊赖或忧心忡忡。任何时候，即便这名助理并没有交流的意愿，但经理仍能从中得到一些信息。在人际互动情景中，一切行为都可能是一种交流。只要他人把信息价值附加在你的行为上，那么你行为的任何一个方面都会传达出信息。而另一方面，如果某个行为（如助理看着窗外）未被注意，那么就没有发生任何交流行为。

当你处在一个互动情景中时，你的所有回应都具有信息价值。例如，你注意到某人在朝你眨眼，那么你一定得用某种方式回应。即便你没有做出任何明显的回应，没有回应本身也是一种回应，而且传递出了一定的信息（当然要假定对方意识到你没有回应）。

不可逆转性

人际交流是不可逆转的。不可逆转性（irreversibility）这一特征表示的是传递出去的信息覆水难收，你不可能把它再收回来。虽然可以对信息加以修改、否定，或者用某种方式减小其影响，但一旦信息发送出去且被接收，就不可能再掉头回来。因此，在人际互动中（尤其是发生冲突时），你一定要加倍小心，切不可说一些以后可能后悔并想收回的话。同样，一些表示承诺的话，如“我爱你”，说出口前必须三思。

面对面的交流短暂易逝，只有交流各方或无意间听到你们谈话的人才有可能记得，除此之外，你们的交流不会留下任何痕迹。而在以计算机为媒介的交流中，信息是写下来的，可能被保存、存储和打印出来。无论是面对面交流还是用电脑交流，信息都可以是私密的，也都可以被公之于众，但是相比之下，计算机信息更容易公开，传播也更快。此外，你本想给某一个人发送信息，但事实上该信息被发送到了整个群里，这样的事情在通过诸如脸书之类的平台交流时很容易发生。书面信息能更清楚地证明你曾说过什么以及什么时候说的。

由于电子交流往往能永久保存，因此发邮件、上传文件或发帖子时一定要谨慎。

- 电子信息基本不可能被销毁，且很容易被公开。你在博客或任何一个社交网络平台发布的帖子都可能被转发给任何人。即使是你以为已经删除的邮件，或你在怒气下所写的帖子，黑客也可以在网络服务器或终端找回，或者他人很容易将其复制并发送给那些不宜看到这些东西的人那里。
- 网络信息可对你造成不利。网络信息不是一种权限信息，别人可以很轻易地看到，并用这些信息来针对你。你发了一通信息抱怨你的前老板，这些信息可能会被你未来的老板看到，那么他会认为你是个爱发牢骚的人，并因此拒绝你的求职申请。事实上，雇主们经常到相关网站上搜索求职者的信息，而你对此根本无法否认，毕竟，白纸黑字写着呢。

尽管这类警告不绝于耳，尽管许多网络用户也意识到隐私的重要，但人们仍在网上透露信息（而且常常是过度透露），把一些日后可能于己不利的信息发布出来。

不可复制性

人际交流除了不可避免且不可逆转，而且还不可复制。之所以会有不可复制性（unrepeatability）这一特点，原因很简单：每个人、每件事都在持续变化着。因此，之前某个交流行为中的场景、心境或动态关系都不可能被一模一样地还原。例如，第一次见某个特别的人物，安慰一个伤心的朋友，或是解决某个具体的冲突，这些经历都不可能复现。而且，你也一定知道，你不可能有第二次机会去对某人产生第一印象。

当然，你可以再次尝试，比如你可以说："抱歉我刚才太冒失了，我们可以再试一次吗？"不过要注意的是，即便你这么说了，也不能抹除你留下的第一印象。你只不过是通过再次重复，尽量抵消第一（且可能是负面的）印象。你这么做是为了留下一个较好的印象，以减轻最初印象的不利影响，这一目的确实常常可以达到。

第2章
文化与人际交流

我们生活在一个多元文化的世界中，也在这样的世界中与人交流互动。意识到这一点能让我们更加轻松地应对人际交流和人际关系中的种种问题。

本章讨论人际交流的一个基础理论——文化，这是一个常被误解的概念。具体而言，本章解释文化的性质、文化与人际交流的关系、不同文化的主要差异以及这些差异会如何影响人际交流，而我们又该如何改善跨文化交流。

文化

对文化（culture）我们可以做如下定义：一群人相对特殊的生活方式，这样的生活方式通过交流而非基因代代相传。

“文化”涵盖了群体成员创造和发展的所有东西：价值观、信仰、语言；行为模式；艺术、法律、宗教；当然，还有交流理论、交流方式和交流态度。

文化从一代人传到下一代人靠的是交流，而非基因。文化与种族或民族不是一回事。文化指的不是皮肤的颜色或眼睛的形状，因为这些特征遗传给下一代靠的是基因，而不是交流。当然，由于一个特定的种族或民族常常习得同样的信仰、态度和价值观，因此我们也可能谈及“西班牙文化”或“美国黑人文化”。但重要的是，我们必须意识到，在任何大的群体中，尤其是建立在种族和民族基础上的群体中，文化差异是非常大的。堪萨斯州的农民和华尔街的经理可能都是德裔美国人，但是他们的想法、信仰和生活方式都极为不同。与纽约金融家相比，堪萨斯州的农民可能在许多方面与中国的农民具有类似的看法和价值观。

英文中的 sex（性别）和 gender（性属）常被作为同义词加以使用，但它们是有很大区别的。sex 强调的是男性和女性的生理差异，是由基因和生物学决定的。而 gender 指的是文化赋予一个具有男性特质的人或一个具有女性特质的人的信仰、观点和行为。性属（具有男性特质或具有女性特质）是男孩或女孩从文化中习得的，是他们在成长过程中所学到的行为方式、交流方式以及与他人互动的方式。正是通过这些方面的教育，你有了自己的性属身份（gender identity），即你是谁，是具有男性特质还是女性特质，抑或二者都有或都没有。对任何一个人来说，性别和性属可能一致也可能不一致。如果二者一致，那么这样的人被称为顺性别者（cisgender）；如果二者不一致，那么我们称其为跨性别者（transgender）。

虽然性别取决于基因传递而非交流，但性属却是一种文化变量，其主要原因是男孩和女孩们正是从文化中学到了各种态度、信仰、价值观，以及与他人交流、相处的方式。因此，你之所以表现得像个男人或女人，部分原因是你的文化告诉你男人或女人应该如何表现。当然，这并不是说，生物学上的差异对男女行为表现没有影响。事实上，关于造成两性差异的生物学根源，我们曾以为已经完全了解了，可后来的研究一直在为我们提供这方面的新发现。

我们可以从一个有趣的视角来看待文化，即看一下人们常用什么样的比喻来描述文化。

表 2-1 列出了七个文化的比喻，让我们可以通过其他方式来了解文化的性质。

表 2-1　文化的七个比喻

比喻	该比喻所表达的观点或假设
沙拉	文化是[illegible]构成的，但各文化可相互作用而产生一种更优组合
冰山	一个人[illegible]一部分、在一个人的外在表现下可能隐藏着文化的其他方面及[illegible]
树	各种[illegible]，可是造就这棵树结构和功能的根系却是看不见的
熔炉	不同[illegible]物而失去其个性，不过该混合物常会优于组成它的任何单一[illegible]
软件	一[illegible]应和行为进行“编程”。人们常常在文化的潜移默化中习得思[illegible]
器官	[illegible]化的影响而发展变化
马赛克	[illegible]碎片组成；组合后的整体，相比于任何单一碎片，都是一件更[illegible]

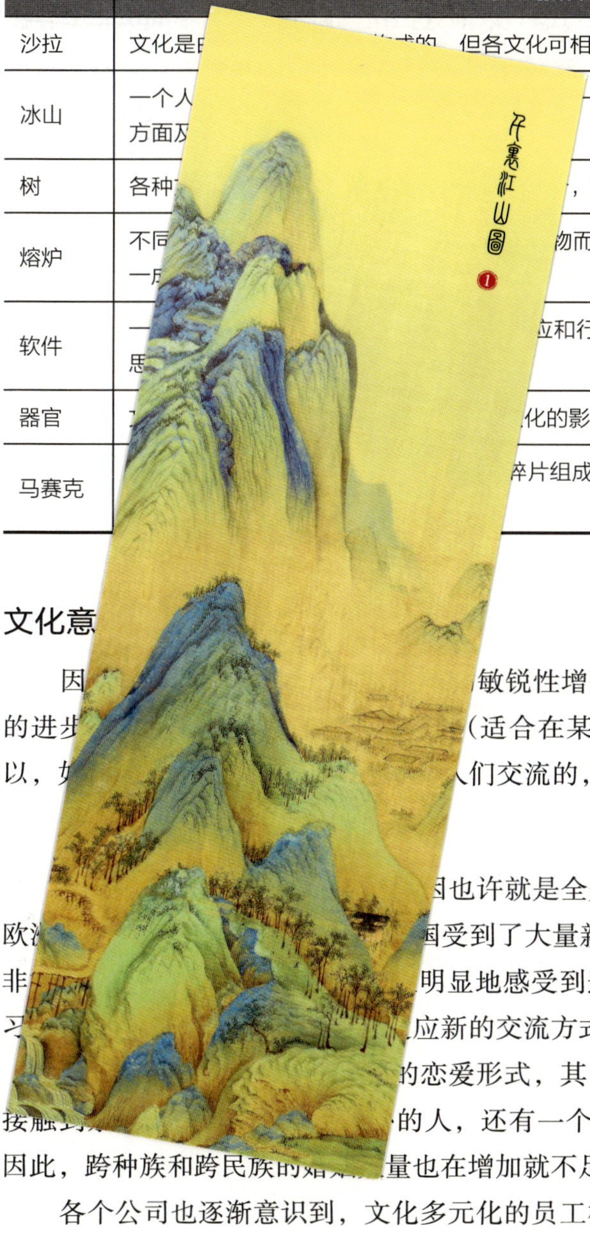

文化意[illegible]

因[illegible]敏锐性增强、经济上和政治上的相互依赖、交流技术的进步[illegible]（适合在某个文化中的交流未必适合另一个文化），所以，如[illegible]人们交流的，那么有效沟通就绝不可能达成。

[illegible]因也许就是全美人口结构的巨大变化。美国曾经是一个以欧洲[illegible]国受到了大量新公民的影响，他们来自拉丁美洲、南美洲、非[illegible]明显地感受到这一变化。这些变化带来了不同的人际交流习[illegible]应新的交流方式。

[illegible]的恋爱形式，其中一个很大的原因是，通过网络约会，你能接触到[illegible]的人，还有一个原因就是世界上使用网络的人实在太多了。因此，跨种族和跨民族的婚姻[illegible]量也在增加就不足为奇了。

各个公司也逐渐意识到，文化多元化的员工构成对其最终盈利很有益处，因而会进一步鼓励多元化。理解了文化在人际交流中的作用，你就能在这一新的多元环境中更有效地交流。

文化差异的敏锐度

美国对文化的差异越来越敏感。美国社会曾经的文化同化主义态度（人们应该放弃本族文化而适应新的文化，这一过程称为文化同化（cultural assimilation）），现在已转变为重视文化多元化的态度（人们应该保留本族的文化方式）。以前我们用大熔炉来比喻不同文化融合在一起形成了一个新文化，而现在凉拌沙拉这个比喻更合适，各文化有一些混合，但是仍保留各自不同的独特口感和风味。它所带来的另一个好处就是，如果有能力与来自其他文化的成员进行有效交流，那么我们就能获得经济收益、工作机会以及更好的发展前景。

经济上和政治上互相依赖

如今，大部分国家在经济上都相互依赖，我们的经济生活取决于我们在不同文化之间有效沟通的能力。同样，我们的政治安定在很大程度上也要依赖其他文化政治上的安定。世界任何地方发生的政治动乱都会影响我们自身的安全。跨文化交流和各文化间相互理解似乎比以前任何时候都更重要。

交流技术的进步

由于科技的快速发展，跨文化交流不仅无法避免，而且非常方便。收看国外的新闻已不是什么新鲜事了。每天晚上你都能看到遥远国度发生的事情，而且细节生动，就像发生在本市或本州一样。当然，由于有了因特网，跨文化交流就更加简便了，只要在计算机上写行字就行。通过电子邮件或任何社交网络平台，你能轻轻松松与万里之外另一个国家的某个人交流，其方便程度不亚于你与住在几个街区之外甚至隔壁房间的人交流。

人际交流的文化特殊性

文化之所以重要还有一个原因，那就是人际沟通能力具有文化特殊性，在一个文化中行之有效的沟通方式到了另一个文化中就未必有效。例如，许多亚洲人从小接受的教育就是要重视合作、顾全颜面，可是到了一个鼓励竞争和直言不讳的文化中，他们就会觉得格格不入。美国的管理者如果到亚洲工作也会有同样感受。以商务会议为例，在美国，企业管理者见面几分钟后就会谈到正事，而在日本，管理者们常常要多聊一会儿，以便相互之间能有更多的了解。

文化的传承

文化通过文化传承（enculturation）的方式代代相传。文化传承指的是出生在某种文化中（本土文化）的人学习该文化的过程。父母、同伴、学校、宗教机构和政府部门就是主要传授这一文化的老师。

通过文化传承，你发展出民族认同感（ethnic identity)，即认同你本族文化中的信仰和人生观，而这种认同自然而然地可以保护你不受歧视。民族认同感指的是你在多大程度上认同你的文化族群并把自己看成是该文化的一员。可想而知，你可以从家人和朋友那里获得民族认同感，你们庆祝民族节日、参加民俗娱乐、吃具有民族特色的食物；你还可以从学校教育中获得民族认同感，在学校你学习本族文化和民族背景；此外，通过媒体和互联网你也能获得民族认同感。一旦你开始认为自己文化中的行为是唯一正确的，或者把其他文化中的行为看成是比较低等的，那么民族认同感就转变成了民族优越感。

人们常把民族认同感与种族混淆起来。民族认同感基于某一个特定族群的社会和文化认同，而种族（race）是以生理和生物学特征为基础对人进行的分类。发型、肤色以及诸如鼻子和嘴唇这些面部特征的形状一般都可作为这一划分的标准。可以想象，在任何个体和族群中，二者会有很大部分的重叠，也会有很大的差异。

学习文化的另一种过程叫作文化适应（acculturation)，即学习与自己本土文化不同的文化的规则和规范的过程。在文化适应中，你直接接触或生活在一个不同的新文化之中，你原来的本土文化会有些改变。例如，当移民在美国（主体文化）定居，他们自己的文化会受到主体文化的影响。主体文化的价值观、行为方式和信仰会越来越多地成为移民文化的一部分。当然，主体文化与移民文化的作用是相互的，主体文化也会同时发生一些改变。然而，一般而言，移民文化会改变得更多些，其原因在于主体文化的人数大大多于移民群体的人数，而且媒体也基本被主体文化所主导，主要反映的是主体文化的价值观和习俗。

新公民能在多大程度上接受新文化取决于很多因素。如果移民的文化与主体文化相似，那么文化适应就比较简单。同样，较年轻的和受过教育的人会比年纪较大和受教育程度低的人更容易融入新文化中。性格因素也会起到一定作用。例如，喜欢冒险和

视野：文化帝国主义

文化帝国主义指的是某些发达国家，如北美和西欧的一些国家，主要通过产品的使用，音乐、电影和电视节目的渗透及其互联网主导地位这些手段，将自己的文化价值观强加在其他文化之上。

你认为媒体和互联网对全世界的各种本土文化有何影响？你如何评价这一趋势？

视野：这些名称的含义

一些研究人员喜欢用亚文化这个名称来指代包含在较大文化中的小型文化，而另一些研究人员则不会使用这个名称，他们认为这个名称意味着某种文化与其他文化相比不那么重要。还有些研究者倾向于使用共存文化这个词表示并存的各种文化，而其他人认为这个词不准确，因为所有文化都是共同存在的，这些理论家就是很简单地把所有文化都称为文化。

对于亚文化、共存文化和就是简简单单的文化这些名称，你有何看法？

思想开放的人就更容易适应新文化。还有，移民前就通过人际交往或媒介而熟悉主体文化的人，也会更容易适应新文化。

文化视角的目的

由于文化渗透到了交流的方方面面，因此，如果要理解交流的开展方式并掌握相关技能，就有必要了解文化的影响。正如本书所阐明的，文化对各种类型的交流都有影响。它会影响到你对自己说什么，你如何与朋友、恋人和家人进行日常对话。它会影响你在集体中如何与人打交道，你认为集体和个体哪个更重要。它会影响你谈论的话题，影响你在提供信息或说服他人时使用的策略。它还会影响你使用媒介的方式以及你对这些媒介的信任度。

我们来看一下对年龄的不同态度。如果你在美国长大，那么很有可能你在成长过程中会接受偏爱年轻的观点，媒体每天都在强化这一看法，你很有可能会以为全世界所有文化都喜爱年轻。但是这种喜爱不是处处如此的，如果你以为到处都是这样，那你必定会遇到跨文化方面的麻烦。

在多种多样的跨文化情境中，你需要理解文化才能进行有效交流。无论是在工作中，还是在社会和个人生活中，人际交流能否成功很大程度上要看你对那些不同文化的人有多少了解，又有多少能力与之进行有效沟通。反面的例子不胜枚举，如种族间紧张的关系、宗教分歧、性别偏见和跨文化交流失败所带来的各种问题，每天的媒体报道都充斥着这样的事例。

强调文化的重要性，并不表示你应该接受所有文化行为，或者所有文化行为从你的价值观和信仰的角度来看都应该是平等的，也并不意味着你应该接受和遵从你本土文化中的所有行为。当然，违背本土文化的传统和价值观阻力很大，但重要的是，你要明白，文化会影响你的价值观和行为，但不能决定它们。相比文化，个人的性格因素（如你的自信、外向和乐观的程度）常被证明更有影响力。

人际交流技巧

文化敏锐性：对各种不同文化的回应

文化敏锐性是一种态度和行为方式，即你能意识到文化间的差异并承认这些差异；无论是对达成诸如世界和平与经济增长这样的全球目标，还是对有效人际交流而言，文化敏锐性都非常重要。如果缺乏文化敏锐性，那么不同性别、种族或国籍的人之间就不可能进行有效的人际交流。因此，一定要关注你与其他人之间的文化差异。与欧裔美国人愉快交流的技巧未必能用来与亚裔美国人交流；在日本行之有效的方法在墨西哥就不一定有用；身体近距离接触在阿拉伯文化中被认为很正常，但可能到了美国或北欧就会让人感觉太亲近或太唐突；大部分美国人都欣然接受的同理心可能会让大多数韩国人、日本人感觉很不舒服。

交流要具备文化敏锐性

本章列出了许多增强跨文化交流有效性的指导原则，其中推荐的一些内容可作为增强文化敏锐性的最佳建议：

- 自我准备。对于会受到文化影响的行为，要多学习并耐心倾听。
- 意识到自己的恐惧。你会害怕与不同文化的人打交道时出现不合适的行为，要能明白并面对这种恐惧。
- 意识到差异。要知道你与来自不同文化的人之间是有差异的。
- 意识到群体内的差异。在明白自身与他人有差异的同时，也要知道在任何文化群体的内部也会存在巨大差异。
- 意识到含义上的不同。对不同文化的人来说，同一个词语并不总是表达一样的含义。
- 了解规则。要能察觉他人的文化规则和习俗，并用心加以思考。

开启思考

你会如何评价自己的文化敏锐性？回忆一下，在哪些场景中你具有文化敏锐性，而在哪些场景中你缺乏这种敏锐性，在这些不同场景中都发生了什么。有时候，如果具备一些文化敏锐性，那么就能改善当时的交流情况，你能举出一个这样的例子吗？

> **人际关系抉择时刻**
>
> **与文化预期不符**
>
> 你认识了一些新同事，他们邀请你参加一个节日聚会。你对他们了解不多，于是买了非常贵重的礼物。当他们一个个打开自己的礼物时，你注意到这都是很一般的东西，比如镜框、书、香味蜡烛等。下一个就轮到你展示自己的礼物了。你预料到他们的反应会不太好，你会说什么来减轻他们的这种反应呢？
>
> a.“哎呀，怎么没人告诉我应该交换什么样的礼物呀？”
>
> b. 在礼物打开前说：“我敢肯定我的礼物不太合适。我拿回去，换点别的来。”
>
> c.“如果你们不喜欢，我就拿回去。”
>
> d. 什么也不说。
>
> e. 其他。

文化差异存在于整个人际交流过程中，从使用眼神交流的方式到你确定或解除恋爱关系的方式，都有文化差异。文化甚至会影响你的幸福感，而这反过来又会影响你的态度，影响你所发送的信息是积极的还是消极的。但是不能因为存在这些差异，你就看不到各文化间的相似之处，即便是完全不同的文化也存在大量相近的地方。讨论差异的时候，一定要记住，差异只是程度的不同，而不是非此即彼。例如，大部分文化都珍视诚实，但是有些文化会尤其看重它。此外，媒介和科技的进步，以及互联网的广泛使用也正在影响着文化及其变化，一定程度上，它们可能正在加强各文化的类同性，即减少差异性，增加相似点。

文化差异

具备良好的沟通意愿或意图有助于你进行有效人际交流，但光有这些是不够的。要想与他人进行有效沟通，你需要知道各种文化是不同的，需要知道这些不同会如何影响交流。研究表明以下几条主要的文化差异会对交流造成影响：（1）个体主义文化和集体主义文化；（2）对情境的强调（是高语境还是低语境）；（3）权力结构；（4）阳性文化和阴性文化；（5）对不确定性的容忍力；（6）长期导向文化和短期导向文化；（7）享乐和约束。这些差异中的每一个方面都会对所有形式的交流产生重要影响。

在阅读这些文化差异时，请考虑以下两个重要的问题，以便使我们的讨论更具个性化，并起到更大作用：

1. 你有什么样的文化偏向？比如，你是更偏向个体主义文化还是更偏向集体主义文化？其他方面也可一一加以讨论。

2. 这些文化方面的学说会如何影响你的目标和行为？

一旦明白了文化对你自己行为的影响，你也就更容易理解文化对他人的行为带来的类似影响，这是有效人际沟通和跨文化交流的必要技能。

在阅读这些方面的内容之前，在下面各题中选择一个最接近你的感受的答案。读完下面这一节后，你会发现并没有非此即彼的感受，我们只是有或多或少的偏向而已。

1. 在我看来，更能衡量成功的是：
   a. 我超越别人的程度。
   b. 我对团体合作的贡献。
2. 我心目中的英雄一般而言是：
   a. 那些从人群中脱颖而出的人。
   b. 具有团队精神的人。
3. 假如我是经理，我可能会：
   a. 如果有必要，在公共场合训斥员工。
   b. 无论在什么情况下，总是私下里斥责员工。
4. 交流时，一般来说更重要的是：
   a. 有礼貌，而不是正确无误或直言不讳。
   b. 正确无误或直言不讳，而不是礼貌。
5. 作为学生（而且我认为自己知道得足够多），那么：
   a. 质疑教授不会让我不自在。
   b. 质疑教授会让我感觉不安。
6. 选择伴侣或亲密朋友时，这样做我觉得更舒服：
   a. 任何人都可以，不一定非要与我来自同一个文化或阶层。
   b. 只能是来自同一文化或阶层的人。
7. 在发生冲突时，我更可能：
   a. 直面冲突且力求赢得胜利。
   b. 面对冲突，努力达成和解。
8. 假如我是某机构的经理，我会重视：
   a. 竞争和进取精神。
   b. 员工满意度。
9. 作为学生，我更喜欢这样的作业：
   a. 对作业的理解有一定的自由度。
   b. 有明确的作业要求。
10. 一般而言，接受一项我没有经验的任务时，我感觉：

a. 很轻松。

b. 不安。

11. 一般而言：

a. 我存钱以备未来之需。

b. 挣多少花多少。

12. 我在育儿方面的理念是：

a. 孩子应由母亲照顾。

b. 孩子可以由他人照顾。

13. 在很大程度上：

a. 我相信我掌控着自己的生活。

b. 我认为我的生活主要由我无法控制的力量所决定。

14. 一般而言：

a. 我有闲暇时间做我觉得有趣的事情。

b. 我几乎没有什么空闲时间。

- 1 ～ 2 题反映的是个体主义—集体主义倾向：选项 a 表示你具有个体主义倾向，选项 b 表示你具有集体主义倾向。
- 3 ～ 4 题反映的是高语境还是低语境这一特征：选项 a 注重高语境，选项 b 注重低语境。
- 5 ～ 6 题反映的是权力差距这一方面：选项 a 表示对低权力差距比较适应，选项 b 表示适应高权力差距。
- 7 ～ 8 题反映的是文化的阳性—阴性这一面：选项 a 表示具有阳性倾向，选项 b 表示具有阴性倾向。
- 9 ～ 10 题反映的是对不确定性的容忍度：选项 a 表示具有高度容忍力，选项 b 表示容忍力较低。
- 11 ～ 12 题反映的是长期或短期导向：选项 a 表示具有长期导向，选项 b 表示具有短期导向。
- 13 ～ 14 题反映的是享乐和约束导向：选项 a 表示享乐导向，选项 b 表示约束导向。

当然，只是回答两个问题远远不能判断你的文化偏向，这些问题不过是使得这些偏向更具代入感。要做到控制它们而且只要你愿意就能改变它们，那么第一步就是要明白，在各种各样的情况下，你的偏向都会受到文化的影响（至少部分如此）。明白这一点还能帮助你改善自己的行为，使你举止得当，在某些情境中能更好地交流。

个体主义倾向和集体主义倾向

文化的不同可以表现在它是提倡个体主义的思想和行为，还是提倡集体主义的思想和行为。个体主义文化（individualist culture）告诉其成员个人价值的重要性，如权力、成就、享乐和刺激。以下各国的文化是很好的例子：美国、澳大利亚、英国、荷兰、加拿大、新西兰、意大利、比利时、丹麦和瑞典。而集体主义文化（collectivist culture）则教导其成员要重视群体价值观，如仁爱、传统和从众。拥有这类文化的国家有危地马拉、厄瓜多尔、巴拿马、委内瑞拉、哥伦比亚、印度尼西亚、巴基斯坦、哥斯达黎加和秘鲁。

这两种导向的主要区别之一就是对于个体目标和集体目标的重视程度不同。当然，这些目标不是相互排斥的，你很可能两种倾向的目标都有。例如，你会与篮球队的其他成员竞争，以获得最多投篮奖或最佳球员奖（此时你看重的是个体目标），但比赛的时候，你会为整个球队而拼搏（此时你看重的是群体目标）。在实际情况中，个体主义倾向和集体主义倾向分别帮助你个人和你的球队达成各自的目标。不过大部分人和大部分文化都有一个主导的倾向。在个体主义文化中，其成员为个人负责，也许还会顾及其直系亲属。而在集体主义文化中，其成员对整个团体负有责任。

在个体主义文化中，衡量成功的标准是你在多大程度上超越其他成员，因此你心目中的英雄很可能是那些独特且与众不同的人。在集体主义文化中，你有多么成功要看你为整个群体做了多大的贡献，而你会为自己与团体其他成员没有太大差别而骄傲。你心目中的英雄很可能是具有团队精神的人，他们不会表现得比其他成员更突出。

在集体主义文化中，区分群体内成员和群体外成员很重要。而个体主义文化高度重视每个成员个体，群体的区分就没那么重要。事实上，与个体主义和集体主义密切关联的是普遍主义和排他主义。普遍主义文化（与个体主义高度相关）把每一个成员都看成是独立个体，而不是属于某个群体（例如，按照种族和民族分类的群体），普遍主义导向的文化告诉人们要尊重其他的文化、信仰和行为方式。而排他主义导向的文化（与集体主义高度相关）培养高度的组织归属感，对组织外的成员缺乏尊重。群体内成员独享特权，但对其他文化的成员则表现出漠不关心、没有礼貌，甚至有时会抱有敌意。

高语境文化和低语境文化

文化的另一个差别是，所传递的信息是清楚明确的还是得在某个语境中或是只有交流者才明白。在高语境文化中（high-context culture），交流的大部分信息都存在于语境中或为交流者所了解，例如，这些信息通过以前的交流、对彼此的看法以及共同经历而为交流者所共享。

> **人际关系抉择时刻**
>
> **面子问题**
>
> 你不小心把你最好的朋友现在的恋人叫成了其前任的名字，从他俩的表情中你看出你的朋友从来没有在对方面前提及其前任。你会说什么来帮助你朋友摆脱你所制造的麻烦?
>
> a. “哎呀，我猜你对前任那个坏家伙一无所知吧。”
>
> b. “我是不是说错话了?”
>
> c. “我说错名字了，对不起；我刚才想到了另一个人。”
>
> d. 什么也不说，继续你们的交谈。
>
> e. 其他。

因此，所有交流参与者都能知道这些信息，而无须用语言的方式清晰地表达出来。而在低语境文化（low-context culture）中，大部分信息以话语的方式清晰陈述，在正式交易中，这些信息会以书面（或合同）形式呈现。

高语境文化也是集体主义文化。这些文化高度重视个人关系和口头协定。具有高语境文化的有日本、阿拉伯、拉丁美洲、泰国、韩国和墨西哥。低语境文化也是个体主义文化，这些文化不太强调个人关系，而更注重言语上清晰的阐释，如商业事务上的书面合同。低语境文化的例子包括德国、瑞典、挪威和美国这些国家的文化。

跨文化交流中出现的误解常常是由于两种文化的高低语境不同，这从维护面子的行为中可窥一斑。高语境文化的人特别重视面子，尽量不让自己和他人感到尴尬。例如，他们更可能避开争论，生怕对方丢面子。而低语境文化的人（由于其个体主义偏向）更容易通过争论而表明自己的观点。同样，在高语境文化中，批评一般应该私下进行，而低语境文化不太在意是在公开场合还是私下里批评他人。来自低语境文化的经理在公开场合批评一个来自高语境文化的员工后往往会发现，这些批评导致了人际关系问题，而对于他一开始所要解决的问题毫无帮助。

高语境文化的成员不太愿意说不，唯恐会冒犯他人或让别人丢面子。例如，弄清楚日本高管说的“是”什么时候确实表示“是”而什么时候表示“不是”，这是非常有必要的。二者的区别不在于所用的词，而是这些词是怎么说出来的。显然，低语境文化的人会认为这种不太愿意直接表达（“直接表达”即想表达“不”就说“不”）的做法是个缺点，或认为他们不愿意面对现实。

权力差距

权力差距（power distance）指的是权力在社会中的分配方式。在某些文化中，权力掌握在少数人手里，这些人手中的权力是普通人难以企及的。这样的文化就被称为高权力差距文化。具有高权力差距文化的前 10 个国家依次是马来西亚、斯洛伐克、危地马拉、巴拿马、菲律宾、俄罗斯、罗马尼亚、塞尔维亚、苏里南和墨西哥。而在低权力差距文化中，权力在公民中的分配比较平均。具有低权力差距文化的前 10 个国家依次是奥地利、以色列、丹麦、新西兰、瑞士、爱尔兰、瑞典、挪威、芬兰和英国。在 76 个国家的权力差距排名中，美国位列 59（58 个国家的权力差距都比美国大）。这些差异会从许多方面对交流产生影响。例如，在高权力差距文化中，学生和老师之间权力差距很大，因此，学生要谦虚、有礼貌，并绝对尊重老师。在低权力差距文化中（这一点在美国大学教室里表现得很明显），学生可以展示自己对某个主题的了解和掌握，可以在课堂中与老师进行讨论，甚至可以对老师提出质疑，而这一点在许多高权力差距文化中简直无法想象。

视野：阳性化和阴性化的组织

一个群体的组织方式也有阳性和阴性之分。阳性化的组织会以什么价值观为其特点？阴性化的组织呢？你在哪一种组织方式中工作会感觉更舒服？

友谊和恋爱也会受到不同群体间权力差距的影响。例如，在印度，人们只能在同一个文化阶层中发展这些关系。而在瑞典，一个人选择和谁交友和谁恋爱不是看对方的阶层或文化，而是看个性和外表之类的个人因素。

低权力差距文化鼓励其成员坚定而自信地面对朋友、恋人或领导。在这些文化中，你能感受到普遍存在的平等，这与其坚定自信的表现是一致的。而高权力差距文化对直接对抗和这种坚定自信持否定态度，尤其是面对领导的时候更不应如此。

阳性文化和阴性文化

影响自我评价很重要的一点，就是文化对性属角色的态度，即男人和女人的行为举止应该是什么样的。事实上，用阳性和阴性来区分文化是一种非常流行的区分方法。在表示文化导向性的时候，阳性和阴性这两个词不应被理解成一种固定不变的刻板印象，而是应该认为这两个词反映了全世界相当大一部分人所共有的某些设想。

阳性文化（masculine culture）程度高的文化重视进取精神、

物质上的成功和力量。而阴性文化（feminine culture）程度高的文化强调谦虚，关心人际关系和生活品质，赞美温柔。在列出的53个国家中，美国在阳性文化国家中排名第15。

阳性文化强调成功，因此鼓励其成员在社交方面要自信、有进取心、有竞争力。例如，阳性文化中的成员更倾向于直接面对冲突，以竞争的方式解决任何分歧；他们解决冲突时更重视那些能使自己获胜并确保对方失败的技巧（胜负策略）。而阴性文化强调生活品质，因此社交方面要求其成员要谦虚，要重视建立密切的人际关系。例如，阴性文化中的成员解决冲突时更愿意使用妥协和谈判的方式，他们更希望寻求双方都能获利的解决方式（双赢策略）。

对不确定性容忍度高的文化和对不确定性容忍度低的文化

不确定性容忍度（ambiguity tolerance）的高低在各文化间差异很大。在某些文化中，人们很少去避免不确定性，也不会因为不知道即将发生什么而焦虑。而在另一些文化中，人们极力避免任何不确定的状况，对于不明确的情况会感到焦虑。

在能高度容忍不确定性的文化中，其成员不会害怕未知状况，在他们看来，不确定是生活的一部分。10个对不确定性容忍度最高的国家或地区是新加坡、牙买加、丹麦、瑞典、中国香港特别行政区、爱尔兰、英国、马来西亚、印度和菲律宾，美国排名第11。

由于这一文化中的成员能坦然接受未知和不确定，因此极度轻视支配交流和人际关系的各项规则。这些文化中的人乐于容忍那些不能像大多数人一样遵守同样规则的人，甚至鼓励不同的方法和观点。

来自对不确定性容忍度高的文化中的学生希望教育能有一定的自由度，喜欢没有特定时间表和没有具体要求的作业。这些学生希望能因自己的创造力而得到表扬，老师若缺乏某些知识，他们也能欣然接受。

在不太能容忍不确定性的文化中，其成员尽力避免不确定的情况，而且会因为不知道接下来会发生什么而感到极度焦虑。他们认为不确定的状态是可怕的，因此必须尽量消除。10个对不确定性容忍度最低的国家是希腊、葡萄牙、危地马拉、乌拉圭、比利时、马耳他、俄罗斯、萨尔瓦多、波兰和日本。

对不确定性容忍度低的文化会制定清晰明确的交流规则，且绝不能违反。例如，来自极力避免不确定性文化的学生喜欢没有模糊性而高度结构化的体验，他们喜欢具体的目标、详尽的指令和明确的时间表。一份“主题任选”的学期论文作业足以让他们惊慌，因为作业要求不够清楚具体。这样的学生希望能以答案的对错来判定成绩，并期望老师在任何时候能解答任何问题。

长期导向和短期导向

另一个很有意思的区别是长期导向和短期导向的区别。有些文化鼓励长期导向（long-term orientation），即重视未来回报的重要性，这些文化中的成员更易于为将来而存钱，而且会为未来做学业上的准备。在参与排名的93个国家和地区中，美国排名第69，说明美国与大多数国家相比长期导向都不太明显。在这些文化中，婚姻是很务实的安排，而不是建立在性或感情的基础上，而且，一大家子人住在一起（如与公婆或岳父岳母同住）很常见，他们也认为很正常。这些文化认为母亲应该在家带孩子，认为谦逊无论对男性还是女性都是美德，还认为老年时光应该是一生中的幸福时光。

而鼓励短期导向（short-term orientation）的国家更看重过去与现在。这种文化中的人不会为将来存钱，相反，他们为当下消费，并且希望付出努力之后很快就能换来回报。这些文化所认可和传播的观点是：婚姻是一种道德上的安排，与姻亲同住会有麻烦，孩子不一定非得由母亲照顾（其他人也可以），谦逊只应该是女性具备的美德（男性无须谦逊），老年是人生的悲苦阶段。

这些文化在对待工作的态度上也迥然不同。具有长期导向文化的企业展望未来的收益，经理或企业主与员工们拥有同样的价值观，共同努力以获得共同利益。而具有短期导向文化的企业更希望获得即时的回报，经理和员工们在对工作的想法和态度上有很大差别。

甚至在教育方面也能看出这两种导向的文化差别很大。长期导向文化中的学生会把自己学业的成功或失败归因于自身的努力程度，而短期导向文化中的学生认为运气或机会是导致他们成功与否的原因。

我们还能从另一个方面看出这一差别，有一项研究要求亚洲的主管（多具有长期导向的文化）和美国的主管（具有短期导向的文化）列出他们认为在工作中最重要的品质，并按重要程度排序。表2-2列出了排在前6位的回答，从中可以看出这两种文化的巨大差异。需要注意的是，“努力工作”这一品质在两份榜单上都有，但是排名却完全不同。

表2-2　工作中的品质

亚洲主管（长期导向文化）所看重的品质	美国主管（短期导向文化）所看重的品质
努力工作	言论自由
尊重知识	人身自由
诚实	自立
对新想法的开放心态	个人权利
有责任心	努力工作
自律	个人成就

视野：健康与文化导向

一项研究发现，相比享乐导向文化的人群，约束导向文化的人群心血管疾病的死亡率要高得多，而在享乐导向文化中，更多的人会用“非常好”来描述自己的健康状况，这一发现体现了两种文化的差异。你认为为什么会这样？

享乐与约束

文化的差异还体现在对享乐和约束的重视程度上。享乐（indulgence）程度高的文化强调要满足欲望，他们重视玩乐，提倡享受生活。享乐度高的前 10 个国家是委内瑞拉、墨西哥、波多黎各、萨尔瓦多、尼日利亚、哥伦比亚、特立尼达、瑞典、新西兰和加纳。这些文化中的大部分人感觉幸福，主要原因有两点：

- 掌控生活。感觉想做什么就可以做什么（至少很大程度上如此），你想做的事情可以自由选择去做还是不去做。
- 安逸。感觉有空闲时间去做自己认为有趣的事情。

此外，享乐倾向文化中的成员更具积极态度，更乐观，也更容易记住积极的情绪。他们对家庭生活也相对更满意，性别分工没那么严格（例如，家务由夫妻双方共同承担）。

约束（restraint）导向度高的文化（排名前 10 的是巴基斯坦、埃及、拉脱维亚、乌克兰、阿尔巴尼亚、白俄罗斯、立陶宛、保加利亚、爱沙尼亚和伊拉克）用社会规范要求人们对欲望的满足加以克制和管理。约束导向文化中有更多人感觉不幸福：他们认为无法掌控自己的生活，几乎或完全没有时间做自己认为有趣的事情。与享乐导向文化相比，高约束度文化的成员更愤世嫉俗、更悲观，而且不太容易记起积极的情绪。他们对家庭生活也相对不那么满意，两性有严格的分工，家务活的分配也不平等。

可想而知，享乐倾向的文化不太注重节约，相反，他们重视的是为满足需求而消费。而约束导向的文化强调节俭。还有一点也显而易见，那就是我们发现享乐倾向的文化把友谊看得很重要，他们有很多朋友，而约束导向文化的人就不那么看重友谊。虽然还没有研究提供任何证据支持，但是很可能脸书用户中享乐倾向文化的人会比约束倾向文化的人有更多的好友。

跨文化交流的原则

跨文化交流（intercultural communication）指的是具有不同

文化信仰、价值观和行为方式的人之间进行的交流。图 2-1 所示模型对此概念进行了描绘。两个大圆代表交流者不同的文化，内圈代表交流者（信源和信宿）。在这一模型中，每个交流者都是不同文化中的一个成员。在有些情况下，文化差异相对较小，比如，多伦多人和纽约人之间的交流。而在另一些情况下，文化差异很大，比如来自婆罗洲的人和法国人之间的交流，或者来自农业国尼日利亚的人和来自工业国德国的人之间的交流。

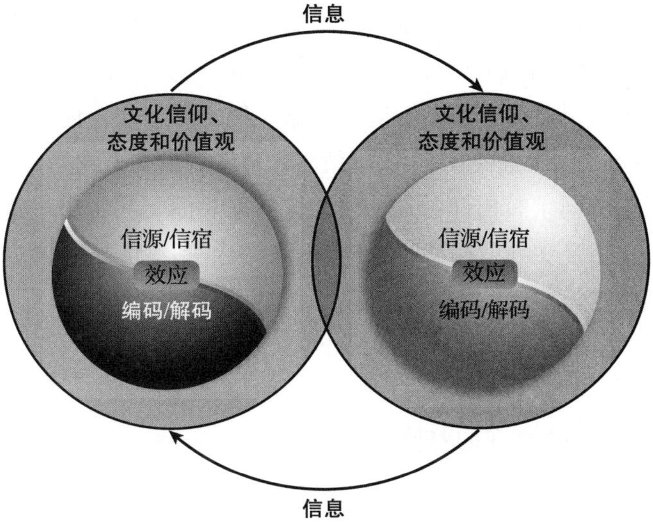

图 2-1　跨文化交流模型

此模型说明文化是每一个交流行动的一部分。具体而言，该模型表明，你发送的信息和你接收的信息会受到你的文化信仰、态度和价值观的影响。还要注意，两个圆圈有一部分是重合的，说明无论两个人的文化有多么不同，总还会有一些相似之处或相近之处。

无论你自己的文化背景是什么，你肯定会与来自不同文化的人进行密切接触，他们说着不一样的语言，吃着不同的食物，拥有不同的宗教信仰，而且对待工作和人际关系的方法也很不一样。无论你是常住居民还是新移民都无所谓：你或者会很快就与这些来自不同文化的人一起生活、上学、工作并发展出一定的关系。你在社交媒体上的日常人际交往也会与你的面对面交往一样，变得越来越国际化。

以下指导原则有助于提高跨文化交流的有效性。

加强自身的学习

为跨文化交流做准备，没有比学习了解其他文化更好的方法了。幸运的是，我们有很多资源可以利用。我们可以观看一部真实呈现文化观点的纪录片或电影，也可以阅读由本文化或非本文化的人写的有关该文化的材料。我们还可以浏览该文化的杂志或网站，与该文化的人交流，在国际聊天室里与人交谈。或者，有些材料的目标读者就是那些需要与其他文化的人交流的人，这样的材料你也可以读一读。

除此之外，你还需要意识到自身的恐惧，并且勇敢面对，否则它会妨碍你进行有效的跨文化交流。例如，你可能会害怕自尊心受影响，你可能会担心自己没有能力掌控交流局面，或者担心自己会觉得不自在。你可能还会害怕说一些政治不正确或者文化敏感的话，从而丢了面子。

你还可能会担心被另一种文化的人利用。由于你的刻板印象，你会害怕上当、被骗钱或被嘲笑。你会担心该文化群体的成员对你做出负面回应，例如，你担心他们不喜欢你，或反对你所持的态度和观念，甚至担心他们有可能对你这个人都无法接受。与之相对应的是，你也会害怕你所在群体的成员的负面反应，比如，他们不赞成你和文化不同的人交往。

有些担忧是有道理的。然而，在许多情况下，这些担心毫无根据。但不管怎样，你都需要对它们进行理性评估，认真衡量其带来的后果。这样，你才能做出合理明智的交流选择。

尽管大部分人喜欢与同种族、同国籍和同宗教信仰的人交往，但与面对面交往相比，通过网络约会的人一般更容易发展出跨文化恋爱关系。网恋越来越普遍，因此很可能越来越多的人将会出现跨文化恋情。你们的交往能使双方都学到一些东西，这是一个很好的例证。

识别差异

要进行跨文化交流，就必须识别在各个层面存在的差异。

你与不同文化的人的差异

以为交流双方只有相似点而没有不同点，这种看法常常会妨碍跨文化交流。这一点在看待价值观、态度和信仰方面表现得尤其明显，你可能很容易接受不同的发型、服饰和食物，但在基本的价值观和信仰方面，你会以为所有人说到底都差不多。事实绝非如此。比如，一个美国人邀请一个菲律宾同事吃饭，而这个菲律宾人礼貌地拒绝了。这个美国人感到不快，认为这个菲律宾人对他不够友好，而这个菲律宾人心里也不舒服，认为这个邀请不够诚心。似乎他俩都认为在邀请别人吃饭方面，他们的习俗是相同的，而事实上完全不是这样。菲律宾人期望对方多邀请几次，然后才会接受，如果对方只邀请了一次，那么说明对方不诚心。

不同文化群体内部的差异

每一个文化群体内部都存在极大且极重要的差异。如果你注意不到这些差异，以为具有相同标签的人（此处指民族或种族标签）都是一样的，那么你就犯了刻板印象的错误。在每一个文化的内部，都有许多更小的文化，这些小型文化之间差异很大，而且与其所属的大文化也不完全一样。

含义上的不同

意思的表达不在于用了什么词，而在于使用词的人如何理解。例如，一个农民对午饭这个词的理解与麦迪逊大道的广告主管肯定不一样。即便用的是同一个词，由于倾听者的文化对它的定义不同，其含义也有很大的差别。

非语言信息也是一样的。例如，一个孩子与大人交流时不看着对方的眼睛，在某种文化中，这会被认为是顺从的表现（这个孩子对年长者表示尊重），而在另一种文化中，这可能会被认为表达了不尊重甚至是蔑视（这个孩子表示对大人所说的话一点也不在乎）。

方言和口音的不同

方言（dialect）是语言中的变体，主要表现在语法和语义上。语言和方言的区别（至少在大部分语言学家看来）在于说不同语言的人相互之间是无法理解的，而讲不同方言的人相互可以听懂。事实上，语言学家们认为，每个人都在讲一门方言，只是我们听不出与我们相似的话语是一门方言，我们只认为与我们不同的话语才是方言。

给一些方言贴上“标准”的标签而另一些贴上“不标准”的标签，是一个很普遍的做法（但未必科学）。标准方言是字典推荐的语言，而不标准的方言就是标准方言的变体。这种关于方言的概念很容易被合情合理地扩展到短信语言和网络社交语言中，今天，缩写的文本方式被认为是不标准的，但明天，人们的看法也许就不一样了。

从语言学的角度而言，所有的方言都是平等的。然而，尽管在语言学上没有哪一种方言比其他方言更高级，但人们常常在方言的基础上做出判断，这也是事实。例如，向一家传统保守的律师事务所申请工作时应该用标准方言，而另一方面，如果是跟朋友外出或是发短信，你会觉得使用非标准方言更自然。

当话语的差异表现在发音上时，我们称之为口音（accents），即对音节发出的重音不同。正如每个人都说某种方言一样，每个人也都有一定的口音。同样，我们能注意到与我们不同的口音，而并不认为发音与我们相似的话语有任何口音。但其实所有人说话都有口音。如果说话者十几岁或年纪更大才学某种语言，那么我们就很容易发现其说这种语言的“口音”。人们说的第二语言是被某种母语所创造的过滤器筛选过的。

从语言学上来说，每个人说话都有口音，这是生活中存在的事实。然而，从交流的角度看，我们需要明白，口音常被人们用来对其他人加以分类或对其产生刻板印象。例如，在某些人心中，某些口音表示这个人来自下层社会，而某些口音则表示说话者来自上流社会。人们还会认为带有某些口音的人更可靠、更博学、受教育程度更高。

视野：性别的刻板观念

人们对男性的刻板观念一般是认为男性比较理性、果断、好斗、感觉迟钝、冷静、缺乏教养、在机械方面有天分、没有耐心。而对女性的刻板观念则是女性比较感性、善变、有教养、易动情、善解人意、机械方面天生笨拙。你的熟人里有持这种刻板印象的吗？这种模式化的观念会带来何种长期和短期影响？

正视你的刻板印象

刻板印象，尤其是人们无意中产生的刻板印象，可能会导致非常严重的交流问题。刻板（stereotype）这个词最初是用在印刷行业，指的是反复印刷同一图像的制版机。在社会学和心理学上，人们用刻板印象来表示对某一群体的固定印象。在对待他人的态度上，每个人都会有刻板印象，比如，你对民族群体、宗教团体或种族群体所持的固有观念，你对罪犯、老师、水管工等各类人群也许也会有刻板印象。想一下，你是不是对诸如健美运动员、异性、与你不同的种族群体、与你宗教信仰不同的人、瘾君子或大学教授有刻板印象？很可能你对以上不少人甚至所有人都有刻板印象。尽管我们经常把刻板印象说成是负面的印象（例如，“他们懒惰、肮脏，整天醉生梦死”），但有时候刻板印象也可能是积极的正面印象（例如，“他们聪明、勤奋，而且特别忠诚”）。

如果你有这样的固定印象，那么你可能在遇到某个群体中的某个人时，会把这个人看成是这个群体中的一员。最初这可能会给你提供一些有用的指导，然而，如果你只是把你认为该群体具有的特征全部加在这个人身上，而不去考虑其独特的个性，那么很可能会产生问题。例如，你遇到一个政客，你可以立刻把政客的许多特征加在他身上。更有甚者，你可能看出了这个人的行为表现出了许多特征，而如果你不知道他是政客你就无法发现这些。网络交流基本没有视觉和听觉线索，因而人们对交流对象的看法常常得依赖刻板印象也就不足为奇了。

再试想一下另一种刻板印象的例子：你在一条漆黑的路上行驶，在一个停车标志前停下了车，这时，一辆小轿车在你旁边停下，三个十几岁的孩子跳下车，用手指敲车窗玻璃。对这一行为可以有几种可能的解释，也许他们需要帮助或者想问路，也有可能他们正打算劫车。你自我保护的刻板印象可能会让你认为他们要“劫车”，于是你赶紧驶离那里，开到一个安全之地。当然，你这么做可能避免了被劫车，但也可能错过了一次帮助求助者的机会。

刻板印象主要会导致两方面的障碍。第一，总是把一个人归到一个群体中，而且把这个人作为那个群体的一员加以对待，那么你会认为这个人具有你认为他所在团体所具备的某些特征（常常是负面的），然而所有人和所有群体本质上都是具有多样性的，而这一点你就无法领会到了。例如，想一下你对迷恋电脑的人的刻板印象。很可能你的印象与研究发现大不相同，研究发现事实上这些人在男性和女性中比例差不多，而且与那些不经常使用电脑的人一样，他们也善于社交、受欢迎、充满自信。

第二，刻板印象还会使你忽视独特的个体特征。在交流中，每个人都能给对方某些特别的帮助，而在这种情况下，你就无法从中受益。

减少民族优越感

民族优越感（ethnocentrism）指的是把他人及其行为透过自己的文化滤镜加以看待的倾向，常认为其他行为是自己行为的扭曲。具有民族优越感的人常认为自己文化的价值观、信仰和行为高人一等，他们并不认为其他文化只是与自己的不同而已，而是认为这些文化是低等的。民族优越感常会使你认为自己的文化更积极、更理智、更自然。例如，具有高度民族优越感的人认为其他文化应该更像他们的文化，其他文化的人常不知道什么是于己有利的，其他文化的人生活方式没有他们的好，其他文化的人也没有自己这个文化的人聪明或值得信赖。要想进行有效的人际交流，你就需要知道自己和他人只是不同而已，没有优劣之分。你必须明白，民族优越感可能会蒙蔽你的双眼，不过这实在不是一件容易的事。

民族优越感是在一条连续线上渐进变化的（见图 2-2）。民族优越感不是要么有要么没有，而是大部分人都在这条线的两端之间的某个位置。当然，对于不同的群体，你的民族优越感的程度也会不一样。例如，如果你是希腊裔美国人，那么你与意大利裔美国人交流时可能民族优越感会弱些，但与土耳其裔美国人或

视野：民族优越感

要减少民族优越感，提升文化意识和文化敏锐度，使得我们的交流更顺畅更有建设性，你还有什么好的建议？

日本裔美国人打交道的时候会有比较强的民族优越感。我们要明白的是，民族优越感的程度（我们或多或少都有民族优越感）会影响人际交流。

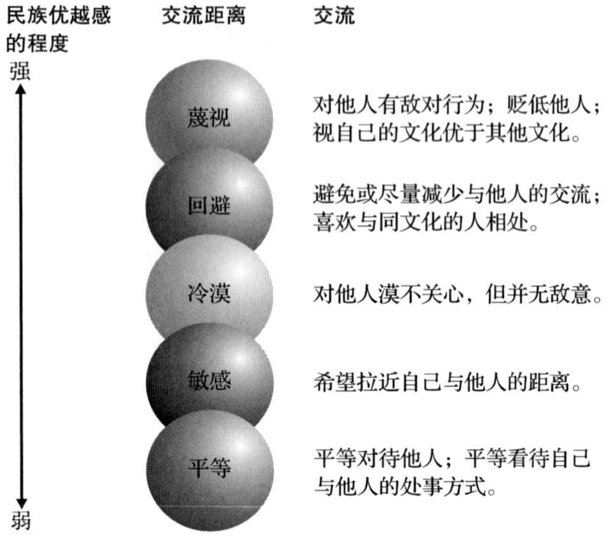

图 2-2　民族优越感连续线

该图概括了民族优越感和交流之间的一些关联。图中沿着这条连续线标注出了 5 个区域，但事实上，有多少人就会有多少种民族优越感。“交流距离”是一个笼统的概念，用以强调主导某种民族优越感的态度。“交流”这一项的下面是人们根据民族优越感程度不同而采用的不同交流方式。

意识到文化冲击

文化冲击（culture shock）是当一个人处在与自己完全不同的文化中时出现的心理反应。这是一种很正常的心理反应，大部分人进入一个新的不同的文化环境中都会感受到文化冲击。不过，如果你不了解这一新文化的社会规则和习俗，那么你会感觉不愉快，感觉沮丧。你可能对一些基本的东西缺乏了解，比如如何求助、如何赞美他人、如何邀请别人吃饭或如何接受邀请，或者赴约时该多早或多晚到达比较合适。

文化冲击有四个阶段。对于许多进入不同新文化的交流者而言，这四个阶段有助于他们对自己加以考察。去上大学、与恋人同居、参军等也会导致文化冲击。

- 第一阶段：蜜月期。最初你会被新的文化以及该文化中的人吸引，甚至感到着迷。
- 第二阶段：危机期。在这个阶段，你自己的文化和新环境间的差异会带来问题。挫折感和不适感不断出现。这个阶段你开始感受实实在在的文化冲击。
- 第三阶段：康复期。在这一时期，你掌握了有效沟通的必要技能。你学会了新的语言，了解了新文化的交流方式。你的不适感慢慢减弱。
- 第四阶段：适应期。在最后这个阶段，你适应并且开始喜欢新的文化和经历。偶尔你还会遇到困难或者压力，但总体而言，你的经历是愉快的。

如果在外国文化中待久了，那么回到本族文化后也常会感到文化冲击，这被称为逆向文化冲击。可以想一下美国维和部队志愿者的例子，他们在经济非常落后的农村地区执行任务，一旦回到拉斯维加斯或者贝弗利山，他们就会感受到文化冲击。一个长期在船上工作的水手回到一个封闭的农业社区后也会感到文化冲击。然而，在这些例子里，他们的康复期都比较短，而且不适感和挫折感也会相对少一些。

文化冲击无法避免，以下是一些应对的建议：（1）熟悉东道主的国家；（2）构筑一个朋友网络帮助你适应新文化；（3）与该文化成员和东道主沟通；（4）愿意接受专业帮助以解决文化问题。

调整交流方式

只有当交流中的一方能理解对方的词义和非语言暗示的含义时，跨文化交流（事实上，任何人际交流）才可能发生，也就是说，交流双方必须共有同一套符号系统才行。由于没有可能哪两个人的符号语义系统一模一样，因此，每一方都需要在整个人际交流中加以调整，尤其是在跨文化交流中，也许更需要如此。图 2-3 表示的是文化差异的程度以及为达成有效交流而必须进行调整的程度。

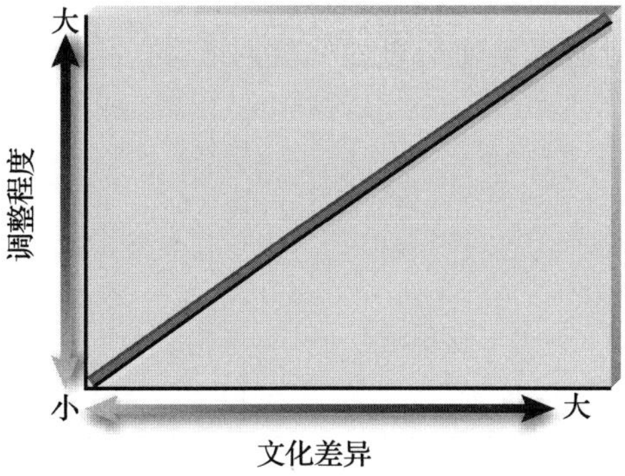

图 2-3　文化差异和人际交流方式的调整

从这个图中可以看出，文化差异越大，越需要对交流方式做出调整，以便达成交流目标。试着想一下，在哪一次交流中你几乎不需要做什么调整，又在哪一次交流中你做出了非常大的调整，这两种情况中哪些方面有所不同。

在做出调整时，要明白，每个文化都有自己的交流规则和习俗。这些规则规定了哪些是合适的而哪些是不合适的。例如，在美国文化中，你想跟某人约会需要提前三四天打电话，而在亚洲某些文化中，你可能需要提前几个星期或几个月给对方的父母打电话。在美国文化中，如果你说“有空过来玩玩”，这是一种一般的友好表示，并非特别的邀请，而对其他文化的成员而言，这句话足以让对方在方便的时候来访。

例如，父母和孩子不仅使用不同的词汇，更重要的是，他们对共同使用的某些表达赋予了不同的含义。关系密切的人——无论是密友还是恋人——都会发现了解对方的符号需要花很长时间，而且需要极大的耐心。当你想明白别人是什么意思的时候——比如，别人微笑的时候，说“我爱你”的时候，因为一件小事跟你争论的时候，自嘲的时候——你都需要了解其符号系统。

这一原则对跨文化交流尤其重要，这是因为不同文化的人使用不同的符号，或者使用相同的符号表达不同的事物，也可能两种情况都有。如上所述，与人对视在美国大部分地方表示诚实和坦率，但是在日本和西班牙文化中，同样的行为如果发生在一个年轻人和一个特别年长的人之间，那么可能意味着傲慢和不敬。

一个关注交流方式调整的有趣理论是交际顺应理论（communication accommodation theory）。这一理论认为，说话者会调节或顺应听话者的说话方式以获得社会认同和更大的交流效率。例如，当交流双方说话频率差不多时，比起说话频率不同的人，他们相互更能吸引对方。交流能力差不多且语言攻击性都较弱的室友是最受欢迎也最让人满意的。甚至在电子邮件中也会有顺应行为。例如，比起回复一封措辞没那么礼貌的邮件，人们在回复一封措辞礼貌的邮件时明显会使用更加礼貌的语言。

人际关系抉择时刻

错用语言特权

你与一群人聊天，他们基本属于同一种族，他们说到自己时会使用一些被认为无礼的表达。为了融入他们的群体，成为他们中的一员，你也使用这样的说法。但是，没想到，他们虽然没有明说，但还是表现出明显的不高兴。对这一反应你该说什么？

a.“对不起，我这么说确实不合适。”

b.“为什么不高兴？你们不是一直这么说的嘛。”

c.“好吧，我猜我是个外人，谢谢你们让我知道这一点。”

d. 什么也不说。

e. 其他。

第 3 章

对自我和他人的感知

形成正确的感知往往是很困难的。了解一些如何提高感知准确度的策略会很有帮助。

本章讨论两个相互关联的主题——自我（包括自我概念、自我意识和自尊）和感知的本质，然后运用这两个概念分析你如何形成对他人的印象以及你如何管理你在他人心中构筑的自我印象。

人际交流中的自我

本章的讨论将始于介绍自我的几个基本方面：自我概念（你如何看待你自己）、自我意识（你对自己的洞察及了解）和自尊（你赋予自身的价值）。在讨论中，你将明白这些方面与你交流的方式之间是怎样相互影响的。

自我概念

你自己是什么样的人，你心里无疑对此是有些概念的：这就是你的自我概念（self-concept）。自我概念由你对自己的优缺点、能力和缺陷、志向和世界观等方面的感觉及想法构成。你的自我概念来源至少有四个：（1）你在他人眼中的形象和他人展示出的对你的印象；（2）你对自己和他人进行的比较；（3）你所属文化的教导；（4）你对自己的想法和行为的解读和评价。

他人心中的形象

根据查尔斯·霍顿·库利（Charles Horton Cooley）的镜中自我（looking-glass self）理论，比如，如果你想知道你有多友善或多独断，你可以通过别人对待你和回应你的方式了解到别人展示出的你在其心中的形象。你会特别观察那些在你生活中非常重要的人。例如，孩子会关注父母和老师，成年人可能会在朋友、恋人和同事身上寻找。如果这些对你而言非常重要的人特别赞赏你，你就可以从他们的行动中看到你的这个积极形象；如果他们认为你不怎么样，那么你将看到一个比较负面的形象。

社会比较

另一种形成自我概念的方式是将自己与他人进行比较，尤其是与同伴进行比较。例如，考完试后，你也许会想知道和班里其他同学相比你考得怎么样，这可以让你清楚地了解自己学得如何。如果你在一个棒球队里，那么很重要的一点是知道与其他队员相比你的击球率如何。在与同伴比较的过程中，你可以获得不一样的视角。社交网络为这种对比提供了很好的机会。这一点似乎对女性而言更是如此，女性常使用社交媒介来与他人进行对比，而男性使用社交媒介更多的是为了查看别人的资料，寻找更多的朋友。无论好坏，社交媒介都为你提供了各种工具（使用起来都非常简便），以便你与他人进行比较，从而评价你的个人价值或者使你自我感觉良好。

文化教导

通过父母、老师和媒介，你所属的文化向你灌输各种信仰、价值观和态度，这些信仰、价值观和态度可能是关于成功的（如何定义成功，如何获得成功），可能是关于宗教、种族或国籍的，也可能是关于你在生意场上或个人生活中该遵循的道德准则的。这些教导提供了一个比较基准，与之对比你就能衡量你自己。例如，你取得了你所属的文化所定义的成功，那么你会形成一个积极的自我概念；认为自己没能达成你所属的文化所鼓励的目标（比如，30 岁之前还没有一段稳定的恋爱关系）会导致你形成一个负面的自我概念。

视野：社会比较

思考一下你进行社会比较的方式。你偏向于进行下行社会比较（与你认为某种程度上不如你的人比较）还是偏向于进行上行社会比较（与你认为比你优秀的人比较）？在做这两种完全不同的比较时，你对自己会有什么感觉？

自我评价

正如其他人在你的行为基础上建立对你的看法一样，你自己也会对自己的行为做出反应，你会解读和评价它。这些解读和评价都有助于自我概念的形成。例如，假定你认为撒谎是错的，如果你撒谎了，你会以你内心有关撒谎的信念来评价这一行为，从而对自己这个行为做出负面回应。你的行为违背了自己的信念，于是你会有负疚感。相反，假定你帮助同学复习功课，帮助他通过一门考试，那么很可能你会对此行为做出积极评价，你会认为这个做法很好，进而认为自己很好。

自我意识

自我意识（self-awareness）表达的是你了解自己的程度，你对自己的优缺点、思想和感受以及人格倾向知道多少。增强自我意识的方法之一是弄清楚自我概念是如何形成的。你越是了解为什么你会对自己有这样的看法，越能明白你是谁。你还可以通过有关自我的乔哈里视窗模型（Johari model），进一步了解自我意识。

你的四个自我

四个自我的模型，即乔哈里视窗模型，非常巧妙地解释了自我意识。如图 3-1 所示，这一模型有四个基本区域，也叫四个象限，每一个都代表一个不同的自我：公开自我（open self）、盲区自我（blind self）、隐藏自我（hidden self）和未知自我（unknown self）。乔哈里模型认为自我的这几个方面不是独立存在的，而是相互作用的，是整体的一部分，每个部分都要依赖其他部分。就像人际交流模型一样，这个自我模型中的各部分也是相互影响的。每个人的乔哈里视窗模型都不一样，而且每个人的模型也会随着时间和人际交流情况而变化。例如，图 3-2 展示了两种可能的配置情况。

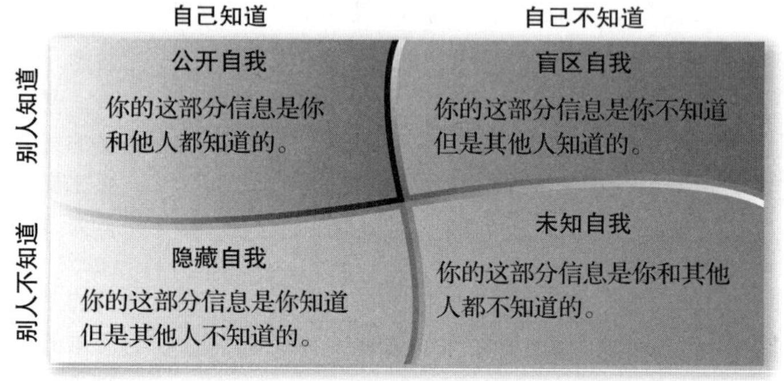

图 3-1　乔哈里视窗模型

把这个模型看成是你的情况。整个模型的大小是固定的，但是每个部分的大小可变，可能非常小，也可能非常大。当一个部分变小，那么另一个或几个部分就会变大。同样，如果某个部分变大，那么另一个或几个部分就必须相应变小。例如，如果你说出了一个秘密，你的公开自我象限因而就变大了，这会使得隐藏自我象限变小。你说出秘密的这一行为还可能导致你的盲区自我范围变小（如果你说出秘密后对他人产生了影响，使他们透露出了他们了解你而你自己并不知道的信息）。你与父母交流时，你会如何绘制你的乔哈里视窗模型来描绘你的自我呢？当你与朋友在脸书或者其他社交平台交流时又是怎样的？与大学的导师交流时呢？

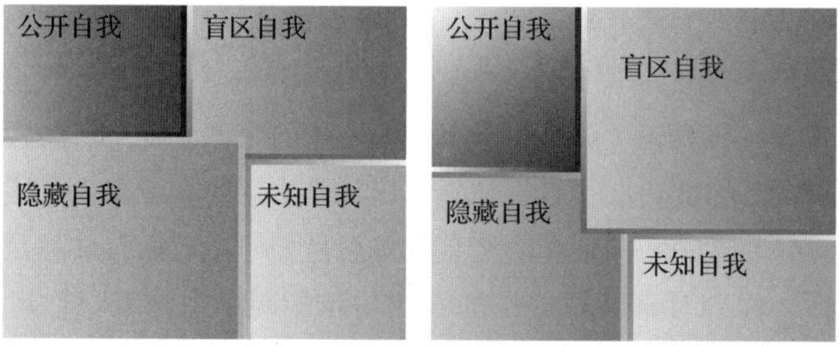

图 3-2　不同结构的乔哈里视窗模型

注意，其中一个自我变大时，另一个或几个自我就得变小。假设这些模型显示的是两个不同的人的自我意识和自我表露。你认为什么样的交流类型（尤其是自我表露）可以分别描述这两个人的特征？

- 公开自我。你的这部分信息是你和他人都知道的，如你的行为、态度、感受、欲望、动机和想法等。其中涉及的信息类型范围很广，从你的姓名、肤色、性别，到你的年龄、政治和宗教立场以及财务状况等。公开自我象限的大小会因时因人而异，在不同的交流情境中，与不同的人交流时，该象限大小都不一样。例如，有些人会让你感觉舒服安全，对这些人，你会敞开自我，但是对其他人，你可能会关闭大部分的自我。

- 盲区自我。你的这部分信息是别人知道而你自己却不清楚的。这可能包括不太明显的习惯，比如口头语“你知道嘛”、生气的时候揉鼻子，或者一些类似独特体味之类的特点，也可能包括很明显的细节，比如防卫机制、斗争策略或被压抑的经历。
- 隐藏自我。你的这部分信息是你加以保密的。在任何交流活动中，这一区域包括任何你不想说的事情，这些事情可能与话题相关，也可能不相关。隐藏自我象限的极端情况包括过度表露者和绝不表露者两种。过度表露者什么都说，他们会跟你说婚姻上的麻烦、孩子的问题、经济状况，或者其他的任何事情。而绝不表露者什么都不说，他们只跟你讨论你，闭口不提自己。
- 未知自我。你的这部分信息是你和他人都不知道的。有时候这部分未知自我可通过暂时的改变而揭露出来，例如催眠或感官剥夺实验等。有时候这一区域可通过某些投射转移的测试或梦境展示出来。然而，大部分情况下，通过不断了解你以前不知道的自我（以前在未知自我部分的信息），可以使得这一部分得以展现。例如，别人问你问题或表达不同观点时你表现出一种防卫状态，或者你赞美他人时希望别人也能赞美你。

增强自我意识

以下是增强自我意识的四种方法：

- 自问自答。自问自答的方法之一是做一个非正式的“我是谁”测试。在一张纸上先写下标题“我是谁”，然后写 10 个、15 个或 20 个“我是……”再把每个句子补充完整。试着不要只写积极的或者社会认可的内容，就把第一个跳进脑子的答案写下来就行。然后再拿一张纸，上面画两栏，其中一栏写上“优点”，另一栏写上“缺点”，尽可能快地把两栏都填上。之后，以这两个测试为基础，再拿出第三张纸，写下标题“自我整改目标”，并把“我想改善我的……”这个句子补充完整，限时 5 分钟，能补充多少句就补充多少句。由于每个人都在变化，因此这些自我看法和目标也会改变，所以需要经常更新其内容。
- 倾听他人。用别人看你的方式来看待你自己，也有助于加深对自己的了解。在大部分人际交流中，无论是面对面的交流还是线上交流，人们都会以某种方式对你加以评论，评论你做的事、你说的话、你看上去的样子。有时候这些评论是很直接明显的，但更多时候这些评论是隐藏的，别人看你的眼光、他们谈论的事情、他们推特的内容、他们贴出的照片、他们对你说的或贴出来的内容的兴趣，这些都可能隐藏着他们的评论，因此对这些语言或非语言的信息都要注意。

- 主动寻找有关自己的信息。主动寻找信息以减小盲区自我象限。你无须很直接地说“你来评论一下我吧”或者问“你觉得我怎么样”，你可以利用每天发生的事情获得自我信息，例如，“你觉得我要求升职是不是太自信了？”“这顿饭我不请自来是不是太冒失无礼了？”当然，不要总是这样寻求信息，不然你的朋友肯定马上找别人聊天去了。
- 看见不同的自我。每个与你有关系的人对你都会有不同的看法，你在他们每个人眼里都是不同的。然而，事实上你是所有这些自我的集合。在每天的人际交流中，人们把这些看法反馈给你，在这个过程里，你的自我概念会受到每一条看法的影响。开始的时候，你可以想象以下这些人会如何看你：你的母亲、你的父亲、你的老师、你的好朋友、公交车上坐在你旁边的陌生人、你的老板、你邻居的孩子。这些经历会让你从崭新的有价值的视角看待自己。
- 增加公开自我。当你在别人面前展示自我时，你也在自己面前展示了自我。最起码，你让大家注意到了你可能隐藏的部分。谈论自己时，你可以看到之前忽视的关联，有了他人的反馈，你可以更清楚地了解自己。而且，增强公开自我，你更有可能与他人进行有意义的密切交流，而这又能进一步帮助你了解自我。

自尊

自尊（self-esteem）就是你对自己价值的认可程度。如果你自尊心很强，说明你对自己评价很高；如果你自尊心较弱，说明你常用负面的眼光看自己。自尊包括认识或思想上的自尊、情感或情绪上的自尊以及行为上的自尊。

- 认识上的自尊指的是你对自己的优缺点、你是谁和你想成为谁等方面的看法。你理想中的自我是什么样的？你离实现这样的自我还有多远？
- 情感上的自尊指的是在你对自己优缺点的分析基础上产生的自我感觉。例如，你对自己满意吗？你的自我分析会让你不满意或者沮丧吗？
- 行为上的自尊涉及语言或非语言行为，如你透露的信息、你表现出的自信、你应对冲突的策略、你的手势等。你在有很多人的场合会表现得很自信吗？你允许别人利用你吗？你有足够的自信说出你自己到底是什么样的人吗？

在继续阅读之前，思考以下六句话并标以是或否，来了解你的自尊。

1. 一般而言，我感觉我所有的事情都只能成功。

2. 我的一些熟人对我说的或想的常常持批评或否定态度。

3. 尽管事情看上去是成功了，但我还是觉得没有成功。

4. 我经常处理一些我知道不可能完成得让我满意的项目。

5. 我想到过去时，总是注意到我的失败而非成功，注意到我的缺点而非优点。

6. 我没怎么努力去改善我的人际沟通和社交技能。

如果你的回答是“是”，说明这一想法妨碍了你建立积极的自尊，如果你的回答是“否”，那么你的想法就如同自尊指导教师希望的那样好。接下来本书会对这六个说法或看法加以解释，并用实例证明在构建健康自尊的过程中，为什么每一条都会带来问题。

自尊背后的基本理念就是当你自我感觉良好时（你对自己是谁、自己有能力干什么等方面感觉良好），你会做得更好。你认为自己是成功人士，那么你更可能像成功人士那样做事情。相反，如果你觉得自己是个失败者，那么你行事就更可能像个失败者。你拿起电话想跟学校里的“校花”约会，如果你想象自己能成功、能达到目的，那么你就更可能给对方一个好印象。然而，如果你觉得自己会忘记该说啥或者觉得自己会结巴、会说很蠢的话，那么你的成功概率就很低。

自尊心不强或自卑不是天生的，是后来意识到的。在某个地方，不知怎么的你意识到自己的感觉不合乎情理，或者你意识到你没有能力干这个干那个，这时候就会产生自卑。但由于这是后来意识到的，因此是可能改变的，尽管这并非易事。以下是增强自尊的六条建议，每一条都与上文测试的问题相对应。

抑制自我否定的观念

自我否定的观念（self-destructive beliefs）即关于自我的非建设性观念或者会导致你难以达成目标的观念，要学会拒绝接受这样的观念。这类观念常常告诉你应该能达到某个不现实的目标，此处试举几例以说明什么是自我否定的观念：

- 每个人都应该喜欢我。
- 无论做什么我都应该成功。
- 我应该总是赢。

- 我应该完全掌控自己的生活。
- 我应该一直效率高，有收获。

这些想法设定了不现实的高目标，因此总是以失败告终。于是，你便会产生负面的自我看法，认为自己一直在失败。所以，不妨把这些自我否定的想法替换成相对更富有建设性的想法，比如：

- 每个人都喜欢我当然好，但这并不是我获得快乐的必要因素。
- 成功当然好，但是不可能事事都成功。
- 我能赢当然好，但是一个人不可能总是赢，也不是非得每次都赢才能开心，我可以面对失败。
- 我不可能控制所有影响我生活的事情，我只能掌控部分事情。
- 一个人的能力是有限的，我做我能做的，不能做的就不做，这挺好的。

寻找有营养的人

心理学家卡尔·罗杰斯（Carl Rogers）区分了有毒的人（noxious people）和有营养的人（nourishing people）。有毒的人对任何事情都会批评、找茬，而有营养的人是积极乐观的，更重要的是，他们会回报我们、善待我们、让我们自我感觉良好。要增强自尊，就应该找到这样的人，同时，远离那些有毒的人，那些让你消极的人。你自己也要尽量成为一个有营养的人，这样就可以帮助他人建立自尊了。

多和与你相似的人待在一起也有助于增强自尊。例如，失聪的人加入一个更大的失聪群体会比那些没有加入的具有更强的自尊。同样，与同文化的群体保持密切联系也有助于建立积极的自尊。

警惕自我能力否定倾向

自我能力否定倾向（impostor phenomenon）指的是这样一种倾向：无视成功的外在迹象而认为自己是个骗子，是个冒牌货，是个没有资格说自己成功的人。即便别人都认为你很成功，你“知道”他们错了。如你所料，这种倾向容易在新环境中出现，比如，从事一份新的工作。这种想法的危害之一是它可能妨碍你升职，因为你会认为自己无法胜任。要注意，这种想法很常见，但是并非不可改变，明白这一点有助于你减少类似的错误观念。还有一种办法是找一位诚实而博学的师傅，不仅能指导你的工作，而且会让你知道你很优秀。同时，要小心乌比冈湖效应（Lake Wobegon Effect），即毫无根据、毫无理由地认为自己比别人好，比别人能力强，比别人聪明。

做可能成功的项目

有些人似乎就是想要失败（或者看上去如此），他们之所以选择那些肯定会失败的项目，仅仅就是因为这些项目是不可能完成的。一定不要做这种事情，而要选择可以成功的项目。每一次的成功都能帮助你建立自尊，每一次的成功也都能让下一次成功更容易到来。如果一个项目真的失败了，也不要认为自己是个失败者。每个人都会失败，失败不只是会在你身上发生，也不是你创造的，更不是你内在的东西。这一次失败不等于下一次还会失败。要学会用长远的眼光看待失败。

记住自己的成功时刻

有些人就是容易专注并夸大自己的失败，总是记着自己错过的机会、社交上犯的错误等。然而，这些所谓的失败在他人眼里并没有那么严重。如果你关注失败是为了改正错误，或者找到你应该提升的技能，那么这么做还有些价值。但是如果你关注失败却并没有制订计划去改正，那么很可能你只会让自己活得更加艰难，也无法提升自尊。要想改变这一点，就应该记住自己的成功时刻。不仅在思想上，而且在情感上回忆这些成功经历。要弄清楚为什么你能有这些成功。在情感上重温那种体验，例如，你在篮球比赛中投入了获胜最关键的一球，你考试得了 A，或者你帮助朋友解决了问题，你可以重温这些时刻的感受，这时，你一定能想起自己的优秀品质。

寻求肯定

肯定就是一种声明，说明确定某事是真的。在讨论自我概念和自我意识时，肯定（affirmation）这个词用来指代关于你的正面说法，说明你确实具备某个优点或长处。我们常常听到这样的建议：要带着肯定的态度时时回忆自己的成功，要关注我们做的好事、我们优秀的品质、我们的长处和品德，还有我们与朋友、爱人和亲人之间建设性的有意义的关系。

一种了解自我肯定的方法是用“我是”“我能”和“我将”造句。

人际关系抉择时刻

理解被拒绝

你尝试过好几次，跟几位不同的异性约会，但是都被拒绝了。肯定是哪里出了问题，你没有那么差。哪种做法能让你清楚了解被拒绝的原因？

a. 问问好朋友。

b. 问问那些拒绝你的人。

c. 从书籍、网络或视频里寻求帮助。

d. 进行一些实事求是的社会比较。

e. 其他。

视野：自尊与社交媒体

从人们在社交媒体上发送信息的方式，也能区分出自尊心强和自尊心弱的人。那些有较强自尊的人会贴出自己家人、工作和教育的信息，而自尊心较弱的人很少这么做，而是花很多的社交时间监视自己的领地，删除任何可能对自己有负面影响的帖子或照片。对于自尊与在社交媒介上发帖之间的关系，你有何看法？

视野：礼物经济

有人做了一个实验，用三种方式邀请朋友使用鲜花配送服务：第 1 组，受试者邀请朋友使用这一服务就可以得到 10 美元；第 2 组，受试者可以给其所邀请的人 10 美元折扣，但是本人拿不到钱；第 3 组，受试者和被邀请的人各能得到 5 美元。你认为哪组受试者发出的邀请最多？答案是第 2 组和第 3 组比第 1 组发出了更多的邀请。这一点与礼物经济的理论很吻合，即慷慨大方能提高一个人的地位。*在你的社交经历中有礼物经济的例子吗？礼物经济理论与自尊有何关联？*

- “我是”句式的重点在自我形象，即你如何看待自己，这类句式可能包括例如“我是个有价值的人”“我是个负责任的人”“我是个有爱心的人”“我是有团队精神的人”。
- “我能”句式强调能力，可能包括以下例子，如“我能接受我的过去，也能放下过去”“我能学会更积极地回应对方”“我能在合适的时候坚持自己的主张”“我能控制自己的脾气”。
- “我将”句式重点在于你想达成的有用且合乎实际的目标，例如“我将克服我的负疚感”“我将提高学习效率”“我将更积极地回应”“我将不再承担超出我能力的责任”。

这一建议背后的理念是你对自己说话的方式会影响你对自己的看法。如果你肯定自己——告诉自己你是个友好的人、你可以当领导、你下次考试一定能考好——你马上就会对自己产生积极的看法。在读下文之前，写下这些句子并加以思考，你有什么感受？

然而，有观点认为这种自我肯定的做法尽管在励志书籍里很常见，但是未必能起到励志作用。持这种批评态度的人认为如果你个人比较自卑，那么就不可能相信这些自我肯定的说法，因为从一开始你就对自己没有好的评价。这一观点认为我们不需要这种自我肯定，而是从他人那里寻求肯定。例如，通过提高人际交流能力，与更积极向上的人交流，以达到目的。这样，就能从别人那里得到更多积极的反馈，或许这种做法比自我对话更有助于提升自尊。

人际交流感知

感知（perception）是你通过感官感受到物体、事件，尤其是人的过程，你的感官包括视觉、嗅觉、味觉、触觉和听觉。感知是个主动而非被动的过程。感知不仅来自存在于外部世界的东西，而且来自我们的经历、欲望、需求和愿望、爱和恨。感知之所以在人际交流中很重要，是因为它会影响你的交流选择。你发送和听到的信息依赖于你如何看待世界、你如何评价某个特定情况，以及你如何看待自己和与你交流的人。

人际感知是一系列连续的过程，且相互交融。为方便讨论，我们把人际感知分成五个部分：（1）你感觉到并接收到某种刺激；（2）你以某种方式整理这些刺激信息；（3）你理解和评价你感知到的东西；（4）你将其存在记忆中；（5）需要时从记忆中调取出来。

第 1 阶段：刺激

在这一初始阶段，你的感官受到某种刺激：听到一首新歌、看见一个朋友、闻到某人身上的香水味、尝了个橘子、收到一条即时讯息、摸到了另一个人出汗的掌心，等等。变化和新鲜事似乎尤其具有刺激性，常能吸引你的注意。这也就解释了为什么你换了个头像更能得到关注，你“看上去面貌一新”了。差异似乎也有刺激性，能吸引注意力，如果有六七条相似信息和一条新信息，那么你很可能会关注不同的那条新信息。

特别需要注意的是，在这一阶段你的感知是具有选择性的，你是在选择性感知（selective perception），它是选择性注意和选择性接触的总称。

- 选择性注意（selective attention）即你会注意到那些你预期能满足需求或带来愉快感的事情。例如，在课堂上做白日梦的时候，你听不到老师说什么，但老师点了你的名字你马上能听到，这是因为你的选择性注意机制把注意力集中在了你的名字上。
- 选择性接触（selective exposure）即你会去接触这样的人和信息：他们要么与你当前信念一致，要么能帮你达成目标，或者能以某种方式令你满意。例如，你买了一辆车后就更愿意去看你刚买的这款车的广告，因为这些信息能证明你做出了正确的选择，同时，你考虑过但最后没买的车的广告你就不太会去看，因为这些信息会让你觉得你做的选择是错误的。

第 2 阶段：整理

在这一阶段，你将你的感官捕获到的信息加以整理。人们对感知进行整理的三种有趣的方式是：法则、图式和脚本。下面分别做简单介绍。

通过法则进行整理

在通过法则对感知加以整理时，最常用的法则是就近法则（rule of proximity）或亲密度法则，即相互比较近的事物会被看作一个整体。因此，在这一法则下，你会把常常在一起的人或接二连三发出的信息看作一个整体，属于同一类。

另一条法则是相似法则（rule of similarity），即比较相似的（看上去差不多的）事物会被看成一类，是一个整体。在这一法则下，你会把穿着差不多的人看成同一类人。同样，你也会认为做同样工作的人、有同样宗教信仰的人、住在同一幢楼里的人，或说话口音差不多的人都分别是同一类人。

对比法则（rule of contrast）与相似法则正好相反，当事物（例如，人或信息）差异很大时，你认为他们不是同一类的，他们差别太大，不可能是某个整体的一部分。例如，你参加了一次非正式聚会，你的穿着与其他人完全不同，那么人们会认为你和他们不是同一类人。

通过图式进行整理

另一种整理信息的方式是创建图式塔（schemata），即在头脑中建立各种模板，以帮助你对每天接触到的成千上万条信息（以及已经在你记忆中的信息）加以整理。图式可以被理解成一个基本看法，可以是关于人的（比如，有某种特殊名字的人、日本人、得克萨斯人），关于你自己的（你的品质、能力、责任），也可以是关于社会角色的（警察、教授、亿万富翁等）。

你从自己的经历中得到这些图式，而你的经历则包括你亲身体验的和你通过电视、阅读、因特网和道听途说得到的。例如，你对大学运动员的图式可能包括他们身体强壮、有雄心壮志、学业成绩不佳和以自我为中心。

通过脚本进行整理

脚本（script）其实是另一种图式，只是因为类型不同而取了一个专门的名字。脚本就是某个行为、事件或程序经过整理后的信息体。它是关于某件事情如何进行或开展的基本概念，是事件遵循的规律和发展的顺序。例如，对于到餐厅吃饭你会有一个脚本，所有的行动都被整理成一种图式：进餐厅、找个位子坐下、看菜单、点菜、就餐、让服务员拿账单、付小费、付账单、离开餐厅。

可以看出，法则、图式和脚本是很有用的捷径，可以帮助我们理解、记住和回忆相关人和事的信息。这些方法还能让我们对信息加以概括和联系，并且从之前得到的信息中获得帮助。这些方法可能会误导我们，可能导致我们只记住与图式相一致的事情（即便这些事情根本没发生），而与图式不一致的信息，我们则可能加以扭曲或遗忘。

第 3 阶段：理解—评价

感知的理解—评价（interpretation-evaluation）阶段（这两个过程无法分割，所以合在一起）会受到以下因素的影响：经历、需求、愿望、价值观、对事情进展方式或应该如何进展的看法、期待、身体和情感状况，等等。一个人的理解—评价是会被其法则、图式和脚本以及性别所左右的，例如，人们发现女性比男性更能从积极的方面看待他人。

举例来说，别人介绍你认识了一个名叫本·威廉的人，他是个大学足球运动员，你可能会把你对运动员的图式运用在这个人身上，从而认为他强壮、有雄心壮志、学业较差且很自我。换句话说，你会用你的图式对这个人加以过滤，并在你对大学运动员的图式基础上对他进行评价。同样，当看到某个人发出一系列行动时（如在餐厅吃饭），你会把你有关这一事件的脚本用在这个人身上，通过脚本来看待这件事。你有关这一行为的脚本，这位就餐者发出一系列就餐行动的方式，这些是你的评判基础，你以此来评价其行为是合适的还是不合适的。

对其他文化中的成员进行评价总是会带有一定的民族优越感。由于你的图式和脚本是在你的本民族文化信仰和经历中产生的，因此你很容易（但并不妥当地）将这些用在其他文化的成员身上。所以，我们可以做如下推断：当其他文化成员的行为方式与你的脚本一致时，你认为他们是正确的，而如果他们做事的方式不符合你的脚本，你则认为他们是错误的。这是非常典型的民族优越感的思维方式，这种倾向很容易使跨文化交流产生误解。

第 4 阶段：记忆

你的感知及其理解—评价进入你的记忆中，它们存储在那里以便将来提取。例如，你的记忆里有你对大学运动员的图式，而本·威廉是个足球运动员，于是本·威廉被贴上“认识标签”存储在你的记忆中，这个标签告诉你他强壮、有雄心壮志、学业较差且很自我。尽管你并没看到他的力量或雄心，对他的学习成绩和心理状态也一无所知，但是你依旧会把本·威廉与你的“大学运动员”图式一起存在记忆里。

现在假定后来你听说本·威廉西班牙语一级考试没及格，这门课很简单，大部分人都能得 A 或 B，后来又听说他化学考试得了 A，这是一门很难的功课，再后来你听说他要转学去哈佛，专业是理论物理。图式就是滤镜或门卫，它会允许某些信息按其相对客观的样子存储在记忆里，就像你读到或听到的一样，也会扭曲某些信息，或阻止其进入记忆。结果，这三类关于本的信息就这么以不同的方式进入你的记忆。

例如，你会很乐意把本·威廉西班牙语考试没及格这件事存进记忆中，因为它与你的图式一致，恰好能嵌入你对大学运动员设定的模板。与你的图式一致的信息，固化了你的模板，使之更不容易改变。由于你的模板有相当的力量，因此你可能还会在记忆里存入本·威廉其他课程成绩也不好的信息（尽管你并未听说过）。而本·威廉化学考试得了 A 这一信息，由于与你的图式矛盾（这事只是似乎不可能），因而很容易被扭曲或丢失。然而，本·威廉转学去哈佛这一信息却有所不同。该信息虽然也与你的图式矛盾，但是由于矛盾程度太高，于是

人际关系抉择时刻

改变第一印象

你在某次聚会上留下了很不好的第一印象。你本想以嘲讽的方式搞笑，但是最后别人只听出了嘲讽。你会说什么来减少这个第一印象的影响？

a.“抱歉，我是想搞笑的，但是好像结果并不像我希望的那样。”

b.“我不是这样的，我也不知道自己为啥那样说。”

c.“你们干什么？反应那么糟？你们肯定也是这么觉得的，只是不说而已。”

d. 什么也不说。

e. 其他。

你开始很认真地看待这件事，甚至开始怀疑自己的图式，或者把本·威廉看成一个特例。无论是哪种情况，本·威廉转学去哈佛这件事都会清楚地被你牢牢记住。

第 5 阶段：回忆

感知的回忆（recall）阶段指的是访问那些存储的信息。例如，假定后来某一天，你和几个朋友谈起了本·威廉，于是你需要把关于本·威廉的信息从你的记忆里提取出来。但是你的记忆不具备复制性，你所听到或看到的不是很简单地在脑海里重现，而是作为一个有意义的整体被重组，重组的情况很大程度受你的图式和脚本的影响。你存在记忆里的是这些信息的重新组合，因此，你需要调取这些信息时，很可能其中会有不少不准确的地方：

- 与你的图式一致的信息很容易被想起来。事实上，你回忆的甚至可能不是某个具体信息（比如，关于本·威廉的），你回忆的其实只是你的图式（其中含有关于大学运动员的信息，而且正因为如此，也会有关于本·威廉的信息）。
- 与你的图式不一致的信息你可能会想不起来，你没有地方存放这些信息，因此很容易丢失或忘记。
- 你会记得那些与你的图式完全矛盾的信息，因为它逼迫你思考（而且也许会反复思考）你的图式及其正确性，它甚至还会迫使你改变对大学运动员的总体图式。

人际交流技巧

他人导向：关注他人及其观点

他人导向（other-orientation）是有效人际交流的特点，强调的是要把重心放在他人身上，而不是只关注自己。你越关注他人，你越可能正确地理解他们，也越能有效调整你的相关信息。

以他人为导向进行交流

你会发现你喜欢与之交流的人都有以下行为表现。当然，如此行事也能让你给人留下令人喜欢的印象。

- 关心体贴他人。要表现出尊重，例如，在向他人诉说你的麻烦事之前问一下是否方便说，或者询问对方你打电话的时间是否合适。
- 承认他人的感受是合理的。类似“你是对的”“我理解你为什么那么生气”这样的表达有助于把交流的重心放在他人身上，并能使对方相信你在倾听。
- 认可他人。要意识到他人的重要性，询问他人的建议、观点和解答。这确保了你从他人的角度理解这个人所说的话。
- 把信息重点放在他人身上。使用开放性问题（与只需回答是或不是的问题完全相反）让其他人参与到交流中来，说话时面对着对方，眼睛注视对方，并有合适的面部表情，微笑、点头或朝着对方倾斜身体。
- 给予准许。让他人知道表达或不表达自己的感受都可以。简单的一句话，如“我知道说出自己的感受很困难”，可以打开关于感受的话题讨论，并能准许对方选择，让对方感觉继续话题或者什么都不说都是可以的。

印象形成

印象形成（impression formation）（有时候也被称为个体知觉）由许多过程构成，这些过程是你形成对他人的印象时所经历的。每一个感知过程都有陷阱，会带来潜在的危险。

在阅读这些感知过程的相关内容之前，请先回答以下问题并标记是或否，以了解你自己的感知策略。

1. 我对他人行为做出预测，且基本都是正确的。
2. 我知道另一个人的某些事情后，我很容易就能想到我不知道的事情。
3. 一般而言，我的猜测总是能被我真正看到的情况所证实，也就是说，我后来的感知常与我最初的预判一致。

4. 我对一个人大部分的印象来自我们见面的最初几分钟。

5. 一般来说，我发现我喜欢的人都积极乐观，而我不喜欢的人都消极悲观。

6. 我一般会认为发生的积极的事情是我的功劳，负面的事情我拒绝承担责任。

7. 我一般会把他人的态度和行为归因于他们最明显的身体或心理特征。

8. 对他人做出评判时，我着重看他们的性格而不是环境或情境。

这些陈述代表了许多人使用的感知过程，但这些过程常使人们陷入麻烦，因为这些过程会导致我们形成不正确的印象。这些问题分别指向下面要讨论的几个过程：自证预言（1）、个性理论（2）、感知强调（3）、首因—近因（4）以及一致性（5）。剩下的（第 6、7、8 句）陈述指的是我们试图确定他人甚至是我们自己的行为意图时所遇到的障碍：自利性偏差、过度归因以及基本归因错误。

阅读本章内容时，思考一下这些过程，并想一想你会如何正确使用它们，不让它们阻碍你正确和合理地看待他人。同时，要明白情况千差万别，这些有助于达成清晰感知的策略大部分情况是有用的，但是并非任何情况都行得通。

印象形成过程

你感知他人并最终对这个人做出评判或解读的方式，并非简单的逻辑序列。相反，你的感知似乎会受到许多过程的影响。这里我们讨论几个比较重要的过程。

自证预言

自证预言（self-fulfilling prophecy）指的是一个预言成为现实，其原因是你基于这一预言是正确的而行事。换句话说，自证预言的出现是由于你在自认为正确的图式基础上行事，而这么做又使之成为事实。自证预言在很多不同的情况下都会出现，例如父母—子女关系、教育环境、企业等。自证预言有四个步骤：

1. 你对某个人或情景做出预测或者形成一个理念。例如，你预测帕特在人际交流中是友好的。

2. 你对待这个人或应对这样的情景时，你的表现就好像你的预测或理念是正确的。例如，你行事时把帕特当成一个友好的人。

3. 由于你把你的理念当成是正确的，因此它变成了正确的。例如，因为你对帕特的行为方式，帕特表现得友好而令人愉快。

4. 你观察到了你对这个人的影响或产生的情况，而你所看到的加强了你的理念。例如，你观察到帕特很友好，而这一点使你更加相信帕特确实很友好。

自证预言在我们对自己所做的预测中也能体现出来。例如，你遇到了一群人，你很肯定这群人都不喜欢你，基本上你总是能发现自己的感知是对的，这些人在你看来就是不喜欢你。这是因为你可能正在做的事情使得这群人对你做出负面回应。于是，你就以这种方式证实了你关于自己的预测。

自证预言会使你失去批判性思维的能力，并影响他人（或你自己）的行为，使之与你的预言相吻合。于是，你看到的其实是你预测的而不是真正发生的（例如，你感觉自己是个失败者，这是因为你预测你会失败而不是因为真的失败了）。

自证预言一个广为人知的例子就是皮格马利翁效应（Pygmalion effect）。在一项非常经典的研究实验中，实验人员告诉老师某些小学生可能会表现非常优异，他们是一群势必成器的孩子。尽管这些“势必成器”的学生是实验人员随意挑选的，但是被贴上“势必成器”的标签后，他们的表现比班级其他学生都要好。这些学生成了老师们认为他们应该成为的样子。研究人员还在许多不同情景中研究过皮格马利翁效应，例如，法庭、诊所、工作隔间、管理和领导工作、运动员训练以及再婚家庭等。

视野：皮格马利翁效应

由于有了类似皮格马利翁效应的发现，一位研究者建议公司可以利用这些深刻的见解来提高工作效率，即让主管对其员工有积极的态度，并且使员工感受到主管和公司对他们很重视。*你的工作场所如何运用皮格马利翁效应？*

个性理论

每个人都有一种个性理论，该理论会告诉人们一个人的哪些个性会伴随另一些个性出现。大部分情况下，这些理论存在于潜意识中或不甚明确，但是它们可以被带入意识中。

> 例如，思考以下短句，注意括号里的词，选择一个最恰当的词把句子补充完整。
>
> - 艾玛精力充沛、充满渴望，并且（聪明，不聪明）。
> - 丹尼尔大胆、反叛，并且（外向，内向）。

- 苏菲聪明、活泼，并且（很瘦，很胖）。
- 尼古拉斯有魅力、聪明，并且（招人喜爱，不招人喜爱）。
- 伊莎贝拉开朗、阳光，并且（外向，羞涩）。
- 威廉英俊、高大，并且（友好，不友好）。

你之所以选择了其中一个而不选择另一个，其原因就是你的个性理论（personality theory），即这样一个规则体系，它会告诉你哪些特征是同时出现的。例如，你的个性理论可能告诉你一个精力充沛、充满渴望的人一定聪明，尽管没有任何合乎逻辑的理由能解释为何一个不聪明的人就不能精力充沛、充满渴望。

许多人还会有另一种个性理论，认为你和你的朋友是一样的。这一简单理论的根据就是物以类聚，人以群分。如果你的朋友们都很酷，那么你也一定很酷。如果你的朋友们都很无趣（他们的照片和帖子里表现出来如此），那么你也一定是个无趣的人。例如，社交媒介用户如果有富有魅力的朋友，那么与那些朋友不太有魅力的用户相比，人们会认为前者更有吸引力。

已被普遍证明了的晕轮效应（halo effect）就是个性理论发挥作用的结果。如果你相信某个人有一些优良品质，那么你可能会推测他也有其他优良品质。另外，还有一种反晕轮效应（reverse halo effect），亦称“尖角”效应（“horns” effect），即如果你知道某人有些不良品质，那么你更可能推断这个人还有其他不良品质。例如，比起那些没什么吸引力的人，你会认为有吸引力的人更加慷慨、敏感、值得信赖，而且有趣。而反晕轮效应会让你认为那些毫无吸引力的人同时也会吝啬、不诚实、反社会、卑鄙。

不明确的信息会导致你在做判断时更加依赖自己的个性理论。这在网络交流中尤其重要，因为网络交流比面对面交流更容易有不确定的信息。在某个社交平台看到不明确的信息时，你会用自己的个性理论来填补这种不明确。例如，你知道乔是个诚实且积极向上的人，他总是看到别人最好的一面，当你在网上读到一条乔发的不甚明确的信息时，你会填补这一不明确，这样乔仍旧保持他在你印象中的样子：诚实且积极向上。

在使用个性理论时一定要小心，要具备一定的判断力，否则你会依据你的个性理论认为某个人应该具备某些品质，但实际上这个人可能并没有这些品质。

感知强调

把硬币的图片给穷困和富裕的孩子们看，并让他们估计硬币的大小，穷孩子们会把硬币估计得更大。同样，饥饿的人只需要一点点视觉线索就能看到食物或有关食物的词，而不感觉饥饿的人就不会如此。这一过程，就被称为感知强调（perceptual accentuation），它会使你看到你期望或很想看到的东西。你会认为你喜欢的人比那些你不喜欢的人长得好看并且更聪明。你放大或强调那些能满足需求或欲望的东西：口渴的人能产生看到水的幻觉，被剥夺性自由的人会产生性满足的幻觉。

感知强调会使得你感知到你需要或想要感知的东西，而不是真正存在的东西，并会使你无法感知你不想感知的东西。例如，你可能感觉不到你与某人的关系即将产生问题，因为你只看到了你想看到的。感知强调还会产生另一种有趣的失真结果，即仅仅因为你希望某个人喜欢你，你就可能会认为这个人的某些行为暗示了他喜欢你。例如，某人（比如，某个销售人员）的礼貌和友好行为只是一种推销策略，而你却把这些行为看成这个人表示真心地喜欢你。

首因—近因

让我们来做一个假设，假如你参加了一门课程的学习，课程内容一半很无聊，另一半很有趣。学期结束了，你要对课程和老师进行评价。如果前半个学期的课程很无聊，而后半个学期的课程很有趣，你会做出比较好的评价吗？还是反过来，前半个学期的课程很有趣而后半个学期的课程很无聊，你还会做出好的评价？如果先发生的事情产生更大的影响，那么这种效应被称为首因效应（primacy effect）。如果最后（或最近）发生的事情影响更大，那么这种效应就是近因效应（recency effect）。

在对人际感知的首因—近因（primacy-recency）效应进行的一项经典性研究中，如果一个人被描绘成“聪明、勤劳、冲动、挑剔、固执、嫉妒”，那么受试大学生对这个人的看法会比较积极正面，而如果这个人被描绘成“嫉妒、固执、挑剔、冲动、勤劳、聪明”，那么这些大学生对这个人就会有比较负面的看法。注意，对这个人的所有描写都是一样的，只是顺序不同而已。很明显，我们易于使用最初的信息来形成对某人的大致看法，然后用后来的信息将我们的印象具体化。最初的信息使我们形成对一个人的图式，一旦这个图式建立起来，我们可能会拒绝接受与之相矛盾的信息。

首因—近因效应应用在实际生活中就产生一个有趣的现象，即第一印象往往非常重要，而且第一印象的形成往往在一瞬间。你看到某张照片后形成了第一印象，这个印象甚至可能会影响见过面后的印象，因此在约会网站上贴照片时一定要记住这一点。例如，在与某人交往的初期你辜负了这个人的信任，这一点会对你们的关系产生永久的破坏性作用，即便你努力弥补也未必有用。之所以如此，原因就是其他人形成的关于你的图式成了一个过滤器，会接收或阻止有关你的信息。如果最初的印象或图式是好的，其他人就可能乐于记起其他好的信息，这些好的信息与开始的正面形象或图式相一致，很容易忘记或曲解负面信息，因为负面信息与最初的图式相矛盾，并且从积极的角度解读出的是不明确的信息。你在所有三个方面都赢了——如果第一印象是好印象的话。

一致性

我们倾向于保持各种感知和态度的平衡，这一倾向被称为一致性（consistency）。人们总是预期某些事情会同时发生，而另一些则不会同时发生。

请凭直觉回答以下问题，注意你的预期反应：

1. 我预料我喜欢的人（喜欢，不喜欢）我。
2. 我预料我不喜欢的人（喜欢，不喜欢）我。
3. 我预料我的朋友（喜欢，不喜欢）我的朋友。
4. 我预料我的朋友（喜欢，不喜欢）我的敌人。
5. 我预料我的敌人（喜欢，不喜欢）我的朋友。
6. 我预料我的敌人（喜欢，不喜欢）我的敌人。

根据大多数的一致性原则推测，你的预期如下：你会预料你喜欢的人也喜欢你（1），而你不喜欢的人也不会喜欢你（2）。你会预料你的朋友喜欢你的朋友（3），而不喜欢你的敌人（4）。你会预料你的敌人不喜欢你的朋友（5），却会喜欢你的其他敌人（6）。所有这些预期从直觉上而言都令我们满意。

你还会预期你喜欢的某个人具备你喜欢或欣赏的特征，但你的敌人就不会具备这些特征。相反，你会预期你喜欢的人没有令你讨厌的特征，而你不喜欢的人就会具备这样的特征。

若是不加鉴别地认为一个人具备这种一致性，那么如果某些看法与我们对这个人的整体印象不一致，我们就会忽视或曲解这些看法。例如，你可能会误解卡拉的苦恼，因为你对卡拉的印象就是她“快乐，克制，而且知足”。

控制归因

还有一种形成印象的方式叫作控制归因（attribution of control）。例如，你邀请你的朋友德斯蒙德晚上 7 点来吃饭，而他晚上 9 点才到。考虑一下，对以下每一条原因你会做出什么反应。

原因 1：“我实在是没法离开海滩，我真的很想好好享受一个日光浴。”

原因 2：“我在开车过来的路上看到几个年轻人在抢劫一对老夫妇，我制止了他们，并且把这对老夫妇送回了家，他们吓坏了，我只好一直陪着他们，等他们的孩子回来我才走。他们家的电话坏了，而我手机又没电了，所以实在没办法告诉你我要迟到了。”

原因 3：“我出车祸了，被送去了医院。”

原因不同，你很可能对德斯蒙德的动机给予不同的解读。对于原因 1 和 2，你会得出这样的结论：德斯蒙德可以控制自己的行为（这两个原因是内在的）。而对于原因 3，你会认为他无法控制自己的行为（这个原因是外在的，不在他的掌控之中）。因此，你对原因 1 的反应很可能是负面的（认为德斯蒙德自私，不体谅他人），而对原因 2 你可能会有积极的回应（德斯蒙德真是个乐于助人的活雷锋）。而在原因 3 里，德斯蒙德对自己的行为无法掌控，因此，你可能对这一行为既不会有正面回应也不会有负面回应，你更可能对他遭遇车祸感到同情。

在许多情况下，我们都会衡量某一行为是否可控，并在此基础上做出类似判断。例如，思考一下对以下情景你会有何反应：

- 桃瑞丝历史期中考试没及格。
- 西德尼的车被收回了，因为他没有继续支付购车贷款。
- 玛吉得了高血压，一直在抱怨自己感觉很糟。
- 托马斯的妻子提出离婚，他感觉很沮丧。

对于以上事例中的每一个人，如果你感觉所发生的事情是其无法控制的，那么很有可能你会同情他们。例如，如果桃瑞丝没及格是因为考试不公平，如果西德尼因为员工歧视而丢了工作所以无法继续支付车贷，如果玛吉的高血压是因为遗传的生理原因，如果托马斯的妻子想离婚是因为她看上了一个有钱的药品经销商。但是，如果你感觉所发生的事情是这些人可以控制的，那你多半不会同情他们。比如，如果桃瑞丝考试不及格是因为她不好好学习，如果西德尼赌博把钱输光了所以没法继续支付车贷，如果玛吉得高血压是因为她只吃很咸的垃圾食品还不运动，如果托马斯一直对妻子不忠，于是他妻子最终放弃了改变他而选择离婚。

在感知他人的行为，尤其是评判他人的行为时，我们会反复问自己这些人是否可以控制他们的行为。研究表明，一般而言，如果你认为某个人对自己的负面行为是可以控制的，那么你会不喜欢这个人，而如果你认为这个负面行为是他无法控制的，那么你会感到遗憾而不会责怪他们。

在把原因归于控制时，或者说，在将动机归因于其他原因时（如，听说或者观察到某人的行为），一定要小心以下可能犯的错误：自利性偏差、过度归因以及基本归因错误。

自利性偏差（self-serving bias）指的是我们把好的行为归功于自己，而不好的事情我们却推卸责任。例如，你更可能把好的结果（如考试得了A）归因于内在的或可控的因素，比如，你人品好、聪明、努力，而把负面结果（如考试得了个D）归因于外在的或不可控的因素，比如，考试太难，或者你室友考前搞了一晚上的聚会。

过度归因（overattribution）指的是我们倾向于选出某个人身上特别明显的一两个特点，并把这个人所有的行为都归因于这一两个特点。例如，如果某人是个盲人，出生在一个富裕之家，那么人们就会把这个人做的所有事情都归于这两个因素："亚历克斯吃得太多，因为他眼睛看不见。"要避免过度归因，就要记住，大部分的行为和性格特征都是多种因素共同作用的结果，如果总是只看见一个因素并且把任何事情都归因于这个因素，那么错误就在所难免。

我们之所以会犯基本归因错误（fundamental attribution error），是因为我们评价某人的行为时夸大了内部因素的作用（如，这个人的个性）而未重视外因的影响（如，这个人所处的情境或环境）。这种基本归因错误会使我们认为，人们之所以做了某些事情是因为他们就是那样的人，而不是因为他们所处环境使然。例如，帕特赴约迟到了，你更可能断定帕特是个不体贴或不负责任的人，而不太会认为他迟到是因为公交车坏了或者他出了车祸。

提高印象形成的准确性

从很大程度上而言，要想进行成功的人际交流，我们就需要对他人有个准确的印象，而他人也需要对我们有准确的印象。因此，我们的目标就是要减少或消除障碍，使得我们能形成正确的感知，并采取有效措施来提高准确性。

避免感知过程中的错误

我们上述所说的六条感知过程，每一条都会导致我们的感知不正确。因此，要记住：

- 自证预言会影响你所看到的。
- 个性理论并不总是正确的。
- 感知强调使得你只看到你想看到的而忽视你不想看到的，因此会产生错误感知。
- 首因—近因效应会使你过分重视先发生的事情，即便后来有更重要的信息出现也会被你忽视。
- 一致性会让你看见一致的行为，而不一致的行为，即便实际存在，你也会无视它们。
- 把行动归因于控制时，要当心自利性偏差、过度归因和基本归因错误三种错误行为。

分析印象

要把自己的感知用批判性思维加以逻辑分析。以下是两条建议：

- 认识到自己在感知过程中的角色。你的情感和生理状态都会影响你对感知的解读。同样一部影片，你心情好时看会认为影片超级有趣，而情绪低落时看就会认为影片乏味无聊。因此，要知道你自己是有偏见的。例如，你是不是比较容易看到你喜欢的人身上的好品德，也很容易看到你不喜欢的人身上的坏品质？
- 避免过早下结论。在观察到某些行为后，以此为基础提出假设，并用之后的信息或证据对此进行检测，而不要马上得出结论并试图加以确认。寻找指向一致的各种线索，指向同一方向的线索越多，你的结论越有可能是正确的。有些线索相互矛盾，似乎与你的最初假设不一致，对这样的线索要特别警惕。同时，可以到他人那里求证，其他人对这些事情的看法与你一致吗？如果不一致，那么要考虑一下你是不是在一定程度上曲解了你的感知。

检查你的感知

感知检查（perception checking）是减少不确定性并使感知更加准确的另一种方法。感知检查的目的是进一步探究你对他人的想法和感觉，而不是为了证明你最初的感知是正确的。通过这一简单的技巧，你就可能对他人的感受少一些误解。同时，你也给了其他人一个机会阐述其想法和感受。感知检查最基本的形式包括以下两个步骤：

1. 描述你看到或听到的，并要明白，你的描述不是客观的，而是深受你的身份和情感状态等的影响。同时，你还可以描绘一下你认为正在发生的事情，尽可能只是描写，而不要做任何评判。有时候不妨提供几种可能性。

- 这周你已经好多次在上班时间打电话给我了。你好像很担心家里是否一切都好。
- 整个一周你好像都不太想跟我谈谈。你说我干得还行，但是其他研究助理的职责，你好像不愿意让我也承担。

2. 请求确认。问一下对方你的描绘是否正确。不要试图只通过观察他人的行为就去读出他人的想法和感受。无论你观察到多少行为，无论你多么仔细地审视过这些行为，你对他人脑子里的想法都只能是一种猜测。一个人的动机不是从外部就能看到的，你只能在外在表现的基础上做出推测。因此，一定要注意，你在请求确认时，不要让你的问题听上去好像你已经知道答案了，措辞的时候不要让人觉得你存有戒心，例如，“你确实不想出门，是不是？你把电视声音开那么大，我就知道你不想出门”。相反，要用鼓励的语气请求他人确认，如：

- 你是不是更想看电视？
- 你是不是担心我或者担心孩子们？
- 你是不是对我工作不满意？我要怎么做才能在工作中表现得更好？

减少不确定性

每个人际交流情景都具有某种程度的不确定性。我们可以采取各种策略来减少这种不确定。

- 观察他人。当一个人在主动地做某件事情时对其进行观察，如果能在非正式社交场合与他人交流就更好，这常常可以让你发现这个人的很多信息，因为人们在非正式场合不太会注意自己的行为，于是就很容易暴露真正的自我。
- 为不同的情景做准备。有时候你可以设计一些情景，这样就能在更具体更能展示自我的情况下观察一个人。安排一些情景，以便更准确地观察参与其中的人，例如，就业面试、戏剧试镜、教学实习等都是很好的例子。
- 参与网络群聊前先了解这些群。登录一个社交网站后，先潜水，你自己发言之前要先读一下群里其他人都说了些什么，这样你就了解了群里其他人，也了解了这个群，从而减少了不确定性。不确定性减少了，你就能在群里说合适的话，而不会违反该群的群规。
- 跟另外的人交流以得到更多信息。要了解某个人，你可以问一问其他人。比如，你可以问一下你的同事，另一个人是否认为你有趣，是否会愿意和你共进晚餐。
- 与这个人沟通。例如，你可以问问对方："你喜欢运动吗？""你觉得那门计算机课怎么样？""万一被解雇了你会怎么办？"你还可以告诉对方自己的一些情况，这会鼓励对方也谈论自己，这样你就更能了解这个人了。

提防世界公正假设

许多人认为世界是公正的：好人将得到奖赏，坏人将受到惩罚。换句话说，就是善有善报，恶有恶报！虽然你会有意识地摒弃这种假设，但是在感知和评价他人的时候，可能会盲目地用上这一假设。认为世界是公正的，你的感知就可能被曲解，因为在试图解释他人甚至自己的行为的时候，你就不会重视环境因素的影响，而过分强调内在因素的影响。

加强文化敏锐感

文化敏锐感（cultural sensitivity），即意识到文化各异，并对文化差异很敏感。文化敏锐感有助于提高感知的准确度。例如，俄罗斯的艺术家们——芭蕾舞演员，常常用鼓掌的方式来称赞观众，而看到这种行为的美国人会很容易地认为这是妄自尊大的表现。同样，一个德国男性会在女性的前面先走进餐馆，这是为了看一下这个餐馆是否够好，是否适合这位女士就餐。而在某些文化中，女士先请是一种礼貌，于是在这些文化的人眼中，前述这一简单的习俗很容易会被认为是粗鲁无礼的。

在每一个文化群体内部也存在极大极重要的差别。如果你假定某种文化中的所有人都是一样的，那么你就是用刻板印象在思考了。要明白另一种文化和你的文化是不同的，而且同一种文化内的不同成员也是不同的，这有助于你更加准确地感知各种情况。

理解不同文化者的非语言信息时，大部分人会有困难，而文化敏锐感有助于降低理解的难度。例如，比起其他文化的成员，你更容易解读本族文化成员的面部表情。这一“圈子优势”可以帮助你准确感知本族文化成员的行为，却常会妨碍你对其他文化成员做出准确感知。

一些改善跨文化交流的建议也同样适用于增强感知中的文化敏锐度。例如，加强自身的学习、减少不确定性、意识到差异（你自己和其他文化的人之间的差异，其他文化内部不同成员之间的差异，以及你表达的含义与其他文化的人可能表达的含义之间的差异）、正视自己的刻板印象、调整交流策略等。

> **人际关系抉择时刻**
>
> **人际关系不确定性**
>
> 在过去几个月里，你只是很随意地和某人约会，而你希望你们的关系可以更进一步，但是你需要先知道对方是不是也有这样的想法。你不想因为被拒绝而让自己很尴尬。你会怎样做来减少这一关系上的不确定性呢？
>
> a. 问一下你俩共同的朋友。
>
> b. 径直去问对方。
>
> c. 跟对方谈谈其他确定了恋爱关系的人，看看对方的反应。
>
> d. 等着对方表示有进一步发展的愿望。
>
> e. 其他。

印象管理：目标与策略

印象管理（impression management），也称自我展示（self-presentation）或身份管理（identity management），即你把自己希望在他人心中留下的形象传达给他人的过程。你给别人留下的印象很大程度上是由你所交流的信息决定的。你对别人的印象主要来自他们交流的方式，包括语言和非语言交流的方式，同样，你也会把自己的形象通过各种方式传达出去，例如你说的话（语言信息），或者你贴的照片、你的行为方式和穿着方式，以及你装修办公室或公寓的方式（非语言信息）。然而，交流信息并非印象形成和管理的唯一手段，你与什么人交往也可以把你的自我形象展示出来（你也会以同样方式判断他人）。此外，你对他人的印象还可能建立在这个人的年龄、性别或种族背景的基础上。或者，你还可能根据其他人对这个人的评价形成一个与该评价相一致的印象。当然，其他人也会以同样的方式形成对你的印象。

视野：印象准确性

别人对你做出判断时，你希望他们能经常遵循哪一条建议从而能对你形成更准确的印象？

人际交流的技巧之一就是要理解并且能够管理你留给他人的印象。掌握了这种印象管理技能，你就能在他人面前呈现出你希望呈现的样子。社交媒介的出现使得印象管理比只能面对面交流时要容易得多。比起面对面的情境，你可以更好地掌控你在帖子里或者照片里发送的信息。

要想在他人心中留下你期望留下的印象，你需要采取一些策略，而这些策略因你的具体目标不同而不同。在阅读这些目标和策略，以及这些策略如何会产生适得其反的后果时，想一下你自己是否尝试过把“好”印象传达给他人，为达到这个交流目标你是怎么做的（即你使用的策略）。

受到他人喜爱：寻求亲和力策略和礼貌策略

如果你希望受到他人喜爱，比如，你进入一所新的学校或者开始参加新的工作，你希望其他同学或同事能喜欢你，你希望能成为他们中的一员，希望他们能对你有很好的评价，此时你就可以运用这里提到的两个策略：寻求亲和力策略和礼貌策略。

寻求亲和力策略

读一读下面列出的几条寻求亲和力策略（affinity-seeking strategies），你就会发现这些方法可以使你更受人喜爱。这些策略在初次交往时尤为有用，甚至有人发现老师如果使用这些方法可以增加学生的学习动力。

- 乐于助人。
- 与他人交往时表现得愉快而放松。
- 遵循文化规则，使得与他人的对话礼貌而和谐。
- 表现得主动、热心、精力充沛。
- 鼓励他人谈论他们自己，使他们更多地展现自己，发表自己的意见。
- 认真而积极地倾听他人。
- 表现出自己乐观和积极向上的一面，不要显得悲观而消极。
- 让他人感受到你的热情与共鸣。

- 让他人感觉到在非常重要的态度和价值观方面你与他们观点一致。
- 传达你对他人的支持。

当然，简单的恭维话对你得到他人的喜爱大有裨益。有人发现，恭维话能增加面试成功的概率，让客人多给小费，甚至还能让你感觉更受信任。

礼貌策略

礼貌策略（politeness strategies）常可使我们显得很有人缘，我们可以从消极面子和积极面子这两方面来理解礼貌策略。这两种类型的礼貌对应着我们每个人都有的两种需求：积极面子（positive face）——得到他人的正面评价和赞许的愿望；消极面子（negative face）——能够有自主权，有权利做自己想做的事情的愿望。

因此，人际交流中的礼貌指的是允许他人维护积极面子和消极面子的行为，而不礼貌指的是损害他人积极面子的行为（例如，批评某人）或损害他人消极面子的行为（例如，向某人发出命令）。

要使对方保持其积极面子，就应该在与对方谈话或者谈到对方时用一种尊敬的语气，给予对方充分的关注，合适的时候要说“不好意思”。简言之，你希望别人如何对待你，你就如何对待别人。这样，你就通过积极礼貌策略的方式使对方保持了其积极面子。而如果你谈论某人时很不恭敬，无视这个人或其提出的意见，并且没能在合适的时候使用诸如“谢谢”和“请”这样的礼貌用语，那么你就损害了这个人的积极面子。

要使对方保持其消极面子，就要尊重对方拥有自主权的要求。需要对方做某事时用请求而不是命令的口吻，比如，你可以说“能麻烦你去开一下窗吗？”而不是“去把窗打开！”在提出请求时，还要给对方说不的选择，比如，可以说“如果不方便的话也没关系，不过我手头真的很紧，想借 100 块钱。”而不是“借我 100 块钱。”如果需要别人给你写推荐信，你可以这么说：“您可不可以给我写一封研究生推荐信？”这样，你就通过消极礼貌策略的方式使对方保持了消极面子。

当然，我们基本是无意识地这么做的，我们似乎不是故意不考虑别人的消极面子需求就让对方帮忙的。大多数情况下，损害他人消极面子的行为常常难以察觉。例如，你妈妈对你说：“你还要那么穿衣服吗？”——这是黛博拉·坦宁（Deborah Tannen）用的例子，你妈妈这么说损害了你的消极面子，因为她批评或挑战了你的自主权，而且，这么说还对你是否具备得体穿着的能力提出了质疑，同时损害了你的积极面子。

正如本书所讨论的所有策略一样，礼貌也会有负面作用。例如，过分礼貌可能被认为很虚伪而令人讨厌。如果别人认为这种过分礼貌的行为是一种说服策略，那么也会讨厌这种行为。

得到他人信任：信誉策略

假如你是位政客，你希望人们投票支持你或者支持你提出的某项提案，这时候，你可能需要用到一些信誉策略（credibility strategies)，这是个可追溯到2300年前的概念，当时的古希腊和古罗马雄辩家们常这么做。当代的各项研究也认为信誉策略是有作用的，因为这些策略可以使你的能力、性格和魅力得到认可。例如，要人们认可你的能力，你可以提及你优秀的教育背景或者你参加过哪些课程使你具备了专家的资格。要让人们相信你有很好的品格，你可以说一说你的公正和诚实，也可以说说你对一些永恒价值观的关注或对他人的关爱。而要让人们认可你的魅力——你有责任心，有积极向上的个性——你可以展示自己的热忱，尽量强调自己积极的方面而弱化自己消极的方面。

当然，如果你过分强调自己的能力、品格或魅力，那可能会被认为太急于求成，人们会觉得你害怕被别人发现你并不具备你急着展示的这些品质。例如，真正有能力的人一般不会怎么直接谈及自己的能力，因为他们的博学、洞察力和逻辑思维等信息已经足以展示他们的能力了。

原谅失败：自我设限策略

如果你要完成一项难度很大的任务，而你担心你根本完不成，这时候你可能会用上自我设限策略（self-handicapping strategies)。这一策略比较极端的表现是你会制造障碍使得这项任务无法完成，这样，如果你失败了，那么没人能怪罪你，说你无能——毕竟，这项任务是不可能完成的。我们来举个例子，假设你没有好好复习，所以你觉得人际关系这门课你没法及格了，你把自我设限策略发挥到极致，那么你可能会在考试的前一天晚上出门参加聚会，这样的话，如果你考试不及格，你可以把责任推到聚会的头上，而无须认为这是自己不够聪明或掌握的知识不够。不那么极端的做法是编造一些失败的借口，这样一旦考试不及格就能用上，“考试不够公平”是常用的一个借口。其他的例子如：把很长时间找不到人约会归咎于你太聪明、太羞涩或太穷；晚饭烧得难吃就怪自己的炉子不好。

自我设限策略用得太多会让人怀疑你的能力，或认为你很蠢——毕竟，不好好复习却在考前聚会到很晚实在说不过去。这类行为会对你的整体能力产生负面影响。

寻求帮助：自贬策略

如果你想让别人照顾你、保护你，或者就是想让别人帮忙，你可能会使用自贬策略（self-deprecating strategies)。承认自己不能胜任、能力不够，别人常常就会来帮助你。因此，如果你希望别人来帮你修下水道，你会这么说：“我就是修不好那个下水道，我简直要疯掉了；我实在是对管道一窍不通。”

不过一定要小心：使用自贬策略会让人认为你就像你自己说的那样能力差，或者别人会认为你是因为不想做那件事才说自己没能力，目的是得到他人的帮助。因此，长远来看，这不太可能给你带来多大的帮助。

掩盖缺点：自我监控策略

很多印象管理的目的都不仅仅是展示正面形象，而是通过自我监控策略（self monitoring strategies）掩盖负面形象。你极为小心地监控（自我审查）自己说的话和做的事。你不在同事面前说你常说的俚语，这样你的同事会对你评价更高；你不嚼口香糖，以免让自己看上去幼稚或不专业。你总是乐于展示自己经历中良好的一面，这其实是在主动地隐藏不好的部分。当然，你也能监控自己的非语言行为，比如挤出一个微笑，这是很多人已经驾轻就熟的技能。

但是，如果自我监控太多或太明显，那么你就很容易被认为是不想展示真实的自我，这也许是因为你不够信任他人，因此你不能像展示自己的长处那样很自然地暴露自己的短板。更严重的是，别人可能会认为你不诚实或者想愚弄他人。

有号召力：影响力策略

很多时候，你希望人们把你看成是个领袖人物，是个在思想或行动上都值得跟随的人，那么你就可以使用各种影响力策略（influencing strategies）。也许最常见的影响力策略就是说服和劝导性交流。下面是几个简单的方法示例：

- 使用逻辑。摆事实、讲道理，从而让别人认可你希望他们做的事情。人们一旦被逻辑说服，以后就不太会质疑，并且今后遇到与之相反的说法也能加以抵制。
- 强调相似之处。认同对方，向对方证明你在重要的态度、信念和价值观方面都与他们有相似的观点。不过一定要注意，不真诚或不诚实的认同感可能会起到反作用而产生问题，因此，对于你与他人之间不存在的相似点，即便是暗示，也要尽量避免。

视野：自贬式幽默

人们发现自贬式幽默可以使得地位高的人（无论男女）更有吸引力，但不太适用于地位低的人。另外，人们还发现男性使用自贬式幽默的频率比女性要高。*你认为这些发现与你的直觉感受一致吗？你会如何解释这些发现？*

人际关系抉择时刻

从线上到线下

你在某婚恋网站上与帕特交流了一段时间，最终决定和他见面一起喝喝咖啡。你真的很希望帕特能喜欢你，并且跟你发展成长期恋爱关系。你会怎么做来增加自己的可爱指数呢？

a. 鼓励帕特说话。

b. 把自己很重要的信息告诉他。

c. 向他证明你跟他有一样的态度和信念。

d. 表现出你具有自由思想，而且很独立。

e. 其他。

视野：口音

有证据表明，我们对于说话带口音的人的信任度要低于说话没有口音的人。

你的经历中有这样的现象吗？你能想出一些反例吗？

- 重视一致性意见。如果你能努力获得第一个肯定的回答，那么你就更有可能在相关事情上影响对方。一致会带来更多的一致。
- 提供积极的社会证据。证明你让对方做的事情正有很多人在做，这样对方就更可能跟着做。这种从众本能是非常有力的推动力。

影响力策略也同样很容易产生事与愿违的后果。如果你的影响力策略没有奏效——无论原因是什么——你都会失去你的整体影响力。也就是说，你没有使用这一策略时，别人会认为你有一定的影响力，而一旦你尝试却失败了，别人就会认为你的影响力没有那么大。当然，如果别人认为你试图影响他人是为了给自己谋利，那么你的这些说服行为就会遭到拒绝，也许别人还会认为你自私自利而讨厌你。

确认自我形象：形象确认策略

有时候人们交流是为了确认自我形象。例如，你认为自己是社交场合的活跃人物，于是在聚会上你会讲笑话，逗人们开心。你的这种做法就是在使用形象确认策略（image-confirming strategies）。你的行为确认了你的自我形象。在做出形象确认行为时，你还让别人知道这就是你，这就是你希望他们看到的样子。你展示你的某些方面以确认你心目中的理想形象，与此同时，你也在掩盖你的某些与理想形象不吻合的方面。

但是，如果你太频繁地使用形象确认策略，人们就可能会认为你“太完美了，不可能是真的”。如果你试图呈现出一个完美无缺的形象，那么很可能会令人生厌——人们都希望自己的朋友和同事有一些缺点，有一些不完美。另外，使用形象确认策略就得不停地谈论自己，这会使你显得很自恋。

了解了这些印象管理策略，以及这些策略如何才能起到作用，在什么情况下会不奏效，你就有了更多的选择以达成更广泛的目标，例如，受人喜爱、得到信任、原谅失败、得到帮助、掩盖错误、有号召力，以及确认你的自我形象。

人际信息

2 第二部分

第 4 章
语言信息

语言信息有多种形式。在合适的场合使用合适的形式，交流效果会大不相同。

与人交流，你用到了两大信息系统，分别是语言信息和非语言信息。语言信息（verbal messages）指的是用词汇传递的信息。这里的语言指的是有意义的词汇，而不是指任何口头表达的信息。当然，语言信息包括用有意义的词汇所做的口头表达和书面表达。因此，笑声并不能算作语言信息，你说话时所做的“哦”“嗯”“啊”等有声停顿，也不能算作语言信息。你在附和别人说话时发出的“哈哈”“啊哈”“啊”，这些声音并不包含有意义的词汇，当然也不能算作语言信息。上述所提及的这些声音，还有表情、眼神、动作等都属于非语言信息。本章我们讨论的主题是语言信息，下一章我们将着重讨论非语言信息。

语言信息原则

为了清楚说明语言信息的本质，以及这些信息在听者脑海中产生的意义，我们需要先搞清楚一些具体原则：（1）各种信息相互印证；（2）信息的主体是说话的人；（3）意义包含本义及其引申义；（4）各种信息的抽象程度不同；（5）各种信息表达不同的礼貌程度；（6）信息可分为署名信息和非署名信息；（7）信息具有欺骗性；（8）信息展示你不同的自信度。通过讨论，你会发现许多有用的建议，这样你在人际交流过程中更为得心应手。

各种信息相互印证

语言信息和非语言信息几乎都是相伴相随。通常来讲，语言和非语言信息相互印证，相互支撑。例如，你不可能一边嘴上说害怕，而另一边却全身放松。你也不会嘴上表达着愤怒，却面带微笑。在表达思想和情感时，不论是通过语言还是非语言形式，你这个人就是一个统一的整体。这种语言信息和非语言信息的结合也有利于我们进行思考和记忆。在社交媒体上，你点击一下鼠标，信息就全部包含进去了，其中就包括照片、视频以及文字。即使在只允许发文本的推特上，虽然你只能对你的照片、视频或者位置（如博客或网址）等发送不超过 140 个词的说明，但是你可以给照片、视频或位置等附上相关的链接。

你可能经常忽略这些与其他信息相伴相随的信息，因为这些信息太正常不过了。但是如果你的手势或者面部表情这些非语言信息和你发出的语言信息自相矛盾，这种情况就会引起你的注意。例如，某人嘴上说“见到你很高兴”，眼睛却不看着你，而是环顾其他在场的人，很明显这个人就发出了相互矛盾的信息。

了解了这个特性，我们就应该注意不要简单地理解别人的意思，特别是那些非语言行为所表达的含义。在确定或者猜测某一行为的意义之前，先从整体上来考虑，因为这个行为只是整体信息中的一部分。此外，还要注意语言信息和非语言信息在交流情景中的表达方式，以及某个特定的非语言行为在整个交流中的作用。一位帅哥或者美女朝着你使眼色可能表示他们对你有意思，也可能是他们所戴的隐形眼镜不合适，至少你不能排除这种可能性。

视野：改变你的交流模式

当问及希望异性能够在交流模式上做何改进时，男性希望女性在交流时能够更为直接，而女性则希望男性不要经常打断别人的谈话，不要老是希望给别人提供参考意见。*在男女两性交流时你希望对方做出何种改变？在同性交流时你又希望对方做出何种改变？*

信息的主体是说话的人

意义不仅取决于各种信息相互印证（语言因素和非语言因素相结合），还取决于信息和信息接收者的思想和情感是如何融合在一起的。你不只是“接收”了信息，同时你还创造了意义。根据你自身的社会文化视角（例如你的观念、态度和价值观），你重新构建所收到信息的意义。词本身并没有意义，是人赋予了词一定的意义。

同时，你还应当记住，如果你发生了变化，你所创造的意义也就发生了变化。换句话说，信息还是那个信息，但是你昨天对这条信息的理解与你今天对这条信息的理解有所不同。

意义因人而异，而每一个人都独一无二、与众不同，那么，不同的人对同一个词或者同一条信息也就会有不同的理解，这也就是为什么同一条信息（例如，请给我一杯咖啡），有的人可能会理解为命令，而有人则会理解为简单的请求罢了。现在你应当能够体会到，意义并不是存在于某个词之中，而在于使用某个词的人，如果没有认识到这一点，你很容易就理解错了某句话的含义，而这些错误的理解就有可能导致人与人之间的冲突。因此，你可以通过下列方法来核实你的理解是否正确，比如，你可以问问题，可以回想一下你的感受和想法是否和另外一个人的感受和想法一致，也可以要求对方详细阐述并加以澄清。

意义包含本义及其引申义

认真想一下死亡这个词的含义。对于医生来说，死亡就是心脏停止跳动的那一刻，这就是词汇的本义，也是对事物客观公正的描述。但是对一个刚刚死了儿子的母亲来说，死亡就远不止这一个含义了，这会让这位母亲想到儿子的幼时、儿子的远大理想、儿子的家庭以及儿子的病情等。对于这位母亲来说，死亡这个词包含了更多的情感意义、主观意义和个人意义。这些情感意义、主观意义和个人意义就是词的引申意义。一个词的本义（denotation）就是这个词的客观定义，而引申义（connotation）就是这个词的主观及其情感意义。

现在我们来看看在回答“你同意吗？”这个问题时点头所表达的含义，一般来讲，这个动作表示同意。但是，如果你眨眨眼，一个微笑，或者语速过快呢？这些非语言表达就包含了更多的引申义，包括你的情感，而不仅仅只是客观信息。本义是放之四海皆能理解的意义，大多数人都认同的意义，而引申义就因人而异了，很少人会对一个词的引申义或者非语言行为的意义达成共识。

贬义词和褒义词能清楚地说明本义和引申义之间的差异。贬义词是高度负面评价的词，而褒义词则都表示积极的含义。虽然褒义词和贬义词都有其本义，用于指称现实世界，但这些词却常常被用作引申义，这些词一般不用来描述人或事件，而是用来表达说话者对某人或某事的个人情感。

了解了本义和引申义的区别，当你有可能产生误解的时候，你就可以认真思考一下引申义（你也可以要求对方做出澄清），产生误解大多数的时候是因为没有理解引申义。

各种信息的抽象程度不同

各种信息的抽象程度（abstraction）千差万别。信息的抽象程度是指信息是具体还是笼统的程度。图 4-1 形象地说明了信息或者单个词汇在抽象程度上的差异。

图 4-1　词汇意义抽象程度等级

在这一组词语中，位于最上方的娱乐一词，最为笼统，也最为抽象。娱乐一词除了包含了这一组词中所有其他词语之外，还包括了电视、小说、戏曲、漫画等词汇。相比之下，电影一词就详细具体，但也包含了其下面所有词的意思，除此之外，还包含了印度电影或者俄罗斯电影等词汇，但这个词排除了不是电影的其他所有娱乐项目。以此类推，美国电影一词就更加详细具体了，排除了所有与美国无关的电影。美国经典电影进一步缩小了美国电影的范围，只包括受到高度评价的一小部分美国电影。美国经典西部电影就更加详细了，把电影限定在经典的、美国的，而且是美国西部的范围内。《原野奇侠》则把范围进一步缩小到某一部具体的影片上了。

笼统的词汇，例如上例中的娱乐，容易唤起人们不同的想象，有些人可能会想到电视，有人可能会想到音乐，有人可能会想到漫画书，还有人会想到广播。对有些人来说，电影一词可能会让他们想到早期的无声电影，而另外一些人可能会想到高科技特殊音响效果的电影，还有人可能就会想到迪士尼动画影片。《原野奇侠》则进一步缩小了听者的想象范围，在这个例子中，他们只能想到一部影片了。但是一定要注意了，虽然《原野奇侠》指的是一部影片，不同的听者可能会想到这部影片的不同方面：有人会想到影片中人物的发展，有人关注的是爱情故事，还有人只看到了这部影片赚了多少钱。

有效的语言信息包含了许多词，表达了不同层面的抽象信息。有些时候，一个笼统抽象的词就能恰如其分地表达你的意思，而在另外一些时候，可能一个详细具体的词汇就更加合适。但是在多数情况下，选择具体的词汇效果会更好，因为你选择的词汇越具体，那么你传递给听众脑海中的形象也就更为生动，信息也就更为有效。同样，在面对面的交流中，使用更为具体的词汇能够引导对方直指你所要表达的含义。在网络引擎搜索中，你也应当使用具体的词汇，这样搜索引擎能够缩小搜索范围，直接搜到你所想要搜索的内容。

各种信息表达不同的礼貌程度

在人际交流中，考察礼貌（politeness）（体贴、尊重等）的最佳方法就是正确理解积极礼貌和消极礼貌这两个术语。这两种礼貌形式正好对应于我们每个人的两种需求：希望获得别人积极评价或者表扬的需求（也就是所谓的维护积极面子）；希望独立自主，按照自己意愿行事的需求（也就是所谓的维护消极面子）。人际交流中的礼貌行为包括要求别人维护积极面子和消极面子的行为。

在任何文化中，礼貌都是一种可贵的品质，但是在不同的文化中，礼貌的定义各不相同。例如，英国人就认为，为别人着想，在人前表现得自信，举止文雅，这就是礼貌。日本人认为，尊敬他人，特别是尊敬社会地位高的人，在人前表现得谦逊，这就是礼貌。礼貌与率真和诚实相比哪一个更为重要，不同的文化理解也各不相同。当然不同的文化对礼貌和不礼貌的表现方式也有差异，对于违反既定规则所受到的惩罚也不尽相同。例如，在亚洲文化中，人们特别重视礼貌，不礼貌的人将会受到严厉的惩罚，而同样的行为在美国，受到的惩罚就会轻得多。

在工作场合，礼貌是人际关系中重要的组成部分。有一项调查研究显示，80% 的受访员工认为他们在工作中没有获得相应的尊重，而 20% 的受访员工认为他们因为别人的不礼貌行为而受到了伤害。另外一项研究显示，员工们认为他们在面对不礼貌行为时，创造力下降了 33%，对别人的帮助下降了 4 倍。工作场合中的粗鲁行为会降低工作的有效性和创造力，提高员工的犯错率，这一切对一个公司或者企业来说都是巨大的损失。

当然，文化并不是影响礼貌的唯一因素。个人的性格和职业素养都会影响礼貌程度以及如何展示礼貌。交流的情景对礼貌也有影响，在正式场合下，人与人之间的权力地位差别很大，彼此之间就更为礼貌，而在非正式场合下，人与人之间的权力地位相差无几，对于礼貌的要求也就没有那么严格了。

礼貌和有话直说的关系

从语言使用的直接性还是间接性的角度，我们可以讨论语言信息是维护了某人的颜面还是让某人颜面扫地（后者也常常被称为打脸行为）。一般来说，有话直说就显得不够礼貌，会威胁到某人维护自己消极面子的需求。在与人交际时使用婉转的语言，这样你就不会违反礼貌交际的原则。

与男人相比，女人在向别人提出请求时显得更为礼貌，使用的语言也更加婉转。说话时男女的这种差异既有好的一面，也有不好的一面。婉转的话语更为礼貌，也更容易为大家所接受，但有时候也会带来负面的影响，因为与直截了当的话语相比，婉转的话语显得有气无力，权威性不足。在有的文化中，婉转的话语显得过于工于心计，让人费解，而直截了当的话语就显得直率或者真诚。

包容性和排他性与礼貌

我们也可以从包容性和排他性的角度来看待礼貌。包容性信息是说给在场所有人听的，信息与所有人都有关，是彬彬有礼的；而排他性信息与某些特定人群或者某些文化团体无关，常常被认为是粗鲁的。

当着圈外人员的面使用圈内人员的语言，这时你就能够体会到语言的排他性了。医生们聚在一起讨论有关医学的问题，这无可非议。但是如果有一个不是医生的人加入了进来，他们没有因为新成员的加入而相应调整谈话方式，而是继续讨论治疗措施、病人症状以及医疗用药等，这便出现了排他性。有一群来自世界各地的人员聚在一起，当其中有些人来自同一个国家，他们便会使用这个国家的语言，这时的谈话我们就可以称之为排他性谈话。有些人生体验不是所有在场的人都经历过（例如，有过生孩子的经历，有过境外旅游的经历，或者谈及共同熟人的时候），有过类似经历的人就会加入这时的谈话，而没有类似经历的人就会被排除在外。这时圈内人使用的语言和谈论的经历无法完全让圈外人参与进来。

网络交流礼节

互联网对于网上交流也有一套十分详细的礼节，我们称之为网络礼节。与我们面对面交流时需要遵循的礼节一样，网络礼节也为网上交流提供一套交流准则。有了这些礼节，网络交流会变得更加容易，更加令人怡悦，交流效率也会大大提高。下面我们列举几条重要网络礼节：

- 发言前先熟悉一下网站。如果不熟悉网站系统，先阅读一下常见问题（FAQ）。
- 简明扼要。交流时不要涉及无关内容，交谈时要清楚、简洁、有条有理。
- 有礼有节。拒绝别人加为好友的请求时要有礼有节，或者索性置之不理。
- 不要使用大写字母。使用大写字母就犹如我们在面对面交流时大声喧哗。
- 小心谨慎。不要在网络外面使用网络社交信息。
- 不要滥发电子邮件，也不要发送攻击别人的电子邮件。未经别人同意，不要给人重复发送同一份邮件或者相同信息（或者无关信息），也不要对其他用户发起人身攻击。
- 不要使用侮辱性语言。不要使用那些侮辱别人的语言，例如具有性别歧视的语言或者种族歧视的语言。
- 善解人意。当你觉得别人不愿意和你交朋友时，不要提出这样的请求。
- 不要做广告。不要在推特上推销产品，推销你自己或者你的服务。在脸书上你可以这样做，但是要慎之又慎。
- 不要抄袭。引用别人观点，或者直接引用别人话语时，要注明出处。
- 不要夸夸其谈。网络社交的准则就是谦虚谨慎，大部分使用网络的人都认为这一点十分重要。

信息可分为署名信息和非署名信息

有些信息是署名信息（onymous messages）或者“签名的”，也就是说信息的作者是明确的，例如，教科书中的信息、新闻评论、专栏文章或者与别人打电话、面对面交流时说过的话。大多数情况下，你能够直接和说话人或者作者进行沟通，你可以表达你的观点，例如，你是同意还是不同意他们的观点。还有些信息是匿名信息（anonymous messages），你不知道信息的作者是谁，例如，在教职工评议问答或者评价我的老师等网站上，有些评分或评论就是匿名发表的。

匿名发表信息在互联网异常容易。你可以在许多网站匿名给你的老板、以前的合作伙伴、你暗恋的对象、吵得你不得安宁的邻居以及不称职的律师，通过这种方式发送信息，对方却不知道信息是谁发的。不管是好是坏，你都不必为你发出的信息承担责任。

> **人际交流抉择时刻**
>
> **道歉**
>
> 最近你和朋友关系破裂，你朋友为此十分难过，想和你修复关系，想向你借车用，但是你认为你的朋友不具备开车资格。以前你从没有拒绝过类似的请求，你会如何拒绝朋友借车的请求呢？
>
> a.“不行，你现在不适合开车。”
>
> b.“对不起，我自己需要用车。”
>
> c.“是不是等一段时间，等你平静下来再说呢？”
>
> d.“我开车送你去。”
>
> e. 其他。

匿名发信息有一个明显的好处，那就是人们可以大胆地表达非主流信息，这样的信息更为接近人们的真实想法。但匿名信息也会怂恿人们走向极端，发表一些极其粗暴的言论，毕竟匿名发表信息不用承担任何后果，因此这些言论有可能滋生一些不必要的冲突。此外，由于是匿名信息，你不能判断信息来源的真假。例如，你想获得一些有关忧郁症的信息，而提供信息的人可能对忧郁症一无所知，那这些建议也就一文不值了。

信息具有欺骗性

有些信息是真实的，有些信息则具有欺骗性，这不足为奇。在人际交流的过程中，我们一般认为人们都会说实话，但确实有人在说假话。许多人都认为，不论是政治上还是生意场上，或者在一般的人际关系中，撒谎都属于正常现象。撒谎也具有传染性，一个人撒谎了，其他人撒谎的可能性也就增加了。然而，与撒谎的人相比，人们更加喜欢说实话的人。因此在人际交流的过程中，我们应当给撒谎现象以足够的重视。

撒谎（lying）行为有以下特征：（1）发出了信息；（2）有故意欺瞒对方的意图。撒谎包括发出语言或者非语言信息（记住没有任何面部表情或者不说任何话也是一种交流），这些信息被另外一个人所接收。发出信息的目的就是有意欺骗对方。你虽然可能发出了错误的信息，但是如果这个信息你自认为是正确的，你这就不能算撒谎了。如果你发出了自认为是错误的信息，而且故意诱导别人，这时候你就算是撒谎了。

就像其他人际交流话题一样，不管是如何给撒谎的定义还是如何对待撒谎上都有差异，撒谎也存在着文化差异。有些文化认为撒谎是很严重的行为，而有些文化却不是这么认为的。

谎言的类型

谎言各有差异，每一种谎言都各不相同。下面我们来讨论一套有用的系统，该系统把谎言分成四大类别。

人际交流中的伦理道德

说谎

谎言给我们一定的道德启示。孩子们在幼年时期接受的文化准则就是说谎是不对的。但是与此同时，孩子们也慢慢知道了撒谎在某些情况下是有效的，至少能获得一定的好处，或者免于受罚。

有些谎言是善意的，并没有违反道德准则。例如，你不同意某人的观点，但是为了保全此人的颜面，在公众场合你还是选择同意其观点；某人已经病入膏肓，但是你还是说很快就会好起来；或者只是吹嘘自己所取得的成就。还有些谎言不仅没有违反道德准则，有些时候还不得不讲。例如，说谎是为了保护某人免于受到伤害，或者当着一些虚荣心比较强的父母夸赞他们的子女长得漂亮。还有一些谎言（大多数是违背社会公德）就是违反了道德准则。例如，撒谎的目的就是欺骗投资者或者无端地指控某人。

尽管如此，大部分的谎言都难以用道德和不道德来区分，这一点你可以在下面的道德选项中加以了解。

伦理道德抉择时刻

- 为了获得自己应得的东西，除了撒谎之外别无他途，你会撒谎吗？例如，你付出了巨大努力，应当晋升或者加薪，你会为此撒谎吗？在这个过程中，你毁掉了同事晋升的机会，你还愿意这么做吗？
- 为了避免冲突或者关系破裂，你向伙伴撒谎，这合乎道德准则吗？在这种情况下，为了一些鸡毛蒜皮的小事而撒谎是否可以？（你想看到一场足球赛事的结局而迟到了。）为了一些大事情呢？（例如，你有外遇。）
- 为了摆脱不利局面而撒谎是否可以？例如为了推掉一场不愿参加的约会，一项办公室琐事，或者一场无聊的谈话，你会撒谎吗？
- 和某人关系破裂，对其中的原委撒谎，这样对你们两个人都好，这样做道德吗？例如，你和对方分手时，你会对你爱上了另外一个人加以隐瞒吗？（或者你就是对这段感情感到厌倦了，再或者对方原有的美貌已经不复存在了。）

- 为了阻止某事，你故意夸大因做某事带来的后果，这样做道德吗？例如，为了让你的孩子或者学生不要沉迷网络，你会对沉迷网络所带来的后果而撒谎吗？
- 为了使自己在人前更加有吸引力，为此撒谎道德吗？例如，你撒谎说你自己更年轻，更富有，更诚实。为了增加与某个与众不同的人的见面机会，在脸书或谷歌或某个征婚网站上编造自己的简介？

善意的欺骗：为了获得良好的结果

这类谎言有利于被欺骗的人。例如，表扬某人为某事所做的努力，目的就是给他一定的鼓励。再如称赞某人今天打扮得体，目的就是为了让他们充满自信，这些都可以称为善意的欺骗。很多这类的谎言具有一定的文化属性。例如，大人们常常会给孩子们讲圣诞老人或者护牙仙子的故事，大人们认为这些传说有利于孩子们的成长。

有些善意的欺骗是行之有效的，这时候不撒谎反而不礼貌。例如，对父母直言他们的小孩相貌丑陋肯定是不礼貌的（即使你确信这个小孩确实丑陋），唯一礼貌的做法就是撒谎。还有一类谎言就是你向某人撒谎了，因为此人可能要伤害到其他人：你可以向敌人撒谎，也可以向想伤害他人的人撒谎。这类谎言是人们所期待的，相反，这时你如果说了真话，你反而在助纣为虐。孩子们在幼年的时候就学会了这类谎言，孩子们（大人们也一样）说的谎言大多属于这一类。

自吹自擂式欺骗：为了显示自己

不是所有的自吹自擂都与欺骗有关，例如，有些策略可以加深别人对你某些优点的印象，而这些优点别人一下子可能没有发现，你也可以提及你过去所取得的成就，这些都可以给你加分。如果你所取得的成就并不是虚构的，那么这种为了加深别人印象而所做的努力就不是欺骗了。

但是，有些为了加深别人印象而选择的策略就是一种自吹自擂式欺骗。例如，你可能只提及你所取得的优异成绩，而对那些不好的成绩却只字不提。你也可能对自己的某些善举大肆宣扬，而对自己的自私行径却闭口不谈。你也有可能为了粉饰自己的能力，而忽略你的经济状况。或者你会夸大你所取得的成功，然而事实却并非如此。当然有些人撒谎就是为了自吹自擂。

自私式欺骗：为了保护自己

这类谎言主要是为了保护自己。有时候你很忙，没有去接某个电话，这就属于自私式谎言，不接电话并没有伤害到任何人。但是，有的自私式欺骗就会伤害到别人。例如，你可能会暗示说在某份报告的撰写过程中你功劳最大，这时你就伤害到了你的同事。或者你也会为了保护自己而隐瞒某些事实，例如你会隐瞒以前不成功的恋爱经历、不光彩的家庭历史或者被炒鱿鱼的经历。自私式欺骗中，最为典型的应当是隐瞒自己的恋爱经历。

有的时候，自私式欺骗是为了维护保持一段情感，比方说，你可能会为了某一次的出轨行为撒谎，但是撒谎不仅是为了保护你自己（或者你的另一半），而且是为了维护和保持某一段情感。

恶意的谎言：为了伤害别人

这类谎言就是为了伤害别人，因为你不喜欢某人，你就散布有关某人的谣言，或者是诬陷对方做了哪些错事（你经常看到的有关政治的辩论）。夫妻双方吵架，相互指责对方做了许多错事，其目的就是赢得孩子的同情或者忠心。你自己做了错事，却诬陷对方，这是最为明显的谎言。

视野：说谎的原因

大多数人说谎都是为了获得某些好处或者回报（例如，在某一段情感中增进两人的感情，保护自己的自尊心，或者是为了获得钱财），再或者是为了逃避惩罚。研究人员对322个谎言进行分析，发现有75.8%的谎言都是说谎者受益了，21.7%的谎言中被骗者受益了，2.5%的谎言中第三方受益了。如果这个实验今天重新再做一遍，你觉得获得的数据会相同吗？如果是当着某人的面撒谎和在社交媒体上撒谎，这项数据会有什么变化吗？

信息展示你不同的自信度

在同一小组中，你与他人意见不统一，你是否会直抒己见呢？就是因为你不愿意直抒己见，你又是否会让别人利用你这一弱点呢？在一个小组中，如果你不得不表达自己的意见，你是否会感到不自在呢？上述这些问题能够展示你不同的自信度（assertiveness）。

在阅读这方面的信息之前，对下列话语做出你的选择，这些选择能够说明你与别人交流时是否自信，运用下列评分表格，根据你的直觉反应，而不是理性的思维做出相应的选择。5 = 一直或几乎一直正确；4 = 经常正确；3 = 有时正确，有时错误；2 = 经常错误；1 = 一直或几乎一直错误。

_____ 即使我的观点与组内成员不同，我也会直抒己见。

_____ 有人叫我做我不想做的事情，我会说不，根本不会感到有任何内疚。

_____ 在工作中，我会向上司表达我的意见。

_____ 在公交车上或者在公务场合，我可以与陌生人搭讪，心里毫无畏惧。

_____ 如果别人的行为触犯了我的权益，我会表示反对。

上述 5 项的回答可以确定你在与人交际中是否有自信。如果你获得了高分（比如 20 分或者 20 分以上），那说明你有高度的自信，如果你获得了低分（比如 10 分或者 10 分以下），那说明你不够自信。

自信的人遵循的原则是“我赢，你也赢”。他们认为双方都可以从交际过程中，甚至冲突过程中获得收益。自信的人一般比不自信的人更为积极向上，面对逆境时表现得更为坚强。与过于强势的人相比，自信的人一般都会主张自己的权益，与此同时，他们也不会伤害到别人的利益。他们不仅自己能够直抒己见，同时也希望别人能够直抒胸臆。

与交流的其他各个方面一样，自信也表现出其不同文化的差异性。与以集体主义为核心的文化相比，自信的价值观在以个体主义为核心的文化中得到了更多称颂。在强调竞争、个人成功和独立的文化中，自信的品质更加为人所看重，而在强调合作、集体成功和成员之间相互依存的文化中，自信的品质就不是那么重要了。因此，在有些情况下，自信是人际交流中的有效策略，而在另外一种情况下可能产生麻烦。在许多亚洲和拉美文化中，在长辈面前表现得过于自信是一种冒犯长辈或者不尊敬长辈的行为。

大多数人在某种情况下都可能表现得不够自信，如果你也有类似的表现，而且也想在交流中提高你的自信，那么认真考虑接下来所提供的建议。

分析交流中的自信

要在交流中提高自信心，第一步就是要了解自信的本质。你可以观察并分析其他人发出的信息，区分哪些信息是自信的，哪些是不自信的，哪些又具有攻击性。注意分析为什么有的行为是自信的，而其他行为则是不自信的，甚至具有攻击性。通过观察别人的行为获得了一定的窍门后，你可以开始分析你自己的行为了。分析一下你在什么情况下表现出自信，在什么情况下又表现出不自信，甚至具有攻击性。这些情况各有何不同特点？你一般在什么情况下表现得自信？你当时是如何说的？你又是如何通过非语言行为进行交流的？

练习自信地交流

练习自信地交流有一个方法叫作循序渐进法。先选定一个你认为自己不够自信的场景，然后找出一些由易到难的方法，从你认为毫无压力的信息表达开始，以你认为最满意的交流结束。例如，我们可以假定你在工作中难以向你的上司表达自己的意见，你最满意的交流结果就是能够向你的上司表达你的意见。让你自己循序渐进，首先脑海中想象一些场景能够让你慢慢达到你想要的效果。在这种循序渐进的过程中，首先想象一下你和上司交谈时的情景，使之在脑海中不断浮现，一直到你认为和上司谈话时不会有任何焦虑和不适。一旦你认为熟悉了这样的场景，再来想象下一步的场景，例如，你可以想象你现在可以走进上司的办公室了，如前所述，一直这样想象，直到你觉得自己这样做毫无障碍。最后你可以想象一下和上司表达你的观点，不断想象这样的场景，直到你能够向上司表达你的观点，而且毫不紧张。这是一种内心操练。内心操练熟悉以后，你可以加上一些声音维度，把向上司提出观点的场景表演出来（加上声音和动作）。在你可以毫无困难地表演出来之后，在你信任的朋友面前进行演练，这种与朋友的互动一定会给你许多有用的反馈，操练结束以后，你就可以为下一步做准备了。

自信地交流

这可能是最为艰难的一步，但也是最为重要的一步。想要与别人交流时表现得自信，下面所提及的方式十分有效，你可以参照执行：

1. 描述问题。不要对问题做出评价或者判断。“我们一起在做这个广告项目，一半的会议你都没有参加，而且你连第一份报告都还没有提交。”

2. 陈述一下这个问题如何影响到了你。直接告诉对方你的感受。“这个项目的成败对我的工作起到了决定性的作用，我要加班加点去完成你们没有完成的工作，我觉得这不公平。”

3. 提供切实可行的解决方案。提出解决方案，这样对方也

视野：自信和领导力

在一些公司的领导中我们发现了自信的两个极端表现——极度自信或者不够自信。你认为领导的自信应当达到什么样的程度比较合适？如果你把这种领导的自信程度和你的自信程度相比，会有什么差异？

不至于失去颜面。可以描述一下如果实施你的解决方案会有什么样的结果。“如果你能够周二之前提交你的报告，我们还能赶在截止日期之前完成任务，我周一再给你打个电话提醒你一下吧。”

4. 确认对方明白了你的意思。“如果你不尽最大努力，我们就不可能完成这项任务，这很清楚，你周二能够把报告交给我们吗？”

同时你也应当牢记，并非所有时候都应该表现得自信，有自信心的人在需要自信的时候表现得自信，在不需要自信的时候就表现得不自信，可以视情况而定。例如，如果你的自信可能会伤害到别人，那么这时候你就应该表现得不够自信。我们可以用这样一个例子来说明一下：一位年长的亲戚求你办点事，你完全有权拒绝，但是这样做可能会伤害到这位年长的亲戚，这时候最好的办法就是去帮这个忙。当然，你也应当把握好分寸，在这种情况下，以自己没有受到伤害为限。

谈到这里，我们也应当给各位稍加提醒，我们很容易想象一下以下情景：你在电影院看电影，坐在后面的人一直喋喋不休，凭着你刚刚学会的自信，你就叫人家住嘴，这时候你很有可能被人打掉门牙。在交流中表现得自信，一定要记住不要超出自己的能力范围。

人际交流技巧

元交际能力：谈谈你如何与人交流

元交际能力（metacommunication）指的是谈论交际的交流能力。信息不仅是用来指称世间事物或者发生的事件（也可以称为客观语言），也可以用来指称信息本身，也就是说，你可以对你所说的话语进行评论，也可以对你书写的语言进行评价，这种评论或者评价的语言就是元语言能力（前缀“元”可以用来指称不同的东西，但是，如果用于交际、哲学或者心理学中，其意义就是“有关”，因此，元交际就是指有关交际的交际，元语言就是有关语言的语言，那么，元信息就是有关信息的信息）。

事实上也许你自己没有注意到，你每天都在使用这个定义。例如，你给某人发了一封带有讽刺评论的邮件，然后在末尾处附上一张笑脸的微笑符，用于传达你这次交流的交际意图，这张微笑符传达了以下内容：“不要当真哦，我只不过是想幽默一下。”这个笑脸符就是一种元信息，是有关信息的信息。在开场白中你说：“我对此还不敢确定，但是……”你这就是在对所评论的信息发表你自己的评论，提醒听话人一定要注意你说的话可能是错误的。当你说完一段话后又说“我只是在开玩笑的”，你就是在用元语言进行交流，也就是你在对你的话语进行评论。在人与人的交流过程中，你也是经常使用元语言的，你可能会说“你太吹毛求疵了”或者“当你告诉我说我对你十分重要，我太开心了”。

如果你想弄明白人与人之间的交流模式，那么元语言就起到了十分重要的作用：“我想谈谈你在你朋友面前是如何讨论我的”，或者“我想讨论一下我们是如何讨论性的”。

当然，你也可以使用非语言信息来进行元交流，你可以向某人眨一眨眼表示你在开玩笑，你也可以一边说“棒极了”，一边又使着眼色，告诉别人你说的话和你使的眼色意思相互矛盾。

用元语言进行交流

下面我们提供一些小妙招，用于提高你元语言交流的有效性：

- 表达想法的时候，解释一下你当时的情感。例如，如果你的话语比平时要严厉，你也许注意到了你要么生气了，要么害怕了。
- 给一点提示，以便对方能够明白你下面要讲的信息的大概内容。
- 如果信息复杂的话，多解释一下，以便进一步澄清你的含义，同时，也把对方的意思再解释一遍，这样你就可以确定你是否真正理解了对方的含义。
- 如果你对对方所讲的意义还有疑虑，那么就一定要澄清。

肯定与熟视无睹

肯定与熟视无睹都属于语言行为，与你对某人的认可程度有关。你可以想象一下以下场景：你和帕特同居在一起有六个月的时间了，有一天晚上你回家晚了，帕特很不高兴，抱怨你为何这么晚回来，下面是一些你可能做出的反应。你最有可能选择哪一种呢？

1. 不要吵了。我对你喋喋不休烦透了，我想做什么就做什么，想什么时候做就什么时候做。我现在要去睡觉了。

2. 你气什么呢？上周四你们办公室举办舞会，你不也晚回家三个小时吗？我们扯平了。

3. 你有权生气。我应当打电话告诉你我会晚点回来，但是当时我们正在讨论工作上的事情，解决了以后我才得以脱身。

在第一种反应中，你完全忽视了帕特的愤怒，甚至可以说你完全忽视了帕特这个人。在第二种反应中，你虽然也考虑到了帕特的愤怒，也没有完全忽视帕特这个人，但是你驳回了帕特生气的缘由。在第三种反应中，你意识到帕特生气了，而且也认可帕特生气的理由，你

视野：仇恨言论

仇恨言论是指对某一特定群体发表的带有敌意、无理、贬低或者恐吓的言论，其原因就是这些群体属于某一种族、某一国籍、某一年龄、某一情感倾向或者某一性别。*当你听到学生使用仇恨言论时你会做出何种反应呢？*

还做了一些解释。这样做了以后，这就证明你认为帕特的情感和帕特这个人都很重要，也认为帕特有权知道事情的前因后果。第一种反应是熟视无睹的例子，第二种是拒绝承认的例子，而第三种则是肯定的例子。

心理学家威廉·詹姆斯曾经说过："尽管我们有各种各样的惩罚，但是一个人被社会所抛弃，被社会中的其他成员所忽略，应当没有什么惩罚比这个还要残酷了。"在这条常被引用的格言中，詹姆斯说出了熟视无睹的本质。

熟视无睹（disconfirmation）是一种交流模式，在这种交流模式中，你不仅无视某人的交流活动，更无视某人的存在。实际上，你就是在表明这个人以及他所说的话无足轻重，不值得关注，熟视无睹的反应一般会伤害人的自尊心。

注意，这里所讲的熟视无睹与拒绝不是同一个概念，你拒绝（rejection）某人是指你不同意某人的观点，你是在表明你不愿意接受某人的所说所做。如果你对某人熟视无睹，你就认为某人无足轻重，你是在说某人的所说所做根本不值一提。

肯定与熟视无睹截然相反，如果你肯定（confirmation）某人，你不仅承认某人的存在，同时还表明你接受了某人，这个人对于自我的定义以及其界定的与你的关系。对别人做出肯定的反应常常能够增强某人的自尊心，在课堂上能够降低学生的恐惧感，间接地提高了学生的学习动机及学习效果。你可以用多种方式来表达对某人的肯定或者对某人的熟视无睹。表 4-1 列举了对人熟视无睹或者对人加以肯定的具体差异，在浏览这张表格时，脑海中想象一下具体的实例。

表 4-1　熟视无睹与肯定的具体差异

熟视无睹	肯定
对某人的存在及其所做出的贡献熟视无睹，对某人的言语毫不在意	意识到某人的存在及其所做出的贡献，要么同意，要么反对某人
没有任何非语言交流；避免和某人有眼神的接触，避免任何的身体接触和亲密举动	有非语言交流，彼此之间有眼神的交流，在合适的情况下还会以拍拍对方，拥抱对方，亲吻对方等方式来表示承认对方的存在

（续）

熟视无睹	肯定
唱独角戏；在与人交流的过程中，只顾自己滔滔不绝，而对方只能听着；缺乏真正的互动交流，相互之间根本谈不上关心和尊重	相互对话；交流中双方既是倾诉者也是聆听者，双方都在意对方，尊重对方
没有去认真理解对方的意思，而是急着得出解释或评价	认真理解对方的话语和意思，也会表达出自己理解了对方的意思，如有疑问，会及时请教
想尽各种办法打断某人表达自己的观点	鼓励对方表达思想和情感，对对方的观点表示感兴趣，同时还会问些问题
对别人的话语不做出任何反应，即使有反应也是东扯西拉，转移话题	直接或者单独对对方的话语做出反应

语言信息使用指南

仔细分析语言信息交流原则，我们发现有许多方法可以确保语言有效交流。下面所列举的原则就可以确保语言信息有效交流，同时也能更加准确地反映我们赖以生存的世界。

名实相符：避免名实不符

名实不符（intensional orientation）是指人们在观察别人、事物或者事件时，倾向于根据人们对该人、事物或者事件的描述来做出判断，而不是根据实际存在的情况做出判断。名实相符（extensional orientation）与之相反，是指人们先观察人、事物或事件本身，然后才注意到人们对该人、事物或者事件的描述，倾向于根据亲眼所见，而不是根据传闻来对其做出判断。

如果你认为有关事物的描述比事物本身更为重要，那么你就犯了名实不符的错误。在极端情况下，某人怕狗，一见到狗的图片，或者听人谈论狗就会冒汗，这也是名实不符的外在表现。在这种情况下，人们见到图片和实物所做出的反应是一样的。更为常见的是，你根据思维定式，而不是实际情况对人做出判断。例如，在见到某一个特定的教授之前，你认为所有的教授都不谙世事，只会纸上谈兵。

想要避免犯名实不符的错误，首先就是要关注人、事物或者事件本身，然后才注意到人们对该人、事物或者事件的描述。外在的表现有助于我们认识事物，但是不要因此模糊了我们的双眼，要认清事物的本质。

注意细节：避免以偏概全

我们所生活的世界极其复杂，因此，至少从逻辑上来讲，你不可能彻底了解某一个事物。你也许会认为你对某些人了如指掌，对他们的某些举止一清二楚，然而，事实并非如此。你对自己某一行为都可能难以解释清楚，更不要说去解释你父母、朋友甚至敌人为何实施某一行为了。如果你认为你对某一事物的描述或解释已经面面俱到了，那么你就掉入了非逻辑思维的陷阱，这就是以偏概全。

打个比方，你和某人约会，在刚刚见面的第一个小时，你觉得对方不像你想象中的那么有趣，那么，你就推断此人一直都是一个无趣之人。但是，事实上此人表现得无趣可能是因为初次见面，感到拘束或害羞。问题出在你自己身上，短暂的见面之后你就对某人做出了判断。如果你断定此人无趣，那么你就会根据自己的判断，把此人当作一个无趣之人来交往。

曾出任英国首相的本杰明·迪斯雷利（Benfamin Disraeli）说过："意识到自己无知等于向知识迈出了一大步。"这句话准确地概括了我们看问题不能以偏概全。如果你意识到了自己的不足，那么你就准备好了去填补这些知识的空白，更容易去学习这些知识。

要防止以偏概全的错误，最有效的办法就是给每一个结论都留有余地，提醒自己每个结论都不可能完整，自己还有许多东西需要去学习、了解、阐述，这种想法不能只是停留在口头上，更重要的是在思想意识上。当然，也有人因此走向了另外一个极端，他们认为"留有余地"就是注重细节，这反而舍本逐末了。"留有余地"是要提醒自己需要了解、阐述的东西还有很多。

人际关系抉择时刻

面对谎言时的情景

你和室友共处一室有两年的时间，你问室友昨天晚上到哪里去了，你可以确定室友对你撒谎了，但是你不想因此与室友撕破脸，你希望室友能够与你坦诚相见，也想找一个机会解决室友撒谎的问题。为了达到这一目的，你会说什么呢？

a. "你说实话了吗？"

b. "希望我们能坦诚相见，告诉我真相。"

c. "你以前一直撒谎，现在又在撒谎了。"

d. 保持沉默。

e. 其他。

区分事实与推论：避免混淆两者之间的关系

有了语言，我们就能够陈述事实，也能做出推论，但是我们一般不会从语言学的角度对事实和推论做出区分。一般来讲，当我们听到类似的话语时，我们也不会去区分哪些话语是事实，哪些话语是推论。但是事实和推论却有着天壤之别。分不清事实和推论，思维就会混乱不堪，这就是事实推论混淆不清（fact-inference confusion）所带来的害处。

举个例子来说明一下：你可以对所见到的物体和事件进行描述，你也可以对没有见到的物体和事件进行描述，从语言结构上来讲，这些描述没有区别，从语法分析的角度来讲，我们很难区分两者有何不同。你可以说“她穿着一件蓝色的外套”，你也可以说“她满怀非理性仇恨”。如果你用语言结构图来分析这两个句子，你就会发现这两句话结构相同，但是你心里明白这两句话是不同类型的话语。在第一句话中，外套和蓝色都是你可以看到的，这句话是对事实的一种陈述。但是在第二句话中，你却看不到“非理性仇恨”。显而易见，这句话不是对事实的描述，而是一种推断。你说出这句话不是因为你看到了，而是在此基础上做出了自己的推断。

我们大家都会做出推论，如果你要对某些有意义的事情发表你的观点，你一定会做出一些推论。但是如果你把推论当成了事实陈述，那么问题就大了。

在表 4-2 中，我们着重讨论了事实陈述句和推论句的区别。当你浏览这张表格时，认真考虑一下下列句子是事实陈述还是推论：“上帝存在”“政府的最佳组织形式就是民主”“这张纸是白色的”。区分这两类句子并不是说其中的一类比另一类要好，这两类句子都有各自的用处，而且都十分重要。但是如果你把推论句当成是事实陈述句，那就会出问题。用假定的形式造出推论句，一定要注意，这些假定的推论句可能不是事实，这些句子是开放的，有多种可能性。

表 4-2　推论句和事实陈述句之间的区别

推论句	事实陈述句
任何时候都可以说出的句子	经过观察以后才能说出的句子
不限于对所观察到的事物所说的句子	只限于对所观察到的事物所说的句子
有关任何时候的句子，不管是过去、现在或者将来	只限于有关过去和现在的句子
有各种可能性的句子	基本确定的句子
难以证明的句子	可用科学方法证明的句子

注重个体差异：避免无差别对待

自然界中也没有绝对的雷同，世间万物都有其各自的特性。在语言中，我们可以找到一些普通名词，例如，老师、学生、朋友、敌人、战争、政客、自由主义者等，就是因为使用了这些普通名词，你才能关注这些普通名词所表达的相似之处。也是因为使用了这些普通名词，你也许就没有注意到这些个人、物体或者事件的与众不同之处，而把所有的老师归为一类，把所有的学生归为一类，同时也把所有的朋友归为一类。

我们把这种错误称为无差别对待（indiscrimination），这是一种先入为主的评价方式，你只是看到了这类人、物体或者事件的共性，而忽略了这类人、物体或者事件的个体差异，每一个个体都需要区别对待。下列这些句子都是无差别对待的实例：

- 他和其他人一样——懒惰，愚蠢，粗俗。
- 我可不想在董事会里再增加一个种族主义者，一个已经够我受的了。
- 读一本爱情小说？十六岁时我就读过一本了，这一本爱情小说对我来说就足够了。

避免无差别对待最有效的方法就是名实相符的策略，我们可以称之为索引法。即使在一个组别中所有成员都只有一个相同的名称，但是你在脑海中还是要把他们当作不同的个体来对待。打个比方说，当你想到或者谈及某一个具体的政客时，如果你认为他只是个一般意义上的“政客”，那么你就没有看到这位政客的与众不同之处，也没有看到这位政客与其他政客的差异。但是，如果你用索引法来考虑问题，你脑中出现的就不是一个笼统意义上的政客，而是具体的政客 1、政客 2 或政客 3，这时你就不会掉入无差别对待不同政客的陷阱，你就会注重不同政客之间的差异。同样的方法也适用于来自不同文化、不同国家、不同宗教团体的不同成员。你越是注重区别对待群体中的每一个成员，你就越能看清群体中不同成员的差异。

走中庸之道：避免两极分化

把所有事物都分成“是”或者“不是”的错误做法就是两极分化（polarization）——把整个世界分成两个极端，要么就是好，要么就是坏；要么就是肯定，要么就是否定；要么就是健康，要么就是疾病；要么就是聪明，要么就是愚蠢；要么就是富有，要么就是贫穷。两极分化的句子有不同的形式，例如：

- 听完所有证据以后，我还是难以分清哪些是好人，哪些是坏人。
- 你是支持我们还是反对我们呢？
- 读完大学我应当能够找份好工作，否则读大学就是浪费时间。

当然，在有些情况下确实只有两种可能性。例如，你手里拿的要么就是书，要么就不是书，很明显，在这种情况下，只有“是书”和“不是书”这两种选择，这类句子用两极词汇来表达毫无问题。

如果你在某些情况下运用非对即错的思维方式，那么问题就来了。例如，你不能简单地说“上司要么就支持我们，要么就反对我们”。因为除了这两种选择，还有其他的可能性：

上司可能在某些事情上支持我们，而在另外一些事情上不支持我们，还可能持中立态度。在许多类似的问题上，如果我们采用两极分化的思维模式，就很难接受其他一些折中的意见。

不断更新信息：避免静态评价

与人和事物的变化速度相比，语言的变化速度就要慢多了。在对一个人进行评价时，尽管这个人发生了一些变化，但你还是维持原有的评价，那么你就犯了静态评价（static evaluation）的错误。

世间万事万物都在不断发展变化，也许你对此深信不疑，但问题是你是否按照这条规则行事。你是仅在认知上接受了这条规则，还是在实际行动中遵守了这条规则？你妹妹已经 20 岁了，你是不是还是把她当作 10 岁的小孩来看待？或者你已经把她当作 20 岁的女人来看待了？现实世界在不断发生变化，你对自己和别人的评价也应当发生相应的变化。否则你就犯了静态评价的错误，你还保持原有的态度和观点，而原有的世界已经一去不复返了。

第 5 章

非语言信息

非语言信息形式多样。正确使用非语言信息，对非语言信息做出正确反馈有利于高效的人际交流。

非语言交流，按照我们的定义来说，就是不需要使用语言或者文字而实现的人与人之间的交流，要了解非语言交流（nonverbal communication），最好的办法就是看看你对非语言交流是如何理解的。下面这些话语你认为哪些是正确的？

1. 与语言交流相比，非语言交流传递的信息更多。

2. 了解了非语言信息，你就能够洞悉人们的思维，就可以“像读一本书一样去了解一个人”。

3. 了解了非语言信息，你就可以知道谁在撒谎。

4. 与语言信息不同，非语言信息的意义全世界都一样。

5. 当语言信息和非语言信息自相矛盾的时候，非语言信息更为可靠。

事实上，上述话语都对非语言交流存在一定的误读：（1）在某些情况下，非语言交流比语言交流传递的信息更多，但是在大多数情况下，要视情况而定。例如，在讨论深奥的理论和历史事件时，只用非语言方式交流，你不可能谈得深刻。（2）这是不可能的，你可能能够了解对方大概在想什么，但是就凭一些非语言行为，你很难得出确切的答案。（3）测谎是一个十分复杂的过程，就凭一个章节或者一系列课程是不可能完成的。（4）有些非语言行为的意义全世界通用，但是很多信号在不同的文化中意义是完全不同的。（5）语言信息和非语言信息都具有欺骗性，在做出结论前，应当全盘考虑，但是即便如此也不容易得出准确结论。

研究非语言交流行为，提高非语言交际能力，好处实在是太多了。

- 增进你对人们的了解，这些人包括与你文化相同的人，也包括与你文化有差异的人。增进你对别人的了解，在社交生活和工作中都会给你带来好处，你就可以轻易理解别人对你有意思而朝你腼腆一笑，你也能够理解上司某些手势的含义。
- 在各种社交场合提高你与人交流的效率，其中就包括好朋友之间的关系、工作场合中的各种关系、师生关系、跨文化中的交际、法庭交流以及政治和健康保障方面。
- 提高你的个人魅力，你的跨文化交际能力越强，你就越能受到周围朋友的欢迎，你的社会心理也就越健康。
- 让你的自我展示更为精彩。例如，你第一次和人见面，你会根据某人发出的非语言信息对这个人形成一个印象。有效了解和掌控你所发出的非语言信息，你就能够以理想的面貌出现在别人面前。

你可以通过各种非语言信息达到交流的目的。你可以做出某种手势，微笑，皱眉头，睁大眼睛，坐得靠某人近些，穿戴一些金银首饰，拍拍某人，提高你的嗓音，你还可以什么都不做。非语言交际最为重要的方面就是你发出的信息被其他人所察觉。如果你一个人在房间独处，没有人能够看见你，此时根本没有发生任何交际。当然同样的情形也适合于语言信息，例如，你背诵了一篇演讲稿，但是没有人听见，那么这时也没有发生任何的人际交流。

非语言交流的原则

要研究非语言信息，可能最好的办法就是仔细分析一些原则，以便让我们能够确认非语言信息到底具有什么功能。

非语言信息和语言信息的交融

非语言信息和语言信息在以下六个方面相互交织在一起：强调、补充、矛盾、控制、重复和替代。

- 强调。非语言信息常常是用来强调或者加重某些语言信息。例如，你可能会提高嗓音来强调某个单词或短语，你也可以一拳砸在桌子上以强调你的承诺，你还可以深情地看着某人说“我爱你”。
- 补充。非语言交际也可以补充语言信息难以表达的微妙含义。因此，你可以大笑着讲述一个故事（大笑表示你觉得这个故事很好笑），你也可以一边皱着眉，一边摇着头，一边讲述着某人骗人的事情（以示你的不满）。
- 矛盾。你可能故意使得你的语言信息和非语言现象相互矛盾，例如，你会交叉手指或者眨眨眼睛来显示你在撒谎。
- 控制。非语言信息也可以用来控制，或者表示你想要控制语言信息，例如，你可以噘起嘴巴，微微前倾，或者做一下手势来表示你想说话。
- 重复。你可以通过非语言信息来重复或者重述你的语言信息。例如，你可以说完“可以吗”之后马上扬起眉毛并表示疑问，你也可以甩一下头或者挥挥手来重复你刚刚说的“我们走吧”。
- 替代。你当然还可以用非语言信息来替代你的语言信息。例如，你可以用一个手势来替代“OK”。你还可以用点头以示同意，用摇头来表示不同意。

非语言信息给人留下第一印象

大多数情况下，我们通过非语言交流形成了对他人的印象，根据一个人的身材、肤色着装、微笑方式、眼神交流和面部表情，你会产生对这个人的第一印象。通过第一印象，你可以判断出这个人是干什么的，有什么性格特征。

在你对他人形成第一印象的同时，他人也会通过你的行为对你形成一定的印象。运用不同的策略可能会给人留下不同的印象，例如：

- 为了讨人欢喜，可以朝对方微笑，拍拍对方的肩膀，热情地与对方握手。想要讨人喜欢，或者在别人面前表现得魅力十足，表 5-1 在非语言交际方面给我们提供了一些方法。
- 为了受人信任，你可以使用专注的眼神、稳重的举止、热情的姿态。
- 为了表示失败，你可以显示出沮丧的神情，用手捂住脸，或者不断摇头。
- 为了获得帮助，你可以表示出无助，张开你的双手，或表现出一脸迷惑的神情，或表现出你行动不便。
- 为了隐藏错误，你要避免自我同情的表情。
- 为了让别人能够跟随你，你可以打扮得像个领导，或者把你的证书和奖状放在别人看得见的地方。
- 为了树立自己的形象，然后展示给其他人看，你可以刻意打扮一下自己，或者根据你自己的性格来装饰你的房间。

表 5-1　十大非语言信息和魅力之间的关系

具有魅力	令人厌恶
应时应景、恰到好处、生动活泼的手势与语言信息相得益彰	矫揉造作的手势，令来自其他文化的人生厌的手势
不断点头，或者身体微微前倾，以示你在倾听别人的谈话或者对别人的谈话感兴趣	不由自主地点头，而且与所说内容无关联，身体过度靠近别人，让人感觉不舒服
面带微笑，面部表情显示你兴趣盎然，全神贯注，并做出积极反馈	表情夸张，皮笑肉不笑，让人感觉虚情假意
适度的眼神交流	盯着人看，向人抛媚眼或怒目而视，再或者让人感觉正被人监督
适度的身体接触，如果不确定，不会与人有身体接触	过多或者过度的身体接触
运用语速、节奏、声调和音量来绘声绘色地表达你所说的内容	说话形成单一的模式，声音的起伏与所说内容毫无关联
运用合适的面部表情和体态语言做出反馈，表示你在认真倾听	毫无表情地听着，或者表现出你没有认真听
与说话人保持合理的距离，告诉对方你在密切关注着对方的说话	站得过近，让人感觉不舒服
说话时保持口气清新，如果口气中有洋葱、大蒜或者香烟的味道，尽量去除这些气味	身上喷洒了过多的香水
衣着得体，应时应景	着装不合体，或者衣着过于花哨

非语言信息构建人际关系

你的大部分人际关系都是通过非语言信息构建起来的。你可以通过非语言形式来传递情感、支持和爱意，还可以通过非语言信息向别人传递你的悲伤、愤怒或者憎恶。

我们把通过非语言信息透露出你与别人关系的信号称为关系信号，这些关系信号可以证实你和别人的关系亲密到了何种程度。例如，你可以牵住对方的手，看看对方是否会做出积极的反馈。当然，你们发出关系信号主要是让局外人明白你们两个人是有一定关系的。

关系信号的亲疏程度各有差别。有的信号就是相互之间握握手，有的信号表示你们之间的关系比较亲密，如你们可以手牵着手或者臂膀挽着臂膀。

你还可以通过非语言信号来表示你在某种关系中的支配地位。在一间宽敞的办公室中放着一张豪华的办公桌，这就显示了你高贵的身份，而在地下室格子间中的办公桌表示你在公司中身份低下。

非语言信息对话的结构

在与别人的对话过程中，你可能会发出和接收到各种提示，这些提示显示你准备开始讲话了，你开始倾听了，开始对别人说的话发表你的意见了。这些提示也调节着或者构成了你与别人的对话。我们当然可以使用语言来提示这些话轮转换，但是在大多数的情况下，我们是用非语言信息来完成这些转换的，稍微向某人点点头，就表示你的话讲完了，希望这个人能够接过话头。你还可以使用各种姿势和眼神来表示你在认真倾听别人的话语，同时希望会话能够继续进行下去。你可以没有任何表示，告诉别人你没有听对方的话，希望会话能够终止。

非语言信息可以影响别人，也可以欺骗别人

通过你所说的话语或者发出的非语言信息，你可以影响别人。全神贯注的眼神告诉我们你在全身心投入，手势可以进一步辅助解释你所说的话语，得体的着装是在告诉别人“我能够轻易地融入这家公司”。这些简单的例子就能说明你发出的非语言信息可以影响别人。

非语言信息也可以欺骗别人，可以诱导别人把假的当作真的，而把真的当作假的。用非语言信息欺骗人最常见的例子就是，你用眼神或者面部表情来假装你喜欢别人，而实际上你只不过是想获得某人的支持。你也可以通过非语言信息洞悉别人的欺骗，例如，如果某人不敢正视你，或者某人坐立不安，或者某人的语言信息和非语言信息自相矛盾，你就可以怀疑对方在撒谎。

要察觉一个人是不是在撒谎，这十分困难。

如果两人之间的关系越持久、越牢靠，发现对方说谎的可能性就越少，因为在这种持久牢靠的关系中我们一般都会认为对方不会说谎。为什么会发生这样的情况呢？其中最主要的原因就是真相偏见（truth bias），你会预先假定对方不会说谎。相反的情况叫作欺骗偏见（deception bias）。例如，在谎言横行的监狱，说谎是一项重要的生存技能，犯人和狱警之间的交流都是基于谎言之上的，对方都会预设说话的人是在撒谎。

下列行为常常就伴随着谎言一起发生。

- 说谎的人一般会吞吞吐吐。说谎的人一般说话慢吞吞，回答问题也是慢吞吞，透露的信息和做出的解释也不够多。
- 说谎的人一定会露出马脚。微妙的面部表情和眼神都会出卖一个人的真实情感。
- 说谎的人一般难以自圆其说。谎言一定会有许多自相矛盾或前后不一致的地方。
- 说谎的人一般会给人留下不好的印象。一般来说，说谎的人不愿与人合作，不苟言笑，戒备心很强。
- 说谎的人会表现得很紧张。这种紧张情绪一般表现为说话音调比较高、过多的肢体动作。
- 说谎的人一般瞳孔会放大，不停地眨眼睛，更多投出厌恶的目光。
- 说谎的人说话音调更高。说话时的嗓音显得十分紧张。
- 说谎的人经常词不搭句，还经常吞吞吐吐，说话时停顿的次数和时长都要更多更长。
- 说谎的人经常手足无措，不停地抖腿。
- 说谎的人自触动作更多。例如，他们不断抚摸自己的脸颊，用手梳理自己的头发，或者触摸其他物体，如不断地转动茶杯或者手中的钢笔。

人际交流抉择时刻

微笑的效果适得其反

萨丽总是面带微笑，即使是在批评或者责备下属的时候也会面带微笑，这会让她所表达的信息绵软无力。作为萨丽的上司，你要让她明白自己的问题，并改变这种不好的非语言行为。一方面你希望她能够认识到自己的非语言行为与自己的语言行为自相矛盾，另一方面你又不希望引起萨丽不快。此时你应当如何做呢？

a. 送给萨丽一本有关非语言交际的书。

b. 直截了当地告诉萨丽。

c. 当萨丽微笑的时候，告诉她并让她注意。

d. 什么也不说。

e. 其他。

非语言信息对情感的表达至关重要

我们常常用语言来表达情感，而非语言信息同样也能够表达情感。例如，从你的面部表情，我们就能够判断出你的喜怒哀乐及面临的困惑。当然，你的行为举止、手势、眼睛，甚至你眼睛的瞳孔都能够说明你当时的情感（是紧张或者放松）。有些不愉快的信息会让人难以启齿，这时人们就会通过非语言信息来表达。有些时候，你不想和某人打交道，或者想疏远某人，那么你就会避免和某人有眼神的接触，或者与某人在交谈时保持一定的距离。

你也可以使用非语言信息来隐藏你的情感。例如，为了不影响别人，即使你极为不快，你还是会强装笑脸，或者你认为别人讲的笑话根本不好笑，你却装着哈哈大笑。

你可以用非语言信息来表达自己的情感，也可以通过非语言信息来解码和分析别人的情感。当然，情感大多属于内心的感受，人们也可能会用不同的情感表达方式来欺骗别人，因此，此时你对某人情感状态做出的判断只是一种推论。

非语言交流渠道

非语言信息可以通过不同渠道进行传播，我们接下来对此加以阐述。

身体语言

在人与人的交往过程中，给人留下第一印象的就是身体语言。在这一节中，我们会了解到两种不同的身体语言交流方式，分别是体态举止和外貌特征。

体态举止

体态举止可以分成五种类型，分别是肢体动作、语言辅助动作、表情展示、协调动作和下意识动作。

肢体动作（emblems）可以代替语言，也就是通过具体的肢体动作来表达具体的语言意义。我们可以用各种肢体动作来表达不同的语言意义，例如，“没问题”“和平”“过来”“走开”“谁？我吗？”“安静”“我警告你啊”“我累了”“太冷了”。肢体动作和语言中的词汇一样具有任意性，现在你所处文化中的肢体动作所表达的含义与三百年前的含义肯定会有差异，与其他文化中肢体动作的含义也会有所不同。

语言辅助动作（illustrators）伴随着有声语言同时发生，同时又辅助说明有声语言的意义，让你的有声语言更加生动有趣，而且能够让你的听众全神贯注地听你讲话，同时还能够进一步说明或者强化你的语言信息。例如，你可以说“我们走上去吧”，此时你可能会抬抬你的头，或者用手指向上指指。在描述圆形或者方形物体的时候，你很有可能会用手做出一个类似圆形或者方形的动作。此外，语言辅助动作还能提高你记忆的能力。与肢体动作不同，语言辅助动作的含义在各个国家基本都是相同的，来自不同国家的人基本上都可以识别或者明白语言辅助动作的含义。

表情展示（affect displays）是指通过面部表情的变化来表达情感意义。有些时候你想隐瞒自己的真实情感，但是你的面部表情会出卖你，这时候周围的人可能就会说："你看上去不高兴啊，怎么啦？"但是有的时候，我们也像演员一样有意识地掩盖自己的情感。表情的展示有时候是无意识的（这时候面部表情就出卖了你），当然你也可以有意为之（此时你就想表示出你的愤怒、怜爱或者吃惊的表情）。

协调动作（regulator）是指你在与人交流的过程中，通过各种不同的动作来监控、维持或者控制对方。与人交谈，你并不是被动的，你有时候会点点头，有时会嘟嘟嘴，有时会眨眨眼，有时候还会发出一些"啊，啊哈"或者"啧啧"这样的非语言声音。各种协调动作都有其文化属性，不同文化中协调动作的方式各不相同。有些协调动作相对比较普遍，例如，你可以摇摇头来表示你不相信，你也可以坐姿稍微前倾表示你想与对方进一步交谈。在对方说话的过程中，协调动作可以用来向对方示意你希望对方如何采取下一步行动，例如，"请继续""告诉我还发生了什么""我不相信，你确定？""快点""慢点"。一般来讲，说话人会根据这些协调动作和自己对这些动作的敏感度来调节自己的说话方式。

为了满足某些需求而下意识做出的某些动作就是下意识动作（adaptor），做出这个动作的人根本就没有意识到他们做出了这些动作。

- 自我下意识动作主要是为了满足某一生理需求，你做出某一动作主要是为了让你自己更加舒服。例如，你感觉头皮发痒会去挠挠头，感觉嘴唇干裂会去舔舔嘴。
- 调节下意识动作主要是在交际中为了适应不同情况而做出的身体调节。例如，有一个你不喜欢的人朝你走来，你就会双手交叉放在胸前。
- 器物下意识动作就是你把玩某些器物。最为常见的例子有，在塑料咖啡杯上戳个洞，或者撕烂这个塑料咖啡杯，不停地按下圆珠笔头，或者不停地咬笔头。一般来讲器物下意识动作都与负面情感有关，当你满怀敌意的时候更容易做出这样的动作。

不同的手势及其在不同文化中的意义各有差异。如果我们对文化背景不加考虑而胡乱使用这些肢体语言，就可能招来麻烦。

- 在斐济，如果你双手交叉置于胸前，别人会认为你态度傲慢，目空一切。
- 在尼日利亚或希腊，向人招手是一种侮辱人的行为。
- 在澳大利亚，大拇指朝上是一种粗鲁的手势。

- 在埃及，把两个食指放在一起表示邀请人一起睡觉的意思。
- 在许多中东国家，用食指指着某人是极不礼貌的行为。
- 在日本，鞠躬时弯腰的程度不如主人就犹如声称你的身份尊贵。
- 在一些非洲国家，如果把拇指塞入食指和中指之间，然后攥紧拳头，会被认为是对在场每个人的诅咒。
- 在一些中东国家，把脚搁在桌子或者椅子上是一种极不礼貌的行为，是对别人的一种侮辱。

外貌特征

当然，即使你身体一动不动也可以传递某种信息。例如，从你的身材、身高、体重、皮肤、眼睛和头发，人们也可以对你形成某种印象。人们也可以从你的外貌特征判断出你是否属于权贵阶层，你是否有魅力，你是否适合做朋友，你是否适合做恋人。我们可以从你的外貌特征判断出你的种族，从你的肤色和说话的音调判断出你的国籍。

你魅力四射的长相其实也是体态语言交流的一部分，如果你相貌出众，那么在任何时候任何活动中都占尽先机，比如可能在学校会获得更高的分数，更容易获得朋友和爱人的好评。

在不同的场合下，身高都起到较为重要的作用。例如，公司招聘人员看应聘人员简历时，其他各方面条件一样，更高的应聘人员更容易被选中。也许人们都认识到了身高的重要性，男人大多会在投递网络简历时撒谎，把自己的身高写得高一点，而女人在同样的情况下会把自己的体重写得轻一点。

表情交流

在人与人的交流过程中，你的面部表情最能表达你内心的情感。事实上，只从你的面部表情就能看出你是否高兴，是否同意，是否具有同情心。而除了面部表情之外，身体的其他部位很难表达出这些情感。

微笑

谈及面部表情交流，你第一个想到的面部表情可能就是微笑。微笑可以说是一种重要的社交行为，在几乎所有你能想到的社交关系中都必不可少。当你看到一张可爱的照片，或者读到一则笑话，甚至独处的时候，你都可能会心一笑，但是我们可以断定，大部分的微笑都是发生在社交场合，而且大多数的时候，你都是朝着别人微笑。

微笑分为两种，一种是真心一笑，另一种是皮笑肉不笑。真心一笑也被称为杜兴微笑

（Duchenne smile），是真诚的，发自内心的，是无意识的，能够真实地反映你内心的情感；而皮笑肉不笑则是有意为之。在不同的场合我们要学会区分这两种不同的微笑。例如，当你撞了大运的时候，有人给你投来微笑，你就应当区分这一笑是真心祝福的微笑还是嫉妒的微笑。从这些微笑你可以判断某人是真心喜欢你，还是只是在假装客气一番。在有些情况下，你还可以判断出某人是否在撒谎，某人是否在骗人。这样一来，人们大都是用积极的态度面对真心一笑，而面对皮笑肉不笑，特别是那种极为明显的皮笑肉不笑，人们的态度基本上是否定的。

视野：不同成见

你认识的男人或者女人是否也持有以下成见，那就是男人更加看重外表，而女人更加注重性格？你自己的态度和行为是否也带有这些成见呢？

面部表情管理

如果你了解了非语言交际系统，那么你也就了解了面部表情管理技巧，这样你就可以传递出你想要传递的情感，隐藏你想要隐藏的情感，强调你想要强调的情感。

思考一下，在下列人际交流场合下，你会不会使用相应的面部表情管理技巧。

- 强化。朋友给你办了一个舞会，你会不会夸大惊喜的表情，这样你朋友也会感到高兴？
- 弱化。你收到了一个好消息，而你的朋友却没有，你会不会隐藏你的兴奋感情？
- 中性化。为了不扫别人的兴，你会不会隐藏你的忧伤？
- 掩饰。没有收到你所期望的礼物，为了掩饰你失望的表情，你会不会故作高兴？
- 假装。你会不会表现出你根本就没有的情感？

根据上述面部情感管理技巧，你可以在社交场合恰如其分地表达你的情感。例如，某人收到了一个不好的消息，你又暗自窃喜，此时按照规矩，你应当皱皱眉头，或者用其他非语言表情来表达你的忧虑。在一项比赛中，你获得了第一名，但是你最好的朋友还没有完成比赛，这时候按照规矩，

视野：微笑与信任

有研究显示，人们对于经常微笑的人投以更多的信任，同时人们还认为经常微笑的人更加慷慨大方。这些研究是否与你的自身经历相吻合呢？你能找出一些原因来解释这些研究发现吗？

你应当尽量掩饰你的兴奋，避免表现出任何沾沾自喜的神态。如果你不遵守这些规矩，别人会认为你是一个麻木不仁的人。虽然说面部表情管理技巧有时候不可靠，但是根据礼貌交际的原则，人们在日常交往中还是希望对方能够使用这些表情管理技巧。

面部表情反馈

面部表情反馈理论（facial feedback hypothesis）认为面部表情会影响你的生理情感。大部分研究显示，面部表情能够产生甚至加强悲伤、害怕、厌恶和愤怒的情感，但面部表情并不能对所有的情感都能产生类似的效果。例如，微笑就不能让你感到更加快乐，在你感到忧虑时，微笑并不能赶走你的忧虑且代之以高兴。因此，我们可以得出这样一个合理的结论，那就是，面部表情能够影响某些情感，但并不是全部。

文化与面部表情交流

面部表情交流在不同文化中有很大的差异，这主要表现在哪些面部表情能为大众所接受，而不是不同的情感在面部表现上的根本差异。一般来讲，日本女人如果咧着嘴笑，会被认为比较前卫或者不合时宜，因此，如果日本女人要笑的话，她们一般都会用手遮住她们的笑脸。而在美国，对于女人就没有这方面的限制，她们就可以敞开来开怀大笑。那么这个差异就不是不同文化表达情感方式差异的问题，而是社会文化表现准则（cultural display rules）的差异，或者说是这个社会中在公众场合下恰当地表达情感准则的差异。例如，有充分的证据表明女性比男性笑得多，至少部分原因是社会文化表现准则允许女人笑得比男人多。

眼神交流

眼神交流学（oculesics）是研究信息是如何通过眼神来交流的学问，根据眼神注视时间的长短、方向和眼神的性质，所传递的信息也会有所差异。例如，在不同的文化中，交流双方眼神对视的时间长短虽然没有明文规定，但是也必须遵守严格的规则。例如，在英国和美国大部分地区，注视某人的时间平均长度是 2.95 秒，交流双方相互对视（两个人相互看着对方）的时间是 1.18 秒。如果交流双方眼神对视的时间少于 1.18 秒，那么你就可以认定对方对所谈内容不感兴趣，或是对方感到了羞怯，或者心事重重。如果对视的时间超过了合适的标准，那么你可以认为双方都对彼此抱有极大的兴趣。

在美国，双方如果能够对视，那么这就是诚实和正直的表现。但是日本人会认为，你一直看着对方是缺乏应有的尊重。日本人一般不会盯着某人的脸看个不停，即使看了对方的脸，时间也会相当短。在许多拉美文化中，眼睛对视表示的是相互平等，因此如果一个孩子在和地位比较高的人谈话时，这个孩子应当避免与这个人有直接的眼神对视。你可以想象一下，来自东京、旧金山和圣胡安的人在一起如果只进行眼神交流（eye communication）会产生多少误会啊。

眼神目视的方向也可以达到交流的目的。一般来讲，在与别人交流的过程中，你可能会一会儿看着对方的脸，一会儿目光又从他的脸部移开，然后再看着他的脸，你的目光不断地这样交替。一旦这样的目光定式被打破，那么就传递出不同的含义了。这时要么你对谈话内容饶有兴趣，要么就觉得索然寡味，要么你就表现出了很强的自我意识，要么就感觉十分紧张。此外，眼神的性质，包括你在交流中眼睛睁得大大的，或者眼睛眯成一条线，这些都能够传递出不同的含义，这些眼神都能够表达出你吃惊、害怕、厌恶或者是否感兴趣等不同的情感。

眼神的接触

通过眼神的接触，你可以完成以下几种不同的任务：

- 观察反馈。你与别人谈话时，你会看着他们，试图去解读他们对你的话语所做出的反应，根据这些反馈，你会做出相应的调整。
- 吸引别人的注意。当你同时与两三个人同时对话时，保持与别人眼神的接触，你就可以吸引他们的兴趣和注意。当别人注意力不够集中，你会增加与他们的眼神交流，期望这样能够吸引他们的注意。我们在分析了网上征婚视频后发现，如果女人一直看着摄像镜头，那么她们会收到更多的反馈。但是，男人如果一直看着镜头，得到的反馈反而会减少。
- 调节对话。眼神的交流能够帮助你调节、管理和控制会话结构。通过眼神的交流，你可以通知对方开始发言了。很明显的例子就是在教室里，老师会提出一个问题，然后把目光锁定在某一个学生身上，这种眼神就是要告诉学生应该回答这个问题。
- 明确关系的性质。眼神的交流也可以表明两个人关系的性质，例如，这两个人之间的关系是友好的还是敌对的。在不同的文化中，眼神的交流还可以说明你对某一个人有意思，或者说如果你试图避开某人的眼神是表明你对某人的尊重。
- 表明状态。眼神的交流还可以用来表明状态，表示挑衅。对于许多年轻人来说，如果一个陌生人一直盯着你看，这种眼神可以被看作一种挑衅，常常会引发肢体冲突，其原因就是眼神的接触时长超过了某个文化中规定的正常标准。

视野：性别差异

有关非语言性别差异上的研究发现：女人比男人笑得更多；与男人相比，在交际时女人之间所站的位置要比男人近，别人与她们交谈时也会更加靠近她们；女人（男人也一样）在说话的时候更多的是把目光投向男人，而不是女人；与男人相比，女人更加愿意去触摸别人，别人也更愿意去触摸女人；与女人相比，男人们伸展四肢更多，这样占据的空间也就更多。在你的一些社交媒介上仔细分析一些照片。*在照片中你能看到这些差异吗？*

- 弥补空间距离。眼神的交流可以弥补人与人之间的空间距离。例如，在一次舞会上，你与某人的空间距离比较远，但是通过眼神的交流，你会从心理上感觉与某人的距离拉近了。

眼神回避

社会学家欧文•戈夫曼在《互动礼仪》一书中指出，眼睛是“强大的侵略者”。如果你不去看某人，或者把眼神从某人身上移开，那么你就给别人留有足够的私人空间。在大街上或是公共汽车上，如果看到一对夫妇在吵架，你总不会盯着人家看吧，你一定会把眼光从他们身上移开。如果你这样做了，你就好像在告诉他们说“我不想打扰你们，尊重你们的隐私”。我们把这种行为称为礼貌性忽视（civil inattention）。

眼神回避（eye avoidance）也可以表明你对某个人、某个对话或者某些视觉刺激兴致索然。例如，你应当注意到，人们在面对极为不快的事物时，很快就会把眼睛闭上。即使我们看不见，而只是听到了这些引起我们不快的事物，我们也会闭上眼睛，好像这样我们就能把这些事物排除在身外。有些时候我们闭上眼睛是为了排除一些视觉刺激的干扰，这样我们就可以强化其他方面的感受，例如，我们经常闭着眼睛欣赏音乐，热恋中的情侣们接吻的时候也会闭上眼睛。

瞳孔放大

15 世纪和 16 世纪，在意大利，女人们常常在眼睛里滴入颠茄来放大眼中的瞳孔，她们认为瞳孔放大的女人更加迷人。瞳孔识别领域的研究也证实了这些女人的直觉：瞳孔放大的女人确实比瞳孔收缩的女人更为迷人。

瞳孔的大小还能够说明你对某事物是否感兴趣以及你的兴奋程度。一般来说，如果你对某事物感兴趣，或者是你感到兴奋，你的瞳孔就会放大。我们认为瞳孔放大的人更有魅力，很有可能是因为这些人对我们感兴趣。这也可能是一些知名模特、豆豆娃、天线宝宝瞳孔特别大的原因。

文化与眼神交流

眼神所表达的信息因文化和性别的差异而不同。例如，美国人认为直接的眼神交流表示诚实与直率，日本人却认为这样做缺乏足够的尊重。根据你自己的文化传统来解读别人的眼神信息可能会出现错误，你认为某种眼神是一种侮辱，但是事实上这在另一种文化中却是一种尊重。

与男人相比，女人的眼神交流更为频繁，而且延续的时间也更长（不管是在说话还是在听人说话时都是如此）。这种情况不仅适用于女人与女人之间的交流，也适用于女人与男人之间的交流，这是因为女人更加善于表达她们的情感。当女人和女人交流时，她们的眼神交流充满了亲和力和鼓励，但是男人与男人交流时，他们会经常转移自己的目光。

通过身体接触进行交流

触觉交流（tactile communication）即通过身体接触进行交流，这可能是最为古老的一种交际形式。从进化的角度来看，触觉可能是我们最先使用的感觉。在母亲的子宫中，婴儿就能够感受到触觉，出生后不久，人们会对婴儿轻抚等。反过来，孩子们也是通过触觉来探索周围的世界，用不了多少时间，孩子们就学会了通过触觉传递各种含义。当你与异性的关系处在不同的阶段，触摸也会随之而变。在刚刚开始的阶段，你一般不大敢触摸对方，关系发展到一定程度，你们相互触摸对方的次数就多了起来，但是在稳定或者关系恶化阶段，你们对彼此的触摸又变得少了起来。

触摸的不同含义

通过触摸，我们至少可以表达以下几种含义：

- 表达情感。通过身体的接触，我们也可以交流情感，但是大部分都是在至亲之人或者关系比较密切的人之间。这些情感都是积极向上的情感，其中最为重要的有支持、欣赏、包容、对异性的爱慕以及关爱等。除此之外，触摸还可以表达沉着、直接、信任、相同、平等以及随和等积极情感。有时，只是简单地触摸一下前臂，甚至我们都没有看见是谁在触摸我们的前臂，人们就可以识别诸如害怕、厌恶、愤怒、同情、关爱和感谢等情感。除此之外，触摸还有利于打开人的心扉。毫无疑问，人们一般都认为愿意去触摸别人的人比那些不愿触摸别人的人要更加积极向上（更加真诚和友好）。
- 活跃气氛。身体的接触还可以表达嬉闹，这些嬉闹有可能是柔和的，也可能是激进的。此时身体接触所表达的嬉闹感就会弱化某些情感，相当于在告诉对方不要过于认真，有利于缓解交流时的紧张气氛。

- 控制对方。身体的接触还可以控制对方的行为、态度以及情感。这种控制可以传递出各种不同的信息。例如，你可以要求对方按照你的意思来做出某种行动，我们触摸对方可能就是为了表达“借过”“快点”“待着别动”或者“开始”。不同的触摸方式还可以表达你的社会地位和支配地位。例如，社会地位高、占支配地位的人一般会主动去触摸别人，事实上，社会低的人去触摸社会地位高的人是违反社交礼仪的。
- 礼仪要求。大部分的身体接触都是因为礼仪的需求，例如，我们问候别人或者与人道别的时候都会有身体的接触，比如握手、拥抱对方、亲吻对方或者双臂展开去拥抱对方的肩膀。
- 完成某项任务。身体的接触可能是为了完成某项任务，例如，为了擦拭某人脸上的污点，把某人从车中扶了出来，摸摸某人的额头看看是否发烧。这些身体的接触大都是良好的行为举止。例如，许多相关课题的研究都显示，如果图书管理员轻轻地拍借书人，那么借书人对这座图书馆和图书管理员都会留下良好的印象；服务员如果轻轻地拍来饭店消费的顾客，那么他们收到的小费也就更多。

同时你也应当能够想象得到，因为身体的接触你也可能会惹上麻烦。例如，在恋爱过程中过早进行亲密的接触可能会给对方发出错误的信号，从而造成误解。与此相同，为了活跃气氛举止过于粗鲁，或者抓住某人的手臂以控制其行为，这些举止都会让人生厌。

人际关系抉择时刻

身体接触

你的上司与每个人都会有身体上的接触，你对此感到不舒服，想要阻止上司的这种行为，至少你是这么认为的，也想这样去做。你会用何种非语言形式来表示你对上司身体接触的厌恶呢？

a. 把身体移开。

b. 对你的上司怒目而视。

c. 一边把上司的手拿开，一边用语言表示不满。

d. 朝你的上司微笑，但是避免任何的眼神交流。

e. 其他。

避免身体接触

就犹如我们希望与别人有身体接触一样，我们在某些情况下也希望能够避免与某些人的身体接触。我们发现，避免身体接触（touch avoidance）与恐惧交流、害怕交流和交流忧虑有密不可分的关系。一般来说，害怕口头交流的人都会尽量避免身体上的接触，不愿意吐露心声的人一般也不愿意有身体上的接触。

与年轻人相比，老年人一般不愿意与异性有身体上的接触，显而易见的是，当我们变老了以后，我们与异性的身体接触也就越来越少了，这种越来越少的身体接触使得我们更加会去避免与别人的身体接触。与女性相比，男性会更倾向避免与同性的身体接触。此外，我们还发现，与男性相比，女性会更加注意避免与男性有身体上的接触。

文化与身体接触

本章中所讨论的身体接触的功能和实例都是基于北美的研究基础之上。在其他文化中，上文所讨论的身体接触的功能就未必一致。在有些文化中，与任务有关的身体接触就不招人喜欢，因此也就应当尽量避免。对于韩国人来说，找零的时候店主如果触摸到顾客的手是很不礼貌的行为，因而在有的文化中，人们会认为韩国人的行为过于冷漠。

有些文化中允许有身体上的接触，其中就包括欧洲南部一些国家和中东一些国家，而有些文化中不允许有身体上的接触，其中就包括欧洲北部一些国家和日本。在允许身体接触的国家中，人们的社交距离相对比较近，会话中双方可以有身体的接触，会话时可以直接面对面交谈，眼神的交流时间更加长。而在不允许身体接触的文化中，社交距离就比较远，双方即使有身体接触也不多，一般不会面对面交流，眼神的交流也不多。就是因为这些文化上的差异，不同文化的人在一起交流就有可能会产生问题。例如，来自欧洲南部的人会认为来自欧洲北部的人或者日本人过于冷淡，难于接触，难于融入；来自欧洲北部的人或者日本人会认为欧洲南部的人过于冲动，过于激进，或者过于亲密。

超语言信息

超语言信息（paralanguage）虽说是有声语言，但是属于非语言信息的范畴。它与你说话时的举止态度有关，而与你说话的内容没有关联。以前我们一直使用下面的练习来锻炼学生表达不同的情感、感觉和态度能力，让学生们用强调不同单词的方法说出下列一些句子：“就是这张美丽的脸庞导致了千百艘战船的远征？”根据我们强调不同的单词，我们就可以传递不同的含义。

仔细分析一下下列不同的句子，根据所强调的不同重读，解释一下这些不同句子的含义。

1. 就是“这张”美丽的脸庞导致了千百艘战船的远征？	在许多脸庞中，你确定就是这张脸庞引发了这场战争吗？这句话潜在的含义是说这张脸庞不够漂亮。

2. 就是这张美丽的“脸庞”导致了千百艘战船的远征？	是她的脸庞导致了这场战争？潜在的含义是战争的起因可能有多种不同的原因。
3. 就是这张美丽的脸庞导致了“千百艘战船”的远征？	真有千百艘战船？对于战船的数量有所质疑。

上面三句话每句话的含义都有所区别，事实上，虽然用词都是一样的，但这是三个不同的问题。区别就是三个问题的重音不一样，词语的重音就是属于超语言信息的一个方面。

除了重音，超语言信息还包括语速（rate）和音量（volume）这些声音特征，以及大笑、大喊、呻吟、哀诉和打嗝这些声音。此外，音调的高低也属于超语言信息的范畴。

超语言信息和人们的感知

我们在听人说话的时候，不管他们说什么，我们都会根据这些人的超语言信息对这些人的身份做出判断。声音与性格类型以及性格缺陷似乎确实存在某种关联，某种性格取向会导致某种声音特质。根据超语言信息我们可以对别人形成一个大致的印象，其中就包括某人的外貌性格特征（身材、性别和年龄）、性格特征（害羞或者性格外向），以及对某人的总体评价（从声音听上去是好人、坏人或者危险人物，有些人笑起来都比较恶毒）。女人如果使用不同的超语言信息，声音听起来会更加性感迷人，对男人的吸引力也就更强，不过女人一般不会觉得声音性感的男人有吸引力。

超语言信息和说服力

说话速度是超语言信息的一个重要方面，因为说话的速度与说服力有很强的关联性。因此，广告商、政客或者任何想把信息传递给别人或者通过信息来影响别人的人对说话速度都极为感兴趣。对于语速的研究显示，语速快的人比语速慢或者中等的人说服力要更强，而且得到的评价也更高。不管天生说话快的人还是通过电子手段加快了语速，快语速都具有更强的说服力，也能获得更高的评价。

文化与超语言信息

不同的文化对语速有不同的理解，因此，我们在研究语速的过程中应当把文化的因素考虑进去。在强调个体主义的文化中，人们一般认为语速快的人要比语速慢的人能力要强，但是在强调集体主义的文化中，人们一般认为语速慢的人要比语速快的人能力更强。

沉默

沉默（silence）也是信息交流的一种方式，有时沉默所表达的信息并不比我们用语言所表达的信息少。

沉默的作用

沉默和语言与手势一样，都具有交际功能。

- 让我们有时间去思考。沉默让我们有时间去形成想法，组织语言用于表达。
- 伤害他人。有人把沉默当作一种武器来伤害别人。例如，在一通吵架过后，吵架的一方或者双方都可能会保持沉默，用于表示对对方的惩罚。

人际交流中的伦理道德

人际交流中的沉默

有时候保持沉默是你的权利。例如，你有权保持沉默以避免连累你自己。你有权利保护你自己的隐私，有些信息与你手头处理的事情毫无关联，你没有必要把这些事情公布于众。例如，你的恋爱史、你的爱情取向或者你的宗教信仰与你在工作中处理事情的能力毫无关联，因此，在一些与工作相关的场合下，你没有必要把这些信息公之于众。但是从另外一方面来讲，如果你与某人的恋爱进入了亲密的阶段，这些信息就有关系了，你也就有义务向对方坦白了。

如果你见证了某人的犯罪行为，这时你就没有权利保持沉默了。但是精神病医生、心理咨询师和律师，不管你认为他们是幸运的还是不幸运的，都可以免除这样的要求。若他们从与客户的交谈中获知了某些犯罪活动，他们可以不把这些信息公之于众。

伦理道德抉择时刻

帕特只与别人有过安全的性关系，但是艾滋病病毒检测却呈阳性。那么帕特是否有义务向可能的性伙伴透露其艾滋病病毒检测结果吗？如果帕特和某人的恋爱关系比较稳定，那么这种向伙伴透露的义务应当发生变化吗？帕特与某人的恋爱关系到达哪个阶段时他才有义务向对方透露其艾滋病病毒检测结果？

视野：非语言交际和伦理道德

除了沉默，非语言交际的许多方面都与伦理道德有关。例如，有证据显示，人们在上午要比在下午或者晚上表现得更为彬彬有礼，在上午的时候人们撒谎或者欺骗的概率要比下午小很多。当人们惬意舒适地坐在椅子上时更容易撒谎或者骗人，但是拘束地坐在椅子上反而更加遵守道德规范。*非语言交际的其他方面在伦理道德上有何启示呢？*

- 对焦虑的一种自然反应。有时我们会感到焦虑、害羞或者受到了威胁，我们的反应就是保持沉默。在遇到陌生人时，你可能会焦虑不安，也可能会感到羞涩，这时候你会选择保持沉默。
- 暂停信息交流。我们可以用沉默来暂停信息的交流。在双方存在冲突的情况下，我们保持沉默，不再就某个问题进行讨论，可以避免说出事后可能后悔的话。
- 交流情感。就像我们的眼神、表情和手势一样，沉默也可以用于表达情感。例如，有些时候沉默可以表达不愿合作的决心或者表达一种蔑视，如果你拒绝和某人进行交谈，那么你就相当于在藐视某人的权威和合法性。
- 以期获得某种特殊效果。我们可以把沉默当成一种策略，以期达到某种特殊的效果。在你宣布某些重要的事情之前稍加停顿，或者在你听到某些不幸的消息后故意稍加停顿，目的是让人们觉得你的信息更为重要，或者让别人认为你对某件事情十分在意或者关心。

沉默的螺旋理论

沉默的螺旋理论（spiral of silence）从另外一个角度来讨论沉默。该理论认为，当意见产生分歧时，你会估计一下别人可能会有何种意见，然后衡量哪种意见会占多数，哪种意见会占少数。例如在面对面的谈话中，你们一群人有五六个人，你开始一般会猜测一下别人的意见，等别人表达了他们的意见以后再来发表自己的意见。在社交媒体上，网络会给你提供一些别人意见的数据，这样你就不用去猜测了。同时，你也可能会去衡量一下站在多数人立场和站在少数人立场上可能会有什么好处，又可能会有什么害处，然后根据这些判断来决定你会表达何种观点。

在通常情况下，当你同意大多数人的观点的时候，你很有可能会发表你的观点，而当你的观点与大多数人不一致时，你会偏向于保持沉默。有证据显示，如果你属于少数派，那么这种倾向就愈加明显。在这种情况下你这样做是担心被大多数人孤立，或者害怕最后证明你的观点是错误的，再或者可能被人厌恶，也有可能你认为他们是多数派，那么这些多数派的观点就一定是正确的。

因为持有少数派观点的人倾向于保持沉默，那么多数派的人就会占据上风（因为说话的人一般都是支持多数派的）。多数派就会变得越来越强，而少数派就会变得越来越弱，这时候情况就像不断扩大的螺旋。

文化与沉默

不是所有的文化都认为沉默具有同样的作用。例如，在美国，人们普遍认为沉默是一种负面情绪，不管是在公务场合还是一些非正规聚会上，如果你一直保持沉默，人们会认为你根本没有在听他们讲话，没有任何有意义的话题可谈，根本就是对所谈事物一窍不通，或者麻木不仁，或者沉溺在自我的遐想之中。有的文化认为沉默是一种积极的情绪，比如，在日本，许多情况下沉默要比开口说话来得更为恰当。

空间信息和领地

在人际交流的过程中，虽然我们很少谈及空间，但空间确实是一个极其重要的因素。

空间距离

人与人之间应保持四种空间距离（proxemic distances），这四种空间距离对应着人与人之间的四种关系，分别是亲密关系距离、个人关系距离、社交关系距离以及公共关系距离。大家一定要注意，这四种距离还可以根据距离远近进一步分成不同阶段，一种距离（比如个人距离）的远端可以和另外一种距离（比如社交距离）的近端相衔接。

- 亲密关系距离。亲密关系距离近至身体接触，远至 0.5 米。在这个距离之内，每个人都能够听到对方的声音，闻到对方的气味，感受到对方的气息。在这个距离之内，你可以和对方亲热，安抚对方，保护对方，这种距离对于双方来讲都很短，在公众场合不合时宜。
- 个人关系距离

你可以用一个保护圈来界定个人关系距离（personal distance），这个距离确保你不会被别人触摸到，可以说是安全无疑，一般来说是 0.5 米到 1 米之间。在个人距离的近端，只要你一伸手臂还是可以抓住对方。你可以把你的保护对象（比如你的恋人）放在你的保护圈之内。而在远端，只要你伸出手臂，你就可以触摸到对方，这个远端就是你用手能够触摸到别人的最大距离，因此，从另外一个角度来讲，这个距离也就是你能够用身体接触到别人的最远距离。有时候，你能够闻到对方呼吸的气味，但是一般来说，如果在这个距离以内，你就不能对着别人呼吸了，这才是合乎礼仪的举止。

- 社交关系距离

合理的社交关系距离（social distance）是1米至3米之间。在这个距离的近端，你可以做一些非私密的事情，也可以做一些社交场合的交往。当有人跟你说“站远一点，这样我能看清你的整体模样”，这个距离就是社交距离的远端。在这个距离商务谈判时语气也应当更为正式。在高层官员的办公室中，桌子按照一定的位置进行摆放，这样前来会谈的客户就会保持这种距离。在社交距离的远端，会谈的双方必须要有眼神的交流，否则就没法进行交流了。这时候双方的声音也比正常的声音要大，这种距离可以让你免于与同事频繁交流，但又显得十分得体。

- 公共关系距离

人与人之间的距离从3米到7米以上都属于公共关系距离（public distance）。从这个距离的近端开始，每个人都能因为空间距离而得到保护。例如，在公共汽车和火车上，如果你见到一个酒鬼，你至少应当与他保持这样的距离，虽然在这么远的距离，你看不清对方的面部和眼睛特征，但你还是可以看到眼前大概在发生什么事情。

在这个距离的远端，你看到的不是单个的个体，而是一群人。人们一般会与重要的公众人物保持大约9米的距离，不管是否有警察在维持秩序，人们都会自觉与公众人物保持这样的距离。公共关系距离的远端距离也差不多就是台上的演员和观众之间的距离，在这个距离，演员们的动作都有所夸张，演员们的声音也会有所放大。

领地

还有一种交流与空间有密切关联，那就是领地，其实也就是对某一区域或者某一物品的占有行为。你一般都是通过下列三种领地方式与别人进行交往，分别是主要领地（primary territories）或者家庭领地（home territories）、次要领地（secondary territories）和公共领地（public territories）（Altman，1975）。

- 主要领地或者家庭领地都是属于自己的领地，这些空间都是为你自己保留的，其中可能就包含你的卧室、书房和办公室。
- 次要领地是你占有了的空间，但不一定是归你个人所有，只是与你有一定的关联。这些地方可能包括你在咖啡馆里经常坐的座位、你在教室中的座位或者家门口的草坪。
- 公共领地是指对所有人开放的区域，可能属于某一个人或组织，但是任何人都有权使用，比方说电影院、餐馆或者购物中心。

如果你在主要领地进行交际活动，那么你就有一定的优势，我们把这种优势称为主场优势（home field advantage）。在自己家里或者办公室，人们一般都会起主导作用：他们会引出话题，插科打诨，身体姿态放松自然，在对话过程中会保持自信，坚持立场。因为领地主人占有一定的主导地位，如果是在你的领地中（你的办公室或者家里），而不是在别人的领地（别人的办公室或者家里），你的观点更加容易被人接受，签署合同时也会更加有利。

人和动物一样，都会在主要领地和次要领地做好标记，以表示自己对这些领地的拥有权。有些人没有自己的专属领地，但是他们会使用一些标记来假装对某地具有拥有权，或者把别人的和公共的领地占为己有。涂鸦和帮会地盘标记都是这类例子。仔细想想自己使用了哪些标记来标识自己的领地，你就应当能够识别下列三种不同的标记：中心标记（central markers）、边界标记（boundary markers）和烙印标记（ear markers）。

- 中心标记是指你放在某一领地中的物件，用于标识这些领地属于你。例如，在餐桌上放一个咖啡杯，在书桌上放一本书，或者在图书馆的椅子上放一件毛衣。
- 边界标记把你的领地和别人的领地分开。在超市的收银台桌上，有一条木棒会把你所购物品和别人所购物品分离开来，这条木棒就是边界标记。篱笆、电影院椅子的扶手、公交车上模制塑料座椅外围都属于边界标记。
- 烙印标记这一名词术语取自我们在动物耳朵上烙下的标记，这个标记表明你对某块领地或者某个物件的拥有权。商标、标识牌、组合图案都属于烙印标记。

人类用领地来表明自己的身份地位，这一点也和动物没有差异。例如，领地（不管是家里还是办公室）的大小和位置都能表明你的身份地位。除此之外，身份地位还可以用一些不成文的规矩来显示，例如，有些不成文的规矩赋予你侵入别人领地的权利。社会地位高的人“有权”侵入社会地位低的人的领地，反过来就不可以了。再如，大公司的领导可以闯入下级经理的办公室，但是你几乎难以想象下级闯入上级的办公室的情形。

有的时候，如果有人侵入你的领地，你可能会发起反抗，那么你可以通过以下几种方式来进行抗议：撤离（withdrawal）、就地防御（turf defense）、抵制（insulation）或者言语威胁（linguistic collusion）。

- 运用撤离策略，你只需要离开事发地点，不管这个事发地点是一个国家、家庭、办公室还是社交媒体网站等。
- 运用就地防御策略，保护你的领地免受别人侵入。你可以简单地说一句“这是我的座位”，也可以像一个国家一样，随时准备开战。
- 抵制就是在你和侵入你领地的人之间竖起一道障碍物，例如，你可以在你的领地周围竖起篱笆，或者用一些家具围住你的课桌，这样别人就没法靠近你的课桌了。
- 言语威胁的意思是运用一种入侵者听不懂的外语或者行话，让他们没法和你交流。

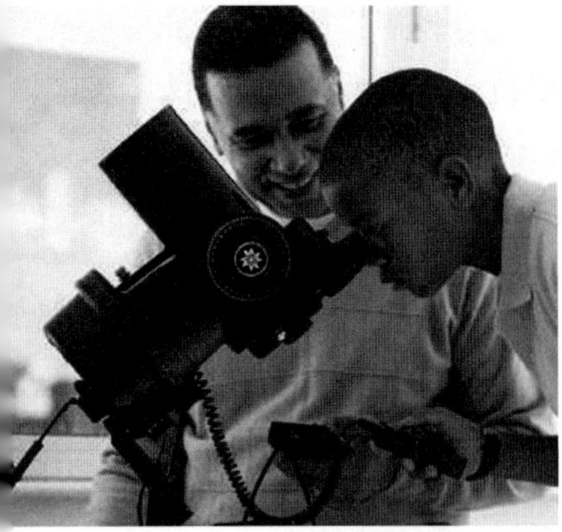

视野：皮格马利翁礼物

“皮格马利翁礼物”是指送礼人希望收礼人能够成为送礼人心中想要成为的那种人。例如，父母会送给孩子们一些书籍或者科学仪器，这时父母就希望孩子能够成为学者或者科学家。你最近送别人礼物时传递了什么样的信息呢？别人送你礼物时，你觉得别人又给你传递了什么信息呢？

人造信息交流

人造信息交流（artifactual communication）是指通过物品传递信息而形成的交流，而且这些物品都是由手工制造而成，因此，美工制品、服饰、首饰和发式，以及各种气味，如香水、古龙水和熏香等都属于人造信息的范畴。下面我们来举例说明。

空间装饰

每一个地方的装饰和环境都会对人们的认知和看法产生影响。例如，你走进一家医院，四周干净的墙壁和家具都会对你产生影响；你走近一家博物馆，雄伟的廊柱、玻璃窗中的展品以及黄铜斑也会对你的认知产生影响。

除此之外，从你对私人空间的装饰方式，我们也能对你是什么样的人有所了解。如果你的办公室中放着一张红木书桌、红木书柜和来自东方的地毯，这足以说明你在公司的重要性和地位。但是如果你的办公室里放着一张金属书桌，地上没有铺任何地毯，这足以说明你在公司的地位比较低下。在家里，装饰物的贵贱能够说明你的社会地位和财富，装饰物搭配是否合理能够说明你的品位，你阅读的杂志能够说明你的兴趣爱好，电视机前椅子的摆放能够说明你是否经常看电视，靠墙的书柜能够说明你是不是热爱阅读。可以说，你家中每一件物品都能够说明你是一个什么样的人，别人也会根据你家中的每一件物品来判断你是一个什么样的人。同样，如果你的房间里缺少了哪样物品，人们也能够据此对你做出判断。你可以仔细想想看，如果走进别人家里，屋里没有电视，没有电脑，没有书籍，你会得出什么结论？

人们也可以根据房间的装饰判断出你的性格。例如，有研究显示人们可以据此来判断你是否容易接受新生事物（一般来讲，独特的装修风格、各种不同的书籍、杂志和旅游纪念品都能说明这个性格），你办事是否尽职尽责，你是否喜怒无常，你是否性格外向，你是否为人随和。卧房的装饰比办公室的装饰更能说明这些问题，这一点毫无疑问。

服饰与首饰

在商务场合，服饰可以表示你的身份，你是否愿意遵从公司的服饰规范。服饰还可以传递出你是否足够专业，这也就是为什么有些公司喜欢统一着装。除此之外，服饰还可以作为一种文化展示（cultural display），表示你属于哪一种文化，或者哪一种亚文化。

从人们的着装，我们可以看得出来他们是属于哪一类人，或者想成为哪一类人。他们着装各异，主要是为了给人留下某种印象。例如，你想在一家比较保守的公司中找到一份工作，那么你着装就应当相对保守，目的是表明你认同公司的价值取向，想成为公司的一员。但是，如果你想在一个时尚场所招募会员，那么你就应该穿着时尚。

服饰可以影响个体的行为，也可以影响群体的行为。如果人们穿着比较随意，那么他的行为举止也会变得比较随意，与穿着随意的人们进行交流时，思想和观念的交流也就变得更加自由。有些公司，如计算机软件公司，其工作大部分都具有创造性，那么穿着休闲服饰就比较合适；有些公司比较传统，它们不愿发生变化，如银行和保险公司，这些公司的员工穿着就相对比较正式，这样的穿着可以在员工之间、员工和顾客之间创造一种距离感。

你穿戴的首饰也能透露有关你的情况。结婚戒指、订婚戒指都能够清楚地传递某些特定的信息。同样，大学校友戒指和政治徽章也能传递出某些特殊的信息。如果你戴着劳力士手表或者名贵钻戒，别人都会认为你相当富有。人们对于戴着耳环的男人和不戴耳环的男人的判断会有天壤之别。

嗅觉信息

身体散发出的气味十分重要，甚至影响到关系能否继续发展。你有时也会使用某些气味来愉悦自己，这些气味能够让人身心愉悦，你也会对自己感觉良好。如果散发出的气味让人感觉不舒服，那么你就会对自己感觉不舒服。有研究表明，气味可以影响到人身体的某些化学反应，这些化学反应反过来又会影响到你的精神状态。例如，巧克力的气味会降低人体脑电波的频率，从而降低你的注意力，以达到放松的目的。

嗅觉信息交流（olfactory communication）在很多情况下都极为重要。科学家估计我们每个人大约能闻到一万种不同的气味。人们能够根据气味辨认出他们的亲属，也能够根据气味辨认出别人是否害怕，是否紧张，甚至还可以根据气味辨认出某人是否得病，某人大概的年龄。还有一些证据表明，柠檬的气味可以让人产生健康的感觉，薰衣草和桉树的气味会让人产生警觉，玫瑰油的气味会让人血压下降。现实中，芳香的气味能够传递很多重要信息，其中就包括魅力、味道以及识别。

- 吸引他人。人类会像动物一样散发出促使两性吸引的气味，我们把这种气味叫作费洛蒙。人类还会使用香水、古龙水、润肤膏、爽身粉等来增加自己的魅力和性感。除此之外，他们也会用香水来掩盖自己身上难闻的体味。从广告以及这些商品在商场上所占据的位置来看，我们有理由相信，就产品的多样性和数量来讲，男人比女人有过之而无不及。有研究发现，女人更喜欢与自己气味相同的男人，这也就相当于间接地证实了这样一个观点，那就是人以群分，物以类聚。
- 辅助味觉。没有嗅觉，味觉严重受损。例如，不通过嗅觉而仅仅通过味觉，我们很难区分出生土豆和苹果的区别。街边贩卖热狗、香肠等食物的小贩就是通过嗅觉的刺激来激发路人的食欲。
- 辅助记忆。嗅觉能够大大提高记忆能力。当你闻到相同的气味，你能够回想起几个月前甚至几年前的场景。嗅觉能够帮助你回想起以前的情景，原因就在于嗅觉跟情感经历有着巨大的关联。
- 树立形象。气味可以为某一产品树立形象和保持某一特性。例如，广告商和生产商每年都要花上数百万美元给它们的清洁产品和牙膏添加某种气味，虽然这些气味与产品的清洁力没有任何关联，但是可以帮助这些产品树立某种形象或保持某一特性。

时间信息交流

时间信息交流（temporal communication）涉及我们如何使用时间，比方说我们如何组织时间，我们如何对时间做出反应，我们如何通过时间来交流信息。下面我们就来了解一下心理时间、人际时间和文化时间的概念。

心理时间

在了解心理时间（psychological time）之前，细想一下你自己的时间取向。

下面有一些句子，根据你自己的总体想法和平时的行为举止来判断描绘是否准确。

1. 我现在做很多事情都是以史为鉴。
2. 我可以从老年人那里学到很多智慧。
3. 我喜欢了解过去，也希望能够从过去吸取经验教训。
4. 了解过去可以帮助我明白现在如何行事。
5. 生活就在我身边，我享受生活。

6. 我不会为太久的未来做准备。

7. 我常常放下工作享受当下。

8. 我看中短期的回报和结果。

9. 我现在努力工作就是为了获得明天的回报。

10. 我乐于为明天和将来做准备。

11. 我愿意克服一些困难去获得最终满意的结果和预期的回报。

12. 我经常会为要做的事情列出清单。

我们设计这些问题就是为了提出时间取向这个话题，至于你是注重过去，还是注重现在，还是注重未来，这并没有关系。

- 如果你的时间取向是过去，那么你就特别看重过去。你会经常回顾过去的美好时光，你认为过去使用的方法都是最好的，你会认为事件都是循环往复、周而复始地发生，所以你会认为过去所积累的智慧同样也适用于今天和明天。有过去时间取向的人都会认为第 1 句到第 4 句是正确的，其他句子有可能正确也有可能错误。
- 如果你的时间取向是现在，你就会活在当下。有现在时间取向的人都会认为第 5 句到第 8 句是正确的，第 9 句到第 12 句是错误的。而第 1 句到第 4 句可能正确也可能错误。
- 如果你的时间取向是未来，那么你就会朝前看，并为将来而活。你现在就会存钱，在大学当中努力学习，抵制任何的奢侈生活和浪费，因为你主要是为将来做准备。时间取向为将来的人会认为第 9 句到第 12 句是正确的，第 5 句到第 8 句是错误的，而第 1 句到第 4 句有可能正确也有可能错误。从上面的分析你应当可以看出，你的时间取向对于你的大学生活和你未来的职业生涯都有十分重要的启示意义。

你采取何种时间取向很大程度上取决于你所属的社会经济阶层和你个人的经历。例如，如果你的父母是非熟练工人或者半熟练工人，那么他们会教你以现在时间为取向的宿命论，并认为及时行乐远比为将来筹划来得更加重要。如果你的父母是老师、经理或者其他专业人员，那么他们会告诉你规划的重要性，告诉你应为将来做准备，告诉你为了获得成功应当采取的策略。

对时间的不同看法也能解释在跨文化交际当中的许多误解。因为在不同的文化当中，其成员对于时间取向有很大差异。例如，来自拉丁文化的人常常会迟到，但是不会突然终止谈话，他们一般会等到话题自然结束。因此，来自拉丁文化的人一般并不会认为迟到是不礼貌的行为，但是来自其他文化的人都会认为迟到是不礼貌的行为。

随着你深入地了解时间交流和非语言交流，你可以仔细考虑一下这些时间取向是有利于你，还是不利于你。例如，你的时间取向是不是会帮助你达成你的社交目的和职业目标，如果没有的话，那你将如何改变你的态度和行为举止？时间和有效地管理时间都十分重要，表 5-2 提供了一些建议。

表 5-2　时间管理十原则

原则	建议
了解你自己如何利用时间	想一想什么事情占据了你大部分时间（除了睡觉）？一旦你了解了你如何使用时间，你就应当能够明白你可以在哪些事情上缩减时间，在哪些事情上应当能够缩减时间。
减少浪费时间	从点滴开始减少浪费时间，而且这些点滴的事情你轻而易举就能做成。
不要拖延	如果你匆匆忙忙完成一件事情，你不可能把这件事情做好。
使用工具	每个人都需要别人的帮助，你不可能把所有的事情都放在短时记忆当中。你可以使用推特来唤醒你的记忆，有很多网络日志都可以帮你唤醒记忆。
优先原则	列出你需要完成的事情，然后排出一个先后顺序。
分解任务	许多任务都可以分解成很多小任务，然后你可以一步一步完成。
设置合理的时间限制	设置合理的时间限制，益处良多，特别是有些任务你不愿意去完成，例如申报所得税，或者阅读一本枯燥无味但又十分重要的教科书。
犒劳自己	完成一项工作以后犒劳一下自己。这样你不愿意做的工作会变得更加容易完成。
能够一次性完成的工作不要分两次来做	例如，有效的时间管理中有一条十分流行的原则，一份文件只看一次，然后就去执行。再把它归档，最后把它忘掉。
避免分心	尽你最大的努力减少分心，当然有些事情你无法控制。

人际时间

人际时间（interpersonal time）涉及很多与时间有关的因素，在人际交往的过程当中，我们都应当把这些因素考虑进去。

- 准时是指在许多情况下都不要迟到，例如，公司集会、上课、师生间约好的时间、棒球比赛、看电影、已与人约好完成一项任务等。
- 等待时间是指等待别人时合理的等待时间长度。一般来讲，我们应当遵循的原则是，在等待社会地位高的人时，我们的等待时间应当长一点，而在等待社会地位低的人时，我们的等待时间就不用那么长了。

- 交谈时间是指某一项特定的交际所需要花费的时间。如果你去医院看医生，这个时间就不会太长。如果你向咨询人员、律师或者是会计咨询某些问题，他们会根据时间的长短向你收费，也可能会根据他们在你这个案件上所花费的时间来收费。
- 谈话时间是指由谁来发起谈话，由谁来终结谈话。谁谈话时可以说得更多，则由谁来选择话题，主导话题。一般来讲都是社会地位高的人来主导谈话时间，社会地位高的人可以在任何时候中断谈话。
- 工作时间是指你工作中的时间表。如果你是一个职位不高的员工，你最好能够准时上下班，你的工资是以时间单位来支付的，比方说一个小时或者一天。你上下班时都应当准时。即使你两个小时之前就饥肠辘辘，也得等到午餐时间。如果你的职位比较高，或者你就是老板，你就没有必要打卡上班，也没有必要因为迟到或早退请假，也没有必要非等到午餐时间才能吃饭。
- 谈情说爱时间和工作时间极为相似，是指一个人在其伴侣身上所花的时间，或者应当花的时间。
- 反应时间是指你对别人话语所需要的反应时间。反应时间可以分为同步交流时间和非同步交流时间。在面对面的交流过程中，你应当对某些话语或者问题做出及时的回答，如果反应时间过长，对方会对你的回答产生疑虑。

文化时间

下面我们来看看三种不同的文化时间概念。

首先我们要区分一组十分重要的概念，那就是一时单用的时间取向（monochronic time orientation）和一时多用的时间取向（polychronic time orientation）。对一时单用的人或一时单用的文化，例如美国、德国、斯堪的纳维亚半岛和瑞士，一个时间只会安排一件事情。在这些文化当中，时间都被分割成不同的小块，每一块时间都会做不同的事情。但是，对于一时多用的人或者一时多用的文化，比如在拉丁美洲、地中海沿岸以及阿拉伯国家，人们会在同一时间安排许多事情，例如，和不同的人一起用餐，谈生意，以及处理家庭事务，这些事情都会在同一时间发生。

任何一种文化都不可能完全是一时单用或者一时多用的文化，在许多文化当中，这只是一种倾向。在有些文化当中，人们会把两种时间倾向有机地结合起来。例如，在日本和美国，我们就能发现两种时间倾向同时并存的现象。在表 5-3 中，我们列举了两种时间取向的差异。

表 5-3 一时单用和一时多用时间取向的差异

一时单用时间取向的人	一时多用时间取向的人
一段时间只做一件事情	同时做很多事情
严格按照时间安排和时间计划，只有在一些极端情况下才会不遵守时间	认为时间安排和时间计划很重要，但是在许多情况下都可以不用遵守
与别人建立友好关系的时间不长	一般会与人建立长时间甚至是一生的关系
认为工作是生命中最重要的东西，甚至比家庭还要重要	认为家庭和人际关系比工作重要
认为隐私十分重要，很少向别人借东西，也不大借东西给人，喜欢独立工作	与别人关系密切，可以当着许多人的面工作，也可以和许多人一起合作

时间的划分从根源上来讲都具有不同的文化属性（大部分是宗教的）。在美国和世界上其他大部分国家，正式时间（formal time）可以分为秒、分钟、天、星期、月份以及年份。但是在有些文化当中，人们会使用季节和月相来表示他们文化中的重要时间节点。

非正式时间（informal time）的划分就更为笼统，界限也不够清晰。描述非正式时间的词汇有"永远""马上""很快""立即""尽快"等。使用非正式时间在交流时容易产生误解，因为这些词汇对于不同的人有不同的含义，特别是在跨文化交际中，使用这些词汇更容易造成误解。例如，如果列车没有准点到达，我们就说列车"晚点"了，但是这句话的具体含义到底是什么？很明显，列车晚点的意思完全取决于你的文化，在美国，列车晚点就意味着火车到达的时间比火车时刻表上的时间至少要晚 6 分钟，在英国就意味着列车至少晚 5 分钟，但是在日本，这就意味着列车只晚 1 分钟。

你所处的文化中有一部社会时钟，这部时钟规定了一个时间表，告诉你什么时候该做哪些重要的事情。例如，何时开始约会，何时完成大学学业，何时置办自己的房子，或者何时应该生小孩等。与同龄人相比，你是超过了他们，还是落后于他们，这部社会时钟都会清楚明白地告诉你这一点。根据这部社会时钟你可以对自己的社交和职业发展进行评价。如果你跟所有的同龄人都能够保持步调一致，例如，你在合适的年龄开始约会，或者你在合适的年龄完成了大学学业，那么你就会完全适应这种文化，应当感觉自己能力很强，是这个文化的一员。但是如果你在这些方面落后于同龄人，可能就会对自己感觉不满意。与几十年前相比，在当今的社会中，社会时钟的宽容度越来越高，对于偏离时间表的行为更加容忍，但是社会始终还是给我们一定的压力，让我们尽量能够和同伴保持步调一致。

人际交流技巧

直接坦率：人际交流的亲密与团结

直接坦率（immediacy）就是一种亲密无间、团结一致的感觉，此时说话者和倾听者融为一体。如果你说话时表现得直截了当，给人传递的信息就是对话题兴趣盎然、全神贯注，你对对方无比欣赏，也为对方所吸引。你可以通过语言和非语言信息表达你的直率。

直接坦率的行为在工作交流当中也十分有效，这种情况特别适用于上级和下级之间的交流。例如，当上级表现得直接坦率，下属就会认为上级对他情有独钟、关爱有加，下属在交流的过程当中就会显得更为自由、更为坦诚，这对于上级和整个组织都受益无穷。除此之外，工人们也表示，如果他们的上级在交谈过程当中直接坦率，那么他们的满意度和工作积极性也就会更高。

并非所有的文化和所有的人对直接坦率的信息都会做出相同的反应。例如，在美国，人们认为直接坦率的行为是友好和得体的象征，但是在其他文化中，同样直接坦率的行为会被认为是过度亲密，别人会推测你们之间的关系十分亲密，而事实上你们才刚刚认识。与此相同，你一定要认识到，人们会认为直接坦率的行为是一种信号，表明你想进一步增进你们之间的亲密关系，虽然你有可能传递的信号是朋友间的亲近，但是对方可能会认为这是一种爱情的暗示。除此之外，你还应当记住，直接坦率的行为会让你们的交流更加深入，更加持久，但是对那些害怕交流，只想尽快结束交流的人来说，他们的反应可能就不够积极。

直接坦率地交流

要直接坦率地交流，不管是语言的还是非语言的，都可以遵循如下建议：

- 自我坦白。坦白一些有关自己的重大秘密。但是一定要记住，小心谨慎。
- 提及他人的优良品质。例如，称赞他人自强不息、冰雪聪明或者极有个性。
- 积极评价他人以及你们之间的关系。例如，你可以说："能成为你的室友，我感觉到十分荣幸。你的交际面很广。"
- 谈及共同的经历。谈及你和别人一起做过的事情，或者两人共有的经历。
- 做出积极响应。与别人谈话时给出一些积极反馈，表示你还想听，对谈话内容十分感兴趣。
- 表达出心理亲密感和开放的态度。例如，保持与他人的身体接触以示你们之间亲密无间。
- 保持合理的眼神交流。不要顾左右而言他。
- 面带微笑。表示你对对方感兴趣。
- 认真听取别人的谈话。让说话人知道你在认真听他讲话，也明白他在说什么，并给说话人适当的语言或者非语言反馈。

视野：非语言技能

研究显示，我们一般认为女性更加善于对非语言信息进行解码和编码，在现实中也确实如此。你在日常的交往过程中有没有注意到这个现象呢？这是否会给女性在交谈中带来一定的优势呢？在谈判中是否会带来优势呢？在解决冲突的过程中呢？

人际关系抉择时刻

对付令人厌烦的非语言行为

坐在你隔壁的同事身上喷了气味极强的香水，你觉得实在难以忍受。在这种情况下你会如何处理呢？

a. 从你同事身边路过的时候不停地咳嗽，希望你的同事能够明白你的意图。

b. 向部门经理反映情况。

c. 直接向你的同事说明情况。

d. 什么也不说，默默地忍受。

e. 其他。

非语言交际能力

在我们讨论非语言信息交流的过程中，你可能已经想出了许多方法来提高你的非语言交际能力。下面就接收和发出非语言信息，我们提出如下建议。

在接收和发送非语言信息时，不管是自己的还是他人的非语言信息，我们都应当做个有心人，这是一项最为基本的技能。你可以观察他人的非语言行为，看看哪些行为有效，哪些行为无效，并努力识别为什么有的行为有效，有的行为无效。在漫长的学习过程中，本章只是开了个头。除了要做个有心人之外，我们还提出了一些总的建议，那就是如何对非语言信息进行编码和解码。如果你能够把这些技巧运用到实践当中，那么你的非语言交际技能将会上一个台阶。

非语言信息编码技能

用非语音信息传递你的意图时，你可以参考如下建议。

- 做好选择。非语言信息和语言信息一样，在你表达意图之前都应当做出选择。在表达你所想表达的意图之前，认真想一想你有哪一些选择？例如，在脸书上贴出你的照片，你就是在向别人介绍你自己，你所发出的信息是积极的还是负面的？
- 保持一致。你的非语言信息要和你的语言信息相互吻合。千万要避免如下情况，那就是你的语言信息表达一个意图，而非语言信息却表达另外一个意图。如果你想要别人相信你所说的话，千万不要这样做。
- 自我监控。就犹如语言信息需要调节一样，你应当调节你的非语言信息。如果不适合用语言来表达“这顿饭太难吃了”，那么你也不应当表现出类似的表情。
- 避免极端或单调。过多的非语言交流或者过少的非语言交流都不会给人留下积极的印象。与此同理，也不要过度频繁地发出同一非语言信息，例如，有个朋友给你讲了一大段话，你一直都在频繁地微笑和点头，别人会认为你这种行为不够真诚。

- 分析当时的情况。发出非语言信息要考虑当时的情况，有效的非语言信息要视情况而定。根据特定的情况应当调整你的非语言信息，这样你的非语言信息才能够准确无误。在一种情况下，合适的非语言信息并不一定完全适用于另一种情况。
- 与说话人保持眼神的交流。不管是在会议上、走道里或者电梯里，都要与说话人保持眼神的交流，这是一种礼貌，说明你在全神贯注地听取对方的说话。
- 在公众场合下，应当避免的行为举止。在公共场合梳头、剔牙齿、用小指头来挖耳朵都是不礼貌的行为。场合越是正规，这些行为越不礼貌。例如，和三两好友一起聊天时，梳头发可能是不礼貌的行为（也不算十分严重），但是在教室里或者是在公司会议上，这种行为就极其不得体，十分粗鲁。
- 不要使用气味强烈的香水。也许你对某些香水的味道情有独钟，但是你周边的人可能会认为这些香水气味过于难闻。就像很多人不想听到你收到短信的叮咚声一样，他们也不想让自己的嗅觉受到干扰。
- 身体接触要得体。根据你与他人的关系以及你所在的场合，身体接触有些时候是礼貌的、合适的，有些时候是不礼貌的、不合适的。我们的建议是，除非群体文化和企业文化允许，否则一般情况下不要与他人有身体的接触。

作为本节的结尾，我们来认真考虑一下非语言专家的发现，这些非语言行为都会给人造成负面影响，因此你应当尽量避免。但是由于情况各不相同，这些非语言行为在某些特定的情况下会产生负面影响，但是一定要记住，并不是在所有情况下都会产生负面影响。

- 双手插在胸前以示防备。
- 身体过度前倾是一种对别人的冒犯行为。
- 与人交往时与别人眼神交流时间过短，这是一种漠不关心、注意力不集中的表现。
- 站起来的时候把手放在臀部，这是一种对别人的冒犯行为。
- 当有人问你问题的时候，你后撤两三步，别人会认为你心存戒心，不够诚实。
- 把手放在后背或者放在口袋里，别人会认为你过于拘谨。
- 频繁点头会让别人认为你不够严肃。

非语言信息解码技能

如果你想根据非语言信息对某人做出判断，你可以参考如下建议：

- 不要过于武断。不要根据语言行为马上就对人做出判断。首先可以根据所发生的事情形成一定的推测（有根据的假设），然后根据其他证据来证实你的推测。

- 做出判断时一定要小心谨慎，看看是否有其他情况。你第一次做出的判断不一定正确，证实你的判断的最佳办法就是换一种思路。如果你的恋人故意拉开与你的距离，那么这就可能是一种信号，你的恋人开始讨厌你了，但这也可能是另外一种信号，那就是你的恋人需要空间来考虑一些问题。
- 信息可以通过多种渠道进行沟通。你一定注意到，我们可以通过多种渠道获得信息，只有综合考虑从多种渠道获得的信息，我们才可能做出比较准确的判断。
- 想想自己的判断是否完全正确。即使你把所有的情况都考虑进去了，你也可能会犯错误。如果只是通过眼神的回避和说话时较长的停顿来判断某人是否撒谎，那么你的判断可能就是完全错误的，非语言信号可以传递很多信息（当然，说话人也确实有可能在撒谎）。
- 做出判断和下结论时都要考虑文化的因素。如果你根据自己的文化认知来解读别人的非语言行为，会出现什么样的情况呢？根据你自身的文化来判断某人谈话距离是否过于亲密，你就有可能产生误解，因为这种距离可能是对方文化中的标准距离，或者本身就是一种表示亲近和友好的信号。
- 考虑多种因素。许多因素都有可能影响某人的非语言行为。例如，一个人的身体状况、性格特点或者交际时的特定情况，都可能影响某人的非语言交际行为。某人表情痛苦，可能是他当时胃不舒服。平时你的室友可能和蔼可亲，但是如果某一次考试成绩不理想，他有可能就会对你怒目而视，或者对你嘟嘟囔囔。不把这些因素考虑进去，你很难做出准确的判断。
- 根据平时情况来判断某人的行为。如果你想判断某人某些非语言行为的含义，你应当了解此人平时的行为举止，如此就可以判断出此人哪些行为是反常的，哪些行为是正常的。例如，帕特平时就很害羞保守，但是有一次他却成了晚会的焦点，这比你平时所观察到的害羞的帕特更有意义。如果某人的非语言行为与正常行为表现得反常，这就更能说明问题。

第6章
倾　　听

倾听别人讲话并非易事。如果我们能使用一定技巧，倾听就会变得更为有效，也会让人倍感愉快。

不管是职业发展还是个人生活，学会倾听别人的谈话至关重要。不管你是临时的实习生还是高级经纪人，在当今的职场中，如果你想做到游刃有余，那么你都得倾听别人的讲话。如果你对此还持怀疑态度，你可以看看各大网站的视频，在谈及现在职场中成功所必要的技能时，人们都毫无例外地把倾听作为最重要的因素。

就自身而言，我们都希望同伴能够倾听我们的声音。不管是在快乐时光还是艰难时刻，我们都会找他们来分享我们的思想和情感。如果没有人倾听我们的声音，那么我们的生活质量将大打折扣。

在本章中，我们将分析倾听过程的本质、有效倾听的障碍、不同场合下你所使用的各种倾听方式，以及倾听在文化和性别上的差异。我们还将提供一些方法让你避开倾听的主要障碍，并给你提供一些原则，让你的倾听更为有效。

倾听的过程与技巧

从人际交流的角度来讲，倾听（listening）可以被定义为对语言和非语言信息接收、理解、记忆、评价以及反馈的过程。倾听过程可以分为五个阶段：（1）接收阶段（听到并注意到某一信息）；（2）理解阶段（解码所听到的信息）；（3）记忆阶段（把听到的信息留在记忆之中）；（4）评价阶段（对所听到的信息进行批判性思考和评价）；（5）反馈阶段（做出回答和反馈）。

倾听的五个阶段相互重叠。当你倾听别人讲话，你同时经历了五个过程。例如，在倾听别人谈话时，不仅要注意别人所说的话语，还要对他的话语做出评价，并做出相应的反馈。

倾听的过程并不可能十全十美。倾听的时候，人们可能会走神，对所说的话语可能产生误解，记忆也可能出现偏差，思维可能还不够全面，做出的反馈也不一定恰如其分，但是我们应当尽量减少倾听时的这些障碍。

你一定要注意，倾听是一个周而复始、循环往复的过程。甲所做出的反应会刺激到乙，乙做出的反应又会刺激到甲，如此循环往复。倾听的过程并不是把一个人脑海中的观念转移到另外一个人的脑海中，而是说话人和听话人共同努力，最后达成相互理解。

要做好倾听，我们需要提高很多方面的技能，其中包括注意和集中精力（接收阶段）、了解（理解阶段）、记忆（记忆阶段）、批判性思维（评价阶段）以及做出反馈的能力（反馈阶段）。倾听的任何阶段都可能出现偏差，但是在倾听过程的每个阶段中，你都可以强化自己的能力，以达到提高自己倾听能力的目的。

第一阶段：接收阶段

倾听始于听到，这是接收说话人发出信息的过程。人们对于倾听有一个很大的误解，他们认为倾听就是听到，然而事实并非如此。听到只是倾听的第一个阶段，只不过是接收到了信息。听到基本上是一个被动的过程，是一个无意识的过程，不需要你的注意，也不需要你做出任何努力。而倾听则不然，倾听是一个有意识的过程。

在接收（receiving）阶段，你不仅注意到别人表达了什么（语言上的或者非语言上的），还会注意到哪些内容被省略了。例如，你听到了老板对你的表扬，但是你也注意到他没有指出你的不足。下面的建议可以帮助你提高接收信息的技能。

- 集中注意力。把你的注意力集中在说话人的语言和非语言信息上，注意对方说了什么，没有说什么。不要把注意力集中在你接下来准备说什么，如果你一直想着你要做出什么反应，那么你就会漏掉对方所说的话。
- 避免分心。避免因受环境的影响而分心，如有必要可以拿掉耳塞或者关掉手机。
- 记住自己是一位倾听者。记住自己是听众，尽量不要去打断人家的谈话。如果你经常插话，那么你难以听清对方所说的内容。

有些时候你希望对方能够公平公正地接收你的信息，不带任何偏见，当你预期对方会对你的信息做出负面反应的时候，情况尤为如此。为了能够让对方公平地接收你的信息，你可以事先做出免责声明（disclaimers），以确保你的信息能够被对方理解，同时又不会对你产生负面影响。这些声明能够缓和你所说的语言，以免遭到对方正面攻击。下面我们就列举出一些常用的免责声明：

- 模棱两可的语言可以把你和你所陈述的信息分开。这样一来，即使你的听众不接收你的信息，他们也没有必要反对你这个人。例如，“在这一点上我可能不正确，但是……”
- 提供证据以证实你所说的话语。例如，“不要误解我，我不是害怕与人交往”，“作为一个远程办公人员，我……”
- 过失许可。如果你的话语偏离了常规，但是你使用了一些过失许可的话语，你的听众可能会原谅你。例如，“我知道这不是一个谈公务的地方，但是……”
- 认知免责声明能够帮助你说明你很理智，有严密的思维逻辑能力。例如，“我知道你以为我疯了，但是请让我解释这件事情的来龙去脉”。
- 请求对方在做决定的时候不要过于武断。要求对方先听你把话说完，然后再做出决定。例如，“先听听我的理由，然后再做出决定”。

免责声明有时候也会让你陷入麻烦。例如，开口说话之前先说一句免责声明“我没有撒

视野：认真倾听

什么样的人，什么样的信息值得你全神贯注去倾听呢？例如，某人赢了2700万美元的彩票，或者某人因为亲属的去世而过度悲伤，你认为去倾听他们的谈话会很困难吗？某人预计奖金有6万美元，但实际到手的奖金却只有4.5万美元，认真倾听这样的人说话是不是会更容易一点呢？换句话说，什么样的人或什么样的信息值得你全神贯注去倾听呢？

谎”，这反而会让听众认为你就是在撒谎，而且如果你过度使用免责声明，别人会认为你根本就没有自信或者遇到任何事情都想逃避责任。

在对带有免责声明的话语做出反馈时，我们必须分别对免责话语和所谈的话题做出反馈，这样做的目的是让说话人明白你听到了对方的免责声明，而且你还想告诉对方，你认为这次交谈不够成功。如下的反馈可能就是恰如其分的：“我知道你不是性别歧视主义者，但是我不同意。”“好嘞！虽然现在不是谈钱的时候，但是我们还是应当讨论一下这个问题。”

第二阶段：理解阶段

理解（understanding）阶段就是你弄清说话者的意图的阶段，在这一阶段，你应当明白说话者所表达的思想和情感，如果两者缺其一，最终的结果就犹如残缺不全的画面。理解并不是自动生成的过程，它需要我们为此付出努力。

你可以通过如下方法来提高你的听话时的理解能力：

- 避免不懂装懂。在说话者开口说话之前，不要认为你已经明白了他将说什么。如果你做出这样的假定，那么你就难以听到说话人的真实意图。
- 站在说话者的角度理解说话人的信息含义。你要尽可能地站在说话者的立场上来理解信息，只有你真正明白了说话人的意图，你才能对信息做出判断。
- 提出问题。任何时候有问题都可以要求对方做出澄清。如有必要，要求对方提供更为详尽的细节和例证，这表明你不仅在认真倾听，还想了解更多情况，这也是说话人想要的结果，没有得到清楚理解的信息很可能被遗忘。
- 复述一遍。用自己的话把说话人的观点复述一遍。你可以在心中或者口头复述说话人的观点。如果你在心中复述说话人的观点，你就可以更加深刻地理解信息的含义。如果你是通过口头表达来复述说话人的观点，那么你可以再次确认你是否明白了说话人的意图。

第三阶段：记忆阶段

有效的倾听取决于记忆（remembering）。例如，苏珊说她想买一辆新车，有心的倾听者就会记住这句话，以后再见面的时候可以问苏珊是否买了车。乔伊说他母亲生病了，有心的倾听者也会记住这句话，在以后见面的时候会问及他母亲的身体状况。

需要注意，你所记住的内容并不是对方所说的内容，而只不过是你记住了对方说过什么。我们对语言的记忆是不可复制的，你不可能简单地在脑海中复制说话人所说的内容。但是记忆可以重构，事实上你是在重构你所听到的信息，而且这些信息对你来说有一定的含义。

如果你想记住某人说过的话，或者是不同人的姓名，那么这个信息必须从你的短时记忆（short-term memory）（你记住一个电话号码并能够把它写下来所用的时间，这时的记忆就是短时记忆）进入你的长时记忆。短时记忆容量有限，你只能在短时记忆中存储少量信息。长时记忆（long-term memory）的容量是无限的。为了使信息能够有效地从短时记忆进入长时记忆，我们下面提出四条建议。

- 集中精力。集中精力听取主要信息。一般的闲聊都会有一个主要信息，把这些主要信息记忆到你的脑海之中，在你继续往下听的时候，一定要记住这些主要信息。不要过于注重旁枝末节的信息，这些信息在倾听和对话的过程中会误导你进入歧途。
- 有效组织。有效组织你所听到的内容，并以容易记忆的方式总结这些内容，但是一定要记住，不要忽略一些重要的细节或论证。如果你能够把这些信息分门别类，那么你就能够记住更多的信息。
- 相互结合。新信息和你所知道的信息可能有一定的关联，如果你认识到这一点并将两者相互结合，你就更容易记住新信息。
- 再次重复。如有可能，可以大声地重复你所听到的名字

视野：假性记忆

假性记忆综合征这个术语是指你“好像记住了”过去的一些经历，但是这些经历却从来没有真正发生过。这是1995年发行的电影《起诉书：无尽的控诉》中的一幕。大部分假性记忆综合征的研究都集中于对过去受到虐待或者对过去创伤经历的回忆。这些假性记忆都是由理疗师和面谈者植入的，他们这样会在一段时间内向你反复问同样的问题，给你造成假象，让你认为这些事情确实发生过。*假性记忆综合征还可能以何种形式出现，并产生什么问题？*

和主要概念，重复这些名字和概念，事实上你就是在复习这些名字和概念，这样做便于你学习和记忆这些新概念。如果有人把你介绍给爱丽丝，你可以重复一遍说：“你好，爱丽丝。”而不是仅仅说：“你好。”通过重复这种办法，你更加容易记住爱丽丝的名字。但是一定要记住，不要去演练你自己可能做出的反应，如果这样，那么你就可能听不到对方在说什么了。

第四阶段：评价阶段

评价（evaluating）是对信息以某种方式做出判断。有时候你可能会对说话人潜在的动机和意图做出评价，这种评价过程常常是无意识的。例如，伊莱恩告诉你说她很快就会获得晋升，为此感到特别兴奋。这时你就有可能对她的意图做出判断：也许她希望你动用你与公司总裁的关系，也许她过于执着于获得晋升，所以她提前告诉每一个人，也有可能她就是想获得别人的赞美。

在其他情况下，你的评价更多的是一种批判性分析。例如，在公务会议上，听到有人提出一些建议，你可能就会问：这些建议是否可行？这些建议是否会提高劳动生产率？有什么证据吗？有什么相反的证据吗？

做出评价时可以考虑如下建议。

- 不要急于做出评价。在你完全理解了说话人的观点以后再做出评价。这虽说不易，但确有必要。如果你对说话人提前贴上了标签，那么你就会根据标签的提示听完剩下的信息。
- 区分事实和意见。把事实和个人对说话人的意见与解读区分开来，更为重要的是，在脑海中记住这些不同类别的信息。
- 注意偏见。注意任何偏见和成见或者与自己利益有关的事物，所有这些都可能会让说话人在说话时歪曲事实。明智之举就是问问这些材料是否存在利己行为，是否公

人际关系抉择时刻

发出拒绝倾听信号

你的朋友很喜欢编故事，他的故事与现实世界和现实的人没有关系，他所讲的故事都是发生在很久以前他认为有趣的事情（虽然没人去做过这个事），对此你再也忍受不了。你会如何表达来摆脱这样的困境呢？

a.“我以前听过这个故事”，然后就离开。

b. 你不要再一遍一遍地讲这些故事了。

c. 你的故事可能对别人有趣，但是我不感兴趣。我对你自己的故事更感兴趣，最近你生活当中有什么新鲜事吗？

d. 什么也不说。

e. 其他。

平公正，或者说话人是否歪曲事实。

- 识别推理是否存在谬误。识别说话人在推理过程当中是否存在谬误。

第五阶段：反馈阶段

反馈（responding）阶段分为两个部分：说话人说话时你可以做出反馈（及时反馈）；说话人说完话以后你也可以做出反应（延时反应）。在面对面的交流过程当中，你点头或者微笑，以示对对方所说话语的反馈，这时你做出的反馈就是及时反馈。你对别人贴出的博客进行评论，或者攻击一个在脸书上曾经攻击过你的人，或者说你喜欢脸书上的一张照片、一个帖文，这时你做出的反应就是延时反应。

要提高你倾听时做出反馈的能力，下面给出了五种建议。

- 支持说话人。在谈话过程中，使用或者不断变换你的倾听提示，你可以点点头，或者说“我明白啦”“对的”这类简单的反馈，你这样做的目的是对说话人表示支持。在社交网站上你可以使用“爱心”图标，在脸书上拍拍某人，或者对别人的照片和帖文发表评论，这些都是支持的信号。
- 说过的话要勇于承认。要对自己说过的话承担责任。不要说“没人会这样做”，你应当把这句话换成“我想我不会这么做”。
- 不要用解决他人问题的方式来对他人的情感做出反馈。我们经常指责别人做出反馈的方式就是替别人解决问题。如果别人没有要求你提出建议，尽量不要去给别人乱提意见。
- 尽量把注意力放在对方身上。当你在倾听别人说话时，尽量不要一心多用。告诉说话人，你的注意力就在说话人身上，摘掉耳机，关掉手机和电视，不要眼睛盯着电视屏幕，不要环顾整个房间，眼神要看着说话人，说话人的眼睛应当是你注意的焦点。

视野：倾听技巧

回想一下你最后几次与人面对面的交谈，你能举出一些实例来说明你在会谈过程中遵循或者没有遵循我们的建议吗？你在交谈过程中是如何使用或者误用我们所提的建议的呢？

- 不要想去成为思想完结者。让说话人说完他要说的话或要表达的思想。要对说话人表示应有的尊重，让他把话说完。如果你表达了别人的思想，这就宣布说话人所说的内容无关紧要（我知道你要说什么）。

倾听的障碍

除了操练倾听各阶段所需要的技能，我们下面来讨论有哪些常见的主要障碍会影响我们有效地倾听。为了做到有效倾听，倾听者和说话者都必须努力克服这些障碍。

物理和精神走神因素

倾听的物理障碍包括听力障碍和嘈杂的环境或噪声。一心多用（例如，一边看电视一边听人说话）是不可能的。作为听众和说话人，双方都应当避免任何可以避免的物理障碍。有些障碍你无法避免，但是可以调整你的倾听和说话方式，尽量减少这些障碍所产生的后果。作为听众，你应当把注意力集中在说话人身上。至于房间和其他人，你可以事后再去关注。

精神上产生的走神因素与物理上产生的噪声因素基本上一脉相承，这两种因素都让你难以集中精力倾听别人的讲话。例如，你在想着星期六晚上的约会，担心以前贴在脸书上的有损形象的照片，或者你过度激动，难以正常思考。

成见与偏见

如果对一个群体或这个群体当中的一员带有成见或偏见，那么你就不可能以公正的态度去倾听别人的谈话。例如，一个带有性别偏见的人认为，男性和女性之间只有一方能够对某个话题发表出真知灼见，那么他就会歪曲任何与这个成见相矛盾的信息。作为倾听者，你不应因为自己的偏见而拒绝对立的信息。如果某些意见确有其事，那么这些意见就应该经得起其他不同的意见考验。作为说话人，如果你感觉到别人可能对你有偏见，你可以要求你的听众暂时把这种偏见放在一边。例如，你可以说，“我知道你不喜欢马丁，也明白你为什么不喜欢马丁，然而是不是可以先听我说……”

还有一种成见叫作封闭思维（closed-mindedness）。例如，某人根本就不愿意听取任何有关社会改革的争论，或者任何有关明星结婚的消息。作为听众，我们应当认为说话者所说的东西一定会在某种程度上有用。作为说话者，我们应当预期到很多人在很多事情上可能会有封闭思维的倾向。因此我们一定要记住，保持开放的心态对我们大有益处。你可以这样说：“我知道这与很多人的想法相左，但是我们一定要从逻辑的角度来看待这个问题。”

种族歧视、年龄歧视和性别歧视下的倾听

就犹如种族歧视、年龄歧视和性别歧视会影响你的语言使用一样，这些态度也会影响到你的倾听。如果说话人的性别、种族或者年龄与你相差很大，即使这些特征与所谈的信息毫无关联，你都可能会产生偏听偏信。你应当能够体会到，偏听偏信对于有效倾听是一个巨大的障碍。

在很多情况下，倾听都会出现种族歧视、年龄歧视和性别歧视的现象。例如，当你驳回一个合理言论，或者把一个不合理的言论赋予合理性，只是因为说话人属于某一特定种族，具有某种情感取向，属于某一特定年龄段或某一特定性别，这个时候你的倾听就带有偏见。

当然，在很多情况下，上述态度都与你对信息的判断息息相关。一个人如果在谈论怀孕、生育的事情，那么这个说话人的性别一定跟这个信息息息相关，这一点很多人应当都会同意。在这些情况下，把说话人的性别考虑进去，并不是带有性别歧视的倾听。但是，如果你认为只有某一性别的人才有权对某个话题发表意见，另外一个性别的人的意见就毫无价值，这种倾听我们就认为是带有性别歧视的倾听。

缺乏注意力

要做到有效倾听，必须集中精力听别人说什么。你会受到很多因素的影响，然后不知不觉就分神了。人们有的时候会关注一些无关紧要的事情，例如，一些生动的画面勾起你往事的回忆，结果就是你不知对方在说什么了。作为听众，我们应当关注最为主要的内容，不要把心思放在无关紧要的细节上。你可以提醒一下自己谈话的主要内容，然后看看这些细节是否与这个主要内容相关联。作为说话人，尽量避免使用无关紧要的语言或引用无关的实例，以免听众分神，从而没有听到你的主要内容。

人们有时候只听取与他们明显相关的事情，如果你也是这样，那么你将很难拓宽你的视野。有些时候，最初你认为无关紧

视野：电话交谈

研究显示无意中听到别人在电话中交谈要比无意中听到别人面多面交谈还要让人厌烦。你认为产生这样的原因是什么呢？

人际关系抉择时刻

发出倾听提示

经常有人会问你是否听明白了他们的谈话，或者他们所说的话是否具有逻辑性，如果这样，很有可能他就在怀疑你是否在认真倾听。如果你想告诉对方你在认真倾听，并对他们所讲的内容十分感兴趣，那么你会怎么做呢？

a. 保持眼神的交流，以及面对面交谈的姿势。

b. 微笑并用面部表情来表达你的情感。

c. 发出一些轻微的反馈，例如，你可以说“是的，我明白”，或者只是点点头表示同意或者表示你在听着。

d. 提出问题。

e. 其他。

要的信息，事后却可能让你受益匪浅。在解读信息的时候不要只从自己的角度来出发，还要从其他角度来看问题。作为说话人，一定要记住你所说的话要跟特定的听众息息相关。

作为听众，另外一个常犯的错误就是，说话人还在说话的时候，你就开始集中精力去思考你该如何做出反馈。如果你一直想着该如何做出反馈，如何回复对方的话语，你不可能把信息完全听明白。相反，你应当把要说的话记在心中，把注意力集中到倾听上来。作为说话人，如果你感觉有人想和你争论，请他们先听你把话说完。你可以这样说："我知道在这一点上你有不同意见，但是先请你让我把话说完，然后我们回过头来再讨论这个问题。"

人际交流中的伦理道德

倾听时的伦理道德

作为倾听者，至少应当遵守如下两条道德标准：

1. 倾听别人谈话时应当诚实，不要过早做出判断，尽可能抛弃偏见与成见。与此同时，你应该尽最大努力从情感上和智力上去理解说话人的意思。

2. 对说话人做出诚实的反馈。就像在说话的时候，你应当诚恳地对待听众一样，在倾听的时候你也应当以诚恳的态度对待说话人。也就是说，你应当对说话人做出公正诚实的反馈，应当诚实地回答说话人提出的问题。在有些文化中，不管你的真实想法如何，你首先要做的就是做出礼貌的反馈，那么我们提的这条建议就显得不合时宜或让人难以接受。

伦理道德抉择时刻

如果遇到下列两种情况，你会怎么做呢？

（a）你的朋友向你倾吐个人秘密，包括家庭的问题、缺钱的问题、没有朋友的问题等。你根本不想听，这些问题让你感觉很沮丧。但是与此同时，你想知道是否有道德义务去倾听你朋友的抱怨，又是否应当向你的朋友做出诚实的反馈。在这种情况下你会怎么做呢？

（b）在工作场所你听到你的同事（你知道他在撒谎）批评另外一个同事。在类似的情况下，你是否要遵守道德准则呢？

过早做出判断

过早做出判断就是你假定你知道了说话人要说什么。这样一来，你就认为没有必要认真听取对方的谈话。在你做出任何判断之前，先让说话人把话说完。作为说话人，我们也应当事先假定听话人会做出这样的判断，这确实不失为明智之举。因此，最有效的办法就是在你说话之前，先向听众表明你所说的话是他们以前所没有听到过的。

有效的倾听方式

你倾听的方式取决于你所处的环境。例如，你听新闻的方式肯定与听脱口秀的方式有所不同。你听朋友给你讲他们感情破裂的故事，与你倾听别人指导你完成一项工作的方式也肯定大相径庭。具体而言，你的倾听方式应根据倾听目的（例如，你倾听是为了学习、安慰别人还是做出判断？）、你与对方的关系（对方是否会夸大其词？是否需要你的支持？）做出调整。

下面我们讨论四种倾听方式，这四种倾听方式涵盖了所有的倾听环境，你可以选择一种或者多种适合你实际情况的倾听方式。这四种倾听方式分别是共情倾听、礼貌倾听、批判倾听和积极倾听。请先完成以下自测试题，检测一下你的倾听方式。根据不同等级对下列句子做出相应的反馈。

1 = 一直；2 = 经常；3 = 有时；4 = 很少；5 = 从不

1. 积极倾听，表达对说话人的认可，并要求说话人进一步阐释他的思想。
2. 认真倾听说话人的说话内容并体会他的感受，与说话人感同身受。
3. 只是倾听，不对说话人做出任何判断。
4. 只是倾听说话人所表达的字面含义，不会去深究说话人所表达的内在含义。
5. 倾听的时候不会积极参与，一般情况下会保持沉默，认真体会说话人所说的含义。
6. 客观听取对方的谈话，注重分析信息的逻辑含义，而不去关注它所表达的情感意义。
7. 客观听取说话人的信息，如果与自己的态度和观点产生冲突也会礼貌地听着。
8. 如果我有相关的内容想要表达，我会打断说话人。
9. 批判性倾听，对说话人以及说话人所说的内容做出理性的评价。
10. 理解内在含义，特别是那些通过细微的语言和非语言线索所表达的内容。

这些句子都与倾听方式有直接关联。所有这些倾听方式有些时候恰如其分，有些时候就不合时宜，所以要根据情况来定，因此在上述选项中不合时宜的选项可能就是“一直”或者“从不”这两个选项。

可以仔细考虑一下你如何使用上述的句子来提高你的有效倾听能力，最好的办法可能就是重读一遍这些句子，看一看哪些句子适合哪种情况，哪些句子不适合哪种情况。

共情倾听

如果你想弄明白说话人所说的内容及其所表达的情感，那么你倾听的时候就应当和别人产生一定的共鸣（empathy）。这种倾听方式就叫作共情倾听（empathic listening）。与别人产生共鸣就是以别人的方式来看待这个世界，以他们的感受来感觉这个世界。只有当与别人产生共鸣的时候，你才能够完全理解别人的意义。共情倾听有助于加强你们之间的关系。

你也应当注意，过度的共情可能会让你自己的感情失去控制。你一定要记住，有效的共情是你能够感受到别人的感受，但还能够保留自己的思维，把持自己的情感。

在共情倾听时，记住如下建议：

- 从说话人的角度来看待问题。以说话人看待事件的角度来考虑问题，看看这个角度如何影响说话人的说话内容和行为规范。
- 平等双向的谈话。谈话时要公开，并能引起相互的共鸣。尽量消除平等会话的物理和生理障碍。例如，离开宽大的办公桌，因为这张办公桌拉开了你和员工的距离。不要打断别人的说话，如果你打断别人，你就自认为自己说的话更为重要。
- 不但要明白说话人的思维，还要明白说话人的情感。如果你完全明白了说话人的所感所想，那么你的倾听任务才基本完成。

有时候很难做到以共情的方式倾听对方的谈话，并与对方产生共鸣。例如，下面就是对“我感觉有点沮丧”这句话所做出的五种反馈。我们假定对话的双方是好朋友，虽然不是亲密无间的朋友，但比刚认识的熟人要亲密多了。我们再假定他们可能是两个女人、两个男人或者是一个男人、一个女人（你可以选择任意一个性别）。阅读下面每一句话，考虑一下为什么这些话都不是共情反应。在读完所有的话语之后，看看你能够做出什么样的共情反应。

表 6-1　共情反应和评论

反应	评论
反应 1：我最近一直在阅读有关沮丧的研究，就是你现在感受到的那种。这是一项由伊利诺伊大学牵头做的研究，研究表明……	这句话不是共情反应，因为这句话不是对个人事情的描述，没有谈及个人和个人的情感，而是把个人的沮丧情感理性化。
反应 2：你沮丧？你和帕特聊过吗？那才叫沮丧。	这个对话在减轻或弱化说话人的所思所感，明显缺乏共情。
反应 3：哦，那你应当多出去走走。走吧，我们出去玩玩。	这种回答是在提供解决方案，同样弱化了说话人的感情，虽然提供了一个解决方案，但对于分析说话人的情感没有起到任何作用。
反应 4：和我一样，不知道为什么，今天早上一起来我就感到特别沮丧，我原以为只是做了一个梦，但是我还是感到沮丧，你觉得我是不是该找个咨询师问问情况？	这种反应改变了谈话主旨，把注意力从说话人身上转移到了自己身上。
反应 5：是吗？那就有点严重了，这是有自杀的倾向。还记得帕特吗？离婚后他就一直都感到沮丧，最后跳楼自杀了。	这种反应让事情更加严重，很有可能会加重说话人的沮丧情绪。

视野：负面共情

有证据表明，共情可能产生负面影响。例如，如果你对自己的种族或者民族产生了更多的共情，那么你对其他种族或者民族就会产生更少的共情。同样的共情可能会加深对群体内部成员的理解，而降低对其他群体的理解。*你是否经历过或者见证过共情所产生的负面效果呢？*

礼貌倾听

就犹如信息编码和发送信息一样，许多人认为只有说话人才能表现出礼貌。但是礼貌（或者不礼貌）也可以通过倾听别人谈话表现出来。

当然，有些时候你根本不想礼貌地倾听别人谈话，例如，在某人使用侮辱性语言、种族歧视或性别歧视语言时。在这些情况下，你可能会表现出你根本没有在倾听，以显示你对说话人的蔑视。但是大多数情况下你都会礼貌地倾听别人讲话，你想通过你的倾听行为来表示对说话人的礼貌。

下面我们提出一些可以显示你在礼貌地倾听别人讲话的建议。当你读到这些策略时，你就会注意到这些策略都是在维护说话人的积极面子和消极面子。

- 不要打断说话人。不要试图去夺过说话人的话语权，也不要随意改变话题。如果你想就说话人所说的话语做出反馈，又不想等说话人结束他们的话语，那么你可以简短地发表你的意见，然后把话语权交回给说话人。
- 发出一些积极的倾听信号。你可以点点头，或者用一些简短的语言表示你在倾听，你也可以向说话者靠近。你倾听的时候一定要向说话人表明，说话人所说的内容十分重要。有些文化中，礼貌地倾听信号就是表示同意（日本文化就是这样的例子）。在其他文化中，礼貌地倾听就是认真倾听别人讲话，或者表示对说话人的支持，而不一定要对说话人表示同意（美国文化就是这样的例子）。
- 表示和说话人有共鸣。做出一些反馈，以显示你明白了说话人的思想，体会到了说话人的情感。你可以笑一笑，或者恭维一下说话人，再或者对说话人的表情做出一些反馈。
- 保持眼神的交流。在美国，如果某人在和你说话，你又不和他保持眼神的交流，对方会认为你根本没有在倾听，或者倾听时表现得十分不礼貌。但是在一些拉丁美洲文化和亚洲文化中，往下看或者避免眼神的交流才是礼貌的倾听，特别是你在倾听上司或者老年人谈话时情况更为如此。
- 做出积极反馈。在倾听过程中，特别是说话人结束了说话（你对说话人的话语做出反馈，然后继续你们的谈话），积极的反馈被认为是礼貌的，而消极的反馈被认为是不礼貌的。如果你一定要做出消极的反馈，那么不要伤害到说话人的消极面子。例如，你可以先提及一些你同意的地方，以及你喜欢说话人说的哪些内容，你可以强调你并无恶意。最为重要的是，事后你可以私下与他交谈。在公众场合对人提出批评常常被认为是一种人身攻击。

批判性倾听

在倾听别人说话时，在很多情况下，你需要做出批判性的评价和判断。如果批判性倾听（critical listening）别人的谈话，那么在听朋友倾诉或者是在听推销员向你推销产品的时候，你就会进行理性思维而不带任何情感。以开放的心态倾听别人的谈话，你就能更好地理解所听到的信息。以批判性的思维听取别人的谈话，你就能够更好地分析和判断所听到的信息。在批判性倾听的过程中应注意以下原则。

视野：礼貌倾听

大部分有关倾听和礼貌的研究以及思考都来自面对面交流。你认为社交网站上的礼貌倾听应当是怎么样的情形呢？遵守的原则与面对面交流时一样吗？或者我们应当制定一套完全不同的原则？

- 保持开放的心态，不要带有偏见。在完全了解了说话的内容和说话人的意图之后再做出判断，在没有完全理解之前，不要做出任何正面或者负面的评价，即使朋友告诉你说他做了一些你坚决反对的事情，你也要保持开放的心态。保持开放的心态，就是要求你不要过早地做出价值判断（不管是在你的脑海中还是在你做出的反馈中），因为过早地做出判断可能会让你误解你的朋友。
- 不要过滤掉任何信息，也不要把一些复杂的信息简单化。不要把你不想听的信息给过滤掉，很明显，大家都不想听到自己认为对的事情事实上是错误的，也不想听到自己关心的人是邪恶的，或者坚信的观念是错误的。听到这些信息时，重新再审视一下自己的这些观念，这一点极为重要。
- 认识到自己的偏见。倾听别人信息的时候带有偏见会让你歪曲事实，这样听到的信息就不够准确，因为在听取信息的过程当中，你会根据自己的偏见和预期来解读说话人所说的话语。
- 反对故意夸大其词。不要去突出、强调或者粉饰某个信息的某一两个方面，有些时候我们只不过是无意间说了某些话，强调了某些概念。
- 注意语言和非语言信息。识别语言信息和非语言信息是否一致，并根据这些原则来推论说话人的意图。如果你还有疑问，可以向说话人提出问题。倾听的时候还要识别哪些信息被省略了。一定要记住说话人在交流的过程当中，哪些内容说过了，哪些内容没有说过。
- 注意语言谬误。语言的目的并不高尚，而且具有欺骗性，劝你相信某事，却不给出任何理由。表 6-1 给出了四种常常阻碍有效人际沟通的语言谬误，我们应当在批判性倾听中识别这几类谬误。

表 6-2　识别语言谬误

谬误	注释	举例
模棱两可的话是指意义难以捉摸，难以确定的语言	模棱两可的单词或术语有“帮忙”“基本上”“和……一样”“像……一样”（让你感觉像新的一样）以及“更加经济实惠”。你可以问问自己：“这到底是什么意思呢？”	有个商业广告夸口说某药物比另外一类品牌药效要好很多，却没有说明好多少，或者好在哪里。有可能这种药就是一方面好，其他九个方面都不好。
委婉语言让消极难听的语言变得听起来积极，让人舒服	委婉语犹如夸张话，把平凡变成精彩，把一般变成奇异。不要让这些漂亮话蒙蔽了你的双眼，妨碍你准确理解。	有一个经理把解雇了 200 个员工说成是“缩小规模”或者是“资源重新配置”。
行话是职业或者专业人员使用的专门语言	行话有点唬人，因此难以进行有效沟通。例如，如果不是一个行当的人无法沟通，不要被行话唬住了，听不懂的时候可以问问题。	一个电脑编程员向一个学哲学的学生解释一个网站的 HTML 编程。
官样文章是十分复杂的语言，其目的并不是交流意义，而是为了吓退听众	有些人平时就习惯使用复杂的语言，还有的人就是用复杂的语言来迷惑别人或者误导别人，如有可能让他们说得简单一点。	一个学者使用长句、复杂的语法结构或者生僻的字眼。

积极倾听

在交际技巧中，最为重要的技能之一就是积极倾听（active listening）。你可以认真考虑下面我们要讨论的交谈。例如，你必须重新写一份预算报告，你对此感到十分失望。这时候你会说：“我必须重新写一份报告，这简直让人难以置信，这个项目我没日没夜地干了三个星期，但是我现在必须推倒重来。”针对这一句话，你可能会得到三种不同的反馈。

阿波罗：这已经不错啦，很多人写的第一份报告就必须推倒重来。这种情况在这里就是家常便饭。

雅典娜：你只是要重新再写一遍，你应当为此感到高兴。佩吉和米歇尔两个人整份报告都必须全部重写。

戴安娜：你写了三个星期的报告必须重写啊！你看上去又生气又沮丧啊！

这三个人都可能想安慰一下你，让你好受一点，但是三个人的做法各不相同，所得到的结果自然也各不相同。阿波罗想弱化重写的严重性，这类好意的反馈十分常见，但是对于相互交流和相互理解却没有起到任何作用。雅典娜想把局势朝好的方向去想。事实上，从两位听众的反馈来看，他们在提示你不应当产生沮丧的感觉，同时也在暗示你，你不应该有这样的感觉，你应当更加理性一点。

戴安娜的反馈与其他人有所不同，她使用了积极倾听的方式。积极倾听事实上就是一个过程，在这个过程中，你作为听众向说话人做出反馈，你认为说话人所说的话语是什么含义，而且这种含义不仅仅是指说话人的内容，也指说话人的情感。积极倾听不是一字不差地重复说话人的语言，而是把对说话人信息的理解重新用自己的语言表达一番。

积极倾听的功能

积极倾听有几大重要功能。其中最为明显的功能就是帮助你核实是否理解了说话人所说的话语，而且更为重要的是你是否理解了说话人潜在的含义。对说话人反馈你对他的话语的理解也给说话人一个机会，让他澄清或者是改正可能出现的误解。

另外一个功能就是让说话人明白你不仅了解，同时也接受了其情感。在上面所举的例子中，前面两个听众事实上是在对你的情感发起挑战，戴安娜是积极倾听者，她向你反馈了她对你话语的理解，接受了你目前的感受。除此之外，她还明确了你现在的感受，她对你的评价是你有点“生气，沮丧”，她让你有机会来改正她对你的解读。但是你一定要当心，不要告诉当事人他应当如何感觉，或者他应当做什么？在你积极倾听的过程当中，应当尽量避免：

- 命令信息——做这个事情，不要碰那个东西。
- 警告威胁信息——如果你不这样做，你会如何；如果你这样做，你会如何。
- 教化信息——所有的人都应当如何，我们有责任如何。
- 建议信息——为什么你不……我认为你应当如何。

积极倾听的另外一个功能就是鼓励说话人不断思考自己的情感和想法。例如，戴安娜的反馈就会刺激你对自己的情感进行反思。

积极倾听的技巧

下面我们提供三个技巧帮助你成功地做好积极倾听。

- 解释说话人的含义。用你自己的话把说话人的意思及感受解释一遍。这能够帮助你确保听懂了说话人的意思，也能够显示你对说话人很感兴趣。当戴安娜复述你的意思时，她就给了你一个反思的机会，为什么重新写一份预算报告你会感到如此沮丧。要特别当心，不要诱导说话人朝你所认为的方向去想，同时也不要解释过头了，事实上只有少部分的信息需要再解释一遍。只有可能产生误解的时候，或者你想要表达对说话人的支持的时候，才有必要进行解释。解释完了以后还是要确保会话能够顺利进行。

视野：记住别人姓名

研究显示我们一般很难记住别人的姓名，因为姓名要比别人的工作、爱好和家乡更难记忆。你是否也很难记住别人的姓名呢？为什么会这样？你如何解决这个问题？

人际交流抉择时刻

积极倾听

你 6 岁的外甥哭着从学校回到家，他说新老师很厌恶他，他也厌恶新老师，他不想再回到学校去了。这时你说什么能够帮到你的外甥呢？

a. “你确信你没有调皮捣蛋？”

b. “你真的不想回学校啦？”

c. “每个人都喜欢学校，你怎么啦？”

d. “你在班级里面感觉如何？”

e. 其他。

- 表达你对说话人情感的理解。除了解释说话内容之外，你还应当对说话人所表达或暗示的情感表示同情。这种表达能够帮助你进一步确认你是否真正理解了说话人的感受，同时也能让说话人更加客观地看待自己的感受，特别是当他们感到愤怒、受伤或者沮丧的时候，这种情感表达就更为有用。此外你还可以对这些情感进行反思。
- 提出问题。提出问题能够加深你对说话人思想和情感的理解，并引出更多信息。所问问题能够给说话人提供一定的刺激和支持，这样说话人能够更加详尽地阐述他的思想和情感。同时，这些问题也能进一步被证实，你对说话人所说内容十分感兴趣，也十分关心。但是不要刨根问底地问一些毫不相关的问题，或者是向说话人发起挑战。

思考下列对话，注意整个对话中所使用的积极倾听技巧。

帕特：那个蠢货降了我的职，他说我这个经理做得不合格。我为这家公司做了这么多，难以置信他竟然会降我的职。

克莉丝：对呀，你干经理也有三四个月了吧。

帕特：三个多月了，我知道我还在试用期，但是我觉得我做得不错。

克莉丝：他会再给你一个机会吗？

帕特：是的，他说我可以再试几个月，但是我感觉自己就是一个失败者。

克莉丝：我知道你的感受。确实让人沮丧。但是他还说了什么呢？

帕特：他说我没有及时完成我的文案工作。

克莉丝：你计划提交晚了吗？

帕特：确实有几次。

克莉丝：是不是可以委托他人帮你做一下文案？

帕特：那没必要，我现在知道该怎么做了。

克莉丝：你好像还想试一下经理这个位置。

帕特：是的，在未来的几个月，我想再试一下。

在这一份简短的对话中，帕特摆脱了毫无意义的愤怒以及失败的情感，并决心要扭转这种不利的局面。同时我们也注意到，克莉丝根本就没有提供任何的建议，只是在简单地积极倾听。

文化、性别与倾听

由于说话人和听话人不可避免地在交流系统上存在差异，那么要做好倾听实属不易。每个人都有自己独特的经历，这样每个人的意义系统都会千差万别。如果说话人和听话人来自不同的文化或分属不同的性别，那么上述所提到的差异以及倾听的效果自然差别很大。

理解人际交流技巧

保持开放的心态：敞开心扉，开诚布公

在人际交流过程当中，保持开放的心态是指你愿意敞开自己的心扉，在适当的时候，透露一些有关自己的情况。敞开心扉还包括愿意公开倾听别人的意见，对别人的信息做出诚实的反馈。但有的时候开诚布公也不合时宜，过度的敞开心扉可能会导致你和别人的关系恶化。在面对面交流和网上交流过程中，保持开放的心态总是受人欢迎，获得的评价也更高。

要做到开诚布公地与人交流，你可以考虑如下几点。

- 在适当的时候敞开心扉。透露有关自己的情况时一定要特别当心，这能给你带来好处，同时也存在一定的风险。认真倾听别人的心里话，别人敞开心扉的话语也能够帮助你判断如何敞开自己的心扉。
- 倾听时要当心。在对别人的话语做出反馈时，要自然诚实。当然也要注意你所说的话，以及这些话语可能会带来的后果。
- 交流的时候要发出信号，表示你愿意倾听别人的谈话，让对方明白你在以开放的心态倾听他们的心声。
- 运用积极倾听技巧。在适当的时候你可以做出解释，表达你对说话人的理解，还可以问问题。
- 运用非语言信息来表达你对说话人的兴趣。注意眼神的交流，走近说话人，不要参与周边的活动。
- 运用反馈提示。你可以点点头，也可以给出一些倾听提示，比方说你可以说“对的”“我明白你的意思”，也可以运用表情或者眼神来表示你听明白了。

人际交流抉择时刻

倾听时不要做出判断

有个同学跟你说："我这次的论文得了一个C，这是我得到的最差分数，我简直不敢相信我竟然会得一个C，这是我的专业，我该怎么办呢？"这时你应当如何回答？

a."那又怎么样？我得了一个D。你也没有听到我抱怨吧。"

b."在现实生活当中，分数无关紧要。"

c."那个教授简直疯了，这样的分数简直没有道理。"

d."你竟然得了一个C，这简直没有道理，你是班上最好的学生。"

e.其他。

文化与倾听

在全球范围内，来自不同文化的人在一起工作，那么了解不同的文化如何影响倾听方式就显得尤为重要。

语言和言语

即使说话人和听话人使用同一种语言，若他们使用不同的方言，操不同的口音，那么所表达的意义也不尽相同。因为经历不同，即使是使用同一种语言的人，在表达相同概念时其意义各不相同。

如果说话人和听话人的母语各不相同，那么他们在表达意义时差别就更大了。我们很难通过翻译来表达另外一种语言所表达的细微含义。某人在某一种文化中已学会了单词"房子"的含义，在这种文化中，每个人住的房子周围都有很多土地，而另外一个人是在另外一种文化中学习了"房子"这个单词的含义，他所住的街区周围全是高楼大厦，那么这两个人在交流时一定会出现困难。有可能你听到的是同一个单词，但是你所理解的含义却迥然不同。在跨文化交际的场合，你应当调整你的倾听行为，虽然你们说的语言相同，但是意义却千差万别。

非语言行为

不同的文化有不同的表现规则（display rules)。表现规则其实就是一种文化规则，规定在公共场合下什么行为是合适的，什么行为是不合适的。当你听别人讲话的时候，你也"听到"了别人的非语言提示。如果这种非语言提示和你所期望的语言信息大相径庭，那么你就会认为这是一种噪声或者是一种干扰，甚至会把它们理解为一种相反的信息。当然，不同的文化对于相同的非语言行为会赋予不同的含义，对此要加以注意。

反馈

在有些文化中，人们给出的反馈直接而又坦率。来自这些文化的人希望听众能够真实反映他们的感受。在另外一些文化中，人们认为做出积极的反馈比做出诚实的反馈更为重要，因此，即使他们不同意说话人所说的内容，也会尽量做出积极的反馈（在评价同事的建议时）。不管你听到何种信息，当你听到别人的反馈时，你一定要认识到，不同文化的人可能会做出不同的反馈。

性别与倾听

男性与女性使用不同的方式进行语言和非语言信息交流，在倾听时，男性和女性使用的方式也各不相同。在不同性别的人际交往过程中，这些不同的方式都会给我们带来很多的麻烦。

视野：性别差异

男性和女性在倾听别人谈话时有哪些主要差异？例如，我们可以考虑一下男性倾听男性说话、男性倾听女性说话、女性倾听男性说话和女性倾听女性说话的情形。

感情交流与信息交流

女性在交谈过程中主要是为了情感交流和建立亲密的人际关系，她们在倾听的过程中也主要是为了达成这些目标。而男性在交谈的过程中主要是为了信息交流，为了获得别人的尊重，为了展示学识和专业性。

倾听提示

男性和女性会对说话人做出不同的倾听反馈，其原因就是他们的倾听方式各有差异。在谈话过程中，女性更容易做出倾听提示，例如，她们会经常说一些“对啊”和“嗯”之类的插话，点头表示同意或者微笑。男性更倾向于静静地倾听，一般不会发出倾听提示作为反馈。女性在倾听过程中比男性有更多的眼神交流，男性会更多地环顾四周而不是看着说话人。鉴于上述所谈的差异，与男性相比，女性会更多地积极参与倾听。

倾听的数量和目的

女性更多地倾听男性说话，反之则不尽然，其原因就是倾听的一方更多的是处在弱势地位，而说话的一方更多的是处在强势地位。男人在倾听的过程中更多是采取辩论的姿态，准备随时与人争论，问出的问题更具有争议性，并随时找到你说话中的漏洞，以显示他们的专业性。女性则更多问一些附和性问题，即使提出一些批判，其程度也更加温和积极。在会谈的过程中，不管对男性还是女性，她们的态度都是一样的，这种习惯性的谈话方式不会因为对方是男性或者女性而发生改变。当然，我们与人交流时也不能机械地套用这一倾向，要视个体情形而定。

第7章 情感信息

人类能够表达的情感无穷无尽。了解人际交流中情感表达和反馈的策略能让你更有效地交流。

你能选择你的情感吗？外界的环境能够左右你的情感吗？这些问题都很难回答，理论家们也没有统一的答案，有人认为你可以，但也有人认为你不能。

你可以决定你向别人传达什么样的情感，以什么方式向别人传达情感。你是否传达情感完全取决于你对情感表达的态度。

一旦你决定了要表达情感，那么你需要做出各种选择。例如，你可以选择如何表达情感——通过面对面、信件、社交媒体、电子邮件、短信或者办公室备忘录。你还可以选择表露哪些情感，隐藏哪些情感。最后你还可以选择用语言还是非语言形式来表达你的情感。

在人际交流过程中，最为复杂的情况就是涉及情感（emotion)，我们可以称之为强烈的感受。在本章我们就要讨论这个重要的话题。我们将洞悉情感和情感表达的本质，讨论情感交流的障碍，为有效的情感交流提出一些建议，以及如何对他人的情感做出反馈。

切入这个话题最有效的方法就是探讨你为什么要进行情感交流——是因为有好消息需要与人分享（获得一大笔奖金或者找到了你人生的情感伴侣)，还是有坏消息需要其他人一起来承担（你敬爱的人去世了或者你被解雇了)。我们在这里提出三大理由。

- 你想要或者需要发泄情感．你想要把自己的情感透露给其他人。
- 你想要或者需要获得别人的关注、支持和建议。你想要或者需要人们关注你，给你提供一些安慰，或者给你提供一些建议。
- 你想要或需要加强与别人的关系。你想与别人分享相同的情感经历来显示你对他人的同情或共情。

了解情感表达和情感反馈的原则之前，先看看下列五个句子是否有效地表达了情感？为什么？读完本章之后再来回顾这五句话，并把它们修改成有效情感表达的句子。

1. 你对我不理不睬，你伤害了我。不要再这样做了。
2. 我永远都不会原谅你，这种仇恨和怨恨永远都会留在我心里。
3. 你听好啦，我实在受不了了，天天都听到你在为与谁约会而烦恼，今天应当和谁约会，明天又和谁约会，后天又跟谁约会，你能不能消停一点？太让人厌烦了，真是厌烦透顶。
4. 你这样做就是为了伤害我。看到我伤心你就高兴，是不是？
5. 不要用那种语气和我说话，不要用那种态度来侮辱我。

情感表达原则和情感信息

情感的交流是一件很困难的事情。在高度情绪化的时候，你的思维就不清楚，这样情感的表达就变得十分困难。情感表达十分困难还有一个原因，那就是可能从来没有人教过你如何表达情感，而且你也没有什么有效的模式可以模仿。

情感交流又十分重要。情感中包含了很多含义，如果你没有表达情感或表达不充分，人际交流就可能失败。当你谈论考试不及格、中了彩票、变成了父母、和某人订婚、第一次开车、晋升为高级主管时完全不动感情，那么你可以想象一下交流的情形会是什么样子。情感的表达是交流的一部分，就算是用电子邮件的方式来表达，情感信息也必不可少。

情感交流（emotional communication）十分重要，在情商（emotional intelligence）和社交智力中占据主导地位。情商之所以十分重要，就是因为情商能够让你区分哪些感情是有关联的，哪些情感是毫无关联的，这样就可以提高你的决策能力。本章我们将初步了解情商。

视野：情感与决定

有证据显示，没有情感我们很难做出决定，甚至不可能做出决定。缺乏情感还会产生哪些负面影响？

不管是作为情感发送者还是情感接收者，不会情感交流就是学习能力差的一种表现，我们称之为交流障碍症。患有交流障碍症的人难以理解别人的非语言行为，也不会通过非语言行为向他人传递自己的意思。患有交流障碍症的人做任何事情都索然寡味，不会向人微笑，也不会在恰当的时候使用面部表情。你应当能够想象，一个人如果不善于发出和接收情感信息，那么他将很难与他人发展和保持良好的人际关系。和这些人打交道，因为他们不合时宜的情感交流，你会感觉到十分不适。

我们先来考察一下情感和情感表达的几大原则。这些原则为我们讨论情感表达技巧奠定了坚实的基础，参看图 7-1。

情感分不同阶段出现

关于情感，我们有多种理论，但是所有人都认为情感分不同阶段出现：（1）事件发生；（2）经历某种情感，比如吃惊、高

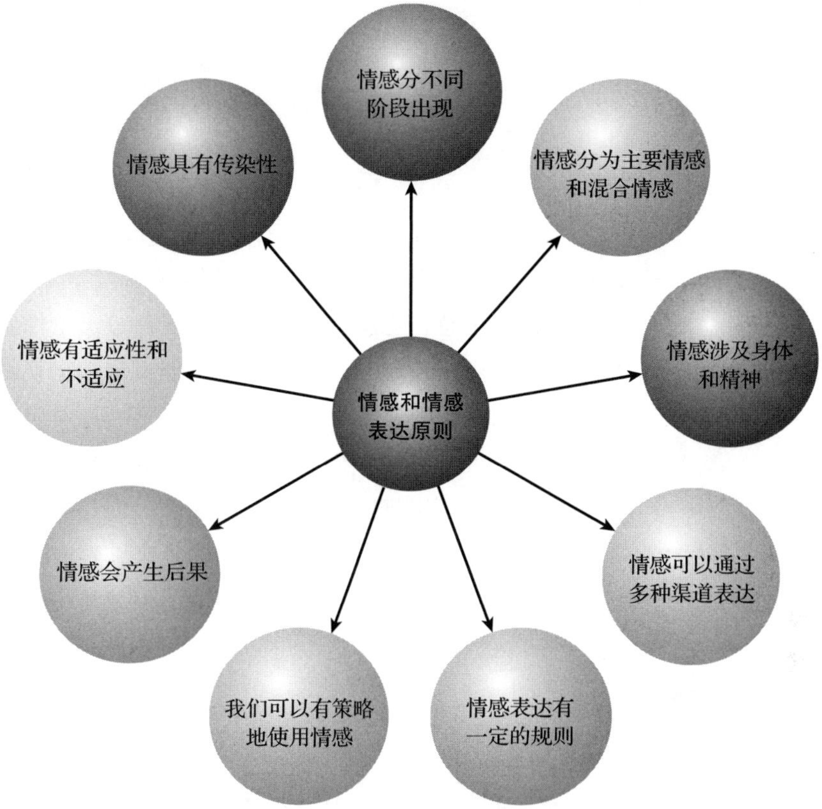

图 7-1　情感和情感表达原则

兴、愤怒；（3）你从生理上做出某种反应，比如你的心跳加快、脸色变红，等等。整个过程如下图所示。

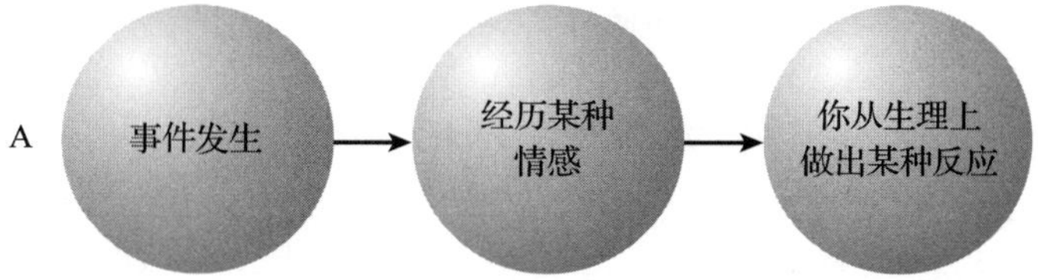

心理学家威廉·詹姆斯（William James）和卡尔·朗格（Carl Lange）对以前提出的“常识性”理论做了一番解释，他们认为生理反应出现在情感经历之前。根据詹姆斯—朗格理论（James-Lange theory），这个顺序应当如下：（1）事件发生；（2）你从生理上做出反应；（3）你经历某种情感，例如，你感觉到高兴或者悲伤。整个过程如下图所示。

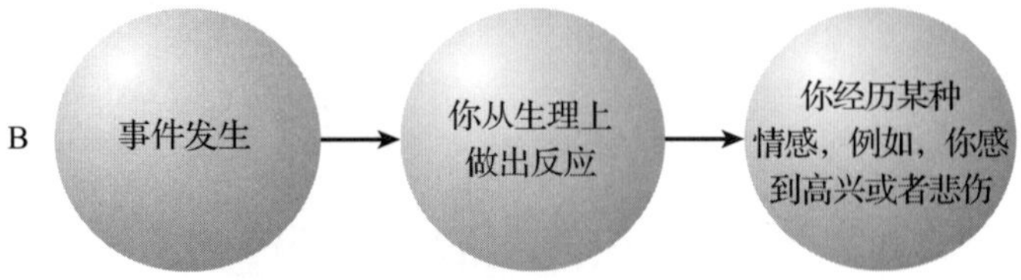

根据另外一种理论，认知标志理论（cognitive labeling theory），你还要经历生理唤醒，在生理唤醒的基础上，你才能够经历快乐、悲伤等情感，也就是下面这个过程：（1）事件发生；（2）你从生理上做出反应；（3）你经历了生理唤醒，也就是说，你明白你在经历何种情感；（4）你经历某种情感。你对生理唤醒的感知取决于你所处的环境，例如，你所敬佩的人向你微笑，这时候你心跳加快，你可以把它理解为一种快乐。但是如果在一个漆黑的街道上，三个形迹可疑的陌生人朝你走来，这时的心跳加快你可以理解为害怕。只有当你做出了理解，你才能经历这种情感，如到底是高兴还是害怕。这个过程如下图所示。

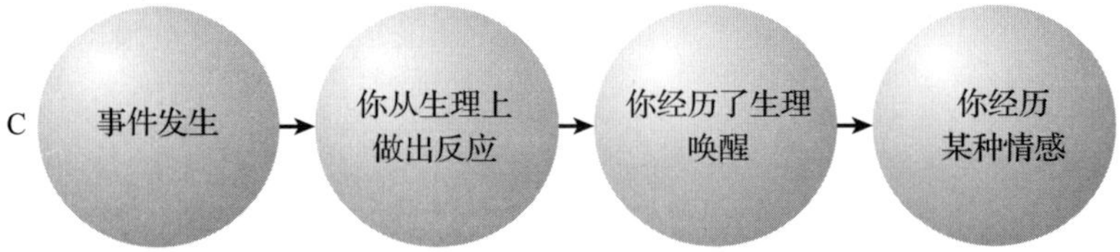

在人际交流过程中，我们最关心的其实是下一个阶段。上述三幅图都应当有下一阶段，也就是表达阶段，在这个阶段，你决定说什么和做什么。

视野：情感自我

认知标志理论带给我们的启示就是，是你自己，也只有你自己能够让你感到愤怒、悲伤或者焦虑。这个观点我们可以用一句比较流行的话来说，那就是“别人只能伤害你的身体，而你自己却能伤害自己的情感”。

你同意这样的说法吗？你能提出什么证据来支持或反驳这一观点？

情感分为基本情感和混合情感

在下列情况下，你会有何种感受？

- 你中了彩票。
- 你得到了梦寐以求的工作。
- 你朋友刚刚去世。
- 你父母告诉你他们刚刚离婚了。

在上述不同的情况下，你会有不同的感受，每一种感受都是独一无二且不可复制的。但是除了差异，这些情感也有相同之处，比如大多数的人会认为前两种情感比较接近，与后两种情况的差异就比较大了。与此同理，后两种情感也比较接近，它们与前两种情感的差异也比较大。

为了捕捉情感中的相同点和不同点，有研究人员发现了根本的或者基本的情感（primary emotions）：信任、害怕、吃惊、悲伤、厌恶、愤怒和期望（见图 7-2）。在考虑不同情感之间的关系以及怎样融合时，这个模型十分有用。你可以把这个模型看成一个展开的轮盘。

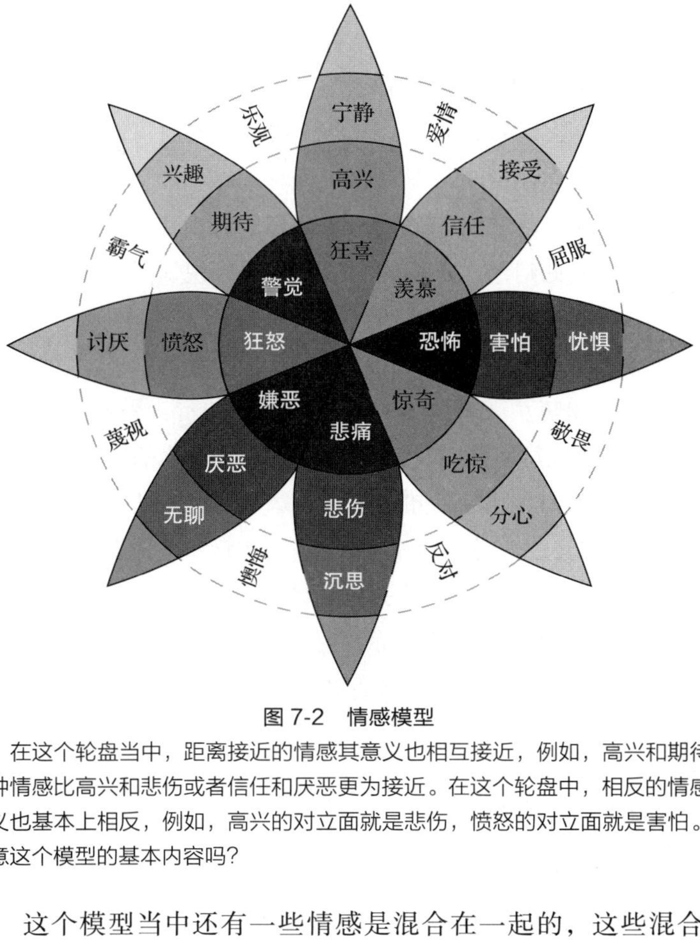

图 7-2　情感模型

在这个轮盘当中，距离接近的情感其意义也相互接近，例如，高兴和期待这两种情感比高兴和悲伤或者信任和厌恶更为接近。在这个轮盘中，相反的情感其意义也基本上相反，例如，高兴的对立面就是悲伤，愤怒的对立面就是害怕。你同意这个模型的基本内容吗？

这个模型当中还有一些情感是混合在一起的，这些混合的情感（blended emotions）是多种基本情感的相互融合，大都体现

视野：情感孤立

情感孤立是指一个人没有任何亲密的朋友可以分享情感。即使这个人交际十分广泛，认识的朋友特别多，但是没有一个人能够达到亲密的程度。

人们可以通过何种方式来摆脱这种情感孤立？

在情感模型的外围。例如，根据这个模型，爱是高兴和信任的融合，懊悔是厌恶和悲伤的融合。在这个模型中，浅颜色表示相对柔和的情感，例如，宁静就是一种柔和的高兴；强烈的情感一般用深颜色表示，例如，恐怖是一种强烈的害怕。

情感涉及身体和精神

情感涉及身体和精神。当你经历某种情感时，你从身体上和精神上都能够感受到。身体上的反应（如难堪的时候会脸红）和精神上的判断以及读解（就像你在求婚时一样，估计对方会同意）相互融合在一起。

最为明显的是当我们经历某种情感时，身体上出现反应，我们可以很容易观测到这些身体反应。这些反应种类繁多，例如，因尴尬而脸红，因紧张而手心出汗，心神不安时可能把弄头发和触摸脸颊。当你在判断某个人的情感时，你可能就会注意到这些非语言的举动。雷蒙朝你微笑，并张开他的双臂，你可以由此判断雷蒙很高兴见到你。从丽莎潮湿的手心，说话吞吞吐吐，举止笨拙，你可以判断她比较紧张。

情感经历中的精神或认知部分包括你根据自身的经历做出的情感判断和读解。著名的精神理疗师埃尔伯特·爱丽丝（Albert Ellis）就曾经说过，你对事件的评价比真实发生的事件在你情感上的影响还要大。她的真知灼见在本章中还会有所提及。让我们来举个例子吧，比如你最好的朋友莎莉在食堂对你置若罔闻，如果此时你认为她由于父亲的去世而感到很沮丧，你会感到难过。如果你认为莎莉是故意冷落你，行为粗鲁，你会感觉极为愤怒。或者你认为莎莉根本就不愿意再和你做朋友了，此时你又会感到十分悲伤。

人际交流抉择时刻

情感回复（不回复）

你的上司看不起你的经历，你却认为它就是你的强项。你的上司经常会说你的经历只不过是在“学校里的”“只不过是和少数人有的经历”或者类似的负面话语。而你却认为这些经历足以让你做好工作。如果你想让你的上司明白这一点，你会怎么说呢?

a.“你一直小看我的经历，对此我感到很烦恼，这很难让我开展工作。”

b.“去你的，我的经历足以让我做好这份工作。”

c.“你说得没错。”

d. 什么也不说。

e. 其他。

情感可以通过多种渠道表达

和其他所有意义一样，情感意义也可以通过语言和非语言形式进行编码。你所强调的词汇以及伴随词汇的行为举止和面部表情都能帮你传递情感。与此相反，你也可以根据别人的语言和非语言形式来解码其情感意义。和其他所有信息一样，只有当语言和非语言信息相互融合、相互补充的时候，我们才能更加有效地传递情感意义。

如果我们只通过文本来交流信息，这个原则特别有效。当我们面对面与他人交流时，我们不仅通过语言，还通过表情、身体姿态、眼神、身体接触和与他人保持的距离来向他人表达情感。但是如果我们只通过文本进行交流，上述提示都会荡然无存，因此，我们要找到能够替代的表达方式。现在我们有两大替代方式。一个就是使用语言来描述我们通常使用的非语言信息，因此，你可以像看着照片一样来描述你的微笑，看到信息时心跳加快，遇到难题时抓耳挠腮等，总而言之，你可以用语言来描述非语言行为。

另外一个替代方式就是使用表情符号，这些表情符号能够十分有效地替代我们在面对面交流过程中使用的非语言表情。

情感表达有一定的规则

在情感表达过程中，表达规则（display rules）规定什么表情为人们所接受，而什么表情又不为人们所接受。表达规则根据文化、性别的不同而有所差异。即使在美国文化当中也会有很多差异，例如有一项研究显示，美国人把自己分成四类：白种人、非洲裔美国人、亚洲裔美国人和拉丁美洲人。为了说明在不同的文化中情感展示方式有所不同，我们下面列举一些相关的研究成果。（1）与亚洲裔美国人相比，白种人更容易接受蔑视的表情；（2）与白种人相比，非洲裔美国人和拉丁美洲人认为蔑视的表情让人难以接受；（3）与白种人相比，拉丁美洲人认为在公众场合下展示情感不合时宜；（4）与拉丁美洲人相比，白种人更容易接受害怕的表情。

性别表达规则（gender display rules）显示，与男性相比，女性更喜欢讨论情感和感受并且愿意更多地表达情感，更多地使用面部表情，就连中小学生在这一方面也显示出性别差异。女性更善于表达温柔的情感，也更擅长啼哭（在有些情况下如此）。女性的表达方式也更容易为社会所接受。女性微笑的时候更多，而微笑在有些时候并不合适，例如，女性在批评下属的时候也会发出微笑。男性与女性不同，他们更容易表现出愤怒和进取的情绪。因此，女性更容易表达高兴，而男性更容易表达愤怒。女性啼哭的时候要比男性多，这种区别很大程度上是因为男性和女性在长大的过程当中所受的教育不同。情感展示规则不断发生变化，特别是在性别上的变化，今天看似合理的表情到明天就不一定合适了。

另外一个与表达规则相关的概念是情感劳动（emotional labor），它是指你在管理情感表达时所需做出的努力。情感劳动一般运用在工作场所或者面对面的交流中，是指你如何管理你的情感，如服务员与食客之间的情感管理。

你可以想象一下自己作为乘务员和乘客打交道的情形。根据航空公司的规定，你要露出迷人的微笑，表现出温柔的眼神以及和蔼的面部表情，这些都属于情感劳动。你必须尽力表现出上述情感，并隐藏你沮丧的声音、厌烦的语言表达，以及闷闷不乐的面部表情以掩饰你的真实情感。当然，我们不仅仅是在工作场所表现出情感劳动，在任何人际交往过程中，不管是面对面的交流还是线上交流，不管是语言交流还是非语言交流，情感劳动随时都可能出现。在许多人际交往过程中，为了表达积极的形象，你不得不采用一些情绪管理举措，你必须控制情感以显示你的克制力，或者维护另外一个人的情感（为某人糟糕透顶的照片点赞），或者为了满足别人对你的预期（你对一个纠缠不休的顾客面带微笑）。

你花费多少精力来管理你的情感，完全取决于你情感的强度。例如，如果你感觉十分厌烦，却不得不表现出十分高兴，这时你就要付出更多的精力。强烈的情感比一般的情感更难以控制，你所花费的精力完全取决于具体环境当中的表达规则。在有些环境中（工作场所、家庭、朋友之间或者是陌生人之间），你可以表达一些负面的情感，而且这些表达规则一般来说都会因性别而异，因场所而异。在一些公共场合，人们很容易接受男性表现出来的强烈情感，甚至是强烈的负面情感，但是人们却不愿意接受男性哭泣。在很多情况下，这些表达规则都在不断发生变化，但是情感展示变化在朝着两性平等的方向发展。

视野：情感劳动

在情感管理中，人们会使用两种最基本的策略。一种策略叫作表面伪装，这时你控制情感的外在表现，但内心却在经历着某种情感。另一种策略叫深度伪装。即调整你的感受，使之与外在表现相一致。

你觉得这两种策略有什么优劣之处呢？

有策略地使用情感

也许一开始你会认为情感表现就是一个人情感的真实反应，但是你要记住，我们在表现情感时可以使用一定的策略。在战略情绪（strategic emotionality）中，情绪（如大喊、咆哮、尖叫、威胁伤害自己）可以为某人的目的服务，为了达到各种目的，情绪会以各种形式出现。在战略情绪中，最主要的观点就是要控制当时的局势和对方，例如，双方产生冲突时，我们表现出各种情绪，主要是为了获得胜利。如果某一个人哭的时间更长，或者哭的声音更大，那么对方可能就会放弃。如果小孩想要大人抱他，这一招会很奏效。为了获得胜利，这一招对于成人也很奏效。这一策略在一个以个人主义文化为主导的社会中也十分有用，因为在这种社会中，人们想要获得的是胜利，而不是妥协和协商（妥协和协商更多地发生在以集体主义文化为主导的社会中）。

常见的情绪策略就是情感勒索（emotional blackmail），如果对方不就范，你就会发出威胁："如果你不按照我说的去做，你就再也见不到孩子了。""如果你再去见那个人，我就自杀。"有些人虽然没有发出明确的威胁，但是你知道，如果你和某人的恋情出现了危机，整个社交圈都会知道。

这种受到人为操控的情感策略常常会滋生怨恨，甚至会招来情感报复，这两种情况都会损害你与别人的关系。这种情感策略还会产生另外一个不良后果，那就是我们很难准确判断对方是否真正反映了其真实感受，如果我们做出了错误的判断，那么很有可能导致交际失败。对方如果在表达强烈的情感或真实的情感时，我们难以判断其是否在故意操纵自己的情感，那么这种模糊状态在亲密的关系中最为常见，而且其后果影响的时间会很长。

早些时候，在分析人类行为时，我们讨论了基本情感错误，有些时候我们过度注意内因（如性格），而忽略了外因（如工作强度）。在我们对男性和女性情感行为做出解释的时候，情况确实如此。有研究显示，女性的愤怒大多是由其个性导致的（情绪不稳定或失去控制），而男性的愤怒大多是由外部原因导致的（报告不够全面，工作时间晚）。

视野：在工作场所哭泣

不管是男性还是女性，在工作场所哭泣，最为常见的理由就是他们把家里所经受的压力带入了工作场所。

人们在工作场所哭泣还有其他什么原因吗？这些原因对男性和女性有什么区别？你如何评价男同事和女同事的哭泣呢？

情感会产生后果

与所有的交流一样，情感和情感表达都会产生后果，以各种方式影响你与其他人的关系。你向他人表露自己的情感，那么你就和他人建立了亲密的联系。与此同时，如果你向他人透露过多或过度亲密的信息，你也可能会让别人害怕。你向别人展示你的情感，就相当于在告诉别人有关你的情况，以及你对对方的感受。如果你向别人讨论你的孤独，那么你不仅向别人透露有关自己的重要情况，也表达了对对方的信任，同时，你也在告诉别人什么东西对你来说最为重要。一定要记住，你在向别人展示强烈情感时，同时也在向别人暴露你的弱点和脆弱之处，别人可能以此来攻击你。

情感和情感表达都会影响你的工作。事实上，许多工厂都花了大力气来关心工人的情感问题，把工人的负面情绪转化成正面情绪。在工作中经历过的最为负面的情绪基本上是因工作陷入困境而感到挫折，因是否会丢失工作而产生忧虑和焦虑，对他人的行动和决定产生愤怒，对同事厌恶，对你所在职位、取得的成就和前景的失望。你可以看到，不管对管理层还是对个人而言，这些负面情绪都是徒劳无益的。

情感有适应性和不适应性之分

情感常常能够适应环境，也就是说，情感能够帮助你对不同的环境做出相应的调整。例如，如果你因考试没考好而产生焦虑，那么这种焦虑会促使你更加努力地学习。如果你担心失去同伴，那么你会更加关心对方，变得富有爱心。如果你担心某人可能不喜欢你，那么你的担心可能会促使你对他更好。如果你怀疑某人在一条黑暗的街道上一直尾随你，你可能会采取一些安全措施。上述情况都是一些很好的实例，告诉我们某些情感可以帮助我们达成某些目标。

然而有些时候，情感很难融入当时的环境，可能会阻止你达成目标。例如，你因为考试而焦虑不安，最后你甚至放弃思考任何有关考试的问题，其结果简直糟糕透顶。或者你因为害怕失去同伴而变得疑神疑鬼，然后不断指责对方，这让你们的关系反而难以延续下去。在一些极端情况下，过度情绪化的悲伤可能会让你伤害自己（例如，砍伤自己）甚至自杀。现在我们设计了一些电脑程序来帮助我们调查。如果有人在社交网络上发表一些言论，我们可以通过各种方法来发现他是否存在极度的情感危机，例如，有些言论可以显示某人有自杀的倾向。

情感还可能通过另外一种方法来给我们制造麻烦，那就是理论家们常说的小题大做（问题恶化）。你可能发现了一个问题，甚至是很微小的一个问题，但是最后把它变成一场灾难。例如，你可能会觉得“如果我这场考试考得不好，那么我永远都进不了法学院”，或者“这个关系没有处理好，那么我就完了”。如果你觉得自己会遭受这些灾难，那么你就很难摆脱这样的情感。

有一点你要记住，那就是情感可能会帮助你，也可能会伤害你。情感交流也不例外，有些情感交流是好的，并导致积极的结果，使你们的关系更加紧密，相互更加积极地交流。但是有些情感交流却不好，会加重冲突，疏远朋友，使关系恶化，或者有些情感交流很不得体，会给别人造成不好的印象。

情感交流有传染性

情感交流具有传染性。如果你看到过婴儿和母亲的交流，你马上就会发现，婴儿能够很快模仿母亲的情感表达。如果母亲微笑，婴儿也会微笑。如果母亲皱着眉头，那么婴儿也会皱着眉头。在孩子们长大的过程中，他们开始学会一些微妙的情感表达。例如，孩子们很快就可以识别并模仿父母的焦虑和害怕。在大学室友中，如果有人情绪不好，那么这种悲伤在三周之内就会传递给其他室友。总而言之，在情绪感染（emotional contagion）中，情绪可以从一个人传染到另外一个人。有研究显示，女性更容易受到情绪的感染。

一群人谈话时，一个人强烈的情感可能会感染到在场的所有人。如果情感是积极的，那么可能会产生积极的结果。如果情感是消极的，那么可能会产生不良的后果。不管是幸福的情感还是忧郁的情感都可能会传染。与幸福的人打交道，你的幸福感会不断增加；与忧郁的人打交道，你会变得更加忧郁。在社交和诱导场合，通过情感来感染别人是一项重要的技能。

有人把情感传染的过程描绘如下（见图 7-3）。

图 7-3　情感传染

本图描述了情感传染的过程。但另一种情感传染理论认为，这个过程是受意识的控制，也就是说，你看着表达情感的人，你就该明白你应当产生何种感受——你接收到了你所观察到的非语言提示——然后你就感知到了你应当产生何种感受。哪一种观点你觉得更合理呢？

1. 你能够感受到别人的情感表达。

2. 你可能无意间模仿了别人的情感表达。

3. 你表达了某种情感，并收到别人的反馈，从这种反馈中你又复制了别人的情感。

视野：积极和消极效果

人们一般会对积极的表达做出积极的反馈，而对消极的表达做出消极的反馈。我们很难决定别人会对某种情感做出何种反应。虽然嫉妒是一种消极的情感，但也可以认为这种情感是积极的，因为这代表你很在乎别人。

你在表达积极情感和消极情感时会做出什么样的选择？

人际关系中的伦理道德

动机诉求

动机诉求十分常见。例如，如果你想邀一个朋友和你一起度假，你就可以诉诸动机诉求。你可以利用朋友想要游玩或者寻求刺激的动机，或者利用朋友希望见到他真爱的动机。如果你看到游船或者度假旅游广告，你就会明白类似的动机诉求。害怕诉求也十分常见。网络审查人员就是在利用你害怕孩子们接触不良信息的诉求；那些想限制网络暴力的人就是在利用你害怕社区暴力激增的诉求；广告商在利用你虚荣心的诉求，或者想变得更性感的诉求，这样他们才能卖给你化妆品和名贵的服饰。

毫无疑问，这些动机诉求行之有效。但是它们合乎道德吗?

抉择时刻

如果你想劝说你十几岁的孩子不要有任何性行为，那么使用哪些动机诉求是合乎道德的呢？例如，你使用害怕的情感诉求是不是合乎道德的呢？你去吓唬他们，让他们避免性行为。用惩罚来威胁他们又合乎道德吗?

情绪感染还可能发生在线上交际过程中。例如，如果和你直接网上交流的人（如一个好朋友）感到孤独，你很有可能（52% 的可能性）也会感到孤独，但是，如果这个和你交流的人是你朋友的朋友的朋友，那么你感受到孤独的可能性就只有 15% 了。

有意的情感传染还有一种变体，那就是在劝说别人时我们可以使用的情感诉求（emotional appeals）。最为常见的情感诉求就是引起别人的同情感。许多组织在为贫困儿童筹集经费时常常使用这种方法，这些基金筹集人经常给你看一些饥饿儿童或贫困儿童的照片，希望你感到同情，这样你就会为他们的项目提供资金支持。与此同理，乞丐也会强调他们的困难以获得别人的同情和资助。

某些组织的表达规则就是为了获得情感传染。例如，在发布一个新产品时，公司要求销售人员能够热情地欢呼，这种欢呼十分有用，可以使销售人员对他们所销售的产品更有热情，并倾注更多的情感。

另外一类情感诉求就是内疚感。如果某人帮了你一个忙，这份情一直会让你感觉内疚，最后你也会帮他个忙作为回报。或者某人可能会表现出急需用钱的样子，如果此时你有钱而又不愿意借给他，那么你就会感到十分的内疚。有时人们也会让他人感到内疚，其主要目的是控制他人。如果你能够让某一个有钱人感到内疚，那么你就有可能劝说他捐出一部分钱。

情感交流障碍

在人与人的关系当中，十分有意义的部分就是情感的表达，但是表达情感却很困难。情感交流过程中有四大主要障碍：（1）性格因素；（2）缺乏人际交流技巧；（3）社会规则和文化风俗；（4）害怕。下面我们来仔细分析每一种主要障碍。

性格因素

你的性格会影响你感受到的情感，例如，你对这些情感的感受强度。更为重要的是，你的性格还会影响你表达和隐藏这些情感的方式，以及你对他人情感的反馈方式。在有些情况下，性格因素会成为我们表达情感和对他人情感做出反馈的障碍。比如性格外向的人会经历更多积极的情感，他们比性格内向的人更善于表达自己的情感，而有神经质倾向的人更容易经历负面的情感。那些性格开放、经历丰富、和蔼可亲以及办事认真负责的人更善于表达自己的情感，也更善于对别人的情感做出反馈。

另外一个因素就是你对交流的恐惧程度。有些人对于交流，比方说在公共场合发表演讲，能做到游刃有余，毫不畏惧，而另外一些人却感受到莫大的恐惧。同样的情况也适用于情感表达，有些人在表达情感时毫不恐惧，也毫无焦虑感，而其他人却会感到莫名的恐惧和焦虑。

缺乏人际交流技巧

可能有效的情感交流最大的障碍就是缺乏人际交流技巧。很多人就是不知道如何表达他们的情感，例如，有的人只会通过暴力和回避来表达他们愤怒的情感，而有些人在表达愤怒情感时只会指责他人。很多人也不知道如何表达爱意，他们根本就不会说“我爱你”。

表达负面情感就更困难了。很多人不愿或者不会表达负面的情感，因为他们害怕这样做会冒犯他人，或者把事情搞得更糟糕。如果你不会表达负面情感，或者就是简单地把这些情感长期隐藏起来，你就不可能建立良好的人际关系。

合理地表达自己的情感以及对他人表达的情感做出合理反馈既重要又艰难。更为复杂的是，情感表达具有好的一面，也有不好的一面。一方面，情感表达可能是一种宣泄。如果我们使用合理的交流方式，即使是表达负面的情感，也能够帮我们维护社交关系。表达情感可以帮助你宣泄不满，从而减少或消除不满情绪。通过情感表达你能够促进双方的理解，从而建立更为亲近、更有意义的人际关系。

另外一方面，表达情感可能会导致人际关系破裂。例如，你表达了对你同事接电话方式的不满，可能会招致这个同事的敌意。如果你的伴侣和朋友待在一起，你对此表达了嫉妒情绪，那么你的伴侣可能会害怕受到控制，甚至失去自由。

社会规则和文化风俗

如果你在美国长大，你可能也了解到许多美国人不善于情感表达，持有这种态度的人大多是我们认为具有“牛仔综合征”的人，这是一套在过去西部电影或西部电视剧中常有的行为规范。具有牛仔综合征的人主要是指不善交际、不善言辞的男性，这些人多数情况下保持沉默，但是身体强壮，他们一般很难感受到温柔的情感（如同情、爱情以及满足感），也从来不哭，从来不知道什么叫害怕，也从来不会感到遗憾。

很不幸的是，许多人都想模仿这种现实中根本不存在的形象，这种情结让人难以坦率诚实地表达自己的情感。孩子们很小的时候就被告知，如果受到了伤害，不要哭，也不要当“妈妈的宝贝”。所有的这一切都在暗示，男性不应当公开表达他们的情感。很不幸的是，如果男性经常公开地表达自己的情感，很多人会给他们负面的评价，认为这样的男人没用，不能给人安全感，或者没有男子汉气概。事实上有些研究显示，男性不愿意表现出多愁善感的情感，其主要原因是他们不想被人看作是女性化的，因为女性经常表现得多愁善感。

在情感表达上，女性也难免受到一些限制。曾几何时，美国的社会允许也鼓励女性公开表达她们的情感。但是现在风向发生了转变，身处管理岗位的女性更是如此。现在女性管理者也不得不陷入牛仔综合征的困境，不能哭闹，也不能显示出原来认为可以接受的柔情，在工作场合更不能表现出这类情感。就如我们前文所说的，女性表达规则也正发生着前所未有的变化。

视野：情感表达

玛丽和戴夫结婚多年。玛丽特别善于表达，前一分钟还在大喊大叫，后一分钟就开始痛哭流涕。两人之间的差距现在产生了很多问题。戴夫认为玛丽过于冲动，难以控制自己的情感。玛丽则认为戴夫不愿意与自己分享情感。

玛丽和戴夫应当学习什么样的情感交际技能？

当然，不同企业有它们各自情感表达的规则。例如，在很多企业中，即使员工情绪低落，管理层也希望员工们能表现出高兴的情绪，并要求员工能够展示某些情绪而隐藏另外一些情绪。你所感受到的情绪以及你所表现出来的情绪之间有一定的差距，这种差距会导致情绪失调，反过来又会导致各种紧张。

不管是男性还是女性，最好的方法就是有选择性地表达你的情感（就如同本书所讨论的任何有效交际特征一样）。认真考虑、仔细权衡表达情感的优劣之处，你要考虑所处的环境、与你交流的人群、情感本身等，所有的因素都是情感交流的组成部分。更为重要的是，你还必须考虑你在情感交流时做出了何种选择，这不仅包括你说了什么，还包括你如何说。

害怕

各种形式的害怕都会阻碍情感的表达，在这一点上，男性和女性都毫无例外，但是男性表现得更为明显，因为男性更不擅长表达自己的情感。表达情感容易暴露自身的弱点，从而使你更容易遭受别人的攻击。例如，如果你表达了对另一个人的爱慕之情，你就容易遭受被拒绝的风险。如果你暴露了自身的弱点，你很容易遭受到别人哪怕是无意的伤害。当然，如果你表达了对以前恋人的情感，你也会害怕伤害到其他人。有时你感到十分愤怒，想说些什么，但是你又害怕会伤害到他人，从而感觉自责。

有些时候你不愿意表达自己的情感，是因为害怕产生冲突。例如，如果你表达出对帕特朋友的厌恶，你们两个人都可能陷入麻烦，你可能不愿意为了这样一句话去冒风险以及承担其后果。就是因为有这样的担心，你可能不愿意向他人承认或者向自己承认自己的情感。在处理情感时，人们都习惯于这样的否认。

你应当能够体会到害怕的情感具有一定的适应性，因此你可能会避免说出一些让自己后悔的话，这样一来，你在表达之前就会考虑清楚你是否应当表达自己的情感，以及如何表达。但是如果由于担心我们变得软弱、不合逻辑、不合情理，那么此时的害怕情绪就不合时宜了。

人际交流抉择时刻

面对背叛

你向一个工友透露了你的感情出现了问题，而他又把你的个人信息透露给其他工友。有一天你路过，听到他们在讨论你的情感问题。在这种情况下，最有效的处理方法是什么呢?

a. 当时什么也不说，事后与那个背叛你的工友私下好好谈谈。

b. 当面质问所有人，例如，你可以说：“是的，我做过某事，但是我私下里只告诉过克里斯，我不想很多人都知道这件事情。”

c. 唉，这就是你信任一个人但又遭背叛的结果。

d. 对那个背叛你的工友说：“当心下一个被背叛的人可能就是你。”

e. 其他。

人际交流技巧

审时度势：根据情况调整你交际方式的能力

- 人与人之间的交谈应当是自然的。
- 人们在生气的时候应当什么都不说，以免说出一些后悔的话来。
- 人们应当积极倾听他人谈话。
- 对长期保持友好关系的人应当完全诚实。

也许上面的每一句话都合乎情理，但是我们应当在每一句话前面都加上一个“有时”。例如，你和一群朋友闲聊的时候可能不会做任何准备，但是如果你要参加一场面试，你就会反复操练你的回答。审时度势（flexibility）的交谈方式能够提高人际交流的效率，你可以根据场合以不同的方式和人交流。

你也一定明白，在交流情感时，不管这个情感是积极的还是消极的，审时度势都十分重要。因为在情感经历的初始阶段，你很有可能会忘记你有多种选择来表达你的情感，也就在此时，你应当考虑如何做出选择。你越能够审时度势地考虑问题，你就越能够明白在不同情况下进行交流时你有多种选择。

审时度势地交流

下面我们提出几种方法来培养你人际交流时审时度势的能力。

- 看到独特性。一定要认识到没有任何两种情形或两个人是一模一样的。想想这个情形和这个人有何独特之处，在构建信息的时候，把这些差异考虑进去。
- 想象当时的情景。一定要认识到交际发生在一定的情境中，若要找出这个情景有何与众不同之处，你可以问问自己这个情景会如何影响你的信息。在一个快乐的庆祝时刻传递一个坏消息与传递一个好消息，处理的方法不应相同。
- 看到变化。注意事物和人都是在不断变化之中，世间万事万物都处于变化的状态，上个月你所使用的交流方式无效，并不能说明这种方式今天或者明天也无效。一定要意识到突然发生的变化（爱人的去世或者一场重病）会令哪些信息变得不合时宜。
- 看到面临的变化。一定要体会到在交际的过程中，每一种情况都会给你提供不同的选择，认真考虑这些不同的选择，并预测每种选择可能产生的后果。

尝试审时度势的策略

在下列情况下运用我们提供的策略来提高你审时度势的能力：（1）你领导一个团队，其目的就是提高工人的士气；（2）你在留言板上对一些负面评论做出反馈。

情感能力

犹如情感是心理活动的一部分，情感表达也是你人际交流中不可或缺的一部分，尽管有时你想避免，但是也无能为力。在某些具体情况下，你可能会隐藏你的情感，不把它们表现出来。情感表达要求你有一定的情感能力，也就是表达情感和对他人情感做出反馈的能力。

在表达情感和对他人情感做出反馈之前，你对自身情感的感知能力如何呢？不妨问你自己几个相关问题。

- “我的感受如何，我为什么会有这种感受？”你得了解自己的情感，尽量客观地对自己的情感进行分析，尽可能详细地确定哪些先决条件可能会影响你的情感。你可以尝试回答如下问题：“我为什么会有这种感受？什么东西会让我产生这样的感受呢？”
- “我最想表达的是什么呢？”想一想你的情感表达是不是你真实情感的反应，比如当你在微笑的时候，内心却感到异常的愤怒。例如，你说“我原谅你啦”，但事实上你并没有原谅对方。如果你这样做，你事实上是在制造情感或身体压力。同时你也要记住交流的不可逆转性，一旦你说了什么，就很难再把它收回。
- “我的交流选择是什么？”从有效性（什么样的选择能帮你达成目标）和道德方面（什么是正确的，什么是合乎道义的）评价你的交流选择。

随着理解的深入，我们来考虑情感交流的两大要素：情感表达和情感反馈。

情感表达

情感表达的原则

尽管情况千差万别，下列原则在大多数情况下都适用。

- 具体。想想我们经常听到的一句话：“我感觉不好。”这句话的意思是什么呢？我感觉到内疚（因为我骗了我最好的朋友），还是我感觉到孤独（因为过去的两个月我都没有一次约会）？还是我感到沮丧（因为我上次考试不及格）？表达具体的情感能够帮助我们。你也可以描述一下你对某种情感的感受强烈程度：“我十分生气，我想辞职啦。”“我感觉受到了伤害，我真想哭一场。”你也可以描述你所感受到的复杂情感。一种感受常常是多种情感的混合，这些混合的情感有时候是相互冲突的。学会用一些词语（以及笑脸和表情符号）来具体详细地描述你的情感和感受。
- 解释你目前的感受。“上次骗了最好的朋友，现在我感到很内疚。”“两个月没有约会了，我很孤独。”“我上次考试不及格，我感到十分沮丧。”如果别人说的话或做的事影响到了你的情感，你也可以做出类似的解释。“你说你不会帮我，我感到很生气。”“你没有邀请我参加晚会，我感觉受到了伤害。”

- 说出你的复杂情感。如果你当时的情感很复杂，同时你又希望别人能理解你，那就把这种复杂的情感甚至自相矛盾的情感说出来。“我很想和帕特在一起，但是我又害怕失去自己的个性。”“我感到愤怒甚至是仇恨，但是我又为自己的所作所为感到内疚。”
- 在表达感受时，不管是外向的还是内向的情感，尽量描述你当时的情感。尽量具体地描述你当时的情感以及产生这些情感的原因。你可以参照下面的句式来描述你的情感：“我今天已经是第三次把电脑文件误删除了，我现在感觉自己就是一个笨蛋。”“我怎么也想不起这个公式，我太蠢了。”“你一指出我的语法错误，我就感觉自己像个傻瓜。”
- 向对方提出你的要求。根据你当时的感受，你可以要求对方扮演某个角色，要么静静地倾听，要么提供建议，让对方知道你的需求，用第一人称来描述你希望对方为你做什么。“我现在感到很难过，请不要打扰我。”或者你可以说得更为直接，“我现在就想一个人静静地待着”，“我希望你能给我提点建议”或者“我就是希望有人能够听我说说话”。
- 不要打破情感界限。在交流情感或者带着情感与别人交流时，每个人的容忍度都是有限的。一定要注意对方的非语言提示，这些提示告诉我们，对方的容忍度已经到了极限，这时你可以问问对方：“你是不是想换个话题？”与此同时，在表达自己情感或倾听他人情感以及对他人情感做出反馈时，你要记住你也有一定的容忍度。
- 保持自己的情感，自己的感受自己负责。你可以听听下面这几句话。“是你让我感到愤怒。”“是你让我感受到自己是一个失败者。”“你让我感觉自己就是个傻瓜。”“你让我感觉我在这里是多余的。”在上面这些话中，说话人自己有了某种感受，却去责备其他人。如果你自己反思一下，你应当知道，没有人能让你产生任何情感。别人可以对你做什么或说什么，然后是你自己对此做出解读，并赋予一些含义。也就是说，你产生了某种情感，是因为你对别人说的话产生了自己的解读。

自身情感（owning feelings）的意思就是承认你的情感就是自身的情感。表述你自身情感最好的方法就是使用第一人称信息（I-messages）。下面这些话，“你让我感觉到生气”“是你让我感到自己是一个失败者”，如果用第一人称信息来表达，可以转换成如下表述：“你回家晚，但又不打电话告诉我，我感到十分生气。”“你在朋友面前批评我，让我感到自己就是一个失败者。”“你用了我不明白的一些医疗术语，我感到自己就是一个傻瓜。”“在公众场合下你不理我，我感觉我就是多余的。”

你可以看到，第一人称信息和第二人称信息在有些方面差别很大。

- 描述与评价。第一人称信息一般是描述你的感受，而第二人称信息一般是对你的行为进行评价（否定的）。
- 承担责任与责备他人。第一人称信息为自己的感受承担责任，而第二人称信息主要是把责任推给其他人，特别是以责备的方式。
- 保存（或者攻击）积极面子或消极面子。第一人称信息既保存了积极面子，也保存了消极面子。而第二人称信息对别人的错误进行攻击，攻击了别人的积极面子以及别人的自我形象，同时还暗示别人应当为此做出补偿，又攻击了别人的消极面子以及别人的自主权。而第一人称信息没有攻击他人，也不要求他人改变其行为举止。
- 率真与回避。第一人称信息鼓励率真的情感，而第二人称信息让你采取防御的策略，并回避人与人的交流。任何人都不喜欢被攻击，回避是一种常见的反应。

表 7-1 对有效情感表达和无效情感表达做了对比。

表 7-1　无效情感表达和有效情感表达

无效情感表达	有效情感表达
笼统：笼统而不是详细讨论情感和感受	详细：用详细的语言和实例以及特定的行为来讨论情感
忽略前因后果：盲目接受情感，不去发掘情感背后的原因	说明原因：了解情感背后的原因
忽略复杂情感：不是直率公开，而是注重策略	注重复杂情感：更为诚实直率
注重过去：注重过去的情感（可能是为了回避现在的情感）	注重现在：注重此时此刻或现在的感受
产生误解：如果对方没有正确理解就会生气	告诉别人你的期望，但是也尊重他人的积极面子和消极面子
忽略界限	坚守界限，不要强求别人去听他们不愿听的情感表达
自己不拥有情感：把情感都归于他人——“你让我生气了”“你伤害了我”“你根本不爱我”	拥有自己的情感和情感表达，例如，“我感到生气了”“我受到了伤害”“我感觉没人爱我”

如何对待愤怒：一个特例说明

作为表达情感规则的总结，我们专门讨论一下愤怒。愤怒（anger）是图 7-2 中所展示的八种基本情感之一。如果没有处理好，愤怒可能会给我们带来很多麻烦。

愤怒可以是一般性的烦扰，也可以是极度的暴躁。愤怒使你的心跳加快，血压升高。在所有的情感当中，愤怒最有可能在网上引起疯狂传播。

愤怒不一定全都是坏的。事实上，有的时候愤怒可以帮助你保护自己，让你有精力继续战斗下去，也让你有机会逃之夭夭。但是一般来讲，愤怒会产生毁灭性的后果，特别是当你因为愤怒而看不清现实，或者它让你无法自拔。

你不可能毫无缘故地就开始愤怒。你对某个事件的读解可能会让你愤怒不已。生活中的某些事情可能会让你愤怒不已。有时候因为修路，你不得不绕道而行，结果你在一个重要的会议上迟到了，或者蛀虫蛀穿了你的羊毛大衣，或者水管泄漏把你的地毯搞得一塌糊涂。周围的人也可能让你生气，有些司机可能会紧贴着你开车，工作人员可能向你多收了费用，上司忽略了你对公司所做的贡献。这些事件或这些人在某种程度上是刺激到了你，让你愤怒不已，但是对这些事件或这些人做出读解的是你自己。

一百多年前，查尔斯·达尔文（Charles Darwin）在《人和动物的情感表达》（1872）中说，感受外部刺激后任凭情感自由表达会让我们强化这种情感，但是感受外部刺激后我们尽可能压制自己的情感会令这种情感柔化。如果你任凭暴力随意爆发，你就会变得无比愤怒。20世纪60年代和70年代，现代心理学界对达尔文的警告置若罔闻，他们认为对付愤怒的最好药方就是让人们发泄出来，或者不要去管它。许多人认为，你可以把你的愤怒情感表达出来。如果你隐藏情感，最终愤怒的情感还是要爆发的，我们把这种理论称为发泄理论（ventilation hypothesis）。这种理论认为，你把情感表达出来了，那么你就把负面的情感发泄出来了，这对你的身心健康有莫大的好处，对你的人际交流也会产生积极的影响。

然而，后来心理学界的思想又回到了达尔文那里。他们认为，让愤怒发泄出来并不是最好的策略。表达出愤怒的情感并不能让你消除这种情感，相反，这种愤怒的情感会不断扩大。愤怒情感的表达会让你变得更加愤怒，这些愤怒又会让你更加激烈地表达愤怒情感，愤怒的表达又会增加你的愤怒，这样永无止境地强化下去。很多人支持这样的观点，认为表达情感会让情感更加强烈，其实这项观点来自一项实证研究。在研究中人们对比的两组人，A组感受到了幸福和愤怒的情感，B组感受并表达了这些情感。对比的结果显示，与只是感受到这种情感的人相比，感受并表达情感的人更容易变得情绪化，更加难以控制。

愤怒情感交流（anger communication）并不等同于交流时表现出愤怒。事实上，有人认为，愤怒的情感交流有的时候显得十分淡定、毫无激情。下面我们提供几条建议，让你能够在平静的情况下交流你的愤怒情感。

- 做好准备与人平静地、有理性地交流。放松，深深地吸口气，想想美好的事物，对自己说“没关系”“理性地思考一下啊”“心平气和”。抛弃所有不现实的观念，因为这些观念可能会让你产生愤怒的情绪。例如，某个人向别人透露了你的过去，这件事情真有那么严重吗？他是不是故意在伤害你呢？

- 认真考虑一下你的交流选择。在很多情况下，你都有多种选择。你可以用多种方法来表达自己，不要仓促地一想到什么方法就用什么方法。从交流形式上分析一下你的选择。你应当选择面对面的交流，还是用电子邮件交流或者通过电话交流？同时，考虑一下你选择交流的时机，可能会使用的特定词汇以及特定表情，以及交流场所，等等。
- 考虑一下，如果你暂时不表达愤怒的情感，会有什么好处。例如，你可以考虑写一封电子邮件，第二天早上再把这封电子邮件发给你自己。到时候你可以选择是否要对这封电子邮件进行修改，或者到底要不要发出这封电子邮件。
- 牢记不同的文化有不同的表达规则，也就是哪些适合表达，哪些不适合表达的规则。认真考虑一下自己所处的文化以及交际中他人所处的文化，特别是有些文化中传递愤怒的表达规则差异较大。
- 运用人际交流的相关技巧。例如，尽量详细表达，使用第一人称信息，避免过分笼统或者使用两极分化的词汇。总而言之，在交流时要调动你所有的交际能力。
- 记住交际是不可逆转的，一旦你说了某些事，你不可能把这些话从他人的脑海中抹去。

我们所提供的建议不可能解决所有的“路怒症”以及家庭暴力，但是它们能帮助我们，至少在某种程度上降低负面情绪所带来的后果，甚至可以减少你的愤怒情绪。

情绪能力中另外一个不同的观点就是幸福情绪。如果有能力控制好自己的情绪，这将有助于增加你个人的幸福感。这个问题我们在表 7-2 中要着重讨论，它会告诉我们一些方法，让我们能够获得满意感、满足感和幸福感。

视野：表达强烈情感

有些社会中允许男性表达诸如愤怒这样的强烈情感。

你所处的文化如何表达愤怒的情感？在表达愤怒情感时两性有何区别？

表 7-2　幸福情感

可以做	但是要注意
积极思维	不要盲目乐观，不要掩盖问题
和积极乐观的人联系	不要因为对方的观点或背景与你不同，就避免与人打交道，这样做你会失去很多东西
做自己喜欢的事情	不要忘记你的责任或者忽略自己应当承担的职责
谈论你的感受	不要用行动来代替你的语言，但是也不能喋喋不休
积极评价自己	不要以自我为中心，每个人都有缺点，如果我们想要进步，就要改正这些缺点
考虑问题要有理性，正确表达情感	在人际交流的过程中，不要忽略了情感和情感表达的重要作用

情感反馈

情感表达只占情感交流的一半，另一半就是倾听和对他人情感做出反馈。

情感交流的原则

与情感表达一样，情感反馈的情景也各不相同，但是在大多数场合下，有些基本原则还是行之有效的。

- 根据非语言提示来发现某人的情感。例如，过长的停顿，说话吞吞吐吐，回避眼神的交流或者坐立不安，这些都可能是对方情绪不安的表现，最好不要提及。同时，你还要注意一些自相矛盾的信息。例如，有人说“一切正常”，但是表情却十分悲哀。所有这些都可能是某人复杂情感的外在表现。一定要根据他人的语言和非语言提示做出猜测，但不要据此就得出结论。在表达之前核实你的感觉是否正确。推论就是推论，推论不可能变成事实。
- 根据提示了解对方需要你做什么。有的时候对方就是希望你能够静静地倾听。不要把对他人的情感做出反馈等同于解决他人的问题（很多男性往往这么认为）。创造良好的气氛，鼓励说话人表达出他的情感。
- 运用积极倾听技巧。如果对方愿意表达，积极倾听的策略就会起到鼓励作用。有时可以把对方的话再解释一遍，也可以表达对其情感的理解，在恰当的时候可以问一些问题。
- 共情。从说话人的角度来看待问题。不要对说话人的情感做出任何判断，例如，“不要哭，不值得”“你明年会升职的”，这些话很容易被人理解成“你的感受是错误的或不合时宜的”。

- 把注意力放在对方身上。说话时表达自己也有过类似的经历，以显示你对对方的理解。但是这样做要注意不要产生新的问题，因为这样可能改变说话人的说话主题。表现出你对说话人兴趣盎然，这样可以鼓励对方探索自己的情感。你可以用一些简单的话语来鼓励对方，如“我明白了，我理解了”。你也可以问一些问题，让说话人明白你在积极倾听，你对说话的内容十分感兴趣。
- 记住，交流是不可逆转的。不管是表达自己的情感还是对他人的情感做出反馈，一定要记住交流的不可逆转性。哪怕你说的话让人感觉很不舒服，你不可能把它收回。对别人情感的反馈可能会产生很重要的影响，所以一定不要给出不合时宜的反馈。

视野：对别人的忧伤做出反馈

你和别人打交道，但别人正处在忧伤期间，由于某些原因，你和他的交流并不顺畅。你是不是违反了上文提出的一些建议？如果这个情景今日重现，你会做出任何改变吗？

与极度悲伤的人进行交流：一个特例说明

和一个极度悲伤的人进行交流，这种交流十分常见，但很困难，我们需要特别注意。对这个问题的探索有利于我们复习一遍对他人情感做出反馈时所要遵循的原则。

一个人可能会经历各种悲伤，如生老病死，丢失了工作，一段弥足珍贵的情感破裂了，或者丧失了某些行动能力和思考能力，丢失了物质财富，或在处理上面每一种情况时我们都要注意，哪些行为可以做，哪些行为不能做。

当人们感受悲哀时，一般会经历五个阶段，即伊丽莎白·库布勒–罗斯（Elisabeth Kubler-Ross）1969年在《论死亡和濒临死亡》中提到的五个阶段。这五个阶段并非每个人都必须经历，也并不是每个人在经历时都严格按照顺序，有些阶段会重叠。库布勒–罗斯是在治疗癌症病人时发展了这个理论，所有这些病人都面临即将来临的死亡，但是这个理论却广泛运用于所有经历了悲伤的人——不管是因为自己生病，还是亲爱的人生病或死亡，或者一段关系的破裂（包括友情和恋情的破裂）。

人际关系抉择时刻

共度时光

假设你的奶奶快不行了，要求你在床前陪陪她。她想告诉你她是多么爱你，死后唯一的遗憾就是再也见不到你了。你想安慰她，但是对你来说这种情感十分强烈，你会怎么说呢？

a.“我爱你，奶奶。”

b.“你一直都在鼓励我，没有你，我真不知道怎么办。”

c.“我希望我们能有更多的时间待在一起。”

d.“奶奶，我不希望你死。”

e. 其他。

第一阶段　否认。你亲近的人去世了，或者被诊断为患有致命的疾病，你的第一反应是否认所发生的一切，也许诊断出现了错误，也许病情还有希望。

第二阶段　愤怒。当否认阶段慢慢褪去，你得面对现实，会变得异常愤怒。你愤怒的对象因人而异，也许你对死去的人异常愤怒，因为他把你孤零零地留在了这个世上。虽然这种想法很不合理，却十分常见。或者你把愤怒的矛头指向医生和医院，因为他们在早期没有把疾病诊断出来。

第三阶段　妥协。对于有宗教信仰的人来说，这一阶段常常是指与上帝达成一项协议。例如，你向上帝保证你开始戒酒，你对穷人变得更加慷慨，或者因为宗教原因捐款捐物。毫无例外的是，你都会做出承诺，承诺你会成为好人，为别人做好事。

第四阶段　沮丧。在极度悲伤时，因为你失去了或即将失去你所爱之人，或者你没有花足够的时间来陪伴某人，或者你没有力所能及地让某人的生活变得更好一点，你为此感觉到难过和后悔。

第五阶段　接受。在这个阶段你接受了你的损失。你明白有些事情是不可避免的，有些事情是不可预测的，但这绝对不是快乐和幸福的阶段，你只不过是接受了现实。

例如，你可以想想下列同情的表达方式。

> 我刚刚听说哈利死了，我的意思是，去世了。原谅我啊，对不起。我们都感到难过。我知道你现在的感受，但是你知道，这是最好的方式。我是想说，哈利一直在遭受折磨。我还记得上个月见到他的情形，他几乎站不起来。他很虚弱，而且他看上去很悲伤，很孤独，很沮丧。他一定遭受了巨大的痛苦。我觉得这是最好的方式，相信我，他现在可以安息了。你也摆脱了这场噩梦。你知道，时间是治愈所有创伤的良药。这对我来说也是一样，你知道我们关系很密切，我的意思是我们相依为命，每个人都说我们是他们所见过的最亲密的一对。我觉得这件事情就这样过去了。因此，今天我们共进晚餐如何？我们可以讨论过去的美好时光。走吧，走吧，不要扫我的兴。我也需要出去走走，我在家里待了整整一个礼拜，你知道那有多么无聊。因此，就算是为了我，出去吃个饭吧。我不允许你说不。7 点钟我来接你吧。

很明显，这不是和极度悲伤的人谈话的方式。事实上，我们写上面这一段话主要是为了说明大家常犯的一些错误。它违反了我们下面要谈及的一些原则。

- 证实对方的情感。可以简单地说一句，“你一定很担心是否能够找到另外一个职位”，或者“你现在一定感到很孤独吧”。证实一下对方是否有类似的情感，这种表达可以缓解悲伤的情绪。

- 选择合适的交流渠道。现在通过脸书或者电子邮件向别人表达同情非常容易，虽然这种方式又快捷又方便，却不一定是合适的交流方式。交流方式是否合适，取决于当时的情况以及你与对方的关系。你和悲伤的人关系越近，你就应当选择更为亲密的交流方式。如果你们的关系很近，那么打个电话或者当面拜访要比写封信更为合适。
- 允许对方悲伤。如果对方以合适的方式表达悲伤，例如，哭泣或者谈论过去的时光，那么一定要让对方知道你接受对方的这种方式。不要过度频繁地变换话题或打断对方的谈话。只要对方一直在说着话，而且好像感觉好多了，那么你就静静地听着，以示支持。
- 不要把注意力集中在令人高兴的一面。“你很幸运你还能看得见”，或者“这已经不错了啊，帕特还在遭受巨大的痛苦”，要尽量避免说这类话。它们事实上是在告诉人们，他们的感受发生了方向性错误，他们应当感受到别的一些东西。
- 鼓励对方表达情感，讨论所遭受的损失。很多人都希望有这样的机会，但是，另外一方面，不要强迫别人讨论他们不想与人分享的经历或情感。
- 要特别敏感别人的告别提示。有些行为，如坐立不安、看看手表或者是说“天已经晚了”，或者“我们以后再讨论这个问题”，都是一种暗示，表示对方准备结束谈话。不要过分热情地挽留他人。
- 让对方知道你在乎他，并且随时有空。表达你难过的心情可能是最为简单而有效的方式。让对方知道你很在乎他，表达你的同情感，让悲哀的人知道，你能感受到他经历了什么，但是不要以为自己的感受和对方的感受一模一样。与此同时，要让对方明白你随时有空。你可以说，“如果你想和我谈谈，随时可以找我”或者“如果我能为你做什么，请告诉我”。

如果你遵守了本书所提及的原则，但你还是发现你的话语不被人所接受，没有帮助到别人，那么你可以使用一些提示来帮助你调整你的信息。

第8章

交谈信息

交谈的目的和形式多种多样。了解交谈的不同种类可以获得更好交际的效果。

交谈（conversation）是人际交流不可或缺的组成部分，简单来说就是非正式的社会交际。了解交谈给我们提供了一个绝佳的机会，可以更好地观测日常交际当中使用的语言和非语言信息，与此同时，也为本书的第二部分打下坚实的基础。

在本章我们将解释交谈的原则、自我表露的本质（交谈最重要的一种形式）以及一些日常交谈情景（如闲聊、道歉）。我们还列举了各种原则，以便让交谈更加令人满意，更加有效果。

交谈的原则

交谈在我们日常生活当中最为频繁，但可能你想都没有想过，就像其他大多数交际形式一样，我们在交谈中也要遵守一些原则。

过程原则

我们可以把交谈过程分成几大块或者几个阶段，每个阶段我们都要做出选择，选择你说什么以及如何说。我们把这个过程分成五个步骤：开头、前馈、主题、反馈以及结束（见图 8-1）。人们在交谈中经历的阶段和方式取决于谈话者的性格，他们的文化，交谈发生的背景，交谈的目的，是不是面对面的交流，是否通过计算机辅助交流，等等。本章我们将讨论所有与交谈有关的因素。

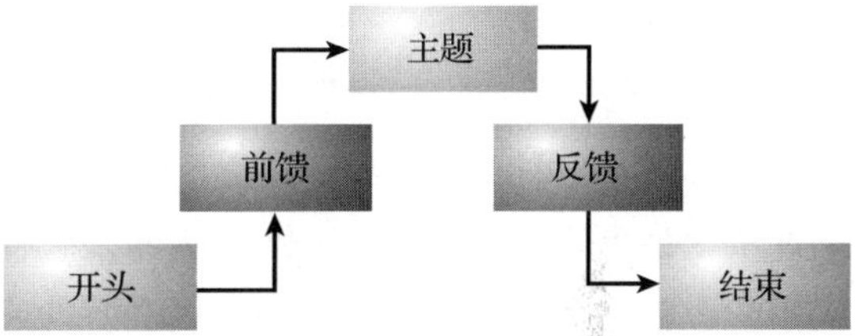

图 8-1　交谈的五阶段模型

注：讨论交谈最好的方法就是运用上面这个交谈阶段模型，但并不是所有的交谈都必须遵守这个模型的各个阶段。认真思考一下，这个模型是否准确地描述了你所经历过的交谈？有没有更准确、更有说服力的交谈模型？

并非每个人都能够流利轻松地交谈。当一些基本原则缺失时，语言失调可能会严重影响交谈过程。同时脑海中一定要记住，语言失调种类繁多，程度各异，如发音是否清晰，说话是否流利，找不到适合的词汇来表达（失语症）。

为了让交谈更加流利，我们在图 8-2 中提供了一些建议。

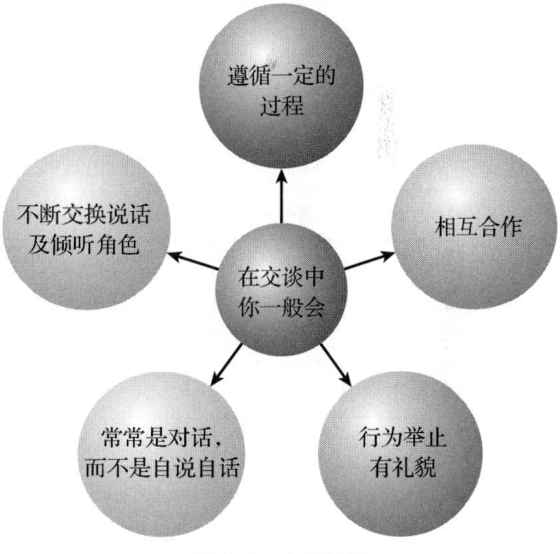

图 8-2　交谈原则

开头

作为开启交谈的第一步，一般来讲我们

都会相互寒暄一下，说一句“你好”或者“你好，这是乔”，或在脸书上发表一些评论。寒暄就是最好的情感交流（phatic communication），在交流的双方之间架设起一座桥梁，并开启交谈的渠道。如果你给朋友送了一个虚拟的草莓奶油蛋糕，事实上你制造了一个交谈的机会，告诉对方你想他了。简简单单的一则推特信息或者一封邮件都可以让你开启一次谈话。非语言信息和语言信息都可以作为交谈的开始。一个微笑或者一个微笑符，一次亲吻或者一个握手都和“你好”这类问候一样，可以清晰地表明你们之间的交谈开始了。寒暄实在太过平凡，很多人根本就没有注意到。但是如果我们省略了寒暄这个环节，例如，就像医生开启谈话一样问你“哪里不舒服”，这时你的感觉可能就是措手不及或者很不舒服。

前馈

作为交谈的第二步，你常常会给出一些前馈或者前奏，这样对方会大概明白这次谈话的主题：“我想跟你谈谈杰克。”“你听说昨天车间里发生的事了吗？”“我们得谈谈我们的度假计划了。”前馈也可能给这次谈话定下基调（“我感到十分沮丧，想跟你聊聊”），也可能告诉对方这次谈话所需的时间（“一分钟就可以啦”）。前馈经常和开头是联系在一起的，例如，在工作场合有人会说：“喂，伙计们，我们开始开会了。”

有无语言障碍的谈话者交流时的注意事项请见表 8-1。

表 8-1　有无语言障碍的人之间的人际交流

如果你的语言没有障碍

一般情况	具体情况
不要去抢别人的话	抢别人的话就是告诉对方你很不耐烦，接下来的时间不想有效地进行交流
不要去指导有语言障碍的人	你和对方说“慢点”或者“不要急”，事实上你在侮辱对方，这样接下来的交流就不可能顺利了
保持眼神交流	显示你对对方很感兴趣，不要表现出不耐烦或者尴尬的神情
如有必要，要求对方说清楚一点	如果你不明白对方的意思，可以要求对方重复一遍，不要不懂装懂
不要把有语言障碍的人当作小孩	有失语症的人，他们对名称或名词有一定的障碍，但是他们绝不是孩子。同样，说话结巴的人也不是弱智，事实上，他们与正常人之间只是口语流利度的差异
如果你的语言有障碍	
让对方知道你的特殊需求	如果你说话结巴，你可以告诉对方你有时候发音不准，要求他们耐心一点
展示出你的自信	展示出你的积极态度，如果你表现得自信积极，对方也会这样
有耐心	对那些想抢你话的人耐心一点，他们可能是想帮你忙

主题

第三步就是主题，也就是交谈的内容和核心。交谈是有目的的，也就是说你与人交谈主要是为了完成人际交流的一个或几个目标：学习、联系、影响、娱乐或者帮忙。说话人和听话人通过交际完成了某个主题的交流。谈话简洁而不臃肿，话轮不断转换，这些都是令人满意的交谈的主要特征。在主题交流阶段，你的主题可以是杰克，也可以是办公室里发生了什么事，或者你的度假安排。这可能是交谈中最为明显、延续时间最长的部分。开头和前馈都是为了"主题"这个目的服务的。

反馈

第四步就是反馈，这也是倒数第二步。对你而言，在这一步你可以对谈话内容做出反思，表示主题已经谈完了，比如"所以你想给杰克发一张慰问卡""这是你听过的最为疯狂的办公室了吧"或者"我打电话预订吧"。反馈的另一方就是接收反馈信息的人，如果你是接收信息反馈的人，那么一定要显示出你对反馈内容十分感兴趣，这个信息很重要，可以帮助你鼓励别人做出反馈。要以开放的心态听取别人的反馈，不要争论，也不要争辩。

结束

第五步也是最后一步。与第一步截然相反，最后一步就是说再见的时候。从这一步我们可以看到说话人是否对交谈满意："希望你不久以后就会给我打电话。""不要给我们打电话，我会打给你的。"结束也可能是为将来进一步的交谈做好准备："明天晚上给我打电话吧。""12 点钟我们一起吃个饭吧。"如果结束语不确定或者模棱两可，那么双方的对话就会显得很尴尬。你难以确定是说再见，还是要再谈一点别的。

合作原则

在与人交谈过程中，你可能要遵循合作原则（cooperation）。你和谈话对方默认相互合作，以便理解对方的语言。我们大都是运用会话原则来进行合作。在美国和其他许多文化中，会话原则（conversational maxims）就是说话方和听话方都必须遵循的原则。也许这些原则的名称乍听起来有点奇怪，但是根据我们的日常经验，这些原则很容易辨别（见图 8-3）。

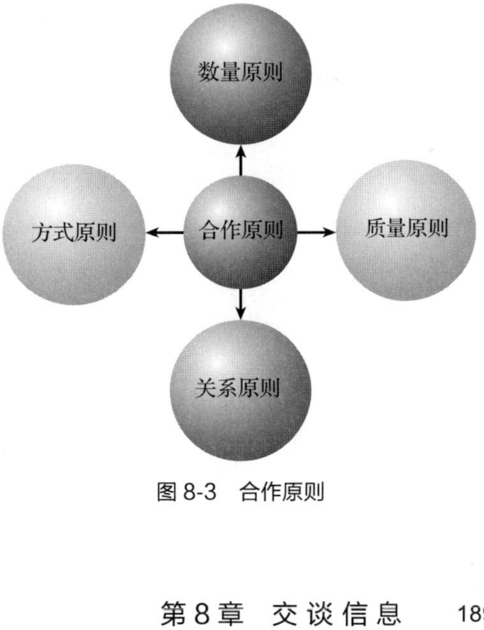

图 8-3　合作原则

数量原则

交谈时提供足够量的信息。保持数量原则（quantity maxim）就是说，你提供足够的信息把意义表达清楚，但是要省略那些没必要的信息。提供的信息不要过多，也不要过少。当你谈及一个事件却偏离了主题，这时你就违反了量的原则，你就会想或者是说："切入主题后面发生了什么？"但是如果你省略了一些重要信息，那么你也违反了量的原则。在这种情况下，你就会不停地打断对方："他们在哪里？""这是什么时候发生的事情？""还有谁在那里？"

质量原则

说一些你知道的事情或者你认为正确的事情。当你在谈话的时候，你会认为对方的信息是正确的，至少他是这么认为的。当你和别人说话，如果他们经常违反质量原则（quality maxim），比如撒谎、夸张，那么以后你就会不信任这个人说的话，并会揣测什么是正确的，什么是编造的。

关系原则

只谈论和主题有关的信息。例如，你正在谈论帕特和克莉丝，与此同时，你又说"钱是导致关系破裂的罪魁祸首"。那么根据关系原则（relation maxim），别人就会认为，你的评论和帕特、克莉丝有关。有些说话人经常违背关系原则，他们喜欢东扯西拉，经常插入一些毫无相关的话题，导致你迷惑不解，他们的评论和你所讨论的问题是否有关联。

方式原则

说话要清楚，避免模棱两可，要简洁，把自己的思维按照一定的顺序表达出来。根据方式原则（manner maxim），你说话时要使用听众能够明白的词汇。如果你认为听众可能不明白，那要做出澄清。在和孩子们谈话时要使用简单的词汇。与此相同，根据你和听话人所共享的信息，要不断调整你的说话方式。例如，你在和朋友聊天时，你可能会谈及你们共同的朋友，或者是共有

视野：文化原则

和谐的关系和自我贬低的原则在很多文化中都十分流行。在日本文化中，这样的谈话更为常见。

你能找到我们不用考虑个人的文化，而这些原则都必须遵守的场合吗？

的经历。但是如果你跟一个陌生人聊天的时候，你可能就会省略这些信息，或者做一番解释。

在美国，发生的大多数对话基本上都遵循我们上面讨论的几项原则。但是由于文化的差异，不同文化所遵循的准则也会有所不同。下面两条准则在某种程度上来讲适用于美国文化，但是更适用于其他文化。

- 在日本，人们在谈话或小组讨论时，都会遵守和谐共处的原则。例如，和别人争吵或证明他人是错误的行为都不合时宜，任何会让人感到尴尬或丢面子的行为都不合规矩。

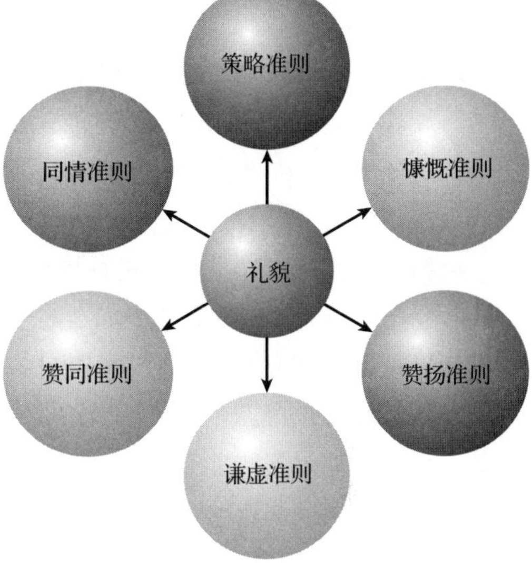

图 8-4　礼貌原则

礼貌原则

在交谈时（至少在大多数情况下），我们都需要遵守礼貌原则（可以先看图 8-4）。语言学家杰弗里·利奇（Geoffrey Leech）总结了六条礼貌（politeness）原则。在学习这些原则之前，我们来测试一下你交谈是否有礼貌。看看下面的这些句子是否能够描述你平时的交际行为。不要根据你认为的社会准则做出判断，而要根据自己的交际行为做出判断。

如果你认为"非常准确地描述了我的交谈行为"，给 5 分。如果你认为"对我的交谈行为描述很不准确"，给 1 分。

1. 我不会要求他人去做某事或者把某事强加给他人。
2. 我一般先考虑他人再考虑自己。
3. 我会强化任何支持的观点，而弱化任何反对的观点。
4. 我很少自夸，但是常常夸赞别人。
5. 我经常强化同意的观点而弱化不同意的观点。
6. 我常常同情他人而弱化厌恶的情绪。

这六句话都代表礼貌。如果你得分很高，如 4 分或 5 分，表示你很有礼貌。如果你得分很低，比方说 1 分或 2 分，表示你很不礼貌。

- **策略准则**维护了他人的自主权和消极面子。交谈中的策略是指不要把事情强加给其他人，或者挑战他人的权利，让他人做违背自己意愿的事情。例如，如果你想要别人帮你个忙，在遵守策略准则的情况下，你可能会说："我知道你很忙，但是……"或者"我不想麻烦你，但是……"如果你不用策略准则，你可能就会这样说："周末把你的车借给我"，或者"我想用一下你的银行卡"。
- **慷慨准则**确认他人的重要性，他人时间的重要性，他人观点的重要性，他人能力的重要性。运用慷慨原则，你可能就会说："我知道你很忙，我去遛狗吧。"如果你违反了这条原则，你就会说："我很忙，你为什么不能去遛一下狗呢？""你没有做什么重要的事情。"
- **赞扬准则**是指以某种方式赞扬他人或恭维他人，如"我被你的诗歌感动了"。尽量减少批评或者反对的表达，如"第一次写诗歌已经写得不错了"。
- **谦虚准则**弱化任何你收到的表扬和恭维。与此同时，你也应当表扬或恭维他人。例如，运用谦虚原则你可能就会说："十分感谢你，没有你的支持，我不可能完成这项任务，你的支持是重要的因素。"如果违背这个原则，你可能就会说："谢谢，我不得不承认，这是我取得过的最好成就。"
- **赞同准则**是指你找到相同点，然后把它们表达出来。"你选择的颜色很好，让这个房间蓬荜生辉。"与此同时，不要去表达不同意的观点，或至少要弱化不同意的观点。你可以说："这是一个很有趣的选择，与众不同。"如果要是违反了这条原则，你可能就会说："这个颜色你怎么受得了呢？"
- **同情准则**是指向对方表达理解、同情、共情、支持等类似的情感。运用这条原则，你可能就会说："我理解你的感受，我很抱歉。"如果你违反这条原则，你可能就会说："你把事情搞得乱七八糟。""你老是为一些小事而烦恼，这次又是什么事呢？"

对话原则

我们经常把对话和交谈用作同义词，但是对话并不是简单的交谈。在交谈中，双方有真正的互动。在这里我们很有必要区分一下对话交流及其反义词独白交流。

在对话（dialogue）过程中，双方既是说话人又是听话人，既是信息的发送者，也是信息的接收者。对话的目的是达成双方共同理解。这里有对对方的尊重，这种尊重并不是因为对方能为你做什么，或者能给你什么，而仅仅是因为对方是一个人，因而需要真诚的对待。

对话的对立面就是独白（monologue），也就是说在交流的过程当中，一个人说，另外一个人听，两者之间并没有真正的互动。独白交际者只关心自身的目标，而对听者的感受和态度毫不关心。说话人显示出对于对方的关心，就是因为对方能够帮助他达成自己的目标。

如果你想增加对话，减少独白，那么可以尝试以下建议：

- 显示出对他人的尊重。让别人有权做出自己的选择，不要胁迫他人，不要威胁他人，不要让人感觉到害怕，也不要给人施加压力。对话的双方都认为，对方都能够做出自己认为正确的决定。暗示或者明确告诉对方，不管他们做出任何决定，他们都会受到别人的尊重。
- 不要做出负面的批评（“我不喜欢这个解释”）以及负面的评价（“你不善于倾听别人讲话，对吧”）。相反，你应当使用积极批评方式（“我喜欢前两个解释，那两个解释很有道理”）。
- 一直保持沟通渠道畅通。表现出你愿意倾听别人的讲话，你可以提示说话人，告诉他你在倾听，点点头。简单地表达你同意对方，或者把对方的话解释一遍。
- 承认对方的存在以及对方的重要性。要求对方给你提出意见或者建议，对不清楚的地方做出澄清。这能确保你站在对方的立场来理解对方的话语。提示对方你对他很感兴趣。
- 不要操纵交谈，不要强制对方说你好的一面，并胁迫对方以特殊的方式来思考、相信或者做出行动。

话轮转换原则

谈话最为典型的特征就是说话人和听话人在交际过程中相互转换角色，这一切都是在许多语言和非语言提示下完成的，我们把这些提示叫作话轮（conversational turns）。也就是在说话时，说话人或听话人角色的转变（或维持）。在听别人讲话时，话轮转换是通过听觉和视觉信号来调节的。对于盲人来说，话轮转换主要是由听觉和触觉来控制的。而对于聋哑人来说，话轮转换的信号主要来自视觉，当然有时候也有触觉信号。

说话人提示

作为说话人，你可以通过两大提示来调节谈话结构：保持话轮和放弃话轮。保持话轮提示即通过多种提示来维持你说话人的角色。例如，你可以通过吸气声表明你还有很多话要说，你可以发出一些手势来显示你的思路还在继续，避免和听话人有眼神的交流以示你还没有准备把话轮交给他，你还可以保持某种语调表明你还有很多东西要说，使用一些有声的停顿，如“嗯”“啊”等以阻止听话人说话，或显示你还在说话。在大多数情况下，我们一般认为说话人会维持比较短的话轮时间，然后就会把话轮传递给听话人（或得到了听话人的提示）。

话轮放弃提示即告诉听话人（有时候是特定的听话人）接过说话人的角色，例如，在说完一句话以后，你可能会加上一些副语言提示，如“对吗”，以邀请一个听话人承担说话人的角色。你也可以通过各种方法来显示你说话结束了，例如，你可以使用降调，加长沉默时间，与听话人做出眼神交流，问一些笼统的问题，或者朝某一个特定的听话人点点头。

就像你希望说话人交出说话人的角色一样，你也希望听话人能够接受说话人的角色。对那些不愿意或者保持沉默的人，我们就会认为他们不愿意参与谈话或者是不愿意在谈话中承担相应的责任。例如，在一对已婚夫妇的谈话中，我们分析了违反了话轮原则的情况。最为常见的就是对方不做出任何反应。在 540 次违反话轮原则中有 45% 的情况下，当一方邀请另一方成为说话人的角色时，他却保持沉默。在这些沉默当中，68% 的情况是男性保持沉默，32% 的情况是女性保持沉默。其他违反话轮原则的情况还包括打断别人说话，没有做出及时反馈，或者反馈过于简短。通过这项调查我们可以得到这样的结论，那就是男性更容易违反这些规则，在已婚夫妇的谈话中，丈夫经常会让妻子保持沉默。

听话人提示

作为听话人，你可以通过各种提示来调节谈话结构。话轮请求提示就是要让说话人明白你想要说话了。有些时候，你可能会直接说一声“我有话要说”，但是大多数的情况下你可能会做得更加隐蔽，如发出“嗯”“啊”的声音来提示有心的说话人你现在想发表意见了。除此之外，你可以通过面部表情和嘴形来发出这样的请求。你还可以通过其他方法来表达你说话的意愿，例如，睁大眼睛或张开嘴巴，做出好像要说什么的样子，打出一个开始要说话的手势，或者身体前倾。

你也可以发出话轮拒绝提示表示你不愿意承担说话人的角色。例如，你可以慢慢地说一声“我不知道”或者简单地嘟囔一声以表示你无话可说。当然你还可以使用其他方法来拒绝话轮，例如，不和想要你接话的说话人有眼神交流，做出一些动作表示你无法说话，如咳嗽或者擤鼻涕等。

反向渠道提示

通过反向渠道提示（back-channeling cues）可以把各种信息传递给说话人，有些研究人员把这种提示称为认可符，也就是简单的回复，如“哦”“嗯”“是啊”。这三个例子就是最为常见的认可符，也就是在告诉说话人你在认真倾听。有的研究人员也把这些认可符称为附和语，这样做是为了把这些词和打断词区分开来，人们使用打断词的主要目的是获得说话人的话语权。反向渠道提示的主要作用就是为交谈提供支持，并向说话人确认你在倾听别人谈话，积极参与到双方的互动中。

通过反向渠道提示（打断词、认可符）你可以传递各种信息。下面我们列举了四类最为常见的信息。

- 表达同意或反对。微笑、点头表示同意；“对的”或者“当然”这样简单的评语，或者发出“嗯哼”的声音，这些都可以用来表示同意。皱眉、摇头，“不”或者“永远不”这样的评语都可以表示反对。
- 表示参与的程度。关注的身体姿态，如身体前倾、交流的眼神都可以告诉说话人，你在积极参与交谈。漫不经心的姿态，如身体往后靠、回避眼神交流，这些都传递出你没有积极参与到交谈中。
- 控制说话人的速度。你把手放在靠近耳朵的地方，或者身体前倾，你是在告诉说话人说慢一点。如果你不停地点头，那就是在告诉说话的人可以加快语速。你也可以通过语言清楚地告诉说话人放慢或者加快说话速度。
- 要求对方说清楚。疑惑的面部表情，常常伴随着身体前倾，或者直接插话说“谁”“什么时候”“在哪里”，这些都表示你希望对方能够做出澄清。

打断别人谈话

与反向渠道提示相反，打断别人谈话（interruptions）的目的是想要获得话语权。打断对于交谈没有任何积极意义，反而经常会产生消极影响。我们打断别人谈话，最主要是想改变话题。因为打断者对于这个话题了解甚多，这样可以强化这个人在这方面的权威性。打断别人谈话主要是为了获得权威，并控制谈话局面。有研究显示，上级或者有权势的人经常会打断下级的谈话，反之则不尽然。事实上，工人会不停打断上司的谈话，而学生也会不停打断教授的谈话。

人际关系抉择时刻

打断别人说话

你小组的一个成员不停打断你说话。只要你想做出解释，这个人就会打断你并改变话题，以此干扰你的思路。有时候这样的打断恰逢其时，但大多数时候都不合时宜。你想找个办法来解决这个问题，同时你又怀疑你在表达自己的时候，是不是经常会鼓励他人打断你的谈话。在交流过程当中你应当做什么阻止别人打断你的话？

a. 解释打断别人没有任何意义。

b. 忽略别人的打断，继续讲下去。

c. 私下或者是在会议上批评打断你的人。

d. 下一次某人打断你的时候，解释一下打断别人谈话会产生什么样的问题。

e. 其他。

视野：打断别人谈话

根据你自身的交际经验和观察，你对在交际中打断别人谈话是怎么理解的呢？例如，谁打断了谁的谈话？打断别人谈话的现象什么时候最有可能发生？在什么情况下可以打断别人谈话，什么时候又不可以打断别人谈话？

有关打断别人谈话，另外一个我们经常研究的话题就是性别差异。我们通常认为男性打断别人的次数要比女性多，而且研究也显示，这种想法基本正确。与女性相比，男性打断女性或其他男性的次数要更多。例如，我们对43份公开发表的有关打扰与性别差异的研究分析显示，男性比女性打扰别人的次数要多得多，而且，一个人如果具有男性性别特征，那么不管他的生理性别是什么，他都更有可能去打断别人的谈话。有一项研究显示，与母亲相比，父亲打断孩子们谈话的次数要更多（Greif，1980）。当然性别差异不是很大。与性别差异相比，更为重要的是打断别人谈话所处的环境，在有些情况下，如以完成任务为导向的情况下，打断别人谈话的情况更为常见，而在另外一些情况下（如讨论双方的关系），人们更倾向于使用反向渠道提示的方法（Anderson，1998）。

在图8-5中，我们列举了各种话轮转换提示以及它们是如何满足说话人和听话人的交谈需求的。

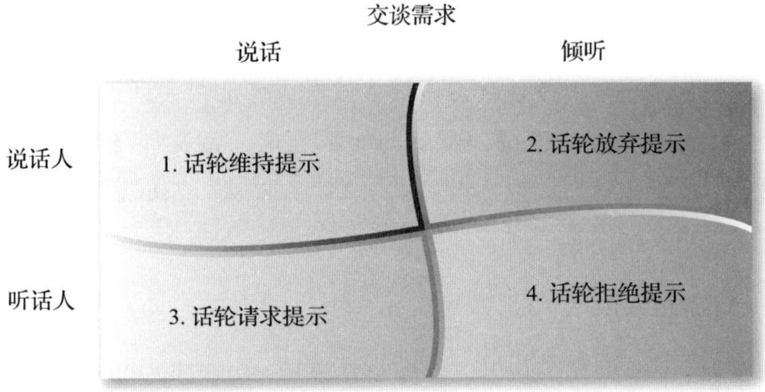

图 8-5　话轮转换和交谈需求

每一个象限代表不同的话轮转换类型。

- 象限 1：运用话轮维持提示，说话人表达继续说话的愿望。
- 象限 2：运用话轮放弃提示，说话人表达倾听的愿望。
- 象限 3：运用话轮请求提示，听话人表达说话的愿望。虽然打断别人谈话，要求话语权的次数不是很多，但是打断别人谈话的现象还是会出现。
- 象限 4：运用话轮拒绝提示，听话人表达继续倾听的愿望。反向渠道提示经常出现在此象限，因为听话人如果想继续倾听，他们就会使用这些提示。

交谈信息披露

人际交流中最为重要的形式之一就是你可以谈论自己，也就是自我表露。

自我表露

自我表露（self-disclosure）就是你向另外一个人透露有关自己的信息。虽然这个词常常局限于只透露你自己的私密信息，但有时候也可以指所有你愿意与他人分享的信息，包括你的爱好，你的评论，在推特上简单说明你喜欢什么、不喜欢什么，你现在在想什么，或者你偏爱的食物、书籍或音乐，或者当你在社交网站或者照片墙上贴出你的照片时所透露的信息。这些信息可以包括：（1）你的价值观、你的信仰和你的欲望；（2）你的行为（“我经常在商店顺手牵羊，但是从没有被逮住过”）；（3）你自身的品质或性格特点（“我诵读有困难”）。认真准备有关自己的信息，因为任何口误都可能被别人认为是自我表露。除此之外，你还可以通过非语言形式进行自我表露，如穿着制服，戴着结婚戒指，或在衬衫上印有口号，以表明你的政治和社会倾向。当然，自我表露也包括你对他人情感所做出的反应，例如，你为你朋友被解雇而感到很难过。

自我表露至少还牵涉另一个人。自我表露绝不是自我交际的行为。在自我表露中，信息必须被另外一个人接收，另外一个人也明白你发出的信息。在某些极端的情况下，在推特、脸书或领英网上，成千上万的人可能会收到你自我表露的信息。

自我表露的信息可以是无关紧要的信息（“我喜欢肥皂剧”），也可以是一些真情表露或极度隐私的信息（“我现在就受人虐待”或者“我天生就是个男人”）。

自我表露并不只出现在两个人之间，而可以发生在任何形式的交际中，可能是一小群人之间，可能是在公共演讲中，也可能出现在电视节目中。自我表露不仅发生在面对面的交流中，还经常发生在网上。在一些社交网站上，每天都有很多的自我表露，其实这些表露和人们在个人邮件、论坛或者博客上透露自己的信息是一样的。事实上，研究显示，与面对面的交流相比，在网上相互表白心声更加便捷，透露的信息也更加私密。

有研究者指出，在网上交流时还有一种松绑效应（disinhibition effect）。与面对面的交流相比，我们在电子邮件或社交媒体上交流时显得不那么拘谨，其原因就是在网上交流时存在一定的匿名性和隐身性。但是也有研究显示这种匿名的重要性被夸大了。事实上，在一项有关博客的测试中，带有作者照片的博文（是署名的而不是匿名的）比那些无法确认作者的博文能够透露更多的信息。

自我表露的原因可能有很多。也许你就想发泄一下，因为你想摆脱某种罪恶感，或者因

视野：松绑效应

针对网上的松绑效应，根据一些结论相反的研究结果，当你在博客上发表帖子，在脸书和推特上发表评论时，观察一下自己可能做出的反应。

与日常的面对面交流相比，你在网上会更多还是更少透露自己的信息呢？在网上和面对面的交流过程中，有哪些因素会影响你透露有关自己的信息？你在网上匿名交流时与你面对面交流时透露的信息会有所不同吗？

为做错事情而需要忏悔。自我表露也可能是想帮助倾听者，例如，你想告诉倾听者你是如何摆脱一项癖好或者如何获得晋升。毫无疑问，自我表露也有可能是为了加强你们之间的关系，或者为了维护或修复某种关系，甚至作为一种策略来了断一段关系。

如果你把表露看作一个缓慢发展的过程，那么你就能体会到一旦你们之间的关系发生了变化，自我表露也会发生相应的变化。例如，当一段关系慢慢从最初的接触发展到相互了解，最后到亲密的关系，这时自我表露也相应增加。如果关系恶化甚至破裂，自我表露也就相应减少。根据你与对方的关系，自我表露也会发生相应的变化。如果对方是你的朋友、恋人、父母、孩子或者咨询人员，你表露的内容也会发生变化。

如果你审视一下自己是否愿意向他人表露，那么接下来对这个概念的讨论将会更有意义。考虑以下各种不同的表露情况，想想你是否愿意向他人表露，向谁表露，在什么情况下进行表露。

对自我表露的影响

很多因素会影响你是否向他人表露，向他人表露什么内容，以及向谁表露。其中最为重要的因素就是你自己、你的文化、你的性别、你的听众、你的话题以及你的渠道。

- 你自己。好交际、性格外向的人比不好交际和性格内向的人更容易表露。害怕在别人面前说话的人不大愿意表露，而那些愿意交流的人更容易表露。能力强、自尊心强的人更容易表露，而能力弱和自尊心不够强的人不大喜欢表露。
- 你的文化。不同的文化对自我表露的看法也不尽相同。与英国人、德国人、日本人和波多黎各人相比，美国人更容易表露。有报道称美国人在和其他美国人交流时更容易表露，但是在跨文化交际的时候，表露就相应变少。在日本，向同事透露自己的个人信息被认为是不妥的，而在美国的大部分地区则司空见惯。
- 你的性别。有研究显示，大多数人认为女性比男性更喜欢表露。与男性相比，女性更容易表露她们以前的恋爱关系、对同性朋友的感觉、最为害怕的东西，以及最不喜欢自己伴侣的哪些方面。但是初次见面却是一个例外，初次见面时，男性更容易表露，其原因可能是男性更想控制双方关系发展的过程。

- 你的听众。因为你得到了别人的支持你才愿意表露，因此，你会向你喜欢的人表露，你也会向你信任和爱戴的人表露。因为你向对方表露了，那么你也会慢慢喜欢对方。你也更容易向同龄人进行表露。当对方向你表露了，你也更容易向他们表露，我们把这种模式叫作相互表露（reciprocity)，即礼尚往来。例如，如果有人向你透露了他过去的一段草率行为，那么你也很有可能“投桃报李”。
- 你的话题。你可能在某些话题上更容易表露，例如，你更容易透露有关工作和爱好的信息，而不大会透露你性生活或者经济状况的信息。你也更容易透露一些好的信息，而不是坏的信息。一般来讲，越是隐私的、负面的信息，你就越不容易透露给他人。
- 你的渠道。你是否愿意向他人表露，还会受到交流渠道的影响。有的人在面对面交流时更容易表露，有些人则喜欢使用电子邮件或者是蜗牛邮件，甚至通过电话来向他人表露。有些人会在社交媒体上透露很多信息，有的人会过度分享这些信息。有些媒体甚至形成了一种文化，在这种文化中，相互表露再正常不过了。虽然这些信息永久存在于公众的视野当中，但即便这样也没有阻止人们对这些信息的表露。

自我表露的好处与风险

自我表露的好处

自我表露能够让自己更有自知之明，能够提高交际的有效性，能够加强人与人之间的关系，增进你的身体健康以及让你更加受人欢迎。

自我表露能够让你更有自知之明。你可以从一个全新的角度来了解自己，对自己的行为有更加深刻的认识。通过自我表露，你会明白很多通过理性分析难以理解的东西。通过自我表露，你还能更好地接受自我，很多时候你是通过别人的眼睛才把自己看清楚。通过自我表露及其正面反馈，你能更清楚地认识自己。例如，别人可能会欣赏你的幽默感，感受到你讲故事的能力以及你所支持的价值观。通过这些积极的反馈，你能够强化对自己的积极评价。

自我表露是有效交流和建立良好人际关系的先决条件。自我表露能够帮助你强化与对方的亲密关系，同时增加双方对关系的满意程度。在两性关系中，自我表露能够增加双方的性体验，提高双方的满意程度。从很大程度上来讲，只有通过自我表露，你才能明白对方的喜恶，明白了双方的喜恶，才能提高你对性生活的满意程度。我们对自我表露进行研究，很大

视野：自我表露

与稳定的关系相比，自我表露经常发生在一些临时的相聚中，如在火车上或飞机上偶遇的陌生人，我们把这种现象称为“飞行中的亲密”。在这种情况下，两人在短暂的旅途中建立相互袒露心声的亲密关系，但这种关系会到此为止。与此相同，你也可能会在网络上与人建立这种关系，并向他们袒露自己的心声。也许就是因为你知道对方不可能知道你在哪里工作、哪里生活以及你的长相，这种自我表露才变得如此容易。

程度上是因为自我表露和心理虐待有很大的关系。有研究显示，如果一个人经常向他人做深度的心理表露，那么他经历心理虐待的可能性就会降低。我们对此的解释是，具有心理虐待倾向的人们不愿意向他人表露，因为他们害怕这种表露可能会成为被虐待的原因，或许双方的关系更为融洽、和谐，能够相互支持时，人们才更愿意向他人表露。

自我表露好像对人的生理健康也会产生积极的影响。自我表露多的人不大容易生病，就连通过电子邮件表露也能够让你身心健康。比如那些丧失亲友的人，如果他们一直把这些信息藏在心里，或者是默默地忍受，这些人最终很容易罹患生理疾病。如果他们能够把这些悲哀向他人表露，这些人就基本上不会出现身体问题。

除了上述好处，还有研究显示，那些愿意透露自己秘密的人更受人们的欢迎，而且如果你向某人袒露心声，那么你就会更加喜欢这个人，因此可以说袒露心声可以增进双方的好感。网上约会者如果能够做出一些积极的自我表露，那么他们约会的成功率也会提高。

自我表露的风险

与自我表露伴生的潜在风险有个人风险、关系风险以及职业风险。

- 个人风险。如果你表露的有关你生活方面的信息与对方的价值观相去甚远，这时就可能招致个人风险，你很有可能被你最亲密的朋友甚至家人抛弃。如果透露自己曾经欺骗过对方，曾经偷过东西，或长时间遭受抑郁症的折磨，很快你就会发现朋友甚至家人都不再像以前那么亲密。女孩（不包括男孩）过度强调她们的迷人性感，并把大量的晚会照片贴在脸书上，很有可能会招致负面的影响。
- 关系风险。即使在亲密稳定的关系中，自我表露也可能会让关系出现裂痕。毫无保留的自我表露可能会对关系造成裂痕，从而导致相互的吸引力下降，相互之间不再信任，相互联系的纽带破裂。这些自我表露，包括不忠诚、过去犯过的错误，甚至罪行、说过的谎言、隐藏的弱点或者害怕，这些都可能给你造成负面的影响。

- 职业风险。向不同的宗教和种族团体透露你的政治态度，可能会给你的职业带来一定的风险，甚至给你所从事的工作制造一定的麻烦，尤其是向他人透露你的健康问题，比如你得了抑郁症。如果你的自我表露违反了公司的规定，比如你透露的信息过于隐私或者跟工作毫无关联，这都可能带来额外的风险。

不管你选择自我表露还是不自我表露，一定要记住，除了我们上面所说的好处和风险之外，还要重视交际的不可逆转性。不管你如何努力，想要弥补或者收回自己曾经说的话，那都是徒劳的。你的话一旦说出就难以再收回，也不可能抹去听众因为听了你的话而做出的判断和推论。

视野：暴露你自己

在一些竞争极为残酷的工作环境中（甚至在一些危险的案件中），别人对你了解得越多，他们就越有可能利用对你的了解来反对你、陷害你。根据这一点，有些观察员就建议我们不要透露自己太多的信息，这样别人就无法知道你将要做什么，或者你在想什么。

你同意这条建议吗？为什么？

自我表露指南

自我表露不仅重要，还十分微妙，我们在此提供一些指南：（1）是否以及如何做出自我表露；（2）对他人的自我表露做出反馈；（3）顶住压力，拒绝做出表露。

在你最终做出自己的决定之前，根据下面几条原则，你可以问自己几个合适的问题。

- 因合理的动机而表露。你进行自我表露是因为考虑到双方的关系、牵扯到的各个方面或者是你自己。我们向别人表露并不是为了伤害听话人。例如，某人埋怨父母妨碍了他的人格发展，他这样说的目的是伤害或者惩罚父母，而不是为了修复与父母的关系。
- 在合适的场所表露。在做出一些重要的表露之前，问问自己时机和场所是否合适。合适的同时也想一想，这种自我表露是否符合你们的关系。一般来讲，表露的信息越私密，你们之间的关系就越亲密。我们建议最好不要向不亲近的朋友、一般的熟人或者是刚认识的人透露比较私密的信息，特别是那些消极信息。当然，你也应当问问自己这个场所是否合适。有些表露适合在私密的情况下进行，而有的信息适合在电台或者是社交媒体上广而告之。有些社交网站意识到这一点并建立了隐私保护制度，你可以控制哪些人可以收到你的帖子（也就是你的表露），哪些人收不到你的帖子。

- 慢慢地表露。在表露自己的时候也给其他人一个机会，让他们能够表露自己。如果对方没有做出任何表露，你就应当反思一下自己的表露是否合理。这可能就是一个信号，此时此景此地，对方不喜欢你的表露，或者你的表露不合时宜。慢慢地表露也给你机会能够审时度势。如果对方没有做出你所希望的反应，那么你随时可以停止自我表露。
- 表露时不要给自己或他人施加压力。仔细权衡你的表露是否会招致任何问题。如果你透露你有过被警察逮住的记录，你为此丢了工作也无所谓吗？你向你的姻亲透露你对婚姻的不忠，并让他们来替你守住这个秘密，你觉得明智吗？

人际交流抉择时刻

拒绝自我表露

你和某人约会有三四次了，每次你都不得不向对方袒露你过去的经历和个人信息，但是在这个阶段你不想向对方透露这些信息。你该如何顶住压力拒绝透露任何信息？

a. 忽略对方的请求，转换话题。

b. 开个玩笑，“让我告诉你，还不如让我离开你”。

c. 向对方表示在这个阶段你不想谈论这些事情。

d. 做出妥协，然后向对方表露。

e. 其他。

如何帮助他人表露及进行反馈

如果有人向你表露，这表明别人信任你、喜欢你。要做好倾听表露这件事，你必须牢记以下原则，这些原则能够帮助你协助他人做好自我表露。

- 运用有效和积极倾听的技巧。当你倾听别人的自我表露时，有效倾听的技巧就显得尤为重要：积极倾听别人的谈话，听取不同层次的含义，要有同情心，思想要开放。表达出你对说话人情感的理解，这样说话人就有机会从他人的眼睛客观地认识自己。可以提出一些问题以确保你听明白了，表达出你对他们的表露很感兴趣，而且你也在认真倾听。

- 支持并鼓励自我表露的人。在表露前后你都要表示出你对说话人的支持。要理解向你表露的人，并站在他们的角度来考虑问题（而不是对他们的话做出判断）。通过你的语言和非语言反馈对说话人表示支持：眼神的交流，身体向说话人倾斜，问一些相关的问题，对说话人的话语和感受做出回应。
- 愿意互动。根据别人的表露，你自己也会做出相应的表露，这时你就在表明你理解了说话人的话中之义，与此同时，也显示出你愿意和说话人在这方面进行交流。
- 替对方保守秘密。如果一个人对你敞开心扉，那是因为他想让你知道他的感受和想法。如果你把这些感受和想法又透露给其他人，那么不可避免地会产生一些负面的后果，你们之间的关系也会面临严峻的挑战。一定要记住，不要利用别人的表露去伤害别人。很多向你敞开心扉的人都向你暴露出了他们的弱点和薄弱环节，如果你以后翻脸不认人，利用他人的弱点来攻击他人，你就辜负了他人对你的信任。不管你有多么生气，千万不要把他人的表露当作武器来伤害他人。

顶住压力，拒绝表露

有的时候你会发现自己处在这样一个尴尬的境地，朋友、同事或者是恋人都会给你施加压力，让你自我坦白。在这种情况下，你就应当权衡利弊，然后自己决定是否表露。一定要记住，因为互联网和社交媒体的存在，你很难对许多信息保密。虽然你可能想在办公室隐瞒你的年龄，但是这些信息很容易在网上找到。你可能不想告诉别人你的房屋值多少钱，但是在房屋中介网站，这些价格都有明显的标示。有时候你确实不想透露自己的信息，但又面临来自各方面的压力，这时你就不得不说些什么了。下面我给你们提供一些建议。

- 不要被人胁迫。虽然有的时候出于法律和道德的要求，你必须透露一些自己的信息，但是总的来说，如果你不愿意透露，那就没有必要透露。不要因为别人透露了或者因为有人要求你这么做，你被逼无奈透露一些自己的信息。
- 拒绝时要表现得很肯定。直截了当地说“我现在不想谈”或者“现在还不是谈论这些事情的时候”。
- 不要急于做出决定。如果你不想直接拒绝，又不想透露自己的信息，就不要急于做出决定。你可以这样说：“这个信息有点私密，让我想想，我可不想被人当猴耍。”“现在不是讨论这些事情的时候。”“我等会儿再找你，我们私聊吧。”
- 迂回曲折，变换话题。不要回答这个问题，换个话题。你可以很礼貌地表示“我现在不想谈”，在某些情况下，这样说也是一个不错的选择。大多数情况下别人会明白你的意思，知道你不想透露你的信息。

人际交流中的伦理道德

说闲话应当遵守的道德标准

说闲话（gossip）就是一种社交聊天，聊天中我们对不在场的第三方进行评价和评论。有时候透露一些自己的私人信息，这也叫说闲话。我们在工作和社交场合下，与别人交谈时说的大都是闲话。有一项研究显示，我们与人交谈时，2/3 的时间都是在谈论一些社交话题，这些社交话题中的大部分都属于闲话。说闲话的形式在所有文化中都差不多。在有些文化中，说闲话甚至是一种被广为接受的礼节。当然网络交流大部分说的都是闲话，现在一些广受欢迎的网站都能证实这一点。

我们认为，说闲话也有一定的伦理学启示意义，很多情况下，说人闲话是不道德的行为，我们把这些不道德的行为列举如下：

- 说闲话是带有偏见的，目的是伤害他人，例如，在办公室传别人的恋爱史，或者谈论你上级过去做过的错事。
- 你知道自己所说的话并非事实，例如，你说谎的目的就是让别人难堪。
- 传播一些不为人知的信息，例如，透露邻居的收入。
- 把你承诺过不向他人透露的信息透露出去。

伦理道德抉择时刻

你最好朋友的恋人几次跟你打情骂俏。

你对朋友负有什么道德义务呢？如果你认为把这件事告诉你的朋友是道德的，那么把这件事告诉你们共同的朋友是否道德呢？把这件事透露出去，怎么做才算是不道德的呢？

人际交流技巧

表达力：让你真正参与到交流中

表达力（expressiveness）是一种技能，能让你积极参与到交流中，包括如何表达你的思想和情感，鼓励他人敞开胸怀表达思想，并对他人的话语做出恰当的反馈。掌握了上述技能，与人交谈就会变得让人激动和满意。表达力可以分为语言表达和非语言表达，包括展示你的情感，展示你平时不会展现的自我，其中涉及许多我们讲过的人际交流技巧。

交流时富有表达力

为提高交流时的表达力，我们提供如下建议：

- 不断变化你说话时的语速、语调、音量和节奏。这些都显示你积极参与到交谈中，并对交谈很感兴趣。你也可以变换你的语言风格。不要使用一些陈词滥调或者是老掉牙的表达方式，会显得你的话没有任何创造性，表示你不愿意参与到交谈中去。
- 使用合适的体态。你的身体姿态一直关注他人而不是关注自己，这个方法十分有效。和对方保持眼神的交流，身体尽量向对方倾斜。与此同时，不要抓耳挠腮，或者眼睛瞟着房间里的其他人。
- 做出语言和非语言反馈。这种方法显示你正在认真倾听对方的谈话，这一招有利于提高你们对双方关系的满意度。
- 微笑。你的微笑可能最具有表现力，大家都喜欢面带微笑的人。
- 在考虑交流表达力时要注重文化的敏感性。有些文化（如意大利文化）鼓励能言善道，教孩子们如何提高表达力，在其他一些文化（如日本文化和泰国文化），人们更加鼓励含蓄的表达方式，有些文化（如阿拉伯文化和很多亚洲文化）认为在生意场合上，女性如果表现得能言善道，就显得很不合时宜。

日常交谈

在这一节中，我们讨论各种各样的交谈场合：闲聊、开场白、找借口、道歉、请人帮忙、恭维他人、对他人提供建议、接受他人恭维、接受他人建议。

闲聊

闲聊（small talk）无处不在，我们每个人都会与人闲聊。我们用闲聊作为正式谈话前的铺垫。例如，在和老板开会之前，甚至是招聘面试之前，你都可能和对方闲聊一番。“你最近还好吧？”“天终于放晴了，真让人高兴。”“这件夹克衫不错。”这些闲聊的目的都是让谈话自然进入主题。

有的时候闲聊是一种礼貌的策略。就好像你在走廊上碰到熟人或在邮电局碰到你的邻居一样，你会和他们打声招呼。你可能会这么说："见到你很高兴，杰克。要开一个重要会议，你做好准备了吗?""我在一号会议室等你。"

有时候你和别人的关系就是一种闲聊的关系，如你和理发师、工作当中的同事、隔壁的邻居或者教室里和你坐在一起的同学。在这些关系中，你可能不会去做任何努力来加深你们之间的关系，你们的这种关系只是维持在闲聊的层次上。

闲聊的话题和场合

闲聊的话题都有一个重要的特征，那就是话题对双方来说都毫无争议，也就是说你和对方对某个话题都有共同的看法。如果某个话题会引起某人强烈的情感或不同的观点，那么这个话题就不适合作为闲聊的话题。

闲聊的话题一般来说都是无关大雅。最常见的闲聊话题可能就是天气、小道消息、电影和电视明星等。许多时事新闻，只要是没有争议，也都可能是闲聊的主题（"你看到今天新闻的头条了吗？太可怕了，是不是?"）。有时候不同的场景也会引发人们闲聊。例如，在排队买票时，你可能会和你排在一起的人闲聊。

闲聊一般来说持续的时间都比较短，这也是闲聊不可能引发争议的一个因素。因为闲聊发生的场景，例如，排队进入电影院或等着商店开门，只留给人们短暂的交流时间。

闲谈还有另外一个重要的场合，那就是长时间地和某人坐在飞机上或者是火车上，这时的闲聊，假如你们一直在东扯西拉，那么可能持续好几个小时。这时你们之间就可能产生一种"飞行中的亲密关系"。你可能会做出重要表露，说出你平时不愿意告诉他人的信息，因为你知道你可能再也不会见到这个人了。

虽然说闲聊不会引发争议，持续的时间也短，但是其重要性也是不言而喻的。闲聊最明显的目的就是愉快地打发时间，而不是一个人孤单地傻待在那里。另外一个目的就是你如果能够和别人闲聊，那就是你遵守了一般的礼貌原则。例如，在美国，在公寓大楼的电梯上或在工作场所，你见到别人时都应当微笑示意或相互问好，这也是向别人展示你最近一切都好。

闲聊指南

闲聊虽然很简短，但还是需要运用正规谈话时所用的人际交往技能。前面我们已经提到过，闲聊的话题一般不会引起争议，而且相对简短。下面我们对闲聊提供一些有效的指南。

- 谈话时积极向上。没有人喜欢消极的世界末日预言家。
- 对于一些结束闲聊的提示要敏感。当然有些时候有人会把闲聊作为切入正题的前奏曲，但也有人认为闲聊就是交流的全部。
- 求同存异。闲聊最好的办法就是不要引起双方的争议。

- 回答问题时可以做出一些解释。对方可以根据你提供的信息与你进行交流。例如，有人看见你拿着一本书，然后对你说："你应当是在学习人际交流吧？"如果你只是简简单单地回答"是"，你就没有给对方任何信息，对方也就没法跟你进行交流。如果你这样答："这是一门很有趣的课程，我想主修交流专业。"这就给了对方足够的信息，让他来发表评论。如果你对对方的问题给出详细的回答，就说明你愿意与他闲聊。当然，如果你不愿意和他进行交流，你可以简单地回答一两个字，这样你就可以达到你的目的。

介绍

自我介绍和介绍他人都会产生一些麻烦。让事情更为复杂的是，各种场合千差万别。下面我们给大家提供一些建议，让你在做介绍时能够轻松面对。

自我介绍

不管你在夜总会、学校、餐厅还是晚会上，你都需要自我介绍，我们这里提供的建议会让你受益匪浅。一定要记住你给人留下的第一印象会让人难以忘怀，也很难发生改变。当你在自我介绍时，你就给人留下了第一印象，这种印象会影响你将来与别人的交往。虽然第一印象极为简短而又客观，却十分重要。

第一步就是要有眼神的交流，面带微笑，这样别人也能注意到你。如果对方不愿意与你有眼神的交流，可能这个人还没有做好准备与你交谈。如果对方与你有一定的眼神交流，可能也朝你微笑，那么很有可能对方也想与你交谈。

通过非语言接触之后。你就可以进行语言上的交流了。你可以向对方问好，并自报姓名。在有些情况下，特别是在商务场合，你可能还要加上你公司的名称，或者你的来历。例如，你可以说："你好，我是某公司的乔·德维托。"

在有些情况下，接下来就是握手了（见表 8-2）。在美国，握手是相互介绍不可避免的环节，而且有相当详细的规则。来自不同文化的人可能会遵守不同的规则。例如，在伊斯兰文化中，相同性别的人见面时会相互拥抱，而异性之间则不会有这样的举动。与北欧人、亚洲人和许多美国人相比，来自拉丁美洲和地中海地区的人们更倾向于拥抱对方，有的时候还会亲吻对方的脸颊。现在美国人因为受到拉丁美洲文化的影响，拥抱和亲吻变得越来越流行。而亚洲人更倾向于握手或者相互鞠躬。当地位低的人见到地位高的人时，地位低的人鞠躬要更深一些。

当你准备握手时，对方也会产生类似的反应，同时会做自我介绍，这时你们就很有可能展开谈论。此时的情形如果还比较浪漫，你们还可能会相互恭维一番。但是在这个阶段不要谈论过于私人的话题，例如，"我见过你，我觉得你很面善，并让我想起了另外一个人"。

在整个简短的介绍过程中，你一直要关注对方。要多听少说，并运用本书中谈到的所有人际交际技巧。

表 8-2 握手六步法

这样做	不应该这样做
开始时就应当有眼神的交流，并在握手期间一直保持眼神的交流	把眼神从对方身上移开，或者看着地板或你自己的手
面带微笑，一直保持积极的态度	不动声色或保持消极的态度，不仅你的手在抖动，全身都在摇晃
伸出整个右手	只是伸出手指或者是左手
紧紧握住对方的手，但又不要抓得过紧让对方不舒服	只是抓住对方的手指，好像你不愿与对方握手，你握手只是出于礼貌
握住对方的手摇晃三下，时间是 3 到 4 秒	给人死板的感觉。注意，别人摇晃时不要抽回你的手
松开你的双手，但是还是要保持眼神的交流	过长时间地抓住对方的手，或者过早松开对方的手

介绍他人

一般来讲，介绍他人最好是简短的，但也要提供一定的细节，让他们能够进一步交流。大概的情形就如下文所示。

> 这是杰克·史密斯，市场部经理，和我在某某公司一起工作的同事。我和吉尔是大学同学，如果我没有记错的话，她刚从夏威夷回来。

有了这个简要的介绍，杰克和吉尔就可以根据你提供的信息继续交流下去。他们可以谈论在某某公司工作的情形，市场部经理的工作职责是什么，吉尔的专业是什么，夏威夷是一个什么样的地方，吉尔在夏威夷做什么，等等。如果你只是简单地说："吉尔，这是杰克。"那么杰克和吉尔就没有任何话题可以讨论。

如果你知道上述两人还有任何共同之处，那么你在介绍的时候就应当提出来，如杰克是一个土生土长的纽约人，而吉尔是一个马拉松选手。这些信息都有助于两个人的交谈，也会使两个人的交流变得更有意义，更令人满意。如果你不确定某些信息是否应当在介绍时透露出来，那么最好不要透露了。最好的原则就是只透露那些大家都知道的信息。千万不要透露对方私底下告诉你的信息，也不要透露别人不愿透露给其他人的信息。如果你在介绍时说杰克"马上就要单身了"，可能就不妥当。

文化的差异会导致跨文化交流的困难或者误解。例如，如果你和别人握手，但是对方的文化要求拥抱或亲吻，别人会认为你不够热情。但是如果你和别人拥抱或者亲吻，而对方的文化是握手，这时别人就会认为你太冒失或是过分热情。

一般来讲，人们会先把男性介绍给女性认识，而不是把女性介绍给男性认识。与此相同，在公司、军队或者在警察局，人们会先把职位低的人介绍给职位高的人认识。如果被介绍的人性别相同，那么职位就比性别更为重要。在这种情况下，我们就不考虑性别因素，把职位低的人介绍给职位高的人认识。

我们认为最好的建议就是观察你所处文化中人们的所作所为。与此同时，如果来自不同文化的人违反了你所处文化的礼仪，这时你不应当生气，毕竟一种文化中的礼仪并不比另外一种文化中的礼仪更加合理或者更加正确。

找借口

借口（excuses）就是一种解释，其目的是降低你的言行所带来的负面反应，以维护你的正面形象。在交谈中，如果你说的话出乎对方的预料，违反了对方的原则，或被对方认为不正确，这时你找出一些借口应对是合情合理的。一般来讲，你希望你所找的借口能够减轻你的信息所带来的负面影响。

你寻找借口的最大动机应当是维护你的自尊心，在别人面前树立你正面的形象。找借口其实也证明你在做出努力，希望减少所承担的压力。如果你所找的借口是一个好借口，而且被周围的人所接受，那么可以减轻别人的负面反应，以及减轻因你表现不好而带来的压力。

如果你的行为产生了负面影响，找个借口也能让你维持有效的人际关系。例如，当你批评了朋友的某些行为，当时也观察到他对你的批评所做出的负面反应，这时你可能就会找个借口，如说“当时我确实累了，可能没有考虑清楚”。找个借口也可以为你的信息或者失败找到一个合理的理由。

借口的分类

不同的研究人员把借口分成不同种类，其中最为流行的就是把借口分成三种：

- 我没做过。有人指控你做了某事，你可以否认。你可能会拿出不在场的证据来证明你根本没有做过这些事，或者你也可以指控他人做了某件事（“我从来没说过这个话”或者“当这件事情发生时，我根本不在现场”）。
- 没那么糟糕。你承认做过某事，但是所犯的错误并没有那么糟糕，而且你这么做有一定的理由（“我是做了假账，但是涉及的金额不大”或者“对，我是打了他，但他是自找的”）。

- 没错，但是……你认为当时做这样的事情有可原，例如，当时你没有办法控制自己，或者你本意并非如此（“我当时太难过了，没有想清楚”或者“我没有打算伤害她，我只是想帮个忙”）。

合理与不合理的借口

对于大多数人来说，最为重要的是区分什么是合理的借口，什么是不合理的借口。有些人会适度使用合理的借口，而有些人则滥用那些不合理的借口。找到合理借口的人会为失败承担责任，不会把责任归咎于其他人。而那些找不到合理借口的人常常不承认他们所犯的错误，而且很快就会把责任推给其他人。我们认为愿意承担责任的人更讲信用，更有能力，更受大家的欢迎，而那些不愿承担责任的人则与之相反。

什么样的借口合理有效，什么样的借口不合理而且无效呢？这个问题的答案因文化的不同而会有些差异。其中还涉及我们以前讨论过的问题，如文化的个体主义和集体主义、权力的差距、自信的价值取向等许多文化原因。至少在美国，研究人员一致同意，在人际交流过程中，最合理的借口至少包含下面五个因素。

1. 表示你理解问题的症结所在，也明白对方产生某种情感是合情合理的。不要忽略对方的情绪（“只是 100 元钱，你有点反应过度吧”，“我只是迟到了两个小时”，“只有这一次”）。

2. 你承认自己的责任。如果你做了一些错事，不要在你的责任前面加上一些修饰语（“如果我做了任何错事，我为此感到抱歉”）。道歉时也要有真心实感（“好了，对不起，这明显又是我的错误喽”）。如果你能证明你对所发生的事情无法控制，而且不应对此负责，那么你的借口就具有高度的说服力。

3. 你承认对自己的所作所为极度不满，你也清楚地表明，因为自己的行为觉得难以原谅自己。

4. 你清楚地表明，这样的事情再也不会发生了。

5. 有研究人员还加了一步，那就是真诚的道歉。你表达你的悔恨和遗憾，为你的所作所为祈求他人的原谅。

道歉

道歉（apology）是一种表达方式，为自己做了不应该做的事或说了不应该说的话表示后悔或难过。道歉和借口常常混合在一起说——“我没有意识到我开得很快”（借口），“我对此感到非常抱歉”（道歉）。在所有道歉中，最为基本的形式就是“对不起”。道歉包括某人承认做了错事。有时候做了错事的人会清楚明白地承认所做的错事（“对不起，我撒谎了”）。有的时候则会间接承认自己所做的错事（“你不高兴，我对此感到很抱歉”）。在很多情况下，道歉还包括请求对方的原谅，并向对方保证某些行为不会再犯（“请原谅我的迟到，类似的迟到不会再发生了”）。

根据哈佛商学院应用知识网站的研究，道歉至少在以下两个方面很有用：（1）修复关系；（2）修复做错事者的名声。例如，如果你做了错事，那道歉可以修复你与同伴之间的关系，同时还可以减少双方的冲突。一定要认识到其他人也了解了你的行为，道歉能够提升你在他们心目中的形象。

就像一个好的借口，一个有效的道歉也应当根据具体情况而定。你向谈了很久恋爱的恋人、向父母或者向新的上司所做的道歉应当有所不同，因为你和他们的关系各不相同。同样的道理，道歉因文化差异而千差万别。因此有效道歉的第一原则就是要考虑具体情况的独特性，如道歉的对象、场景、文化规则、双方的关系、具体做了什么错事以及为什么道歉，等等。

视野：道歉

有研究显示，与男性相比，女性道歉更为频繁。还有研究显示，男性的道歉比女性的道歉更有效。导致这种差别的重要原因是，男性认为需要道歉的事情不多，因此道歉的次数也少，这样一来，如果男性真的道歉了，那么这种道歉就更为有效。

道歉的这种性别差异你能做何解释呢？

道歉的必要因素

下面我们总结了一些道歉指南。和以前谈及的所有交际指南一样，这些道歉指南也应当根据实际的情况做出相应的调整。

- 承认错误。如果确实犯了错误，应当及时承认，勇于承担责任，自己的行为自己负责。不要把自己的错误归咎于他人身上。不要说“史密斯开车太慢了，我也只迟到了 30 分钟，这简直是个奇迹”，而应当说“我应当把交通情况考虑进去”。研究发现，勇于承认错误是道歉最为重要的部分。
- 表示歉意。你可以说（或者表达同样的意思）“对不起”或者“我确实做错了”。
- 要具体。要具体而不是笼统地陈述你所做的一切。不要说“我为我所做的一切道歉”，而要说“在晚会上我喝醉了，然后和每个人打情骂俏，我为此感到十分羞愧”。
- 表示你理解对方。表示你理解对方的感受，也承认对方有这样的感受是理所应当的。例如，“你有权生气。我应当早点给你打电话”。

- 表达你的遗憾。如果你所做的错事给别人增加了很多麻烦，你为此感到十分后悔。“因为我的原因让你约会迟到了，我对此感到十分抱歉。”
- 向对方表示要改正你的行为。向对方表示要对错误的行为进行纠正。“我把事情搞得乱七八糟，又没有及时处理，为此我感到十分抱歉。现在我马上去做。”
- 让对方放心。告诉对方这种事情再也不会发生了。你可以简单地说，“这件事情再也不会发生了”。你也可以说得更好或更为具体，例如，“我不会再迟到了”。

道歉时一定要杜绝的因素

在精心筹划道歉时遵循我们的建议，与此同时也一定要尽量避免下列情况。

- 没必要道歉时就不必道歉。没有必要的话就不要随意道歉。
- 不要为自己的行为找借口。不要因为其他人也这样做了，就为你的行为找借口，例如，“周五的时候每个人都是早下班的”。
- 不要去弱化你的作用。不要为了减轻你的罪责，说什么其他人也犯了同样的错误。“我是玩扑克了，但是你也买彩票了。”
- 不要去指责别人。不要指责他人在犯错误时也有份。“我早就应当知道，早上9点整你收到数据的时候也是焦虑万分。”
- 不要去弱化他人的情感。不要去弱化你的错误给别人带来的伤害。不要这样发表评论，“数据是晚到了一会儿，这又不是什么大事”。
- 不要在道歉时还不忘找借口。不要使用下面的句子：“数据送晚了，我感到十分抱歉，但是我还有好多其他的工作要做。”
- 不要通过邮件来道歉。最好是使用交际中比较私密的形式，例如，面对面或者是电话交流。这样做可能很艰难，却十分有效。如果你的错误是在网上犯的，或者电子邮件是你唯一或者主要的沟通方式，那么你也可以使用这种方式。

请人帮忙

交谈任务中最为艰难的就是请人帮忙了。当然这也取决于你要别人帮你什么忙，以及你与帮忙人之间的关系。如果对方是你的至亲好友或好朋友，而且这个忙也很容易帮，那么就不存在任何问题了。如果你请的人是你的顶头上司，要完成的工作很难而且费时，这时请人帮忙就比较困难，而且交谈会显得十分尴尬。如果你叫一个陌生人帮忙，还有可能会产生其他的问题。

尽管存在这么多的差异，我们还是要提出一些建议。下面我们提出几个步骤（见表 8-3）。

- 找一个恰当的交流机会。至少应当把时间、地点和交流的媒介考虑进去。这是不是一个恰当的时机呢？这是不是一个合适的地点呢？这个交流渠道是否合适呢？电子邮件、脸书、电话或者面对面，每一种交流方式都有优点和缺点。
- 给出适当的前馈。告诉对方你想请他帮忙，前馈不能过长。不要说了半天还没有切入主题。不要拖拖拉拉。
- 请人帮忙。对于你要求的事情要诚实。不要处心积虑先请人帮个小忙，当别人答应你后，你又请人帮个大忙。例如，你向别人借 20 元，别人借给你了，但是在你离开之前又问别人借 20 元，这就相当于你借了 40 元，那么我们觉得最有效的方法就是一开始就借 40 元。你这样的做法会让人感觉你很卑鄙，第二次就不会奏效了。

表 8-3　请人帮忙

交谈阶段	举例说明
起始阶段，你通过电话、社交媒体或者面对面与人取得联系	你好，帕特，我是克莉丝
前馈，你说明自己的需求	我想请你帮个忙
主题，你说明请人帮忙的原因	我在赌桌上输了，等等
反馈，要给对方保存消极面子，给对方留一条后路	如果你没有办法帮忙，我也能够理解
结束	你能帮我摆脱困境吗

有些作者认为，在我们请别人帮忙时，你应当对你的帮忙人恭维一番，而且这好像还是一个有效的策略——人们历来都是愿意听恭维话的，即使这种恭维带有一定的目的性。而在我们现在谈及的这种情况下，你就是想请人帮忙，故而这种策略好像有点不符合道德规范。请人帮忙，你还可以使用另外一项策略，那就是你可以拍拍某人的肩膀。这种手势其实也是一种恭维，但传递的信息却是你们之间亲密的关系。

告诉别人一些理由，你为什么需要别人的帮忙，这种策略也行之有效。如果有人给出了理由，人们也许愿意答应别人的请求。有许多研究显示，即使人们给出的理由毫无道理，人们还是会答应别人的请求。例如，在一项研究中，某人冲入一支正在排队等候复印文件的队伍，他提出的理由是，“能让我排在前面吗？我想复印一些东西”——与他没有给出任何原因的时候相比，他获得的反对意见要少。但事实上，在这种情况下，他提出的理由并不是一个真正意义上的理由。

给对方留条后路，让对方在拒绝你的时候不会过分难堪，这条建议会让你显得十分有礼貌，也能够让对方保存他的消极面子，即对方能够保存其自主权，有权利按照自己的意愿行事。这样做可能会让你得不到别人的帮助，但是这样做确实符合伦理道德。

另外一个方面就是对他人的反应做出相应的反馈，这也是最难处理的。如果别人拒绝了你的请求，便坦然地接受这种拒绝，至少应当力所能及地做到坦然面对。有的时候反复说明你为什么需要别人的帮忙也能产生良好的效果，却会损害你们的关系。因为这样做会让对方感到愧疚，而另一方则感觉被人抛弃了。

如果别人答应帮你忙，要从语言上和非语言上向对方表示感谢。你可以这么说，“我非常感谢”或者“谢谢你”，这时你还可以微笑，表示你对对方十分满意。你还可以跟对方握手、拥抱甚至亲吻，当然这一切都要根据对方帮你什么忙，以及你与对方的关系。

除了向对方表示感谢，你还应当向对方解释对方的帮助对你有什么用处。简单说明一下就是最好的办法，例如，“这将让我免于缴纳大量罚金”，“现在我可以去购买我急需的项目了”。

如有可能，特别是向人借了大量现金以后，应当向对方承诺你会尽快归还。当然，你向人提出借钱请求时也应当做此承诺。如果你请人帮的忙，没有牵扯到回报，那么你也应当在其他场合或以其他方式表明你愿意去报答对方。

最后再次向对方表示感谢。

恭维

恭维（compliment）就是表扬他人、奉承他人并向他人表示祝贺的一种信息。恭维的话就像人际关系中的润滑剂，能让你以积极的态度、直接的方式与另外一个人产生关系。同时，恭维也是交谈的开始，例如，“我很喜欢你的手表，你在哪里买的？”

恭维还有另外一个目的，那就是去影响他人。当你恭维他人时，你也希望他人能够恭维你。恭维还可以影响其他人的行为方式。例如，服务员恭维食客点菜很有一套，那么他们会获得更多的小费；相反，如果他们没有表达类似的恭维，他们获得的小费就会比较低。在另一项研究中，如果年轻的男性恭维年轻女性的长相，那么这位女性就会满足这个年轻男性请她喝一杯咖啡的请求，反之则不尽然。

恭维可以分为有条件的和无条件的两种。无条件的恭维是指信息中不带任何附加条件。“你的论文写得很好，可以获得A。”有条件的恭维就是另外附加条件。“你的论文写得很好，如果不是有一些小问题的话，可以得到A+。”你也可以根据自身的能力，给人提出有条件的恭维。“你写的歌听起来太棒了，但是我对音乐确实一窍不通。”

讽刺挖苦的恭维话（backhanded compliment）不能算真正的恭维话，这种话披着恭维的外衣，实际上是对别人的一种挖苦。“这件毛衣的颜色让你的脸色看上去不是那么苍白，显得还有点精神。”你这不是在恭维毛衣的颜色，而是在批评别人的肤色。“看上去你终于瘦了不少，我说得没错吧?”你在恭维某人苗条的身材，但事实上你又在指责这个人太胖了。其实说恭维话是很难的，在让对方没有感到不舒服或者不尴尬的情况下做出回应更是困难，但幸运的是我们可以给你几条建议。

- 真实，诚实。说真心话，不要说出一些连你自己都不相信的恭维话，这样的恭维话让你显得不够真诚。
- 恭维要适度。过度的恭维会让人感觉你不够诚实（“这是我见过的装修最好的公寓”）。与此相同，不要不分场合地随意恭维他人，如果你这样恭维他人，很多人就会认为你的恭维话不值钱。
- 不带条件的恭维。不要说一些带有条件的恭维话。如果你对某人说了恭维话，后面还加上一个“但是”或者“然而”，你就要仔细反思一下你真正想要说什么。很多人会记住你的附加条件，而不是你说的恭维话，有条件的恭维让人感觉是批评。
- 具体。你的恭维话不要过于笼统，而要具体。不要说“我喜欢你的演讲”，而要说“我喜欢你的演讲，你一开始就吸引了我的注意力，后面的话也让我全神贯注”。不要说一些模棱两可的话，那样会让人产生误解。
- 自身的感受。你的恭维话一定要表达自身的感受。“你的歌声真正感动了我，让我想起了过去的许多美好时光。”但是对别人的恭维不要牵涉过多的私密话语，例如，“你的头发看上去很自然。你这是自然卷还是戴着假发呢?”与此同时，不要让你的恭维话让人误解成性骚扰。根据你和对方的关系，你可以对他直呼其名。人们比较喜欢听到有人提到他们的名字，恭维话更是如此。
- 恭维别人的成就。有些人际关系专家建议，你应当多恭维别人取得的成就，而不是恭维他们是谁，或者恭维他们无法控制的事物。例如，你可以恭维别人思路清晰的报告、他们写的诗歌、他们解决的问题、他们使用的策略，等等。你最好不要去恭维人家有一双漂亮的眼睛。

视野：恭维

有些人际关系专家建议，你应当恭维别人取得的成就，而不是恭维他们是什么人，或者他无法控制的事情。例如，有人写了条理清晰的报告或美妙的诗句，或者有人解决了问题，有人运用了恰当的策略，你可以恭维他们，但是不要因为某人长相出众，或者有一双漂亮的眼睛而去恭维他们。

你觉得这个建议好吗?

收到别人的恭维，人们一般会产生两种反应，一种是否认，另一种就是接受。很多人会否认别人的恭维（“听到你这样说，我感到很高兴，但是我知道我没有那么好”）或者是弱化这种恭维（“我写的美国小说并不好，一篇文章而已，没人会去读的”），转换话题（“我们到哪里去吃晚饭呢”）或者什么也不说。这都是在否认别人的恭维。我们认为更好的选择是接受别人的恭维。接受别人的恭维由下面这些因素构成：（1）一边微笑，一边看着别人（不要看着地板）；（2）你可以简单地说一声谢谢。如果有可能，可以说一些自身的想法，解释一下恭维的意义，为什么别人的恭维对你很重要（例如，“我非常感谢你的评价。在这个项目上，我花费了很多精力，听到这个项目有作用，我真是太高兴了”）。

建议

我们最好把建议（advice）看作一个过程，在这个过程当中，你给另外一个人的思想和行为提供一些意见，其目的是改变这个人的思想和行为。在许多情况下，提供建议其实就是为了解决某个问题而提供的一种意见。例如，你可能会给一个朋友提供一些意见，并希望他能够改变对诸如恋爱关系、经济状况或者是职业发展道路的看法。或者你会建议某人开始做些事情，如开始约会、投资某些股票等。有些时候我们提供建议是为了鼓励某人坚持现在的想法或正在做的事情。例如，尽管遇到很多困难，但也不和帕特分手；持有已经购买的股票，或者继续目前的职业发展道路。

我们把最重要的一类意见叫作元意见（meta-advice），也就是关于意见的意见。我们目前至少发现了三种不同的元意见。

- **探索不同的选择。**例如，一个朋友从来没有约过会，他向你咨询应当如何做，这时你可能会帮助你的朋友找到合适的选择，如相亲网站、闪电约会、单身汉组织，以及各种选择的优劣之处。
- **寻求专家的意见。**如果别人问你的东西你一无所知，那么最好的办法就是找一个相关领域的专家来咨询。如果一个朋友问他一直咳嗽应当怎么办，那么最好的元意见就是“去看看医生”。
- **不要急于做出决定。**如果有人要你对某个决定提供意见，但是这个决定你还可以拖延一段时间，那么最好的元意见是不要立刻做出决定，在此期间可以收集足够的信息。例如，如果有人问你，他有两周的时间来决定是否应该为某公司工作，那么我们提供的元意见是不要急于做出决定。在此期间，你可以对这个公司做一番更为深入的调研。

元意见是最为安全、妥当的一类意见。如果你建议某人对某个选择做详尽的考察，这并不等于你给他提供了一些意见，而是让他去收集信息，然后自己做出决定。

给人提建议

如果想给人提供有效的建议，你应当遵循如下原则：

- 倾听。这是给人提供建议时需要遵循的第一条原则。倾听别人的想法和感受，判断出对方真正的需求。例如，如果有人对你说“我真不知道怎么办”，那么很有可能他只是向你寻求支持，并找一个人倾诉一番，而不是真正想要听取你的建议，这个人可能就是想在朋友面前发泄一下。如果有人问：“你觉得我应当怎么做才能把房间装饰得更好看一点？”可能他只是想获得你的表扬，而非想从你那里获得一些建议。他想要的可能是如下的反应：“这真是太完美了，我什么也不敢碰了。”如果你不知道对方的意图，那么可以问问他。
- 感同身受。体会一下对方的感受，你也可能经历过类似的情感，想想这件事对对方有多么重要。总而言之，你可以与对方换位思考一下。
- 不要过于肯定。如果你给人提供建议，寻求建议的人有权利知道，你对自己的建议有多少把握，又有多少证据能够证明你的建议行之有效。
- 提供各种选择。如有可能，给对方提供几个选择，并说明每个选择的优劣之处。如果你做了 X，那么结果 A 和 B 就会随之而来。如果有条件，你可以让寻求建议的人自己确定每种选择可能会产生什么样的后果。
- 确定对方听明白了。一般来说，寻求建议的人情感上都比较悲观，记不住交谈中的每一句话。在你提供建议以后，你可以看看对方的反应，试探对方是否听明白了。你可以这么说，“你觉得这样做有道理吗？”或者“你觉得我的建议可行吗？”
- 保密。寻求建议的人问询的都是十分私密的事。如果对

人际关系抉择时刻

讨厌的建议

你对开办一家新企业有一些想法，并想与你最要好的朋友讨论一番，但他有一个让人厌烦的习惯，那就是给你提供一些你根本不需要的建议，而且这些建议只能让你感到更加难过。面对这个问题，你如何处理呢？

a. 在他说话之前，先给你的朋友解释你不需要建议。

b. 给你的朋友解释为什么你不需要建议。

c. 不要告诉对方该做什么，不该做什么。

d. 告诉你的朋友如何给人提供建议，并告诉你朋友不要胡乱给人提供建议。

e. 其他。

方没有明确要求，最好不要把交谈内容讲给他人听。

- 不要使用命令的口气。寻求建议的人有最终的决定权。你可以这么说，“你可以这样做”“你可以那样做”，而不是说“你应当怎么做”。不要命令也不要暗示对方必须听从你的建议，因为这样可能会损害对方的消极面子，以及对方的自主权。

接受建议

- 如果你向别人寻求建议，那么你就应当接受对方的话。即使你不遵循对方的意见，你也应当听取对方的意见，并认真加以考虑。
- 不要企图报复或者批评给你提供建议的人。即使你没有向对方要求提供建议，也不要做出如下的反馈：“啊！你的头发也不好看啊。”你可以考虑一下对方提的建议有无可取之处。如果你决定不采纳对方的建议，那么你可以问问自己，为什么对方会认为你需要这样的建议。
- 讨论建议。与给你提供建议的人讨论一番。在问问题和回答问题的过程中，你可能对需要解决的问题有新的看法。
- 表示感谢。向人表示感谢有的时候很难为情，但是我们认为最好的办法就是向给你提供建议的人表示真挚的感谢。

对别人的建议进行反馈

如何对别人提供的建议给出恰当的反馈，这是一个很难的过程。下面我们针对如何更有效地接受别人的建议提供一些想法。

- 感谢对方。能够给人提出建议实属不易。你向对方表示感谢，能够确保将来对方也愿意给你提供建议。
- 让对方知道你在认真考虑他的建议。一定要注意，不要显示出你未加考虑就放弃了对方的建议。
- 运用你的积极倾听技能。把对方的话再解释一遍，表示你理解了对方的语言。如果你还有不懂的地方，可以向对方提出疑问（不是为了辩解）。
- 一定要记住，你不一定要遵循对方的建议，但你应当让对方知道你对他的帮助十分感谢。

在这些日常交谈中，你可以选择说什么话以及如何做出反馈。认真思考你所做出的选择，把谈话中所有可能受影响的因素都考虑进去，同时也要权衡影响每一种因素的优劣之处。如果你权衡了所有的选择，那么你就可能会做出最好的选择。

人际关系

3 第三部分

第9章
人际关系的阶段、人际交流和人际关系理论

人与人之间关系的建立和发展，以及有时候关系的解体，其方式都有极大的差异。了解人际关系的不同阶段和各种理论有助于按照预期轨迹发展人际关系。

和他人接触是非常重要的，如果你长时间不接触任何人，你就会变得消沉，产生自我怀疑感，甚至可能连安排基本的日常生活都很困难。研究很清楚地表明，带来幸福感的最重要的因素——比金钱、工作和性还要重要——是与另一个人有亲密的关系。

学习人际关系的最佳方式是从审视自己的人际关系开始，了解你的人际关系的优缺点。你可以问一下自己，你的人际关系（过去、现在和你期待未来会有的）对你产生了什么影响。你可以考察你总体上的人际关系情况（比如，友谊、恋情、家庭和工作），也可以专门考察与某个特定的人的关系（比如，你的另一半、你的孩子或你最好的朋友），或者考察某一种类型的人际关系（比如友谊），判断下列说法是否正确，看看你的人际关系有没有产生这些作用。你不妨把这个练习做两遍，一遍针对面对面交流，一遍针对网络交流。

1. 我的人际关系帮助我减轻孤独感。
2. 我的人际关系帮助我了解自我并增强了自尊。
3. 我的人际关系使我的身体和情感都更健康。
4. 我的人际关系增加了我的快乐，减少了我的痛苦。
5. 我的人际关系使我获得了（智力上的、身体上的、情感上的）激励和启发。

以上是人们普遍认为人际交流所具备的优点，现在我们逐条简单地解释一下。

1. 人际关系可带来的最大好处之一是有助于减轻孤独感。它可以让你感到自己有人关心、有人喜欢、有人保护，并且最终能得到某个人的爱。
2. 通过与他人接触，你了解了自己，从不同的角度看待自己，也知道了自己的不同角色——比如，你是子女、是父亲或母亲、是同事、是经理、是某人最好的朋友，等等。良性的人际关系能增强自尊，提升自我价值。仅仅是拥有一个朋友或恋人就足以使你感到你是受欢迎、有价值的。
3. 不断有研究表明，人际关系对一个人的身体和情感健康非常重要，它还能带来幸福感。如果跟任何人都没有亲密的关系，那么你就更容易感到沮丧，而这一点反过来又会大大增加身体患病的可能。事实上，孤独所造成的死亡率与高血压、高血脂、肥胖、吸烟或缺乏运动导致的死亡率差不多。
4. 人际关系最基本的作用是可以增加快乐，减少痛苦，这一基本作用可以说把其他所有作用都包含进来了。例如，有了好朋友，你的好运可以给你带来加倍的快乐，而你的困难给你带来的痛苦却能减半。
5. 正如植物都有趋光性朝着阳光生长，人类都具有趋刺激性，总是在寻求各种激励。与人交往是得到这种激励的最佳方式，无论这种激励是智力上、身体上还是情感上的。即便是想象出来的人际关系也比没有强。

接下来，请以同样方式判断下面的说法。

6. 我的人际关系会给我带来压力，使我暴露自己的脆弱，让我不舒服。

7. 我的人际关系使我要承担更多的责任。

8. 我的人际关系使我没法发展与其他人的关系。

9. 我的人际关系令我害怕，因为可能很难终结。

10. 我的人际关系伤害了我。

大部分人认为以上这些是人际关系的缺点所在。

6. 亲密的人际关系会给你压力，让你不得不展现自己，暴露自己的脆弱。在双方互相支持、照顾的情境中，这样做一般而言是值得的，但是如果关系恶化，这些弱点就会被用来对付你，产生事与愿违的后果。
7. 亲密的人际关系有时候会很大程度地增加你的责任。你的时间不再完全属于你。另外，虽然你开始一段关系是为了花费更多时间陪伴这些特殊的人，但为他们花费时间（也许还有金钱）也因此变成了你的义务，这可能让你不快乐。
8. 亲密的关系可能会让你不得不放弃与另外一些人的关系。有时候是因为这些人虽然是你喜欢的，但你的伴侣却受不了。然而，更可能的原因是时间和精力不够——经营人际关系既需要时间也需要精力，而你只能在其他的不太密切的关系上少花点时间和精力。
9. 你与他人的关系越密切，这种关系就越难以终止，这对某些人来说是很难受的感觉。如果关系恶化，你会感到痛苦或沮丧。例如，在某些文化中，宗教的压力会阻止已婚夫妇离婚。如果其中涉及大笔金钱，那么结束一段关系则意味着要放弃你花费了一生所积累的财富。
10. 当然，你的伴侣还可能会让你心碎。他可能离开你，无论你如何请求或许诺都没有用。你所受伤害的严重程度一部分要看你有多么在乎或多么需要你的伴侣。如果你特别在乎，那么你会受到特别大的伤害；而如果你不是很在乎，伤害就会小一点——这实在是生活中的一个小讽刺。

人际关系的阶段

人际关系是由一个个的个体创立和构建的，从这个角度看待人际关系对我们很有帮助。比如，在帕特和克莉丝二人的关系中，事实上有许多种关系存在：（1）帕特眼中的二人关系；

（2）克莉丝眼中的二人关系；（3）帕特希望和努力建立的二人关系；（4）克莉丝希望的二人关系。当然，还有他们的朋友和亲戚眼中所看见的二人关系。这些关系各不相同，都会在他们的交流中真实地反映出来。例如，帕特的母亲不喜欢克莉丝，她在与帕特和克莉丝的交流中会把她眼中看到的二人关系如实反映出来，而这些非常可能以某种方式影响帕特和克莉丝。除此之外，还有不带主观情感的研究者或观察者所看到的二人之间的关系。这样看来，在任何人际关系中其实都存在许多种人际关系。

这并不是说就不存在真实的关系了，而是说存在许多真实的关系。而且，由于这样建构出来的人际关系各有差异，因此人们常在许多问题上意见不一，用极为不同的方式来评价这个关系。在脱口秀节目中，我们常常能看到夫妻对二人之间的关系有完全不同的看法。第一个嘉宾会说一切都很好，直到第二个嘉宾上场并大发雷霆，第一个嘉宾才知道并非如此——这常能让我们看到长期的不满和令配偶震惊的行为。

人际关系最明显的一个特征是其具有阶段性，从初次的接触开始，之后关系越来越亲密，有时候关系还会终结。你和另一个人不大可能第一次见面就能成为亲密的朋友，你们之间的亲密关系是逐步建立的，这中间就有许多步骤或阶段。大多数人际关系都是如此。

图 9-1 所展示的六个阶段是大部分人际关系都会经历的阶段。如图所示，这六个阶段是：接触、涉入、亲近、恶化、修复、解体，每一个阶段又分早期和晚期两个时期。图中的箭头代表关系变化时阶段的转变。

接触

在接触（contact）阶段的初期，人们会有某种感知接触——你看到某人，听到某人的声音，读到来自某人的信息，看到某人的照片或视频，读到某人发的帖子，或者你闻到了某人的气味。在这个基础上你形成有关这个人的精神或身体的印象——性别、大致年龄、信仰和价值观、身高，等等。在这种感知之后常会有互动式接触。这种接触是表面的、相对客观的。在这个阶段，你们交换一些基本信息，为任何更进一步的交往做准备（“你好，我叫乔”），或者你可以请对方与你做朋友。你可以主动开始你们之间的互动（“我能加入吗”）并以邀请的方式进行你们的交流（“我能给你买杯拿铁吗”）。接触阶段是“第一印象”的形成阶段。某些研究人员认为，正是在这一阶段——在最初交往的前 4 分钟——你会决定是否要把关系发展下去。

涉入

在人际关系的涉入（involvement）阶段，你会发展出一种相关感，感觉你们之间有关联。

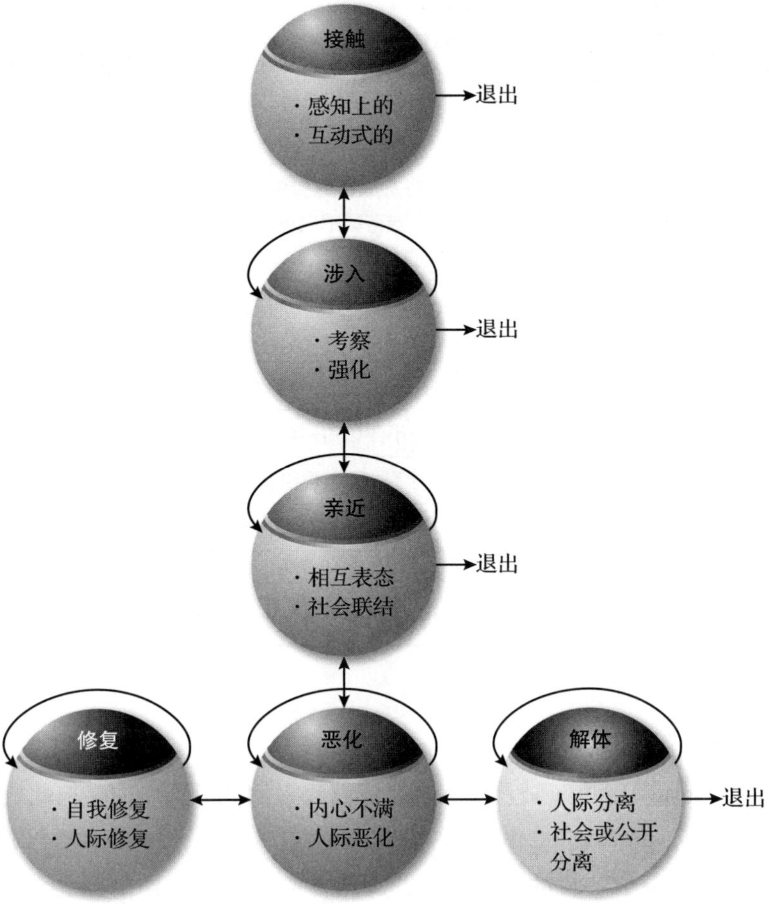

图 9-1　人际关系的六阶段模型

由于人际关系各不相同，差异很大，因此，任何关系模型都应被视为讨论人际关系的工具，而不是某个特定的模式，表明你会从人际关系中的一个位置变化到另一个位置。你认为是否还有其他步骤或阶段可以进一步解释人际关系发展中出现的情况？

这时，你尝试并努力了解对方的更多情况。在涉入阶段的初期，人们会进行某种考察。你想知道你初期的判断是否合理，所以你会问这样的问题："你在哪里工作？""你的专业是什么？"如果你还想更进一步地了解这个人，你会更多地与之交流，而且可能会告诉对方你的一些情况（当然只是非常基本的情况），从而继续你们之间的交往。还有一种考察二人关系是否合适的方式是亲吻。

在恋爱关系中，你可能会使用各种方法使二人关系进入下一个阶段，也许你们可以发展出亲密的关系。例如，你会更频繁地与对方联系；给他一些情感暗示，如送礼物、卡片或花；你会使自己更有魅力；会做一些表明你想进一步发展关系的事情，如增进感情或让对方妒忌；你们在性方面也会更加亲密。表 9-1 是人们面对面增进感情时使用的一些语言和非语言方式及其注意事项。

表 9-1 增进感情的九种方法

增进感情之要点	注意事项
保持注意聆听的姿态，面对对方，身体前倾，把头歪向一边（以便更清楚地看见你感兴趣的人）	不要靠对方太近，以免对方感到不自在
与之进行眼神交流，而且持续时间要比一般情况长；上挑眉毛表示你对其有兴趣；比平常多眨眼，多移动你的眼睛；朝着对方挤挤眼	要注意，与对方进行直接的眼神接触时不要让对方认为你不怀好意或有冒犯之意；也不要太频繁地眨眼——对方会以为你眼睛有毛病
微笑或用面部表情展示你的积极情绪	不要太夸张，听了个很无聊的笑话就放声大笑可能会让你显得很虚伪
触摸对方的手	要把握好触摸的合适度，不要让对方认为你很讨厌
做与对方相似的行为	不要太过度，不要让对方认为你是在故意模仿
自我介绍	不要太长，也不要把自己说得太可爱
问一个问题（最常见的是“这个位子有人坐吗”）	不要嘲讽或开玩笑，这些很容易被误解
恭维（“这件夹克真好看”）	不要说听上去太亲密的恭维话
有礼貌，对其积极面子和消极面子的需求都要尊重	不要过分有礼貌，否则会显得很虚伪

亲近

在亲近（intimacy）阶段，你更加明确地向对方表态，在你们建立的这段关系中，彼此成为最好或最亲近的朋友、爱人或伙伴。你们会更多地交流，交流质量也更高，你们当然会更多更细地谈论你们的关系。你们还会分享各自的社交圈子，即便你们的文化差异很大也会这么做。到了这个阶段，你会对这段关系更加满意。

亲近阶段常可分为两个时期。在相互表态时期，两个人私下里向对方表态；在社会联结时期，你们把关系公开，可能会让家人和朋友知道，也许还会让更多的人知道。这时，你与恋人变成了一体，别人一眼就能看出来你们是一对恋人。如果双方都对这个关系满意，那么会更进一步给予对方承诺，但如果两人感到不太满意，则不会做出太多承诺。承诺可分为三种类型，请回答下列问题，你的答案就对应着这三种类型的承诺：

- 我有继续保持这段关系的愿望吗？我是否渴望让这段关系持续下去？这种意愿有多么强烈？
- 我是否有道德上的责任要保持这段关系？我是否做出了必须遵守的承诺？
- 我是否不得不保持这段关系？保持这段关系是必须为之吗？

所有的人际关系一定程度上都是由承诺维系的，这种承诺建立在意愿、责任或必要性的基础上，也可能是建立在这些因素的总和的基础上。而这段关系是否牢固，包括是否能抵制住可能出现的恶化，与承诺的程度有关。如果某段关系出现了恶化的苗头，然而双方都做出了极大的承诺，要忠守这段关系，那么他们就很可能扫除障碍，使这段关系转危为安。例如，与承诺度低的夫妻相比，承诺度高的夫妻不会因为小小的不满而争吵，而是会更多地支持对方。同样，在许多情况下，那些做出了极大承诺的人更可能感受到妒忌。当双方都不太忠诚于这份关系，而且怀疑是否还有充分的理由要待在一起，那么关系就会急剧恶化。

恶化

关系恶化（relationship deterioration）阶段的特征是朋友或恋人间的联结度减弱。恶化的初期常出现内心不满：你开始对你们的日常交流感到不满意，而且从更负面的角度看待你们未来的关系。如果这种不满继续发展下去，就会进入第二个时期，即人际恶化时期。你们不再继续交往，而且分得越来越开；你们不再共度休闲时光；当你们在一起时，你们更多时候是尴尬地沉默着，也不再相互袒露心声，身体接触也更少，而且心理上也不再感觉亲密。同时，你们之间的冲突却越来越多，并且不易解决。

也是在这个阶段，你会考虑是否结束这段关系。你会衡量利弊。此时你会征询朋友的意见，包括见过面的朋友和网络社交平台上未曾谋面的朋友。如果还是不知道该怎么做，那么有很多网站可以提供建议。

首先，问题的产生是由于这种关系已不再能满足关系发展的需求。除此之外，表 9-2 列出了导致关系恶化的其他一些原因。表中所列出的预防措施并不是说所有的人际关系都必须维持，有时候人们有足够的理由应该分手。

表 9-2　人际关系恶化的一些原因

问题	原因	预防措施
不善于沟通	在沟通过程中过分批评对方，不支持对方或总是否定对方，会使对方产生不满，并能轻易地导致友谊、恋情和家庭关系破裂	谈谈你们之间的沟通方式；把你的期待说出来
与第三方的关系	如果这段关系无法继续满足某一方的目的，那么他就可能去寻求新的关系；如果新的关系可以满足其目的，原来的这段关系就可能恶化	坦率地与对方谈论你的需求，告诉对方你从这段关系中想得到什么，同时也倾听对方的需求
关系的变化	对事物的态度截然相反，兴趣爱好和能力迥异，或主要目标发生改变，都可能导致关系恶化	出现了变化要与对方讨论，仔细思考对方出现的变化。如果合适并可能，可以参与到对方的变化中去

（续）

问题	原因	预防措施
与性和工作相关的问题	关系内的问题（如性方面的问题）或关系外的问题（如工作方面的问题）都会给这段关系增加压力，其所带来的后果经常是寻求其他的、更能相互帮助的关系	与对方讨论这些问题，或者与治疗师讨论一下，也可以两件事都做，这有助于防止问题变得更加严重
经济上的困难	金钱（部分由于它与权力和控制力密切相关）常被证明是人们保持关系时可带来极大问题的因素	在开始一段关系前就可以先跟对方谈论你们对金钱的态度和看法
关于这段关系的理念	如果你和对方在某些方面（比如性和金钱期望方面）的看法有极大差异，那么你们的这段关系就更可能变得不稳定，你们之间就更可能产生人际距离	尽量做到思想开放，灵活；差异并不绝对会导致关系恶化

修复

一段关系中的伴侣在感觉关系恶化时，有些人会着手进行关系修复（relationship repair），另一些人则不会停下来思考，从而导致关系最终解体。在修复阶段，人们会努力修补这段关系，使之回到最初最愉快的阶段。

在修复阶段的初期，即自我修复时期，你会分析到底哪里出了问题。并考虑如何解决这段关系中出现的这些问题。在这个阶段，你会考虑改变一些行为，或者改变一下对对方的期待。你还可能衡量你能从目前这样的关系中得到什么，以及如果关系终结会给你带来什么。

假如你决定要修复这段关系，那么你会在人际修复时期与对方讨论这个问题。你会与之讨论这段关系中出现的问题，你希望看到的改变，也许还有你愿意如何做以及你希望对方做些什么。这个时期你们会交换意见以便达成新的一致，做出改变。你们可能自己尝试修复这段关系，也可能寻求朋友和家人甚至专业人士的帮助。

解体

在关系解体（relationship dissolution）阶段，个体间的联结断裂了。在这一阶段的初期，解体常表现为人际分离，你们可能分居，开始过没有对方的日子。如果你们能接受这种分离的生活，而且当初的关系无法修复，那么你们会进入社会或公开分离时期。如果这段关系是婚姻关系，这个时期就是离婚。避免再见面，回到“单身”的日子，是解体阶段的主要特征。在脸书上，这个阶段表现为把某人拉黑，或者屏蔽这个人，不让他看你的帖子，也可能彼此同时拉黑并屏蔽。

在解体这个阶段，曾经的伴侣开始把自己看成是独立的个体。他们各自努力构建新的生活，单身或者与别人一起。不过有些人确实会在心理上继续这段已经解体的关系，他们会经常去曾经见面的地方，反复读对方写的情书，重温曾经美好的时光，无法从这段感情中抽身而出，这段无论从哪个角度而言都已经逝去的关系却活在他们的记忆中。

有些文化强调代代相传的延续性，在这样的文化中，人际关系一般是持续和永久的。那些保持了长期关系的人会得到回报，而那些破坏关系的人往往会受到惩罚。但是在另一些文化中，变化被视为积极的事情，因此人际关系更可能是暂时性的。类似鼓励长期的关系以及惩罚破裂的关系这样的事明显减少。

阶段间的变动

人际关系不是静止不变的，人际沟通状况会使关系从一个阶段变化到另一个阶段。有三种基本的变动：阶段变动、关系转折点以及关系许可。

阶段变动

图 9-1 所示的六阶段模型中标明了发生在人际关系中的几种变动。在这个模型里，你会看到三种箭头：

- 退出箭头。退出箭头表示你在每个阶段都有可能退出这段关系。比如，说完“你好”之后你可以说“再见”，然后退出。即便是最亲密的关系也是可以终止的。
- 垂直箭头。两个阶段间的垂直箭头表示你可以从一个阶段变化到另一个阶段：关系可以变得更密切（比如，从涉入阶段到亲近阶段），也可以变得不那么密切（比如，从亲近阶段到恶化阶段）。
- 自指箭头。自指箭头，即回到同一阶段的初期的箭头，表示任何关系都可能在任何时候稳定下来。例如，你可以一直把关系保持在亲近阶段，而不会进入恶化阶段或回到不太密切的涉入阶段。或者，你也可能保持在泛泛之交的阶段——接触阶段，而不会有任何关系上的进展。

可想而知，人际关系从一个阶段变到另一个阶段很大程度上由你的交流技能决定。例如，你是否有以下这些能力：开始一段关系，呈现自己讨喜的一面，表达爱慕之情，适当地袒露心迹，还有，必要的时候，以温和的方式终结这段关系。这些内容将在本章的最后一节（人际关系交流）加以讨论。

关系转折点

不同阶段的转变有时候是渐进式的，有时候是跳跃式的。我们常常是逐步地从一个阶段发

人际关系抉择时刻

结束一段关系

你与某人在网上有一段八个月（但比较深刻）的恋情，现在你想结束这段恋情。你会怎么做？

a. 发一条脸书信息。

b. 更新你的脸书状态。

c. 面对面交流。

d. 电话告知对方你的决定。

e. 其他。

展到另一个阶段，不会从接触阶段一下子跳到涉入阶段再跳到亲近阶段，而是一步步地，一段时间内变化一点点。除了这种渐进式的变化，还存在关系转折点（turning points）。这些转折点是发生在人际关系中的重要事件，对关系中的个体和关系本身都有重要影响，而且可能改变这段关系的发展方向或轨迹。例如，一段缓慢发展的关系可能会出现突飞猛进，这往往发生在第一次约会、第一次亲吻、第一次性接触或第一次与对方的孩子见面之后。

转折点因文化不同而不同。在某些文化中，第一次性经历是非常重要的转折点；而在另一些文化中，这只是正常约会过程中的一个小进展而已。

能成为转折点的事件在关系的不同阶段也是不同的。例如，在涉入或修复阶段，一份昂贵且表达亲密的礼物可能成为转折点；但如果在亲近阶段，而且你们经常互送这样的礼物，那这些礼物不过是很普通的物件；而如果在关系进展过程中过早地送出这样的礼物，那显然是不合适的。

关系许可

视野：使关系由好变坏的转折点

转折点常常使关系变得更好，但也可能使关系由好变坏。例如，第一次发现伴侣不忠，对过去的经历撒了谎，或者暴露出虚弱的身体状况，这些都可能成为恋爱关系中的重要转折点。你怎样看待人际关系由好变坏的转折点？

要理解某种不同类型的变动，我们可以来看一下关系许可（relationship license），即由于进入了关系的某个阶段而许可或准许打破某种关系准则。随着关系的发展变化，关系许可也在变化。当你们的关系越来越密切，接近亲近阶段时，你就得到了更多的许可，之前在接触或涉入阶段不能说的话或不能做的事，此时你都可以去说或去做。随着关系的发展，许可范围也越来越大；而如果关系逐步恶化，那么许可范围就会越来越小。例如，多年的老友或浪漫的情侣（比如，在亲近阶段时）可以品尝对方的食物，为对方准备衣服，或者从后面拍拍对方。这就违反了某些规则，这些规则对于不那么亲近的人、泛泛之交或处在关系发展最初阶段的人而言是普遍需要遵守的。而在逐步恶化的关系中，许可范围会越来越小，或者许可会被完全收回。

在某些关系中，许可是对等的，每个人得到的许可是一样的。而在另一些关系中，许可是不对等的，其中一方可以得到比对方更多的许可。例如，可能一方被许可在任何时候回家，而另一方却必须按时回家。或者，一方无须解释就可以花对方的钱，但另一方就没有这样的权利。

人际交流中的伦理道德

展示自我的义务

如果你们关系密切，你对你的伴侣就会产生极大的影响，因此你有义务更多地透露自己的情况。同样，由于对方与你关系那么亲密，因此你也会觉得伴侣也有义务向你透露一些信息。

在一段关系的什么阶段，你觉得你有道德上的义务透露下面列出的 10 条信息？假定一段关系存在于一个连续体上，1 表示最初接触，10 表示极端亲密，请用数字 1 到 10 标明在什么时候你会觉得你的恋人或朋友有权了解下列信息。如果你觉得你永远没有义务透露这些信息，请用 0 表示。

在什么时候你认为你有道德上的义务向你的恋人（比如，你们有一两年的恋情）和你的亲密朋友透露下列信息？

恋人	朋友	
_____	_____	年龄
_____	_____	家族遗传病史
_____	_____	艾滋病毒状况
_____	_____	过去的性经历
_____	_____	婚史
_____	_____	年薪和净财务值
_____	_____	情感取向
_____	_____	对其他种族和民族的态度
_____	_____	宗教信仰
_____	_____	曾经的犯罪行为或监禁情况

伦理道德抉择点

你正投身于一段恋情中，你的伴侣强烈要求你说出你过去的性经历。你真的不想说（你不认为你的那段过去值得骄傲）；此外，你认为这与你目前的关系无关。在这种情况下，你道德上的义务是什么？是否有某些方面，你在道德上有义务透露，而其他方面，你没有道德上的义务透露？

随着你在人际关系不同阶段中的转变，你可以争取在不放弃隐私的前提下得到某些许可，这是人际交流的技巧之一。这种争取很少以明确的方式进行，一般都是以非语言方式完成，且一次增加一点点。例如，亲密接触的许可，很可能是在一系列越来越亲密的接触之后才能得到，而这一系列的接触是从基本不带什么感情色彩的接触开始的。

人际关系中的交流

交流是人际关系的命脉所在——没有交流，人际关系不可能存在。同时，如果没有有效的交流，也就不会存在有效的人际关系。而一旦有了有效的交流，你就更可能使你的人际关系变得富有建设性、令人满意，而且是支持的、开放的、诚实的，具备所有你希望人际关系所具备的特征。我们来看一下交流的一些模式，并了解如何在关系的发展、恶化和修复过程中达成有效性。

关系发展和维持中的交流

随着关系的发展，交流的广度和深度也在增加。社会渗透理论（social penetration theory）对此进行了清晰的解答。这一理论从人们谈论的话题数量（关系的广度）和这些话题的个人隐私度（关系的深度）来讨论人际关系。

如图 9-2 所示，我们可以用一个圆来代表一个人，并把这个圆分成若干部分。该图展示了社会渗透的不同模型。图中每个圆都有八个话题区域，代表广度（从 A 到 H），还有五个层次的亲密度，代表深度（由同心圆表示）。注意，在图 a 中，只有三个话题区域被渗透了，其中一个话题区域只穿透到了第一层，而另两个话题区域穿透到了第二层。在这种类型的沟通中，讨论了三个话题区域，而且都是非常浅层的讨论，这种类型的人际关系可能是你与某个熟人之间的关系。而图 b 较之图 a 有更大的深度和广度，讨论的话题数量更多，渗透的层次也更深，因此表示的是较为密切的人际关系，这一类型的人际关系可能是你与某个朋友的关系。图 c 表示的是更为亲密的人际关系，这个图展示了相当大的广度（八个区域中有七个都被渗透了）和相当大的深度（大部分区域都渗透到了最深一层），这种类型的人际关系是你与爱人、恋人或孩子之间的关系。

以下是人们在发展和努力维持关系时如何交流的例子，我们以建议的方式解释如何达成有效的人际关系。首先，必须指出，这些信息可以通过任何可能的交流手段发送。许多关系都是在线上发展的（婚恋交友网站 Match.com 的广告声称，20% 的人际关系是从线上开始的），而且由于线上关系很容易维持，即便双方远隔千山万水也没关系，因此相当多的人际交

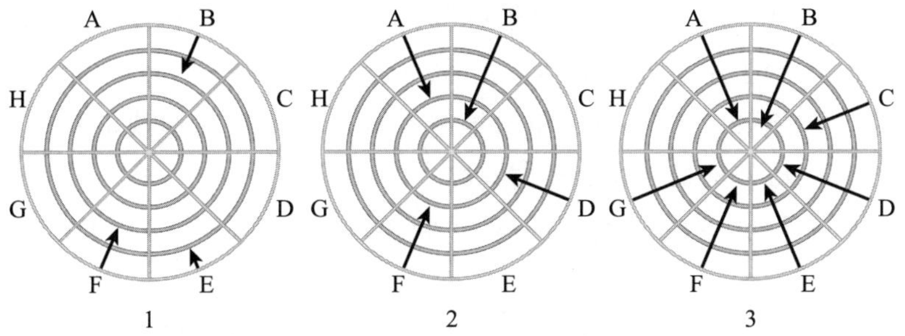

a 相对陌生的人　　b 朋友　　c 亲密的关系

图 9-2 社会渗透模型

广度和深度的概念准确地表达了不同层次人际关系中的交流情况。随着交流的变化，比如从与点头之交者的交流变化到与朋友或密友的交流，信息的哪些方面还会随之改变？

流是通过电子邮件、在脸书上发帖、即时信息、短信和推特得以开展的。但有一种行为不能在网上体验，那就是亲吻。相比于男性，亲吻对女性更重要，常被用来维持、巩固和加强人际关系。

- 接触。可以打个电话问一句“你好吗”，也可以送张卡片或寄封信。有时，交流只是一种闲聊，它本身无足轻重，却能让你参与到沟通中来，因为它保持了你们之间的联系。你还可以谈论关系中的诚实和开放问题，谈论共同的感受。如果发生冲突，要做出积极的有利于继续交流的反应（即使你的伴侣可能做出了对关系有害的行为），这是另一种交际维护策略。
- 待人友善。要礼貌、开朗、友好；不要批评他人；即使需要一些自我牺牲，也尽量和解。这方面还包括谈论共同的未来，例如，谈论未来的假期或一起买房子。你也可以做出一些深情和浪漫的举动。
- 开诚布公。你可以直接与对方讨论，并倾听对方的意见。例如，你可以告诉对方自己的一些情况以及你想从这份关系中得到什么，同时给出建议，并表达同理心。
- 做出保证。你向对方保证这种关系对你非常重要。例如，你可以安慰对方，把你的伴侣放在第一位，并表达你的爱。
- 共同参加活动。你花时间陪伴另一个人，如打球，拜访彼此的朋友，以夫妻的身份做一些特定的事情（比如打扫房子），有时只是在一起，毫无顾虑地谈谈你们做过的事

视野：线上见面

有研究发现，两人在网上认识之后，如果能够交流一段时间再见面，在一起的可能性会比不怎么交流就见面的要大。

根据你的经历，你会如何预测什么样的两个人在网上认识后可能在一起，而什么样的两个人不投缘？

视野：越来越相似

人们发现，长期伴侣关系中的夫妻在面部特征上比随便结合的夫妻更相似。其中一个原因是共情（除了显而易见的一个原因，即我们一开始就选择了一个看起来像我们的人做伴侣）。人们之所以有相似的面部特征，是因为他们彼此感同身受，他们实际上会模仿对方的面部行为（如微笑或皱起眉头），并最终在面部外观上形成更大的相似性。*还有什么其他的方式（身体上和情感上的）会使得处在长期关系中的夫妇逐渐变得相似？*

情。还有一种类型的共同活动是控制（消除或减少）你们的关系之外的活动。此外，还可以有一些礼仪性的活动，例如，庆祝生日和周年纪念日，讨论过去愉快的时光，以及在最喜欢的餐馆吃饭。

- 积极乐观。试着让你们之间的互动变得愉快而积极向上，例如，手牵手，为了让你的伴侣快乐而做出让步，并随时帮忙。同时，要尽量避免可能引起争论的问题。
- 努力提升自己。例如，你设法让自己看起来特别好，相当能吸引对方。
- 表达共情。此技能参见后续的“人际交流技巧”专栏。

关系恶化和解体中的交流

就像在关系发展阶段的交流一样，关系恶化过程中的交流也有特殊的模式和分手策略。

了解恶化的模式

一些交流模式，如在沟通中退缩和消极情绪越来越多，一定程度上是对关系恶化做出的回应；你之所以如此交流是因为你觉得你们的关系出现了问题。然而，这些模式本身也是原因：你使用的沟通模式很大程度上决定了你们之间关系的命运。以下是一些在关系恶化期间表现出的沟通模式。

- 退缩。非语言退缩可以表现在你要求有更大的空间，而且这个空间一旦被侵犯，你会立刻发脾气或感到心烦意乱。其他非语言的退缩迹象包括：减少与对方的眼神接触和身体触碰；不再穿相似的服装；不再展示与对方相关的物品，如手镯、照片和戒指。而退缩表现在语言上，其特点是说话欲望的降低，尤其是倾听欲望的降低。有时，你可能会与对方闲聊，但这种闲聊不是为了开始严肃的谈话，而是用于替代严肃的谈话，这也许是为了避免面对严肃的问题。
- 去渗透化。回忆一下，上文讲过，当一段关系走向亲密时，沟通的广度和深度就会增加。那么相反，当一种关系开始恶化时，广度和深度就会在一个被称为去渗透化（depenetration）的过程中逆转。例如，在结束一段关系时，你可能在你们的人际沟通中不再谈论某些话题，同时，其他话题的谈论深度也会降低。然而，在某些关系恶化的情况下，互动的广度和深度反而可能会增加。例如，当一对夫妇分手后，他们终于摆脱了令人压抑的关系，经过一段时间后，他们可能会开始讨论他们在一起时永远不会讨论的问题和感觉。事实上，他们可能会成为非常亲密的朋友，比曾经在一起时更喜欢对方。在这些情况下，他们之间关系的广度和深度可能会增加而不是减少。

- 自我表露程度降低。你会明显地在交流中减少自我表露的内容。如果这段关系正在走向解体，你可能会认为不值得花费力气去自我表露。或者你可能会把自我表露的程度限制在一定范围内，因为你觉得对方可能不接受这些，你也不再相信对方会支持你，与你感同身受。
- 欺骗。随着关系的破裂，欺骗行为会越来越多。有时是明显的谎言，你或你的伴侣可以用这些谎言来避免因为琐事而争论，比如整晚待在外面，不打电话，或者被发现在错误的地方和错误的人在一起。而有时候，谎言可能是因为你感到羞愧，你可能不想让对方小瞧了你。欺骗所导致的一个问题是它会升级，最终造成一种不信任和怀疑的气氛。
- 积极和消极的信息。在关系恶化的过程中，消极信息会增加而积极信息减少。对方的某些行为，过去你会赞美，而现在你加以批评。这些行为其实并没有发生明显的变化，变化的是你看待它们的方式。曾经可爱的习惯现在变得令人讨厌，曾经只是“不同”的举动现在变成了不体贴。当一段关系恶化时，人们会减少对愉快行为的要求（“你能帮我做一份我最喜欢的甜点吗”），而增加停止不愉快或消极行为的要求（“你能不能别再吹口哨了”）。即使表达请求的社交礼节也会随着关系的恶化而消失，从“能给我倒杯咖啡吗，亲爱的”变成“给我倒杯咖啡好吗”，再变成“我的咖啡呢”。

从关系中分离

关系恶化阶段的交流还有一个需要讨论的方面是人们分手时使用的策略。当你想从一段关系中脱身而出时，你需要找到某种方法解释这一行为，不仅向你的伴侣解释，也向你自己解释。你需要一个策略来摆脱一段你不再感到满意或对你不再有利的关系。以下列出了几条策略，阅读时请注意，选择哪一条策略要看你的目标是什么。例如，如果你使用降级策略，而不是使用正当理由或回避，那么你们更有可能继续做朋友。

视野：分手规则

你们的关系越亲密（在一起的时间越长），分手的方式就要越私密。你第一次宣布要和连理 20 年的配偶离婚不可能是在脸书的更新上，也不可能在冰箱上贴张纸条，就像你告知对方你赶乘飞机飞往塔希提岛一样。

你认为分手应该遵循哪些规则？线上分手和面对面分手的规则一样吗？

- 肯定语气可用来维持关系，表达对对方的积极情感。例如，“我真的很关心你，不过我还没准备好跟你进一步发展关系。”
- 消极的身份管理，即把分手归咎于对方，并原谅自己。例如，“我无法忍受你的妒忌，你动不动就怀疑我，对我查来查去。我需要自由。”
- 使用正当理由解释分手的原因。例如，“我要去读四年大学，没有必要和别人约会。”
- 降级以降低关系亲密度。例如，你可能会回避对方，减少打电话的次数，或减少你们在一起的时间。你还可以通过降级的方式避免你们单独相处，以此表明你们之间的关系没有那么亲密，例如，“我只是还没有准备好只和你交往，我想我们应该见见其他人。”

处理分手问题

无论导致一段关系结束的具体原因是什么，处理破裂的关系都是件难事。这样的事情总会带来压力和情绪问题，而且实际上给大脑造成的痛苦可能与身体受伤而导致的痛苦一样多。一段关系解体后，女性似乎会比男性经历更严重的抑郁和社会功能性障碍。因此，重视自我修复是很重要的。无论分手是发生在朋友之间还是情人之间，抑或是因为死亡、离别或不再有感情和联系而分手，都一定会经历一些困难，这里给大家几条建议，以助你摆脱困境。

- 打破孤独—抑郁循环。不要陷于孤独和抑郁之中，要积极主动。寻找能够支持和帮助你的人，与朋友和其他人一起参与社会活动。许多人觉得他们应该独自承担重负，男性尤为如此，他们从小就被教导这是“男子汉”处理事情唯一的方式。但要想消除一段关系结束而造成的不幸，寻求别人的支持才是最好的解药之一。把你的情况告诉朋友和家人——如果你愿意，可以只说个大概——并告诉他们你需要他们的支持。寻找积极向上的和能帮助你的人，远离那些把世界描绘得更加黑暗的消极人士。还要明白寻求支持和寻求建议是不同的，如果你觉得你需要建议，应该去找专业人士。

- 给自己一个空窗期。在原先那段关系仍未完全消散，或者尚无法客观评估新的关系之前，不要急于开始一段新的恋情。同时，也不要发誓再也不与任何人恋爱了。这两个极端都不好。此外，你也应该为自己空出时间，改变一下你与自己的关系。如果你之前是在一段长期的恋爱中，你可能会把自己看作是一个团队的一部分，是一对恋人中的一个。现在，你需要把自己作为一个独立个体加以审视——目前你是单身一人，但不久后你一定有能力重新开始一段有意义的恋情。
- 增强自尊。当关系失败时，自尊往往会受挫，这尤其适用于那些被对方甩了的人。你可能会认为是你导致了分手，或者觉得你没能维持这段关系，并因此而感到内疚。你可能会感到没人喜欢你，没人爱你。这时候，你的任务是恢复一个积极的自我形象。同时要认识到，经历了失败的关系——即使你认为自己是分手的主要原因——也并不意味着你就是个失败者，也不表示今后你在与他人建立的新关系中也会失败。一段关系失败了只能表示这段关系中的某个地方出了问题。理想化地说，这是一次可以让你学到一些东西的失败，你可以从中了解关于你自己和你的人际关系行为方面很重要的东西。
- 删除或远离给你带来不愉快的关系象征物。分手后，会有各种各样的东西提醒你曾有过那样一段关系，比如照片、礼物和信件。不用把这些东西扔掉，拿开即可。可以把它们交给一个朋友，或者放在壁橱里一个你看不见的地方。如果可能的话，不要再去你们曾经去过的地方，避免带给你不舒服的回忆。当你能够控制自己的情绪时，可以回过头来重新从中获得快乐，它们能让你回忆起曾经拥有的那段愉快的关系。之所以给出这条建议，是因为有一项研究表明，对于破碎的爱情，你的记忆越生动（这些关系象征物会加深你的记忆），你的抑郁程度就越严重。更多的研究表明，如果分手后仍在脸书上保持朋友关系，情感愈合就会受到阻碍，也会使你难以越过这段破裂的关系而开始新的关系。
- 注意你自己的关系模式。不要重复不好的模式。许多人都会重复自己的错误，他们带着盲目、偏见或不切实际的期望进入第一段关系，之后毫无改变地开始第二段和第三段关系。我们不应如此，而是应该从失败的关系中学到一些东西，以此来避免重复相同的模式。同时，不要总是预言关系又会破裂，不要在每一段关系中都看到旧的痕迹，不要在第一次发生冲突时就跳起来说："又来了。"新的关系是独一无二的，要用这样的眼光看待它。不要用过去的经历评价它，要把曾经的那些关系和经历当成指导，而不是看待当前关系的滤镜。

人际关系抉择时刻

明确地拒绝一份礼物

你与一位同事已经成了朋友，他送了你一份礼物，这份礼物对你们目前的关系来说显得太过亲密。事实上，你并不希望你们之间的关系发展到这样的地步，至少目前不希望如此。你会如何向对方表达你的感受？

a. 把礼物还给他，并留一张便条说明你的感受。

b. 收下礼物，但是说清楚不会因此而使你们的关系更进一步。

c. 见面说明情况。

d. 除了谢谢，什么也不说。

e. 其他。

关系修复期的交流

如果你想挽救一段关系，你可以尝试改变你的沟通模式，并把在本书中深入了解到的东西和技能付诸实践。首先，我们来看一下修复关系的一般方法；其次，如果你是唯一想改变关系的人，我们来讨论一下你可以使用什么方法修复关系。关于修复关系的策略，我们提出以下六条建议，它们的首字母正好拼写出单词 REPAIR（修复）：认识到（Recognize）问题；进行（Engage in）富有成效的沟通；提出（Pose）可能的解决方案；相互肯定（Confirm）；将解决方案整合（Integrate）到日常行为中；敢于（Risk）承担不利后果。需要提醒大家的是，修复不是一步达成的，而是一个需要逐步进展的过程（见图 9-3），了解这一点很有帮助。

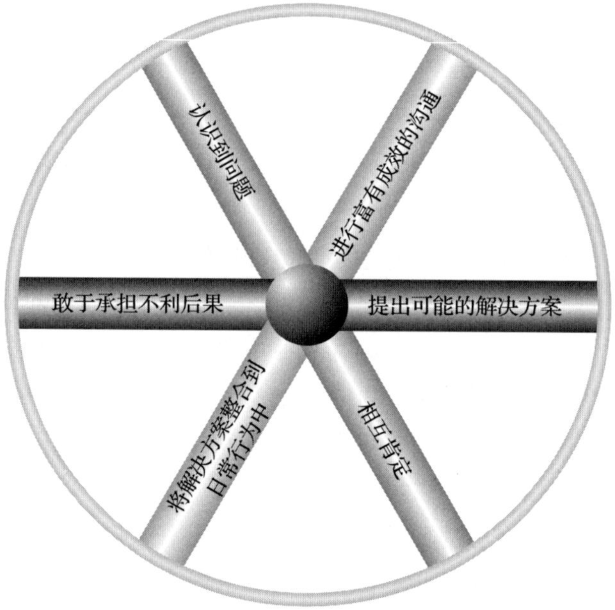

图 9-3 关系修复轮

轮子似乎是形容修复过程的一个恰当比喻。使轮子动起来有些难度，但一旦转起来，轮子就很容易继续转动。此外，如果两个人一起推，轮子就容易转起来，但即便是一个人，只要方向正确，也不是不可能使轮子转动起来。在思考关系修复时，你发现了什么有用的比喻吗？

认识到问题

你要做的第一步是找出问题，并在理性上和情感上认识到这些问题。弄清楚你现在的关系具体出了什么问题（内容要具体），哪些方面需要改变才能改善这段关系（内容要具体）。画一个图来表示你希望这段关系是什么样的，并将该图与目前这段关系的状态进行比较。具体说明如果要用希望中的图替换当前的图，就必须做出哪些改变。

你还要尝试从你伴侣的角度来看待问题，并让你的伴侣也能从你的角度来看待问题。交流观点时要能够换位思考，用开放性思维进行讨论。谈到自己的不满时，也要尽量用描述性语言，特别注意避免“总是”和“永远”这种会带来麻烦的用语。承认自己有什么样的感觉和想法；表达时用“我”开头；把导致如此感觉的责任归于自己，而不是责怪你的伴侣。

进行富有成效的沟通

人际沟通方面的技巧，如他人导向、开放、自信、即时性、表现力和共情，在关系修复过程中尤为重要，它们是任何修复策略的重要组成部分。以下是几条建议，帮助你回忆学过的知识。

- 仔细查找与你们的关系相关的信息，以便明确动机和需求。对这些信息的内容和这些信息本身都要做出回应。
- 交换观点，用与你的伴侣同样的方式看待问题。
- 即使发生冲突，也要有同理心，做出积极的回应。
- 承认自己的感觉和想法，表达时用“我”开头，把导致如此感觉的责任归于自己。
- 使用积极的倾听技巧，帮助你的伴侣弄清楚并表达出相关的想法和感受。
- 记住不可逆转的原则；三思之后再开口，以免说出以后会后悔的话。
- 保持交流渠道畅通。随时可以与对方讨论问题，协商解决方案，并采取新的更有成效的沟通模式。

同样，有效解决人际冲突的技能也至关重要，适用于任何修复关系的尝试。如果双方都能采取建设性的冲突解决策略来应对关系问题，就不难解决问题，而且实际上还可能会使你们的关系更加牢固和健康。然而，如果使用非建设性和破坏性的策略，那么这种关系很可能会进一步恶化。

提出可能的解决方案

确认了问题之后，考虑一下解决这些问题可以有哪些选择。寻找对你们双方都有利的解决方案。讨论这些可能的方案，分析它们的利弊，尽量避免有利于一方却让另一方受损失的

“解决方案”。如果不能有双赢的解决方案，那么怨恨和敌意可能会更加强烈。

相互肯定

任何关系修复策略都应该具有相互支持性并包含积极的评价。例如，婚姻幸福的夫妻会有更多积极的交流行为：与婚姻不幸福的夫妻相比，他们传递给对方更多的是一致的看法、赞许和积极的影响。显然，这些行为是因为双方对彼此都有很好的感觉。不过也可以说，他们的表达方式有助于增加彼此的积极评价。

肯定别人的方法之一是进行积极的交谈。要改变不良的交流模式，例如，与其退缩而减少交谈，不如谈谈导致你们产生分歧和问题的原因以及可能的解决办法。不要再试图隐藏内在的自我，说出你的感受。当你想要改变消极的沟通模式时，称赞对方，肯定对方，以及所有能表达“我在乎”的非语言行为都特别重要。

珍爱行为是对另一个人加以肯定的一种非常睿智的方法，而且可以使双方更加喜欢对方。珍爱行为（cherishing behaviors）是你从伴侣那里得到的让你感觉愉悦的小小举动（一个微笑，朝你挤挤眼，轻轻捏捏你，一个吻）。珍爱行为有如下特点：（1）具体而积极；（2）在意现在和未来，与曾经争论过的问题无关；（3）能够每天进行；（4）容易做到。你们可以列出各自希望得到的珍爱行为并交换清单。然后，每个人都做出伴侣想要的珍爱行为。起初，这些行为似乎令人难为情，很尴尬，然而随着时间的推移，它们将成为互动的正常部分。最近有研究证明，通过短信传递珍爱行为是有作用的。一些确认爱意的短信——我正在想着你呢。我想你了，你好吗？——可以提高关系满意度。

将解决方案整合到日常行为中

在争论之后达成的解决方案，人们通常只在很短的时间内遵照执行，之后夫妻双方又会回到以前的非建设性行为模式。不要让这样的情况出现，而是应该将解决方案整合到日常行为中，使其成为日常关系行为的组成部分。例如，相互表达喜爱之情，相互赞美，对对方做出珍爱行为，把这些变成你们正常关系行为的一部分。

敢于承担不利后果

试图改善关系就要敢于承担对自己不利的后果。在不确定能从对方那里获益的情况下敢于给予对方帮助。首先做出弥补或先说对不起，并敢于承担被拒绝的后果。要愿意做出改变、调整，愿意承担新的任务和责任。问题可能主要出在你这里，要敢于接受这样的可能性——是你不讲理、控制欲太强或太吝啬，而这些是导致问题的主要原因，必须加以改变。

人际交流技巧

共情：从另一个人的角度理解其感受

共情（empathy）指的是站在另一个人的角度了解他的感受，而不失去你自己的感觉。共情的第一步当然是了解对方在想什么，有什么样的感受。要做到这一点，你需要把本书中讨论的所有技能付诸实践。例如，仔细倾听对方，并密切注意面部和眼睛的那些细微的非语言动作，因为这些动作往往能透露无法用语言表达的感受。如果你认真倾听，你会发现自己在模仿对方的表情，这有助于你感同身受。

共情使你能从情感上理解另一个人正在经历的事情，而“同情”则与之不同，同情指的是因为某人而产生某种感受，例如为某人感到遗憾或高兴。研究表明，女性比男性更容易产生共情，也能进行更具共情性的交流。研究还表明，从20世纪70年代到2010年，尽管有大量的社交媒体帮助大家保持朋友关系，但大学生的共情能力显著下降。而从更实际的方面而言，有证据表明，工作场所的共情能力能增加最终收益。例如，具备共情能力的员工能更好地与客户打交道，而且离开公司的可能性更小。鉴于共情能力在工作中的重要性，一个名为Translator的移动应用程序正在开发中，旨在指导员工如何提高共情能力。

共情可以从两个方面很好地体现出来：见解共情和感觉共情。在见解共情中，你表露出理解了对方的意思。例如，当你对某人的评论加以解释，表明你理解那个人试图传达的信息时，你就是在表达见解共情。共情的第二个方面是感觉共情，即你表露出你能体会到另一个人的感受；换句话说，你展示了你所感受到的和另一个人所感受到的有相似之处。通常，一个简短的回答中可能同时包括见解共情和感觉共情。例如，当朋友告诉你家里的问题时，你可能会回应说：“你家里的问题好像越来越严重了，我猜想你有时候一定会感到很生气。”

共情性交流

以下是几条建议，旨在帮助你更有效地在交流中表达出你的见解共情和感觉共情。

- 表达明确。要清楚地表明你在试图理解对方，而不是评估、判断或批评对方。
- 保持专注。保持眼神交流，保持专注聆听的姿势，身体靠近对方，这样你才能集中注意力。通过面部表情和手势表示你在认真与之交流。
- 提出反馈。为了检查你的感知是否准确，并显示你在非常认真地试图理解对方，你可以向说话者反馈你认为他想表达的意思。你可以用试探性的陈述告诉对方你认为他是如何想的，如“你看起来真的很生你父亲的气”或“我从你的声音中听出你有一些疑问”。

- 表露自我。在适当的时候，可以使用自我表露的方式把你的理解告知对方，但要小心，不要把讨论集中到你自己身上。
- 处理复杂信息。有时，你可能需要识别和处理对方发送的混杂信息，这样才能使你们的交流更开放、更坦诚。例如，如果你的朋友嘴巴上说他很满意，但言语之外却显示出忧愁迹象，那你最好谨慎些，考虑一下怎么会有这种不一致。
- 承认重要性。清楚地表明你完全知道对方的感受有多么深刻。

有时你需要控制你的共情，例如，为了帮助他人，你需要非常平静并能进行逻辑思考。同样，医生通常希望能够控制共情，以便以冷静的方式关注手头的医疗问题。

开启思考

共情也能带来实际的好处。例如，一项对 38 个国家的若干企业管理者所做的研究表明，与没有对员工表现出共情的管理者相比，对员工表现出共情的管理者能从他们的上司那里得到更好的绩效评分。而能表达共情的医生其患者满意度更高。在学校和工作中，表达共情可以给你带来什么实际的好处？

人际关系理论

不少理论都透彻地解释了关系发展和解体的原因及方式。在这里，我们将讨论六种这样的理论：吸引力理论、关系准则理论、关系辩证法理论、社会交换理论、公平理论和礼貌理论（如图 9-4 所示）。

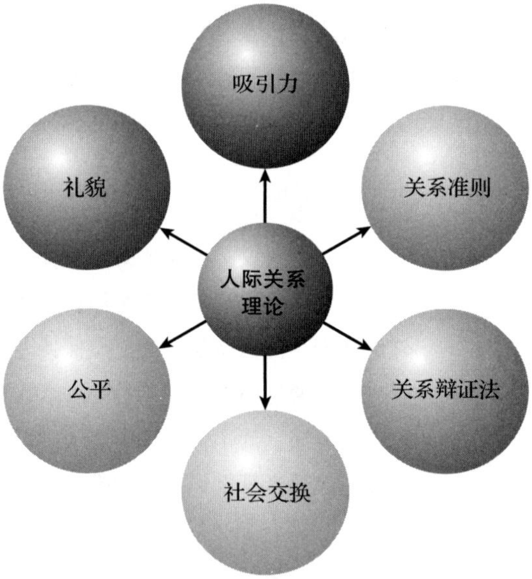

图 9-4　人际关系理论

吸引力理论

吸引力理论（attraction theory）认为人们与他们认为有吸引力的人建立关系。

如果你和大多数人一样，那么你就会由于以下这些主要因素而被别人吸引：相似性、接近性、强化性、身体吸引力和个性、社会经济地位和受教育程度，以及互惠性。在讨论这些因素之前，一定要认识到线上关系和面对面关系是不同的。在线上关系中（特别是只保持线上交流时），对你是否有吸引力主要看其发送的信息、照片、视频、对你所发帖子的反应、幽默感——所有这些都可能与一个人的外表无关。而在面对面的关系中，或者在可能将线上交流变成面对面交流的情况下，就一定要特别重视一个人的身体特征。

视野：线上关系

线上关系的优点之一是不看重身体特征，而是强调融洽、相似和自我表露等因素，而且在此过程中所建立的关系是基于情感上的亲密而不是身体上的相互吸引。你认为线上关系的主要优点是什么？主要缺点呢？

相似性

根据相似性（similarity）原则，如果你能"创造"一个伴侣，你很可能会让其在长相、行为和思想上与你极为相似。一般而言，人们喜欢那些在民族、种族、能力、身体特征、智力和态度上与自己接近的人。一项对 65 000 名网络约会者所做的调查表明，是相似性引导了他们选择可能的约会对象。毫无疑问，这在很大程度上使得专为某种爱好或信仰群体而建的交友网站数量激增。然而，有一些证据表明，这种对相似性的偏好（至少在容貌上）只适用于已经开始一段关系的人，那些单身并且也许正在寻找伴侣的人更倾向于喜欢长相与自己不同的人。

研究还发现，你更有可能帮助一个在种族、态度、整体外貌甚至名字与你相似的人，甚至只是相同的名字或来自同一州或同一城市也是很重要的。有时人们会被他们的对立面所吸引，这种模式称为互补性（complementarity），例如，一个占主导地位的人可能会被一个比较顺从的人所吸引。然而，一般来说，人们更喜欢那些相似的人。

接近性

如果你看看身边那些你认为有吸引力的人，你可能会发现他们是在生活或工作上离你很近的人。有很多机会进行交流互动的人才可能成为朋友。而在互动的早期阶段，接近性或空间亲近程度是最重要的。随着与较远的人沟通机会的增加，接近性这一因素在吸引力中的作用会下降，不过仍旧会是重要的因素。

强化性

如果你像大多数人一样，你会被给予你奖励或强化的人所吸引，这种奖励或强化可能是简单的赞美，也可能是一次昂贵的游船旅行。同时，你也会被你所奖励的人吸引。也就是说，你会逐渐喜欢那些你支持和帮助过的人。例如，你可能在给他们买了一份昂贵的礼物或格外努力地帮了他们一个特别的忙之后，就越发喜欢他们了。在这种情况下，你相信这个人值得你付出，以此证明你的行为是正确的，否则，你就得承认把力气都花在那些不值得的人身上了。

身体吸引力和个性

人们更喜欢身体上有吸引力的人，而不太喜欢身体上没有吸引力的人，这一点很好理解。而且，男性比女性更注重身体上的吸引力，这与大众的模式化印象相一致。在一项对异性恋男性和女性的研究中，92% 的男性（但只有 84% 的女性）表示他们想要一个漂亮的伴侣，80% 的男性（但只有 58% 的女性）希望自己的伴侣身材好。有一点可能不太容易察觉，那就是我们对更有吸引力的人感觉更熟悉，而对不太有吸引力的人就不会有这样的熟悉感；也就是说，如果一个人有吸引力，我们更有可能认为我们以前见过这个人。另一个不那么明显的相关现象是，有吸引力的员工能比不太有吸引力的员工获得更高的工资，甚至更有吸引力的候选人也比不太有吸引力的候选人更容易当选。

一个人交了什么样的朋友，也会影响你对他是否有吸引力的看法。比如，你知道某个人有一些有吸引力的朋友（他在脸书上发布了这些朋友的照片），你就会觉得这个人也有一定的吸引力；而同样一个人，如果没有贴出这样的照片，你就会觉得这个人没有那么大的吸引力。而且，也许正是由于这一点，有些网站会为你的脸书墙写上赞美、有趣和可爱的状态更新信息。毕竟，如果人们在你的墙上发了赞美、有趣和可爱的帖子，那么你当然也肯定是有趣和可爱的，而且值得赞美。有人发现，甚至你与一部评价很高的电影和电视节目相关也能增加你在 OK Cupid 上的吸引力评级。

此外，何谓身体上有吸引力，人们的看法会因文化的影响而有所不同，尽管如此，一些研究表明，有些面部特征在所有文化中都似乎被认为是有吸引力的——这是一种世界公认的吸引力。另外，你可能倾向于喜欢那些个性好的人，而不太喜欢个性不好的人（尽管什么是好的个性，什么是不好的个性，人们观点不一）。

社会经济地位和受教育程度

人们普遍认为，在异性恋男性和女性中，男性更感兴趣的是女性的身体特征，而不是她的社会经济地位。而且，有研究表明，事实上女性在互联网上找朋友时也常常强调自己的身体特征，而男性则会强调自己的社会经济地位。很有趣的一点是，有证据表明，男性在做出恋爱关系决策时也会考虑女性的社会经济地位——不过女性认为社会经济地位越高越有吸引力，而男性则正好相反。男性承认更愿意与社会经济地位比他们低的女性发生恋爱关系。此外，男性认为女性如果受教育程度较高（往往是社会经济地位较高的原因）就不那么讨人喜欢，也不那么忠诚，因此，与这些女性建立恋爱关系的可能性较小。

互惠性

从自己的经历中你可以发现：你认为有吸引力的人也会被你吸引，你认为喜欢你的人，你也会喜欢他们。研究也证实了这一点，这毫不奇怪。互惠性（reciprocity of liking）亦称相互吸引或相互喜欢，存在于许多情景中。我们要建立友谊和恋爱关系时，会选择那些我们认为喜欢我们的人，而不会选择那些我们认为不喜欢我们的人。如果告诉小组成员小组内某些人喜欢他们，那么这些小组成员也会表现出更加喜欢这些人。有人建议在公共场合演讲的人要赞美观众，表达对观众的喜欢，主要就是基于这样的理论，即这种喜欢会得到回报。甚至有证据表明，人们会喜欢“泛爱者”——普遍情况下喜欢他人的人，而对于没有表现出泛爱的人就不那么喜欢。

然而，一些研究表明，不确定性也有一定的吸引力。例如，当受试者查看脸书的个人资料时，他们表示，得知有些人对他们特别有兴趣，他们就会被这些人吸引，而如果知道有些人对他们的兴趣只是一般，那么他们就不太会被这些人吸引（与互惠性概念一致）。但是，他们却会对第三组人特别有兴趣，他们被告知这组人可能非常喜欢他们，也可能只是一般程度地喜欢他们——这表明不确定性可产生一定的吸引力。

关系准则理论

从支配人际关系的准则这个角度来看待人际关系，是一个非常有趣的视角。关系准则理论（relationship rules theory）的基本设想是，友谊和爱情是特别需要通过遵守某些准则才能建立的。一旦违反这些准则，关系可能就会恶化甚至解体。

关系准则理论有助于我们对人际关系的几个方面加以阐释。首先，这些准则有助于识别建设性的与破坏性的关系行为；其次，这些准则有助于更具体地确定关系破裂的原因及修复方式。此外，如果我们知道该遵守什么准则，我们就能更好地掌握发展和维护人际关系所需要具备的社交技能。由于这些准则因文化而异，因此必须确定每一种文化特有的准则，以便更有效地发展和维持跨文化关系。

友谊准则

一种保持友谊的方法认为友谊是靠准则得以维持的。遵循这些准则，友谊就能牢固且令双方满意。而违反这些准则，友谊就会受损，并可能消亡。例如，根据友谊准则，一方面，朋友不在时应为其捍卫权利，应与朋友分享成功的信息和感受，在情感上支持朋友，对有需求的朋友给予信任并提供帮助，在一起时要让朋友快乐。而另一方面，当朋友中的一方或者双方无法容忍对方的朋友、把秘密告诉其他人、不能积极地支持对方、唠叨、不能信任对方或没把对方当成心腹知己，那么友谊可能会陷入困境。因此，要保持友谊，就得看你是否知道这些准则，是否有能力运用适当的人际交流技巧。

恋爱准则

另有一些研究确定了恋爱关系中建立和遵循的准则。当然，这些准则因文化不同而差异巨大。例如，不同文化背景下的大学生在看待约会问题时，针对性放纵和性关系有完全不同的态度，这会影响他们所建立和遵守的恋爱准则。一位研究人员确立了八条恋爱准则，这些准则可以使人们维持恋爱关系，或者说，如果违反这些准则，那么恋爱关系会恶化甚至最终解体。每一条准则都可以表述为：如果你正处在一段亲密关系中，那么你应该：

1. 明白每个人都可以有这段关系之外的生活。
2. 持有并表达相似的态度和兴趣。
3. 相互增强自尊。
4. 真实：坦率且真诚。
5. 忠实于对方。
6. 花大量时间陪伴对方。
7. 与他人相比，获得与你的投入相匹配的回报。
8. 在一起时，能感受到一种莫名的魔力。

家庭准则

有关家庭沟通的研究指出，准则在定义和维持家庭中非常重要。家庭准则涉及三个主要的人际交流问题：

- 你能说什么。你能谈论家庭经济状况吗？能谈论爷爷喝酒吗？能谈论妹妹的生活方式吗？
- 你能如何谈论。你能拿你兄弟的残疾开玩笑吗？你能直接询问家族史或家丑吗？
- 你能和谁谈论。你能公开地和堂兄弟姐妹、叔叔阿姨等大家庭成员交谈吗？你能和关系比较好的邻居谈论家庭健康问题吗？

所有家庭都会告诉子女应该遵守哪些家庭准则。其中一些准则是明确告知的，比如“在外人面前不要反驳家人”或“不要与外人谈论家庭经济状况”。另有一些准则是不言自明的，你了解了你的家庭沟通方式后就能推断出来。例如，如果家人总是私下里小声谈论家庭经济问题，那么你就可以得出合乎逻辑的推断，你不应该把家庭经济情况告诉其他亲戚或邻居。

就像友谊准则和恋爱准则一样，家庭准则会告诉你哪些行为可以得到回报（所以你应该做什么），哪些会受到惩罚（所以你不应该做什么）。家庭准则还规定了家庭的结构，将家庭定义为凝聚在一起的群体，并将其与其他类似的家庭区分开来。

一个家庭要遵守什么样的准则，会受到文化的很大影响。虽然世界各地的家庭有许多相似之处，但也有不同之处。例如，与来自个体主义文化的家庭相比，集体主义文化的成员更有可能不把家庭信息透露给外人，以此来保护家庭。出于保护家庭形象的愿望，许多女性不会把遭受配偶虐待的事情说出来，也不会让其他人知道家里的情况不太好。

家庭交流理论家认为，准则应该是灵活的，这样才能适应特殊情况。例如，在有些情况下，改变家庭晚餐时间、假期计划或储蓄目标是必要的。准则也应该是可商量的，所有家庭成员一起调整这些准则，从而感受到自己参与了家庭事务管理。

工作准则

工作关系中也需要遵循一些准则。这些准则常常是企业文化的一部分，员工们从有关着装和性骚扰等问题的正式简报中，以及通过观察其他员工（尤其是那些得到升职的员工）的行为，可以了解这些准则。当然，每个组织有不同的准则，所以最重要的是任何时候都要知道哪些准则需要遵守。你发现的准则可能包括：

- 努力工作。
- 有团队合作精神；公司的利益是第一位的。
- 不要向对手公司的员工透露公司的政策和计划。
- 不要与其他员工建立恋爱关系。
- 不要性骚扰，哪怕是暗示性的也不行。
- 对其他员工，特别是对顾客要有礼貌。

人际关系抉择时刻

虚拟世界中的不忠实

你发现相伴了 15 年的伴侣对你不忠，在网上与另一人（在另一个国家）谈情说爱，这违反了你们关系中一个重要但未阐明的准则。你知道，一般来说，人们认为这种不忠是因为你们之间的交流出现了问题。你想知道这种线上关系发展到什么程度了，还想知道你的伴侣在这起恋情中的目的何在。对你而言，如何有效应对这种情况？

a. 把你的发现告诉你的伴侣，并要求伴侣与你讨论此事。

b. 让你的伴侣不要再继续这么做。

c. 把你知道的情况说出来，并且表达你的失望。

d. 什么也不说。

e. 其他。

关系辩证法理论

关系辩证法理论（relationship dialectics theory）认为，处在某种关系中的人会经历两种动机或欲望之间的内在矛盾，这两种动机或欲望将他们推向相反的方向。这些矛盾与你日常生活中所经历的非常像。例如，你想在这个夏天找个工作，赚钱买一辆新车，但你也想去夏威夷冲浪两个月。你两者都想要，但鱼与熊掌不可兼得，你只能拥有其中一个。同样，你在人际关系中也会有这样两种对立的欲望，让你感受到压力。研究发现，一般而言，这样的对立有三组。

封闭性与开放性之间的对立关系，即开放与私密之间的冲突。具体而言，一方面你有欲望或需求让他人看懂你，向他人表露内在自我，而另一方面，你不希望在他人面前变得太透明，不想完全表露内在自我，二者之间的冲突就是封闭性与开放性之间的对立。另一种可能出现在封闭性—开放性对立中的矛盾关系是，一方面只想与某人建立一段亲密关系，而另一方面又想与不同的人交往。这种矛盾在关系发展的早期阶段最为明显。你们变成了一对，你喜欢这一点，但同时你又想与更多的人交往。年轻的异性恋男性在与女性交往时，常使用一种交替的信息模式：先表达亲近，然后表明渴望距离，再就是亲近，然后又是距离——这是封闭愿望和自主愿望之间矛盾关系的一个明显例子。

视野：情感关系

在面对面的关系中，情感上的亲密会损害隐私，你们越是亲密，你的隐私就越少。然而，对线上关系的研究表明，由于你更能控制你所透露的内容，你可以在发展亲密情感关系的同时保护你的隐私。

你觉得这是真的吗？如果不是，你会如何描述线上关系和面对面关系中情感亲密度与隐私之间的关系？

自主性和关联性之间的矛盾关系，即既有保持自主、独立的愿望，又有与另一个人发生密切关系的愿望，这对矛盾似乎会随着关系的发展而越来越明显。你想与另一个人有亲密的关系，但同时你也想保持自己的独立性。顺便说一句，这种矛盾关系是女性杂志上的流行主题，它教育读者既要独立自主又要与他人建立关系。

新颖性和可预见性之间的矛盾关系，即一方面对新鲜事物、不同的体验和冒险行为有欲望，而另一方面又渴望同一性、稳定性和可预见性。能够预测将要发生什么，你会感到很舒心，但同时你又想体验新鲜、不同和新奇。

处在某种关系中的个体会有不同的矛盾欲望。例如，一个人可能特别希望只与其伴侣建立关系，而其伴侣却希望二人的关系能有一些开放性。处理这些矛盾带来的压力主要有三种方法。

- 接受不平衡。首先，接受不平衡即可，把这种不平衡作为约会或稳定关系的一部分。你甚至可以把它重新定义为一个好处，告诉自己："我在工作上花了太多时间，我最好早点回家，不要在周末工作。"从而接受封闭性而放弃自主性。
- 退出关系。其次，你可以简单地退出关系。例如，如果你感觉丧失的自主权太多，你已无法忍受，那么你可以选择结束这段关系，重获你想要的自主权。
- 重新平衡你的生活。最后一种选择是重新平衡你的生活。例如，如果你发现你们的基本关系缺乏新意，你可以想办法满足对新奇的需求，去异国他乡度个假，或者可能换一个伴侣。如果你发现这种关系过于亲密（甚至令人窒息），你可能会寻求生理和心理空间来满足你的自主需求。你也可以通过与你的伴侣商量，从而建立你认为你需要的平衡，例如，你们可以各自安排自己的假期生活，或者你们可以每周单独与老朋友出去一两次。

满足伴侣的需求，同时也满足你自己的需求，这是人们在人际关系中面临的主要挑战之一，这一点很好理解。要维持一段关系，并使之令人满意，一个有用（甚至是必要）的方法就是了解这些矛盾，在这方面能与对方感同身受并加以讨论。

社会交换理论

社会交换理论（social exchange theory）认为，你会发展能使你利益最大化的关系，这是一种基于经济盈亏模型的理论。要理解该理论就要知道这个公式：利润（profits）= 回报（rewards）– 成本（costs）。

- 回报是任何你需要付出代价才能得到的东西。研究已经确定了爱情关系中的六种回报：金钱、地位、爱情、信息、商品和服务。例如，为了获得金钱的回报，你可能需要工作而不是玩耍。
- 成本是你通常试图避免的、你认为不愉快或困难的事情。这方面的例子包括加班、洗碗和熨烫衣服，看你的伴侣最喜欢但你觉得很无聊的电视节目，或者帮助你不喜欢的人。
- 利润是指从回报中减去成本所得到的东西（利润 = 回报 – 成本）。

社会交换理论认为，基于这种基本的经济模式，你寻求发展的友谊和恋爱关系是那些可以给你带来最大利润的关系，也就是说，在这种关系中，回报大于成本。

当你进入一段关系时，你会想到一个比较标准（comparison level）——这个基本概念指的是你感觉你应该从这段关系中得到什么样的回报和利益。比较标准由你的现实期望构成，即你期望从这种关系中得到什么。例如，对已婚夫妇进行的一项研究发现，大多数人期望得到高度的信任、相互尊重、爱和承诺，而夫妻对共度时间、隐私、性活动和交流的期望明显较低。当你得到的回报等于或超过你的比较标准时，你会对你的关系感到满意。

不过，你也可以有另外一种比较标准，那就是衡量一下从目前的关系中你能获得多少“利润”，再考虑一下可以从另外一段关系中获得多少“利润”，将二者进行比较。于是，如果你发现目前的关系所带来的“利润”低于你可以从另一段关系中获得的“利润”，那你可能会决定离开你目前的关系，进入一种新的、能带来更大“利润”的关系。而随着互联网的发展，人们随时可能开始成千上万种另一段关系，这就使得这种类型的分析变得困难而难以操作。

公平理论

公平理论（equity theory）使用了社会交换的概念，但较之更进一步。公平理论认为在你发展和维持的关系中，你投入成本后所得到的回报比率与你伴侣的回报比率应大致相当。例如，如果你和一个朋友创业，你出了 2/3 的钱，你的朋友出了 1/3 的钱，根据公平理论，你应该得到 2/3 的利润，你的朋友得到 1/3 的利润。在公平的人际关系中，每一方获得的回报都应与他们各自投入的成本成正比。如果你对这段关系的贡献比你的伴侣多，那么根据公平理论，你就应该得到更大的回报。如果你们都同样努力，那么你们应得到大致相等的回报。相反，如果你投入的成本更多（例如，很多烦人的事情都是你处理的），而你的伴侣享受更多的回报，那么关系中就存在不公平。如果你和伴侣同样努力，但你的伴侣得到更多的回报，那么也存在不公平。在这种情况下，你获益不足，而你的伴侣则超额受益。

许多研究都支持这一理论，即人们希望在人际关系中获得公平。这个理论背后的基本概念是，一方面，如果你的收益不足（与你付出的相比，你的收益比例太小），你会生气和不满意。而另一方面，如果你超额受益（与你的付出相比，你的收益比例太大），你会感到内疚。然而，这种相当简单的推论与直觉似乎有不符之处，因此也有一些研究对此提出了质疑，并发现超额受益的人往往是相当快乐和满足的，至于得到的比应得的要多便会内疚这种事情，似乎很容易就会被遗忘。

很明显，公平理论强调的是造成不满的原因，这种不满我们每天都会看到。例如，夫妻双方都有全职的工作，但其中一人却还要承担大部分的家务活。因此，虽然两人得到的回报可能是相同的——他们开一样的好车，同住在一个三居室里，等等，但其中一人所投入的成本更大。根据公平理论，这个人会因为缺少公平而产生不满。

公平理论认为我们会发展和维持我们认为公平的关系。对于不公平的关系，我们不会发展，而且可能会终止。有相当多的证据表明，公平能带来令人满意的关系，而缺乏公平则导致不满。不公平的程度越高，产生的不满就越大，关系结束的可能性也就越大。

礼貌理论

还有一种处理人际关系的方法，将礼貌视为导致人际关系发展、维持和恶化的主要力量。礼貌理论（politeness theory）大致可如此表述：如果双方都尊重、促进和承认对方的积极面子和消极面子的需求，那么关系得以发展；而如果他们做不到，这个关系就会恶化。积极面子是指得到他人较高评价的需求，即被重视和被尊重的需求。就人际交流而言，尊重积极面子就应该在交流中相互赞美，相互表扬，并总体上积极地看待对方。消极面子是对自主的需求——可以掌控自己的行为，而不是被强迫去做某事。就人际交流而言，尊重消极面子就必须请求（而不是命令）对方准许，这样的信息表明的是一个人的时间是宝贵的，是受到重视的，如果有任何强制的命令，那么都是不尊重消极面子。此外，在提出请求时还应该给对方可以轻松拒绝的权利。

满足了这些需求，关系就得以发展和维持。如果不能严格遵守礼貌准则，经常违反或完全忽视这一准则，关系就会恶化。而当礼貌准则被重新引入时，关系有望得到修复。图 9-5 描述了礼貌程度与前文讨论过的人际关系各阶段之间可能存在的关系。

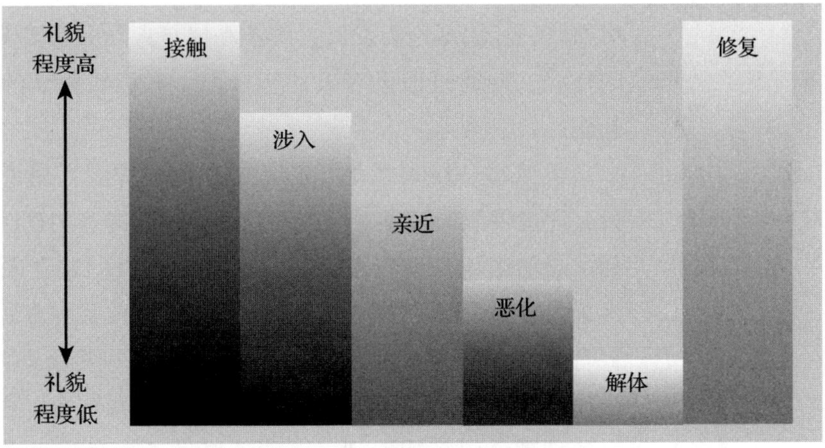

图 9-5　礼貌和人际关系阶段

根据这个模型，礼貌在接触阶段程度最高——要建立关系，你就想展现最好的自己。在涉入阶段，礼貌程度仍然相对较高，你的行为举止仍然很得当。随着关系变得亲密，你放松了对礼貌的要求，也许还会得寸进尺。在恶化和解体阶段，礼貌可能几乎消失。如果你想修复一段关系，你的礼貌程度可能会大大提高。

视野：礼貌地分手

你与某人有两年的恋爱关系，现在你想分手，因为你爱上了别人。你约对方一起喝咖啡，趁机说出自己的感受。但是，你还没开口，对方就提出要与你分手。你内心欣喜若狂，终于可以自由地追求新欢了。而另一方面，你感觉受到了侮辱，非常生气，因为你被甩了；毕竟，作为情侣，你是很优秀的。

此时，你最有可能说什么？在这种情况下，最礼貌的回应是什么？从积极面子和消极面子的角度，你会如何解释你可能做出的回应和最礼貌的回应（假设二者不同）？

当然，礼貌不是问题的全部，它只是一个部分。它不能解释关系发展或恶化的所有原因，只能解释部分过程。举例来说，它并不能解释为什么这么多人会维持被虐待和不满意的关系。该准则的主要缺点似乎是，对具体某个人而言，很难辨别其礼貌需求——一个人认为是礼貌的，另一个人可能会认为是粗鲁或冷漠的。

而且，随着关系变得更加亲密，似乎可以放宽礼貌准则的要求，这也许并不奇怪。随着关系变得更加亲密和持久，人们就可以得到更多的许可违反正常的礼貌准则。但这种看法可能是错的，至少在某些关系中是这样。因为当一段关系变得更亲密时，我们对积极面子和消极面子的需求并不会消失，它们仍然存在。如果双方都放宽对礼貌的定义，那么似乎不会有什么问题。但如果对礼貌的定义——是放宽要求还是保持不变——双方没有达成一致，当一个人认为平时被视为不礼貌的举动是可以接受的，而另一个人并不这么认为，那么就会出问题了。

有时候，恋爱关系中的人会抱怨他们没有受到尊重，不像他们当初约会时那样受重视，而且抱怨他们的关系不够浪漫，这时候，他们所说的很可能就涉及礼貌问题。因此，从更积极的方面而言，礼貌理论为发展、维护和修复人际关系提供了非常具体的建议，即通过促进对方的积极面子和消极面子的需求来增加礼貌。

虽然每一段关系都是独特的，但对许多人来说，人际关系具有许多相似的特点。以上理论就是试图对这些普遍模式加以解释。总的来说，这些理论实际上阐明了我们建立人际关系的原因，人际关系的发展方式，我们努力维持关系的方法，以及为什么有些关系是令人满意的，而另一些关系则令人不满意。图 9-6 比较了朝向亲近阶段和远离亲近阶段的关系转换，这些条目在以上各种理论中都能看到。该图还提供了本章前两部分的简要总结：人际关系的阶段和人际关系理论。

发生以下情况，朝向亲近阶段转换：	人际关系各阶段	发生以下情况，远离亲近阶段转换：
吸引力理论 吸引力增加： 你会被这样的人吸引：与你相似的人、在你附近的人、帮助支持你的人、你认为有吸引力的人		**吸引力理论** 吸引力下降
人际关系准则理论 遵守准则： 遵守准则，关系得以维持；违反准则，关系陷入麻烦		**人际关系准则理论** 不遵守准则，无视准则
关系辩证法理论 把矛盾限制在可控范围内： 关系有时会有冲突，比如，既想要自由，又想与对方有关联		**关系辩证法理论** 矛盾太大，无法接受
社会交换理论 回报增加，成本下降，利润上升：回报大于成本，则关系得以发展和维持		**社会交换理论** 回报降低，成本增加，利润下降
公平理论 公平至上；各方获得与投入成本成正比的回报： 各方的回报与其成本成正比，则关系令人满意		**公平理论** 存在不公平，并日益严重：一人获益不足而另一人超额获益
礼貌理论 礼貌增加；积极面子和消极面子的需求得到满足： 若积极面子和消极面子需求都能得到满足，则关系令人满意		**礼貌理论** 礼貌减少；无法满足或者违背积极面子和消极面子的需求

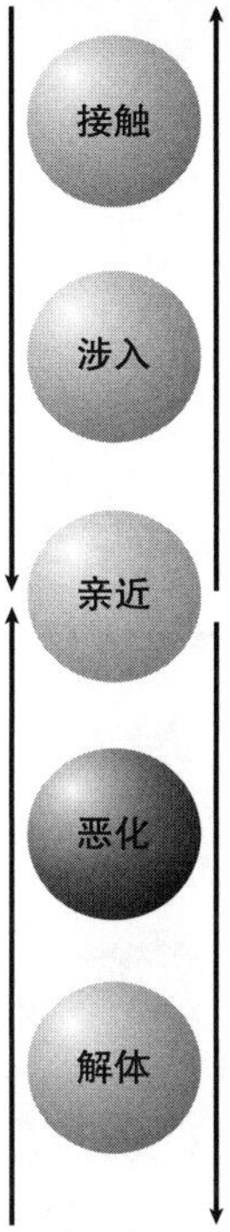

图 9-6　人际关系理论所预测的关系各阶段间的转换

第 10 章

人际关系类型

人际关系有许多类型。人际交流方式需要根据不同类型加以调整。

本章重点讨论以下关系类型：（1）友谊关系；（2）爱情关系；（3）家庭关系；（4）工作关系。然后明确以上这些关系指的是什么，并探索如何在这些关系中进行有效的人际交流。在最后一节还将审视某些人际关系的阴暗面。

所有这些关系都可以是线上的，也可以是面对面的，或者更常见的情况是二者的混合。自从1995年第一个线上约会服务出现，线上关系就开始增加。有一项调查表明，38%的自称“单身求配偶”的人使用了在线约会服务。通过一些社交网站（如脸书、谷歌、推特、Instagram和Pinterest）、专业网站（如领英）、约会网站（如Match.com、e Harmony和OK Cupid）以及众多手机应用程序（如Zoosk、Plenty Of Fish和How About We），结识新朋友和可能的恋爱对象、与家人保持联系（提供家庭活动中心的网站越来越受欢迎）以及处理工作事务变得越来越容易和有趣。毫无疑问，你已经注意到，每种类型的关系都有优点和缺点。在这里我们列出其中的几条。

建立线上关系的优点之一（尽管有些人可能说这是一个缺点）是更重视个性，而非外表。线上交流首先展示出的是人们内在的品质。而在促进亲密关系方面，可否融洽相处和相互自我表露比身体吸引力更重要。线上关系与面对面关系一样，都极大程度建立在信任、诚实和承诺的标准之上，这与一些流行观点正好相反。

对于喜欢宅在家里和比较害羞的人来说，互联网上的友谊和恋爱关系是上天的恩赐，因为在这些人看来，传统的见面方式是很困难的。对于那些有“身体残疾或身材不佳”的人来说，通过计算机交流能增加他们的自主权。在他们看来，面对面的互动往往是肤浅的，因此他们常常以退缩告终。由于不强调身体上的特征，计算机对话使双方的互动得以平衡，因此，在这样一个看脸的社会中，诸如外貌丑陋的人就不会从一开始便处于劣势。在网络上，关于你的外表，你想透露多少就透露多少，想什么时候透露就什么时候透露。

线上关系的另一个明显优点是，你能接触到无数的人，因此找到你想寻找的人就相对容易。这种情况就好比你是在一个有数百万卷藏书的图书馆里找一本涵盖你所需内容的书，而不是从只有几百乃至数千卷的藏书中去找。一项对2005年至2012年间结婚的19 000多对夫妇的研究显示，与开始于面对面交流的婚姻相比，那些在网上开始的婚姻有更高的婚姻满意度，而离婚的可能性较低。

新闻中经常会提到一个不同观点，那就是欺骗。与面对面的情况相比，网络欺骗要容易得多。然而，大多数人的个人资料似乎都比较真实。你在其他地方一定也能看到，女性会在个人资料里给自己减掉几磅[①]，而男性会给自己的身高增加几厘米，但在大多数情况下，这些个人资料是比较准确的。不过，你确实无法知道一张照片经过了怎样的修图，也不知道这张

① 1磅 = 0.4536千克。

照片是多久前拍的。而且，你的技术水平可能还无法让你听到那个人的声音，这也会妨碍你对另一个人建立完整的印象。

在网上，人们可以表现出虚假的自我，而被发现的可能性很小；未成年人可以假装成年人，成年人可以假装儿童。同样，富人可以表现得像穷人一样，或者那些只是把线上交流当成游戏玩玩的人可以表现得很认真、很忠诚。他们可以把自己自私的企图说成是为了某个高尚的理由。虽然人们在面对面的关系中也可以不展示出真实的自我，但在网上更容易做到这一点，这一事实可能解释了为什么在网络关系中虚假陈述会更多。

友谊关系

友谊吸引了诗人、小说家和艺术家的注意力及想象力。在电视上，友谊已经变得几乎和浪漫的爱情一样重要。友谊也吸引了一批人际交流研究人员。在你的一生中，你会遇到很多人，但在这很多人里，你只会跟极少数的人发展出一种你称之为友谊的面对面关系。尽管友谊的数量很少，但你会赋予它们极大的重要性。在社交网站上，你可以很容易就有数百甚至数千朋友。当然，在每种情况下对朋友的定义都是不一样的。

在你最喜欢的社交网站上你能有多少朋友，主要取决于以下几个因素：你是否愿意结交新朋友并与他们互动，与各种各样的人交流你能获得多少乐趣，以及你有多少时间。毕竟，当你有数百个朋友时，你需要花费时间阅读他们的帖子，并做出你想做出的回应。

定义与特点

我们所谈论的友谊类型是我们与某人（线上或面对面）之间相对密切的关系，而不是你根本不了解，只是因为他是你朋友的朋友的朋友，所以也算作你的“朋友”。由此而论，友谊（friendship）是两个相互依存的人之间的一种人际关系，他们相互成就对方，其特点是相互积极关注。

- 友谊是一种人际关系。友谊关系中的人相互之间必须进行交流互动。此外，这种关系涉及“人格关注”，朋友之间相互回应时都把对方视为完整的人——独特的、真实的、不可替代的个体。
- 友谊必须相互成就对方。友谊不能给其中任何一个人带来损害。一旦有破坏因素进入一段关系，它就真的不能被称为友谊了。爱情关系、婚姻关系、亲子关系以及几乎任何其他可能的关系都可以是破坏性的或建设性的，但友谊必须能激发每个人的潜能，并且只能是建设性的。破坏性的友谊最好被视为伪友谊。

- 如果我们要视某人为朋友，那么喜欢他们是必要的。友谊具备三个主要特征：信任、情感支持和利益共享，这三个特征促进了朋友间相互积极的关注。虽然相互喜欢似乎是友谊的必要条件，但这种相互作用（喜欢的程度）并不一定是完全相同的。例如，在一项研究中，94% 的受访者期望他们的朋友能用与他们一样的方式喜欢他们。但实际上，这些相互性的比例仅为 34% ～ 53%。

视野：友谊选择

在进一步阅读之前，衡量一下你的友谊选择。你依据什么选择能称之为朋友的人？你依据什么把你的友谊扩展到另一个人？面对面的友谊与只在网络社交平台发展的友谊相比，选择朋友的原因有何不同？

在世界许多地方，面对面的友谊显然是一个选择问题，你在有限的范围内选择某些人做你的朋友。大多数研究人员将友谊定义为一种自愿的选择关系。但在人类历史上，在世界许多地方——如在远离市中心的小村庄里，人们在那里出生、生活和死亡，不会冒险走出他们生活的社区，这种关系在传统上就不是自愿选择的。在这些情况下，人们只能和村子里的人形成各种关系，无权选择某些人进行交往而不搭理另一些人。他们必然是和社区内的成员发展友谊和恋爱关系，因为这些人是唯一能经常接触到的人。但随着互联网在世界的普及，这种情况正在急剧变化。通过网络，你可以接触到来自世界各地的人，因此越来越多的人际关系可以自愿选择。

友谊的类型

我们可以从不同角度来看待友谊。以下是其中几个角度，从中可大致了解友谊的类型。

- 功能。一种分类方法是从友谊的功能来看。例如，你可以根据第 1 章中确定的交流目的对朋友进行分类（虽然不一定是有意识的）：帮助你学习和激励你的朋友，可以与你形成密切关系的朋友，以各种方式（例如在经济上或情感上）帮助你的朋友，你可以影响并和你一起做事情的朋友，以及一起玩的朋友。
- 亲密度。另一种可以将朋友进行明显分类的方法是看亲密度。例如，经过更仔细的审视之后，可能你的朋友可以分为熟人、普通朋友、好友和知己等类别。甚至社交媒体也鼓励你按照亲密度对朋友进行分类。

- 交流媒介。第三种分类方法是看你们交流的方式——在线交流、面对面交流、电话交流、电子邮件交流、文本交流，还是某种组合的交流方式——以及你使用每种方式的频率。
- 真实与否。有些友谊是真实的，也就是说，双方都表现出你通常会想到的朋友应该具备的特征，如相互支持、随时帮助、相互喜欢和经常联系。但是，有些友谊不那么真实，例如，你可能与某个名人有假想中的友谊。虽然只有你知道这种“友谊”，但它看上去好像是真实的。最后还有一种你与诸如某个同事之间的表面友谊，你真的不喜欢这位同事，但不得不与之保持友好的工作关系。
- 互动情况。还有一种观点是根据互动的类型对友谊进行分类。一个由来已久的方法是将朋友分为三类：互惠型、接受型和交往型。
- 互惠型友谊建立在平等的基础上：就友谊的益处和回报而言，每个人的付出和回报都是一样的。
- 在接受型友谊中，一个人是主要的给予者，另一个人是主要的接受者。这是一种积极意义上的不平衡，因为每个人（例如，老师与学生或医生与病人）都能从这种关系中有所收获。
- 交往型友谊是一种短暂的友谊，是你经常与同学、邻居、同事或社交媒体上的朋友或联系人之间所建立的友谊。

友敌

从朋友这个词的真实含义来说，友敌（frenemy）其实不是朋友，但是，因为伪装成朋友，所以需要在此提及。友敌是伪装成朋友的敌人，表面上看起来是朋友，但在更深层次上不是朋友。而且，必须要注意，友敌行为是重复发生的，这样的行为都有一个模式。任何朋友都可能偶尔做出友敌的行为，但真正的友敌会反复这样做。以下是几种通常与友敌相关的行为表现。

- 与真正的朋友不同的是，友敌否定你而不是肯定你。友敌不会对你的成就表示开心或骄傲，但他们往往愿意倾听你的悲伤故事。
- 友敌经常批评你，但往往打着幽默的幌子，所以你很少注意到这是批评。通常，来自友敌的批评是非建设性的，它不会帮助你在任何方面提高或改善自己。讽刺挖苦型的恭维话是他们的常用方法：“小伙子，你看起来真不错，又肥了 15 磅，终于成功了！”
- 友敌一般不鼓励你与他人建立友谊，这通常是为了保持对你们之间关系的控制，使你更依赖他们。

- 友敌热情、善良、善解人意，但同时又冷淡、伤人、冷漠无情。他们采用双重战略，一方面用热情及类似的品质让你成为朋友，另一方面用冷酷来伤害你并保持优势地位。
- 友敌会羞辱你，而不是使你骄傲。例如，友敌可能把一张你不怎么好看的照片贴出来，当你要求把它撤下来时，他会告诉你："哦，我觉得这张照片很可爱呀。"
- 友敌会伤害你而不是帮助你。与真正的朋友互动后，你通常会对自己感觉更好；而与友敌互动后，你通常会感觉更糟。但是，有一些证据表明，友敌有时也会带来益处，例如，在工作中，友敌可以激励你做得更好，并了解到不同的看法。

一些理论家认为，你需要摆脱友敌（如果友敌是同事、亲戚或邻居，则不太容易做到）。另有一些理论家认为，你应该尽量减少这种关系带来的破坏性。因此，如果谈论信仰导致你受人羞辱，请尽量避免谈论这个话题。如果你的友敌总是迟到，想一下如何才能有效地利用时间，而不只是枯等。另一种对付友敌的方法是与之共情，逐步理解他的什么需求导致了这些行为——诚然，这是一项艰巨的任务。当然，面对友敌，你总是可以做出自信的回应，表达你厌恶这种讽刺挖苦型恭维或没完没了的批评。

友谊需求

友谊可满足许多重要的需求，大多数医疗专业人员认为这对身心健康很重要。根据经验或预测，你会选择那些有助于满足各种基本需求的人做朋友。根据需求满意度选择朋友类似于选择配偶、员工或任何能满足需求的人。例如，根据你的需求，你可以寻找下面这样的人做朋友，你与他们可以是面对面的朋友，也可以是线上朋友。

- 效用。这样的朋友可能有特殊天赋、技能或资源，因而对你有用。例如，一个特别聪明的人，可能会帮你找到一份更好的工作，或者给你介绍恋爱对象。在诸如领英这样的专业社交媒体网站上形成的许多"友谊"都属于这种类型。
- 肯定。这样的朋友能肯定你的个人价值，并帮助你了解自己的品质。例如，他会赞赏你的领导能力、运动能力或幽默感。脸书上经常评论你的照片和帖子的朋友也是能给予你肯定的人。
- 自我支持。这样的朋友能给你支持、鼓励和帮助。例如，他能帮助你看到自己的价值和能力。
- 激励。这样的朋友向你介绍新观念和看世界的新视角。例如，他能让你接触到以前不熟悉的人、未遇到过的问题、未曾有过的经验。在一些线上友谊中，所接触的是来自世界

人际关系抉择时刻

请求帮助

你需要向同事借 1000 元钱，而且你不确定什么时候能还。你会用什么方法借钱？

a.“我急需 1000 元钱！”

b.“不知你方便借我一些钱吗？”

c.“你借给我 1000 元钱。”

d. 找一位你俩共同的朋友帮你借钱。

e. 其他。

其他地区、不同宗教或不同文化传统的人，这种线上友谊对你也有激励作用，尽管有时你未必能意识到这一点。

- 安全。这样的朋友不会伤害你，也不会让别人注意到你的弱点。例如，他支持你，但不对你做出评判。

友谊与交流

亲密而持久的友谊随着时间的推移而进入不同的阶段。若把友谊看成是一个序列轴，那么它的一端是陌生人，或是两个刚见面或刚交朋友的人，而另一端是密友和知己。那么这两端之间会发生什么呢？

友谊从最初的接触阶段发展到亲近阶段，交流的深度和广度就会增加，你谈论的问题更接近你的内心。同样，随着友情越来越深，你们所交流的话题数量也会增加。随着深度和广度的增加，你从友谊中获得的满足感也会增加。这种深度和广度的增加可以而且确实在任何形式的交流中都会发生——无论是面对面的交流还是线上交流。在大学生和青少年中，建立和维持友谊是网络交流（即时信息和短信、社交网站、电子邮件）的主要原因，这一点很有趣。当然，这些交流形式增进了亲密度，而且常促使网络伙伴线下见面。

我们发现，友谊的发展会经历三个主要阶段，而且其中包含有效人际沟通的一些特征。我们的推论是，友谊从最初的接触阶段和熟人阶段经过普通友谊阶段，最后到好友和密友阶段，在这个过程中，有效的人际交流持续增加。但是，我们并不能因此而认为一定要发展出亲近关系，或者亲近关系的友谊就比普通友谊或暂时友谊好。无论哪种类型的友谊我们都需要。

接触阶段

在接触阶段，有效人际沟通的特点常常表现得并不明显。你还存有戒心，不会敞开自我，什么都说，因为你对这个人还不了解，还没有足够能力与之产生共情。在这个阶段，几乎没有真正的即时交流，双方都把自己看作是独立和独特的个体，而不是一个整体。由于这种关系还很新，而且彼此不太了解，因此这种互动的特点常会产生尴尬——例如，过长的停顿，不确定该谈论什么话题，以及信息发送者和接收者之间不能很好地转换角色。

涉入阶段

进入第二阶段后，会产生一种二元意识，一种清晰的“我们”意识，一种凝聚意识，交流也会表现出一种即时感。在这个阶段，你们作为一个整体而不是单独的个体参与各种活动。在涉入阶段，你会称对方为“朋友”——你们会一起去看电影，一起吃自助餐，或者在社交媒体上相互关注（真正意义的关注）。在友谊的这个阶段，有效人际交往的特点更清楚地显现。你开始比较放开地谈论自己，并对对方的自我表露也很感兴趣。由于你开始理解这个人，你会感同身受并表现出重要的他人取向。无论是对对方还是对你们之间的沟通，你都会表现出支持性，并形成一种真正积极的态度。在这个阶段你会感到轻松，感到你们之间的互动非常协调。你们之间的交流充满自信，你们保持适当的眼神交流，身体姿势和手势的使用也很自如，很少会有表明不适的下意识动作。

无论是面对面的还是线上的友谊，随着它的发展，都会出现网络融合（network convergence）的情况；也就是说，随着两个人之间关系的发展，你们开始把各自的网上朋友与对方分享。而这就在很大程度上解释了为什么有些人会有如此多的朋友，至少在网络友谊中是这样。

视野：朋友间的亲密度

有证据表明，与不太亲密的朋友相比，好友或密友在对方可能隐藏悲伤和愤怒时不太能立刻发现。

根据你的经验，你如何看待友谊的亲密度与解读他人感受的能力之间的联系？

好友和密友阶段

在这个阶段，你和你的朋友会把你们看成是一个整体，你们不接受他人加入，你们双方都能从这段友谊中获得巨大的好处（如情感支持）。因为你们都很了解对方（例如，你们知道对方的价值观、观点和态度），因而你们相互之间的不确定性大大减少了——你们能够相当准确地预测对方的行为。这种了解使你们可以很好地管理你们之间的互动，并且能使你们以更积极、更具支持性且更开放的态度进行交流。

你的他人导向性更强，更愿意为对方做出巨大牺牲。你更能与你的朋友产生共情，越来越多地与之交流观点，期望你的朋友也会同样与你产生共情。你对这个人有一种发自内心的好感，你自然而然地会去支持和抚慰对方。因为你们认为自己是一个整体，所以会表现出明显的平等和即时性。你愿意开放、自信和充满情感地回应这个人，并向对方说出你的感觉和想法。你对朋友的支持和肯定真实地反映出你能感受到你们之间的亲密。处在密友阶段时，每个人都是真正平等的；每个人都可以发起互动，也都可以回应；每个人都可以是主动的，也都可以是被动的；每个人都在说话，也都在倾听。

友谊、文化和性别

文化和性别会影响友谊及看待友谊的方式。让我们先来看看文化的影响。

文化与友谊

在美国，你可以和一个你从未打算为其尽心尽力的人做朋友。而许多中东人、亚洲人和拉丁美洲人则认为，竭尽全力帮助朋友是友谊中绝对必要的成分，如果你不愿意为你的朋友牺牲，你就没把这个人当作真正的朋友。

一般来说，与在个体主义文化中相比，朋友间的亲密度在集体主义文化中更高。集体主义文化重视群体，强调合作，于是密切的友谊纽带得以形成。集体主义文化认为，每个成员都应该帮助群体中的其他人。当你帮助他人或为他人做事时，你会对这个人更有吸引力，这无疑是友谊的良好开端。当然，这种文化对于这些亲密的联结关系也会持续给予回报。

而个体主义文化与之不同，认为其成员应该去寻找第一名——他们自己。因此，他们更有可能相互竞争，并试图比对方做得更好——至少在一般情况下，这些都不利于发展友谊。当然，大多数人既有集体主义价值观，也有个体主义价值观，只是程度不同，这就是我们在这里所说的：集体主义倾向与个体主义倾向的程度不同。

性别与友谊

性别也会影响友谊——影响你选择谁成为你的朋友，影响你如何看待友谊。也许，一个有最完备记录的发现就是女性比男性更多地表露自我。这种差异贯穿于男女友谊之中。与女性朋友相比，男性朋友之间不经常自我表露，也较少透露私密细节。男性通常不认为谈论隐私是他们友谊的必要特征。

与男性相比，女性与朋友的情感交流行为明显更多，这种差异可能解释了为什么男性比较难以开始和保持亲密的友谊。与男性相比，女性之间的交流更随意，她们也与朋友分享更多的隐私和秘密。交流，无论是何种形式或有何作用的交流，似乎都是女性友谊的一个比较重要的方面。

曾有人请一些女性和男性评估他们的友谊，就友谊的总体质量、亲密度、乐趣和支持性等方面而言，女性对同性友谊的评分高于男性。而相比之下，男性在友谊的总体质量、乐趣和支持性方面对异性友谊的评分高于女性。但在亲密度方面，男性和女性对异性友谊的评分差不多。这些差异可能部分是因为社会对男性友谊持怀疑态度，因此，男性可能不愿意承认自己与另一个男性有紧密的关系联结。男性的友谊常建立在参与共同活动的基础上——参加球赛、打牌、在办公室里一起做项目。而女性的友谊更多地建立在情感、支持和“人格主义”的分享上。一个重要的因素是相似性——地位相似，都愿意在令人不愉快的情况中保护朋友，以及有类似的学科专业。

进入21世纪后，男性、女性发展和维持友谊的方式无疑会发生很大变化，正如所有与性别有关的事物都会发生变化一样。同时，鉴于目前对性别差异的研究现状，需要注意的是不要夸大其词，把微小差异视为极为显著的差异。另外，不要有刻板观念，不要只强调对立而忽视男女之间大量的相似之处。

爱情关系

在人际关系的所有特点中，没有什么比爱更重要。英国前首相本杰明·迪斯雷利（Benjamin Disraeli）曾指出：“我们都为爱而生。这是生存的原则和它唯一的目的。”爱情（love）是一种感觉，其特点是亲近和关怀，以及私密、激情和承诺。它也是一种人际关系，可通过交流得以发展和维护，有时也会因为交流而遭到破坏——同时，它也是一种可以通过改善交流技巧而大大加强的关系。

虽然关于爱情的理论有很多，但有一个概念化模型引起了人际关系研究人员的注意，并一直得到研究结果的支持。这是一个模式，最初由约翰·艾伦·李（John Alan Lee）提出，这个模式说明爱情不止一种，而是有六种类型。

在讨论爱情的类型之前，请对以下陈述做出回应（标出正误），以了解你的爱情是哪种类型。

1. 我很看重身体上的吸引力。
2. 我不会跟某个没有吸引力的人发生恋爱关系。
3. 我认为爱情不需要太强烈，保持淡淡的感情最好。

人际关系抉择时刻

从友情到爱情

你和同事在工作中发展出了很好的友谊，但最近你发现你的友情正在转变为爱情。你会怎样做使得这段友谊发展成爱情，或者至少了解对方是否会接受这种变化？

a. 送一束花，并附上一张便条。

b. 面对面跟这个人解释清楚你的感觉。

c. 另找一个人帮你弄清楚对方的感觉。

d. 问一问对方的恋爱情况。

e. 其他。

4. 我不会爱上无趣或没意思的人。
5. 我寻求一种可用“平静”一词加以描述的爱情。
6. 我认为性对于爱情没有那么重要。
7. 我只会被那些能在我职业方面提供帮助的人所吸引。
8. 我会选择态度和个性跟我比较接近的人作为恋爱对象。
9. 我认为爱情要么像过山车一样起伏变化，要么就什么也不是。
10. 我认为爱情应该彻底、强烈、有占有欲。
11. 我认为爱情是一种无私的感觉。
12. 我可以爱上某个不爱我的人。

爱情的类型

让我们逐一解读这六种类型的爱情。图 10-1 对此进行了大致的描绘。

性之爱：美丽与性欲

（陈述 1 和陈述 2）就像希腊神话中的那喀索斯（Narcissus）爱上了自己美丽的形象一样，性之爱（eros）集中在美和身体的吸引力上，有时甚至不计较人们认为更重要和更持久的品质。同样，和那喀索斯一样，性之爱者对美有一种理想化的概念，这种美是现实中无法得到的。因此，他们往往感到愿望不能满足。他们对所爱的人身体上的缺陷特别敏感。

游戏之爱：娱乐与刺激

（陈述 3 和陈述 4）游戏之爱（ludus）把爱作为一种游戏、一种乐趣。你游戏玩得越好，获得的乐趣就越大。爱情不能太严肃；要控制住感情，以免失控惹麻烦；永远不能让激情发展到失控的地步。一个游戏之爱者很有自控力，总是能意识到需要控制爱，而不是被爱控制。也许是因为这种控制爱情的需要，一些研究人员指出，游戏之爱的爱情取向可能会显示出性攻击的倾向。只有当伴侣有趣并能带来快乐时，他们才会与之持续交往。一旦兴趣消失，他们就会换一个伴侣。也许是因为认为爱是一种游戏，所以性方面的忠贞对他们而言并不重要。事实上，研究表明，在游戏之爱中得分较高的人比得分较低的人更有可能进行“向外”的约会和性行为。游戏之爱者在自恋方面得分也很高。

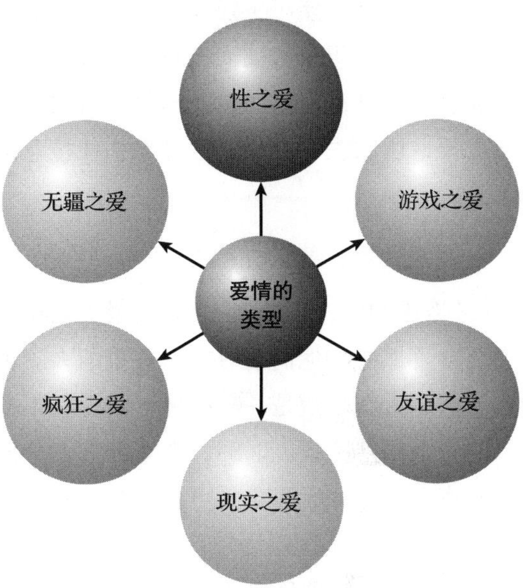

图 10-1　爱情的类型

友谊之爱：和平与缓慢

（陈述 5 和陈述 6）友谊之爱（storge，该词来自希腊语，意为“家族之爱”）缺乏激情，不是那种强烈的爱。友谊之爱中的恋人不是为了寻找爱人，而是为了与其所了解的某个人建立一种相互陪伴的关系，他们拥有共同的兴趣，一起参与一些活动。友谊之爱中的爱情是一个缓慢发展的过程，在这个过程中思想和感受慢慢得以展示；变化总是一点一点逐步地发生，因此通常很难确定关系何时发展到了何种地步。在这样的爱情中，性关系发生得很晚，而发生时已然无足轻重了。

现实之爱：实际与传统

（陈述 7 和陈述 8）现实之爱（pragma）者很务实，并寻求一种有用处的关系。现实之爱者追求配合度，并希望在这种关系中，他们的重要需求和欲望可以得到满足。比起未来伴侣的个人素质，他们甚至更在意其社会资历；家庭和社会背景对他们来说极其重要，与其说他们依赖感情，不如说他们更依赖理性。有这种爱情观的人认为，爱情是一种有实用性的关系，能使余生过得更轻松。所以考虑未来伴侣时，他们会问这样的问题：“这个人赚钱多吗？”“这个人会做饭吗？”“这个人能帮助我在职业上取得进一步的发展吗？”现实之爱者的恋人关系很少会恶化，这在一定程度上是因为他们选择伴侣时很仔细，并重视相似之处。另一个原因是他们的恋爱期望很现实。

疯狂之爱：兴高采烈与沮丧忧愁

（陈述 9 和陈述 10）疯狂之爱（mania）者的特点是情绪起起伏伏。他们强烈地爱着对方，同时极度担心会失去这份爱。这种恐惧常常使他们无法从这段关系中感受快乐。只要一点点刺激，他们就可能产生强烈的妒忌。他们对爱很执着，必须完全占有他们所爱的人。作为回报，他们也希望自己被人占有——被人强烈地爱着。他们的自我印象不佳，而且似乎只有爱才能使之改善；他们的自我价值来自被爱，而不是来自任何内心的满足感。因为爱对他们如此重要，所以关系中的危险迹象往往被忽略；疯狂之爱者认为，只要有爱，其他一切都无关紧要。

无疆之爱：善良与无私

（陈述 11 和陈述 12）无疆之爱（agape）是一种富有同情心、舍己为人、无私的爱。他们甚至会爱那些与他们没有密切关系的人。他们会爱上路上的陌生人，尽管两人可能永远不会再见面。无疆之爱是一种精神上的爱，不在意个人的回报或收获。他们爱着，却并不期望自己的爱会得到回报。耶稣、佛陀和甘地宣扬这种无条件的爱——无疆之爱（Lee，1976）。从某种意义上说，无疆之爱更多的是一种哲学上的爱，而不是大多数人有能力实现的爱。相信缘分的人（缘分是有关命中注定的观念，来自佛教）更有可能喜欢无疆之爱（和务实的爱），而不太可能喜欢情色之爱。

每一种爱都可以与其他类型的爱相结合，形成新的不同的模式（例如，疯狂之爱和游戏之爱结合，或友谊之爱和现实之爱结合）。但是，以上六种是爱的主要类型，说明了爱情关系的复杂性。这六种类型也说明了不同的人想要的东西是不同的，每个人都以一种独特的方式寻求满足。在你眼里可能毫无生气的爱，或者你觉得很疯狂或很无聊的爱，却可能是另一个人的理想选择。同时，别人可能会在你所寻求的爱中看到其他缺点。

还要记住，爱也会改变。一种始于现实之爱的关系可能发展成游戏之爱或性之爱，一种从性之爱开始的关系可能会发展成疯狂之爱或友谊之爱。有一种看法认为，这一发展过程有三个主要阶段：

- 第一阶段：性之爱，疯狂之爱，以及游戏之爱（最初的吸引力）
- 第二阶段：友谊之爱（由于关系得到发展）
- 第三阶段：现实之爱（由于关系之间的联结度增加）

爱情与交流

当你坠入爱河时，你是如何交流的？你会说什么？会有什么非语言的行为？研究显示，你会夸大你心爱之人的优点，并将其缺点减到最少。你们分享情感和经历，用温柔的语气交谈，使用相当多的礼貌用语，“请”“谢谢”和类似的表达比比皆是。你们经常使用个性化的交流，其中包括你不会告诉他人的秘密，以及只有在你们这一特定关系中才有意义的信息。你们还会创建和使用个性化语言（以及昵称），比如某些词、短语和手势，它们只在你俩的特定关系中有意义，这说明你们之间有一种意味着特殊纽带的特殊语言。当外人试图使用这些个性化语言时（他们有时会这么做），这些表达就会显得不合适，有时甚至让人感觉被侵犯了隐私。在网络关系中，这些浪漫的信息往往会采用离线方式发送，或只在一些私密的小群里发送。

你会大量地自我表露，如果自我表露的信息太多，你会只透露给这一个人，且通常采用离线方式。与那些没有恋爱关系的人或那些正在经历分手的人相比，恋人之间确定性更强，不确定性较弱。如果你觉得你们的关系出现了危机，你会使用更具建设性的冲突解决策略加以应对。你非常清楚什么话适合对你的爱人说，而什么话不适合说。你们知道如何奖励对方，也知道如何惩罚对方。总之，你知道该怎么做才能得到你想要的回应。

在爱的交流方式中，最常用的一种就是向对方表达支持，有什么说什么，以及相互配合。这种交流可以是面对面的，也可以通过电话进行（在一项调查中，79% 的人表示他们采用这种方式）。今天，人们同样如此，只不过常常是通过即时信息，或者在脸书上发帖或发推特，比如，你更新你的状态，贴出你俩浪漫的照片，或者简单地发一句“我们相爱了”。

你们也会通过非语言的方式交流你们的爱。长时间且专注的眼神交流也许是爱情最明显的非语言表现。眼神交流至关重要，乃至回避眼神往往会让对方发出“怎么了”的疑问。你们之间保持沉默的时间也会比你跟朋友在一起的时候长。此外，你们还会表现出亲密的暗示（即表明你们爱着对方的迹象），包括点头、某些手势和身体前倾。你会发出杜兴式微笑——这种微笑不是你能随意控制的，而且表达一种发自内心的快乐。发出这样微笑的时候，你的眼角出现鱼尾纹，你的脸颊抬起，卧蚕凸显。

你会尽量避免社交上的禁忌行为，至少在所爱的人面前如此。例如，你会减少挠头、剔牙、掏耳朵和放屁这些行为，而当你们形成一种永久的恋爱关系后，这些行为就又会出现了。

你们更多地触碰对方，动作也更亲密。你们还会使用其他很多方式表明你们的关系，用一些非语言的动作来说明你俩在一起了，比如手牵手，挽着胳膊走路，接吻等。你们甚至在穿着上也很相似，恋人们穿的服装从样式到颜色都比没有谈恋爱的人更接近。你们把这样的照片发布在 Instagram、Pinterest、Flickr 或任何社交网站上，公开宣布你俩是一对，你俩在一起了。

爱情、文化和性别

与友谊一样，爱情也受到文化和性别的极大影响。让我们首先来看一下文化的影响。你如何看待爱情，你寻求或维持哪种类型的爱情，这些都会受到文化的影响。

视野：爱情、婚姻和文化

一些来自不同文化的男性和女性被要求回答下面这个问题：如果有一个人具备所有你希望有的品质，但唯独你不爱他，你会与这个人结婚吗？巴基斯坦的受访者中有 50% 表示会结婚，印度的受访者中有 49% 表示会结婚。极端的回答来自日本（只有 2%）、美国（只有 3.5%）和巴西（只有 4%）。*你会如何回答这个问题？文化是如何影响你的？*

文化与爱情

不同的文化对爱情的看法是不同的。例如，有人发现，亚洲人的爱情类型比欧洲人更偏重友谊。个体主义文化的成员（例如西欧人）可能更多地强调爱情的浪漫和个人的满足感，而集体主义文化的成员很可能会爱及对方的众多亲友。与其他国家的男性相比，美国男性在游戏之爱和无疆之爱上得分较高，而在性之爱和现实之爱上得分较低。美国男性也不认为情感满足对维持关系至关重要。

一项研究发现，墨西哥人的爱情类型以冷静、富有同情心和深思熟虑为特征。在将美国和法国爱情类型进行对比后发现，美国人在友谊之爱和疯狂之爱方面的得分高于法国人，而相比之下，法国人在无疆之爱上的得分更高。在美国，白种人女性在疯狂之爱上的得分高于非洲裔女性，而非洲裔女性在无疆之爱上的得分更高。然而，白种人男性和非洲裔男性的得分却很接近，没有发现二者在统计学上的显著差异。

性别与爱情

性别也会影响爱情。在美国，男性和女性在爱情上差异极大。从诗歌、小说和大众媒体的描写中能看出，在爱上某人、跟某人谈恋爱和结束爱情关系时，女性和男性的表现非常不同。正如拜伦勋爵（Lord Byron）在《唐璜》（*Don Juan*）中所说的，“爱情对男人不过是身外之物，对女人却是整个生命。”女人常被描绘成感性的，而男人是理性的；女人应该强烈地爱，而男人应该超然地爱。

女性和男性似乎在经历爱情的程度上是相似的，而且研究进一步发现男性和女性的爱情观也很相似。然而，女性会比男性更多地表现出对同性朋友的爱。这可能反映出两性之间一个真正的区别所在，或者这是由于社会对男性的约束更大，男人不应该承认他爱另一个男人，但女性却有更大的自由表达她们对其他女性的爱。

许多研究发现，男性比女性更重视浪漫。对某些男性和女性进行的一次有关爱情观的调查——爱情观本质上是现实的还是浪漫的，结果表明已婚女性比已婚男性拥有更现实（不那么浪漫）的爱情观。其他研究也支持这一观点，即男性更浪漫。例如，“男性比女性更有可能相信一见钟情，相信爱情是婚姻的基础，是克服障碍的基本条件，并相信他们的伴侣和关系是完美的。”这种差异似乎随着恋爱关系的发展而愈加明显：男人变得更浪漫了，而女人变得不那么浪漫了。

当恋爱关系解体时，女性和男性的反应既有相同点也有不同点。例如，他们都愿意回忆愉快的过往，也都愿意再去那些与过去恋爱经历相关的地方。然而，与女性相比，男性对分手的一般反应是更多地幻想已失去的伴侣，沉迷在不切实际的白日梦中。

家庭关系

如果让你给家庭（family）下个定义，你可能会说，家庭由丈夫、妻子和一个或多个孩子组成。如果继续问你什么是家庭，你可能会补充说，有些家庭还包括其他亲戚——姻亲、兄弟姐妹、祖父母、姑姑和叔叔等。但还有一些其他类型的关系，对其成员而言，也是家庭。一个明显的例子是没有孩子的家庭——其数量一直在增加。同样一直在增加的还有单亲家庭。

还有一个明显的例子，那就是两人住在一起，但没有结婚。在大多数情况下，这些同居者的生活就像他们结了婚一样：承诺不与他人发生性关系，可能有孩子，有共同的经济责任、共同的时间和共同的空间。这样的关系与传统婚姻很像，区别就是传统婚姻要么是宗教团体承认的，要么是国家承认的，也可能是二者都承认的。

另外一个特殊的例子是男同性恋或女同性恋的一对恋人，他们住在一起——无论是以同居伴侣的身份还是以夫妻的身份（这在某些国家和地区是合法的）。作为一家人，他们具备家庭应有的所有特征。他们许多人有孩子，可能是以前的异性婚姻中生育的，也可能是通过人工授精或收养的。虽然准确的数据难以统计，但男同和女同现象似乎比大众媒体报道的更普遍。而且，大多数人际关系专家都认为，无论情感取向如何，拥有一份忠诚的关系是大多数人的目标。

适用于传统核心家庭（只有父母和孩子的家庭）的交流原则也适用于这些其他类型的家庭。在下面的讨论中，主要关系（primary relationship）一词表示两个主要当事方之间的关系，例如丈夫和妻子、一对情人、同居伴侣；而家庭一词表示更广泛的一群人，包括孩子、亲属和其他各种重要的人。

视野：时光中的家庭

一位研究人员指出，如果你从达尔文进化论的角度来看待家庭，你只能得出这样的结论：家庭本质上是不稳定的，人们是因为需要而生活在一起，而不是选择生活在一起。如果有其他任何更好的机会，许多家庭成员就会立即离开。

你认为家庭最大的优点是什么？最大的缺点又是什么？

家庭的特征

所有的主要关系和家庭都有几个属性，可进一步描述这种关系类型的特征：明确的角色、责任的认可、共同的过去和未来，以及共享生活空间。

明确的角色

许多异性恋夫妻的角色分配是非常传统的，男性主要负责赚钱养家，而女性主要负责做饭、带孩子、忙家务。不过在受过高等教育的夫妻中，以及在处于较高社会经济阶层的夫妻中，情况并非如此，在这样的家庭中首先发生改变的就是传统的男女角色分工。然而，在男女同性恋夫妻中，没有发现明确的、人们通常认为的那种男女角色，他们不符合传统意义上的“男性”和“女性”角色（Cloud，2008；Peplau，1988）。

责任的认可

家庭的各成员认为彼此负有某些义务和责任，如有义务在经济上互相帮助。除此之外，还有情感上的责任：在家庭成员痛苦时给予安慰，因他们的快乐而快乐，感受他们的痛苦，振奋他们的精神。夫妻之间也有时间上的义务，留出大块时间陪伴对方。共度时光似乎对所有的关系都很重要，只不过每对夫妻对它的定义不同。

共同的过去和未来

家庭的主要关系有共同的过去经历和共同的未来预期。要使一段关系成为主要关系，就必须有一段过去，一些曾经的重要互动。这种互动使得成员间能够相互了解，更多地理解对方，其理想状况是能喜欢甚至爱对方。同样，各成员都认为这种关系也会有潜在的未来。尽管研究人员预测，50% 的初婚夫妇将离婚（二婚的离婚率更高），而且 41% 的适婚年龄者将经历离婚，但大多数有类似婚姻这类关系的人认为他们的关系是永久的——至少理想中如此。

共享生活空间

在一般的美国文化中，处于主要人际关系中的人通常共享生活空间。如果不能共享，那么无论是整个文化还是这段关系中的人都会视之为“不正常的”或暂时的。即使是那些分开生活了很长时间的人也会认为能共享空间是理想的，事实上，他们确实会共享某些特殊空间，至少有一部分时间如此。然而，在其他一些文化中，男性和女性并不共享生活空间，女性可以与子女一起生活，而男性则在社区安排下共同生活。

即使在美国，异地关系的数量也是不容忽视的。例如，据异地关系研究中心网站（www.longdistancerelationships.net）统计，不共享生活空间的已婚人士已超过350万人，占所有美国已婚人士的2.9%，而且其数量还在增加。大约700万对夫妻（或1400万人）认为自己处在异地婚姻的状态。据估计，大约75%的大学生有过异地恋的经历，在任何时候都有25%～50%的大学生处在异地恋的关系中。处在异地关系中的人只要能够每月聚一次，那么他们似乎在满足感、承诺、亲密感或持久性等方面并不比有共享空间的人更差或更少。

夫妻类型

研究人员就共享程度、空间需求、冲突和相处时间等问题询问了一千多对夫妇，并根据他们的回答确定了三种基本类型的主要关系：传统关系、独立关系和分隔关系。

传统夫妻

如果你是传统夫妻的一方，你一定会同意以下说法：

- 我们告诉对方我们有多么地爱对方或多么地关心对方。
- 我们每天同一时间吃饭。
- 女方婚后应随丈夫姓。

传统夫妻（traditional couples）有共同的基本信仰和人生哲学。两个人结合成了一对夫妻，而不再是两个单独的个体。他们相互依存，并认为为了夫妻关系，每一方都必须牺牲一定的独立性。传统夫妻认为夫妻间应共同分享，他们很少各行其是。这样的夫妻坚持传统的性别分工，很少会在角色分工上发生冲突。传统夫妻很少会有权力方面的争斗，也基本没有什么冲突，因为每个人都知道自己在这段关系中的角色并加以遵守。他们在交流中会迅速回应对方。他们交流时依偎着，微笑着，有很多话说，有时打断对方，把对方没说完的话补充完整。

视野：夫妻结合

除了这三种典型的夫妻外，还有些夫妻是这些类型的组合。例如，在分隔—传统型夫妻中，一方是分隔型的，另一方是传统型的。另一种常见的模式是传统—独立型，在这种模式中，一方持传统的夫妻观念，而另一方支持自主和独立。

从传统夫妻、独立夫妻、分隔夫妻或某种结合型夫妻的角度，你将如何描述你曾经有过的、现在的或未来期望的夫妻关系？

独立夫妻

如果你是独立夫妻中的一方，那么你可能会同意以下说法：

- 在婚姻或亲密关系中，对个人自由不应有任何约束或限制。
- 我有自己的私人空间（书房、工作室、杂物间等）。
- 当我的伴侣在我面前专注于某件事时，我可以随意打断他。

独立夫妻（independent couples）强调个性。夫妻关系虽然很重要，但个体认同更重要。尽管他们会花大量时间在一起，但他们不会把它仪式化，如列一个时间表。每方都花一定的时间与其他朋友在一起。独立夫妻认为自己相对而言具有雌雄同体的特征——他们结合了传统女性与传统男性的角色和品质。交流中他们会及时回应对方。在冲突时表现得坦率而毫无畏惧。他们会透露很多事情，包括高风险和负面的内容，而传统夫妻通常不会这么做。

分隔夫妻

如果你是分隔夫妻中的一方，你可能会同意以下这些说法：

- 一些问题如果我不去争论，它们就会消失。
- 最好隐藏你的真实感受，以免伤害你的伴侣。
- 在家里，每天的生活都有相当固定的时间表。

分隔夫妻（separate couples）住在一起，但更多地把夫妻关系看作是为了方便，而不是因为彼此相爱或者感觉亲密。他们似乎并不渴望在一起，事实上，他们在一起时通常仿佛只是例行公事，比如吃饭时间或假日聚会。很重要的是，他们都有各自的身体和心理空间。分隔夫妻很少分享，每个人似乎都喜欢按自己的意愿行事。他们对于性别分工持有相对传统的价值观和信念，而且每个人都努力扮演好分配给自己的角色。然而，这种夫妻关系的最大特点是，每个人都把自己看作是一个单独的个体，而不是一对夫妻中的一方。

家庭类型

将家庭进行分类的方法很多，例如，根据家庭人数、家庭的感情取向、是否有孩子或家里是否还有大家庭的其他成员，等等。而一个很有趣的分类方式是以交流为导向的分类，从一致性和对话的角度来看待家庭。

一致性取向（conformity orientation）是指家庭成员在多大程度上表达相似的或不同的态度、价值观和信仰。因此，我们可以说，高度一致性的家庭表达的态度、信仰和价值观极为相似，并试图避免冲突，而低度一致性的家庭，其成员表达的态度、信仰和价值观差异极大，并可能经常发生矛盾冲突。高度一致性的家庭一般是和睦的，孩子要服从父母，这基本上没有疑问。而低度一致性的家庭可能不那么和谐，孩子可以有更大的自由按照自己的意愿说话或做事。

对话取向（conversation orientation）是指家庭成员能在多大程度上说出自己的想法。对话取向度高的家庭鼓励成员讨论各种问题并发表他们的意见，而对话取向度低的家庭不鼓励讨论和发表意见。

在这个分类方式的基础上，我们可以将家庭分成以下四个类型：一致型家庭（consensual families）、保护型家庭（protective families）、多元型家庭（pluralistic families）和放任型家庭（laissez-faire families）。

- 一致型家庭：对话程度和一致性程度都高。这样的家庭鼓励坦诚交流和达成一致。
- 保护型家庭：一致性程度高，对话程度低。这样的家庭强调一致性，努力避免冲突，但很少沟通。
- 多元型家庭：一致性程度低，对话程度高。这样的家庭鼓励家庭成员表达不同的态度和观点，他们进行坦诚的交流并相互理解。
- 放任型家庭：一致性程度和对话程度都低。这样的家庭不太进行互动和交流，而是鼓励保护隐私，支持“做你想做的”这一态度。

将家庭做如此分类只是对家庭类型做简单描述，而不是加以评价，因此并不表示某个家庭类型比另一个更好。毕竟，对某些人有用的东西未必对另一些人有用。

家庭与交流

从你自己的家庭互动中便可以知道，技术的发展极大地改变了家庭成员之间的交流。手机可以让父母和孩子在紧急情况下保持密切联系，也可以只是聊聊天。今天，年轻人能与父母保持更密切的联系，除了因为可以通过手机交流外，还因为可以利用其他方式，如电子邮件、即时信息、脸书、推特、Instagram，以及许多其他网站等。

另一个变化是人们会沉浸在网络社区中，父母某些情况下会如此，而孩子大多数情况下会如此，这导致他们几乎没有时间陪伴身边真正的家庭成员。在韩国，孩子与父母之间的代际冲突本已严重，而互联网的使用似乎使冲突进一步加强了。同样，一项对美国年轻人（10 ~ 17 岁）所做的研究发现，无论女孩还是男孩，与没有密切网络关系的人相比，发展了密切网络关系的人与父母的交流较少，而且更易陷入“高度困扰”中。

还有一个有趣的变化，那就是被收养的孩子更容易找到亲生父母，这是因为人们可以随时访问各种数据。同样，分离的兄弟姐妹也可以更容易地找到彼此——这对美国的大多数家庭来说似乎没有太大必要，但在饱受战争蹂躏的国家，这可能是极其重要的，因为这些国家的许多家庭由于被占领或强迫搬迁而分离。

在此基础上，让我们来看一下主导家庭关系的交流模式。这里列举四种基本的交流模式，而每种人际关系都可以被视为其中某个基本模式的变化形式（见图 10-2）。

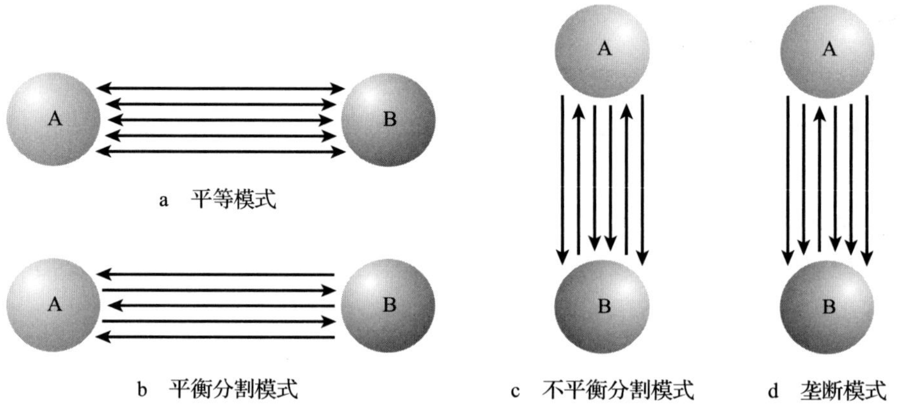

图 10-2　夫妻和家庭中的交流模式

本图以非常简单的形式描绘了四种交流模式。(a) 平等模式，在这一模式中，沟通和决策都平等分配，每个人都平等地发送和接收信息，享有平等的权力。(b) 平衡分割模式，在这一模式中，每个人都说话，也都倾听，拥有平等的权力，但涉及的事情不同。(c) 不平衡分割模式，在这一模式中，一方比另一方在交流和决策方面更有控制权。(d) 垄断模式，在这一模式中，一方完全（或几乎完全）处在掌控地位。

平等模式

平等模式很可能只是在理论上存在，而在实际生活中很难存在，但以这种模式为起点，可以很好地了解主要关系间的交流情况。平等模式更多地存在于同性夫妻中，而在异性夫妻中较少。在这一模式中，每个人在交流中都是平等的，他们扮演平等的角色。因此，每个人的可信度都差不多，对对方的想法、意见和信仰都持同样开放的态度，并在基本平等的基础上自我表露。他们之间的交流是开放的、诚实的、直接的，也没有许多人际关系中存在的强权行为。就前面提到的关系许可而言，他们之间的许可是对等的。

平等模式中的关系也是公平合理的。根据公平理论，在公平的情况下，即双方在这个关系中付出同等份额的成本，也得到同等份额的回报，这时家庭或关系的满意度是最高的。如果对某些不平等感到不满，就可能做出“重新分配比例”的回应。例如，获益不足的一方可能会寻求婚外情，以获得更多的利益——更多的爱，更多的关心，更多的支持。

平衡分割模式

平衡分割模式中的人们仍旧保持着平等关系，但每个人在不同领域有不同的权力，被视为不同领域的专家或决策者。例如，在传统的核心家庭中，丈夫在经济事务上（也许还在政治上）可信度很高，而妻子在照顾孩子和做饭等问题上更有发言权。在许多文化中，这种性别分工已越来越不明显，但世界各地仍有许多家庭在实行这种分工。

在平衡分割模式的家庭中，家庭成员不认为冲突具有威胁性，因为他们每个人都有特定的专业领域。因此，任何冲突的结果几乎都是可预见的。

不平衡分割模式

在不平衡分割模式的关系中，一方占主导地位：他在半数以上的交流领域中被视为专家，经常在关系中处于掌控地位。有些情况下，是因为这一方比较聪明或知识比较丰富，但在许多情况下，是因为他外表更有吸引力或收入更多。外表不太有吸引力或收入较低的伴侣为了弥补自己的不足，只能屈服于对方，允许其在争论中获胜，或服从其决策方式。

处在掌控地位的人发表更多的主张，告诉对方应该做什么或要去做什么，能自由地表达观点，通过权力斗争来保持控制权，且很少征求他人的意见。反之，无控制权的一方则提出问题，征求意见，指望对方做出决策。

垄断模式

在垄断模式的关系中，一方被视为权威。他不是在交流，而是在训话，且很少征询别人的建议，并总是保留最后的决定权。具有控制权的一方告诉其伴侣将要这样而不要那样。与没有控制权的一方相比，有控制权的一方说很多的话，而且常常偏离话题。没有控制权的一方向对方寻求许可，指望对方发表意见并做出决定，就像一个孩子求助于无所不知、无所不能的父母一样。

这种类型的夫妻很少发生争论——因为两个人都知道谁说了算，谁会在任何可能出现的争论中获胜。然而，当权威受到质疑时，就会发生争论和激烈的冲突。冲突之所以会激烈，其中一个原因是他们从来没有想过如何充分解决冲突。他们不知道如何争论，也不知道如何愉快地接受不同观点，所以，他们应对冲突的方式常常会伤害对方。

家庭、文化和性别

就像友谊和爱情一样，家庭也因文化的不同而不同，而且男性和女性对家庭的看法也不同。

文化与家庭

在美国社会，与关系发展有关的讨论都假定你是自愿选择你的关系伙伴的，你有意识地选择建立这样的关系而不是那样的关系。然而，在某些情况下，选择某人做丈夫或者妻子是为了两个家族的联盟，或者是为了给你的家庭或村庄带来一些经济优势。你的父母可能在你还是婴儿的时候，甚至在你出生之前，就已经做出了这样的安排。当然，大多数文化都要求人们要与“对的”人结婚，与某些人而不是其他人做朋友。

同样，美国研究人员也在研究关系是如何解体的，以及关系破裂后如何挺过去。他们都假设你有权利选择退出让你不满意的关系。但在某些文化中，一段关系一旦形成，或者夫妻一旦有了孩子，就不能简单地退出这段关系。罗马天主教规定，人们只要有了合法的婚姻，他们就是已婚人士，这段婚姻关系就不能解除。在这种文化中，可能更重要的问题是：“如何维持一段出了问题的关系？”“如何才能在令人不愉快的关系中生存？”“如何修复一段令你烦恼的关系？”

此外，结束一段婚姻关系后你会遭遇什么样的困难，也会受到文化的影响。例如，如果已婚人士信仰的宗教禁止离婚和再婚，那么除了与其他人一样面临经济和社会困难外，他们离婚后还会遭受来自宗教的反对和谴责。在美国，孩子的监护权几乎总是交给女方，这会增加男方的情感负担。而在伊朗，孩子的监护权归男方，这就给女方增加了情感负担。在印度，由于女性在经济上依赖男性，加上文化信仰对女性的看法以及家庭的宗法秩序等，女性离婚后要经历比男性更多的困难。而在约旦，直到 2002 年才有第一位妻子获准离婚，在此之前，只允许男子提出离婚。

性别与家庭

在美国，男性和女性都可以主动开始一段关系，也都可以首先提出解除关系。人们希望无论男女都能从他们的人际关系中获得满足感，而且若这种满足感不复存在，任何一方都可以选择退出这种关系。而在伊朗，只有男性有权解除婚姻，并且不必给出任何理由。

男女同性恋家庭在某些文化中是被接受的，而在另一些文化中则会受到谴责。在美国，有些州承认同性伴侣的合法婚姻。在另外一些州，同居伴侣关系可以注册登记，这样，以前已婚夫妻才能有的某些权利，男同性恋者、女同性恋者和（某些情况下）未婚异性恋者就都可以拥有了，如健康保险福利，以及若一方丧失生活能力时做出决定的权利。在比利时、荷兰、西班牙、南非和加拿大，同性伴侣可以结婚；在挪威、瑞典和丹麦，同性关系伴侣与已婚夫妻享有同等权利。然而，在许多国家，同性伴侣被视为犯罪，可能面临严厉的惩罚，甚至在某些文化中可能被判处死刑。

人际交流技巧

支持：支持性信息表达的是理解而不是评价

交流中的支持（supportiveness）指的是一种描述性行为，而不是评价性行为，是一种临时性行为，而不是确定性行为。描述性信息用相对客观的语言来描述看到或感觉到的东西，这与用于表达意见和判断的评价性信息完全不同。描述性信息会让人感觉得到了他人的支持，而判断性或评价性信息却可能使对方产生戒心（当然，这并不表示所有的评价性交流都会引发防御性反应）。同样，临时性信息表达了一种开放的态度，表示自己愿意听到相反的意见。而确定性信息不允许意见有分歧，而且很可能会导致对方产生防备之心。

支持性交流

以下建议可帮助大家通过使用描述性信息和临时性信息在交流中传达支持，同时增加关系满意度。

- 表达你愿意以开放的心态倾听，并愿意改变你的思维方式和行为方式。
- 征求他人的意见，并表明这些对你很重要。不要过多强调自己看待事物的方式。
- 不要指责或批评（“我真应该干我以前的工作，我要是没听你哥哥的建议就好了”）。
- 避免负面评价（“你不觉得你妹妹穿那件红裙子很吓人吗”）。
- 避免“说教”（“你必须去学文字处理和电子表格技能”）。

工作关系

工作场所是一种情境，在这一情境中会发生各种形式的交流，存在各种类型的人际关系。这一情境会特别受到文化的影响，包括广义上的文化和工作场所的企业文化。与所有文化一样，企业文化也有自己的礼仪、规范和交流规则。无论是面试还是进行友好谈话，都要遵守这些规则，它们描述了什么样的语言和非语言行为是适当的，什么样的是不适当的，明确规定了如何奖励（或因违反规则而惩罚），并告诉你什么会帮助你获得并保持这份工作，而什么不会。例如，本书给出了一些基本的建议：强调你的优秀品质，突出你的能力，并尽量减少任何负面特征或弱点。但某些组织，特别是集体主义文化中的一些组织，都期望员工能有谦逊的表现。如果你过于强调自己的能力，你可能会被视为傲慢、鲁莽，不适合在一个强调团队精神和合作的组织中工作。

无论是求职面试，是刚入职，还是会见新同事，第一印象都特别重要，因为第一印象有长久的影响力，而且对未来的印象和沟通影响巨大。表 10-1 提出了一些指导原则，将有助于你留下良好的第一印象，并能够提高你在工作中的亲和力。

当你入职一个新企业时，你会学习一种文化的规则和规范，这些规则和规范不同于你所毕业的大学的，或者不同于你之前工作过的企业的。换句话说，你适应了新文化，就像你搬到国外一样。如你所见，学习企业文化是至关重要的，你需要知道游戏规则是什么，特别要知道交流规则是什么。下面我们来看看各种职场交流模式和关系。

表 10-1　如何在工作中讨人喜爱

策略	评论
着装与身份相符。穿着要合适，即便是“周五便装日”也有其穿搭规范	任何与职位严重不符的着装都可能表示你不适合这一职位
积极向上。对企业、工作和同事都要表达积极的态度	避免消极的谈话和讽刺（即便是表达幽默）
有文化敏感性。不要有模式化观念，不要发表会被认为是种族主义者、异己主义者、年龄歧视者或性别歧视者的言论	所有这些都会冒犯他人
恭敬而友好。对他人的时间或怪异性格予以尊重	同时，适当的情况下要能提供帮助并配合他人
表达兴趣。关注他人，真正倾听	对对方的身份及其言行表达出兴趣。保持眼神交流，保持愉快的面部表情，保持聆听的姿态，并相对靠近对方

职场交流

职场内部的交流有以下四种主要类型：横向沟通（lateral communication）、上行沟通（upward communication）、下行沟通（downward communication）和小道消息（grapevine messages）。

- 横向沟通是指地位平等的人之间传递信息，如管理者发送给其他管理者的信息，或者员工发送给其他员工的信息。这种信息可以在该组织或机构的同一部门内传递，也可以跨部门传递。例如，伊利诺伊州立大学两位历史教授之间的交流，一位俄亥俄州立大学心理学家和一位肯特州立大学通信学家之间的交流，以及一位债券交易员和经纪公司股票交易员之间的交流，都是横向沟通。

- 上行沟通是指从该组织或机构层次体系中的下层发送到上层的消息，如一线员工发送给管理者的信息，或者教职员工发送给院长的信息。这种类型的交流通常涉及与工作相关的活动和问题，涉及变革的想法和改进的建议，以及对该组织或机构、工作、其他员工或类似问题的感受。
- 下行沟通是指从该组织或机构层次体系中的较高层次发送到较低层次的信息，如管理者发送给员工的信息，或院长发送给教职员工的信息。下行沟通的常见形式包括命令、程序解释、目标、变革，还有对员工的评估。
- 小道消息不遵循该组织或机构中建立的任何正式的信息传递线路。它们就像葡萄藤一样，似乎有自己的生命，向四面八方扩散。小道消息涉及的内容是你更愿意在两人或几人之间进行讨论的话题，比如尚未公布的问题，区域经理之间的真正关系，或正在考虑但尚未最终确定的变动。

虽然每一种交流形式都需要遵循特定规则，并以某种特定形式呈现，但也有一些基本指导原则：

- 尊重同事的时间。这条指导原则涉及许多细节内容：不该重复的不要重复；说话要简短有条理；对任何请求或要求都尽快回复，不能回复时要告知对方，例如："这些图表一旦收到会立刻转发给您，很可能今天下班前发给您"。更重要的也许是表达要清楚。例如，要能意识到你的专业术语会让专业之外的人不明白，因此要根据情况加以解释。
- 尊重他人的地盘。人类和动物一样，都有地盘意识。在非常讲究地位差异的商业领域尤其如此，地位差异直接影响了地盘规则。例如，未经同意不要进入别人的办公室或办公区域。另外，不要在他人的办公区域待得太久，以免别人下次不再欢迎你。简而言之，把别人的工作空间当作私人领地，不经邀请不要进入。
- 遵循有效电子通信的规则，这自然会因工作场所的不同而有所不同。一般来说，要了解关于使用电子邮件、玩网络游戏、使用手机、社交网络和即时信息的规则。
- 不要用脸书上使用的语法、拼写、缩略词和笑脸符号，否则别人会认为你对公司高层人士不够尊重。为在论坛发言的人提供的一般建议在这里也适用：自己动笔之前，先看看其他人是怎么写的。如果你还是找不到方向，那么最好的办法就是把电子邮件当成要被英语老师打分的作文来写，不断修改使之简洁，还要校对，检查拼写。

人际关系抉择时刻

工作中的道歉

你股票炒得不错，所以当你得到有史以来最好的内幕消息时，你告诉了工作中的三个朋友。不幸的是，股票暴跌，你的同事每人损失了几千美元，这使你们工作中的关系也变得不是那么愉快。你要跟这些同事怎么说，才会让他们心里没那么不舒服？

a.“这个是靠机遇的，你知道炒股是有风险的。”

b.“非常抱歉，误导你们了。”

c.“我亏得比你们所有人加起来还要多。”

d.“下次我们一定能赚钱。”

e. 其他。

- 使用适当的媒介发送信息。一般来说，收到信息是通过什么渠道，回复信息也通过什么渠道。例如，如果对方通过电子邮件提问，那么回答也通过电子邮件发送。
- 除非握手，否则不要触摸他人。触摸通常被理解为性前奏，所以最好在工作中避免。触摸也可以表达熟悉和亲密，但对方未必欢迎。最好的办法是不要主动触摸对方，但如果其他人把胳膊搭在你肩膀上，或拍拍你的背，不要生气。
- 愿意交流。愿意倾听他人的评论。即使是批评性信息，也要表示愿意倾听，并用适当的眼神交流、姿势和反馈暗示来表达这种意愿。同时，当你要发表负面评论时，一定要私下里说，以免损害那些被批评者的形象，要给他人保留脸面。
- 了解小道消息能发挥的各种作用。小道消息的传播速度和基本准确性使之成为一个理想的媒介，通过它可以进行许多社会交流，从而把员工们聚在一起。因此，要认真地听，它会让你知道内部人是怎么看这个组织或机构的，还能帮助你了解与你一起工作的人。但务必把小道消息当作不确定的信息，当作可能真实但未必一定真实的信息。虽然小道消息一般来说是准确的，但它往往不完整，而且不太确切，还可能包含重大的曲解。
- 注意你所有信息的集体传播性。你给同事发的电子邮件里有些玩笑话，可能会得罪某些人。这封邮件很容易就能被转发给那些人，他们可能因此而生气。
- 礼貌地对待每个人，即使对方是新来的实习生。无论对待哪个人，都要像有一天他会成为你的老板一样。这真的是有可能的。

社交网络关系

人们一般把构建社交网络（networking）简单地看作是帮助我们找工作的技能，但它实际上有更广泛的用处——看作是利用他人来帮助我们解决问题的过程，或者至少能提供与我们的问题相关的深刻见解——如稿件如何发表，在哪里买汽车保险比较便宜，如何找到负担得起的公寓，或者如何使用谷歌驱动器，等等。构建社交网络一度主要通过面对面的方式，但今天人们的社交网络很大程度上是通过互联网建立的——通过脸书和类似的网站获取你的朋友可能知道的东西，或者通过诸如领英之类的网站获得专业求职建议和联系人。构建社交网络最大的作用，特别是构建在线社交网络的最大作用，就是它能为我们提供一种途径，让我们快速获取丰富的专业信息，联系上大量的专家。

构建社交网络至少有两种形式：非正式的和正式的。当我们到了一个新地方或不知道问题的答案时，我们就会构建非正式的社交网络。例如，如果你刚入学，你可能会问班上的同学在哪里吃饭，在哪里买新衣服，或者谁是最好的经济学老师。当你进入一个新的工作环境时，你可能会问那些有经验的员工如何完成某些任务，或有问题的话应该求助谁或者躲开谁。

构建正式的社交网络也是一样的，只不过它更具系统性和策略性。它指的是与能帮助你的人建立联系——他们能回答你的问题，给你提供一份工作，帮你升职，帮你搬家，或者帮助你完成你想完成的任何任务。例如，你可以在领英上发布问题，或者寻求网站上某些人的建议，他们是这一领域的专家。

在最明显的层次上，你可以与你已经认识的人建立社交网络。如果你回顾一下你的熟人名单，你可能会发现你认识很多专业人士，他们可以通过各种各样的方式帮助你。在某些国家如巴西，人们之所以能建立友谊，部分原因就是存在可能的社交网络联系。有些人认识你认识的人，你也可以和这些人建立联系。因此，你可以联系朋友的朋友，以了解他的公司是否正在招聘。你也可以联系上跟你没有人际关系的人，也许你读过某人写的东西，或者在你感兴趣的领域听到有人提及某人的名字，于是你想得到更多的信息。由于获得电子邮件地址是一件很容易的事，因此你可以给那些有特殊专长的人发邮件，请他们解答你的问题，如今这种做法是非常常见的。

在建构社交网络时，人们经常建议你建立互惠的关系。正如其他人可以为你提供有用的信息一样，你也很可能为他人提供有用的信息。如果你能为别人提供有用的信息，那么他们更有可能为你提供有用的信息。这样，一个相互满意和富有成效的社交网络就建立起来了。

一些专家建议可以建立一个文档和名录，以便在需要获取信息时联系。例如，你是一名自由职业艺术家，你可以列出一份名单，名单上的人有能力为你提供工作，或者可以带你找到可能提供工作的人。作家、编辑、艺术总监、行政助理、广告从业人员和其他许多人都可能为你找工作提供有用的线索。创建这样的名录，并与名录上的人经常保持联系，往往可以让你比较容易地得到一份自由职业的工作。而像 Plaxo 和领英这样的社交网站也可以让你轻松快速地做到这一点。

若是构建正式的社交网络，那么你需要主动地寻找和建立这些联系。你应该主动出击，主动联系他人，而不是等着他们来找你。当然，有时候可能会做过头，你自己就能轻松完成的工作，你是不会愿意依靠别人的。然而，如果你也愿意帮助别人，那么请这些人来帮助你没什么不对。如果你尊重他们的时间和专业知识，那么你尝试与他们构建社交网络，他们很可能会给你很好的回应。提出请求后可以写一封致谢信，这有助于你建立一个可持续的、富有成效的关系，而不是这次联系完之后就没有下次了。表 10-2 从礼貌的方面总结了其中一些建议，礼貌是构建有效社交网络最重要的品质之一。

表 10-2　构建社交网络的礼貌

礼貌准则	操作原则
请求建立友谊关系前先给予网络前馈	发一条信息，赞美这个人最近发的帖子，这可以为你提出请求打好基础，并可使你比较容易就能提出交友请求
避免消极性	不要发消极的或令人尴尬的信息，也不要贴出难看的照片，以免引发冲突
对社交网络信息保密	不要在脸书上转发相关信息，例如，发给那些本人并非你朋友的人，因为这不仅不恰当，也不礼貌
温和地拒绝	对他人提出的友谊请求，拒绝时要温和，或者，如果你愿意，忽略就是。如果你被拒绝了，不要问为什么，因为这是不礼貌的
不要提出可能令人为难的请求	如果你怀疑某人因某些缘故可能不愿意接纳你作为朋友，例如，你的同事可能不希望你看到他的个人资料，那么不要向这个人提出交友请求

师徒关系

师徒关系（mentoring）是一种伙伴关系，在这种关系中，有经验的某个人（师傅）帮助经验较少的人（徒弟）学习如何达成目标。一些专家认为，拥有一位师傅对于升职和发展技能至关重要。师徒关系对组织或机构是有益的，能提高员工士气，降低员工流动率，并有助于安排下级职员，使之进步。师徒关系也有益于个人，能为师徒双方都提供新的想法和观点。例如，一位水平高的员工可以作为师傅，指导一个刚入职或毫无经验的年轻员工。师傅为新入门的徒弟指点迷津，把成功的策略和技巧传授给徒弟，并以其他方式将积累的知识和经验教给徒弟。

师徒关系能提供理想的学习环境，因为这通常是专家和新手的一对一关系，是一种支持和信任的关系。有关工作的信息和想法，师徒之间可相互分享，坦诚交流。这种关系使新手能够在专家的指导下学习新技能，提出问题，并在学习复杂技能时获得反馈，这些反馈对今后学习新技能是非常必要的。师徒关系最大的特点可能是它是这样一种关系：师傅经验丰富，能力强，能极大地帮助徒弟，把方法和技术传授给徒弟，使其今后能像师傅一样有能力。

师徒关系经常是在网上建立的。线上指导的一个巨大优势是双方可以灵活地交流。例如，电子邮件信息可以在相关人员方便的时候发送和接收。由于人们地理上可能相距甚远，所以与外国或不同文化的人建立师徒关系也是有可能的，而如果没有在线交流，建立这种关系就绝不可能了。另外还有一个优点，那就是出门不易的残疾人（无论是师傅还是徒弟）仍然可以建立师徒关系，并从中受益。有人发现，师徒关系是非洲裔美国人（无论男女）取得职业成就的三条主要途径之一。一项对中层管理人员进行的研究发现，与没有师傅的人相比，那些有师傅并建立了师徒关系的人晋升更快，薪水更高。

同时，这也有助于师傅产生更清晰的想法。师傅可以从一个新人的角度看待这份工作，思考各种问题并做出解答。正如教师可以从教学中学习，师傅则可以从指导中学习。

还应该指出，各种社交网站最初是为人们结交新朋友、联系老朋友提供平台，现在则越来越多地被用于建立师徒关系和构建社交网络。一些网站“仅邀请可入”，被比喻成门禁社区或独家乡村俱乐部。这些网站似乎不是为友谊设计的，而是为建立师徒关系和构建社交网络设计的。例如，Reuters Space 是一个私人在线社区，专门为对冲基金经理构建社交网络，而 INMobile 是为无线行业的高管服务的。

办公室恋情

电视里描绘的办公室恋情是这样的：员工们总是好朋友，会为彼此做任何事情，各种人物角色无论是开始一段办公室恋情还是分手都几乎毫无困难（至少没有 24 分钟内不能解决的困难），而现实中的办公室恋情可能要复杂得多。人们关于办公室恋情的看法大相径庭。一些组织或机构由于认为办公室恋情对工作不利，因此明文规定禁止员工之间谈恋爱。在某些组织或机构中（包括军事组织），一旦有这种恋情就可能被解雇。还有一些组织或机构虽未明文发布禁令，也未正式禁止，但员工都心知肚明不可发展办公室恋情。但也有一些组织或机构这方面的政策比较宽松，并认识到办公室恋情是不可避免的。甚至《赫芬顿邮报》(*Huffington Post*) 表示，办公室恋情“并非禁区”。

办公室恋情的优点

从积极的一面来说，工作环境似乎是一个遇见未来伴侣的完美之地。毕竟，你们在同一个办公室工作，可能对同一个领域感兴趣，受过相似的培训，有共同的志向，并且可以有大量的时间在一起——所有这些因素都有助于发展成功的人际关系。此外，考虑到美国人结婚一般较晚，他们不太可能在学校遇到未来的另一半，所以工作场所似乎是顺理成章的选择。

办公室恋情可以增加工作满意度。例如，如果你与另一位员工在恋爱，那么去上班，一起工作，甚至加班都变得令人愉快和满足。如果这种恋爱关系发展得很好，双方很满意，那么两人很可能会彼此产生共情，以支持、合作和友好的方式行事。总之，本书从头到尾提及的所有有效交流的特征在这样的员工身上都能表现出来。

要发挥这些优势，管理顾问们为工作场所的恋人提出了一些建议：

- 自己想要什么，应该如实相告。例如，你是想要短暂的办公室调情，还是未来可能长久发展的关系。
- 确保你们有足够的共同之处来保证一段关系的发展。
- 最好与平级同事建立恋爱关系，而不是与下级或上级发展这样的关系。
- 对你们的关系要保密，或尽可能保密。不要公开秀恩爱。

办公室恋情的缺点

而另一方面，虽然这种关系对这对恋人员工有好处，但可能对其他员工没有好处。每天看到这对相爱的人在一起，就会有流言蜚语，这可能是有害的。其他人可能会认为，这两个恋人是一个整体，面对其中一个就等于面对他们俩，批评其中一个就会招致另一个人的愤怒。

办公室恋情还可能给管理带来问题，例如，当需要做出晋升决定或工作调整决定时，管理层会觉得为难。要求恋人中的一个搬到波士顿，而另一个去旧金山，这合理吗？如果把恋人中的一个升职，一方就会成为另一方的上级，这是不是在给管理层出难题？

视野：办公室恋情

虽然大多数组织或机构反对办公室恋情，但美剧《识骨寻踪》（*Bones*）中的所有主要角色都与同事产生各种恋爱关系，而且似乎对剧中的所有人和杰斐逊协会（剧中角色的工作场所）都有好处。

你如何描述电视剧对办公室恋情的看法？它与现实工作场所的办公室恋情有什么不同？

此外，办公室恋情也会增加个人的压力。在大多数组织或机构中，员工间竞争激烈，一个人的成功往往意味着另一个人的失败。在这种竞争的背景下，正常情况可促使关系更加亲密的自我表露（这往往暴露出弱点、怀疑和顾虑），实际上可能是个不利因素。

人际交流中的伦理道德

关系中的伦理道德

友谊或恋爱关系、家庭关系、工作场所关系所涉及的道德问题和准则可以用缩写字母 ETHICS（伦理）来表示——共情（Empathy）、商谈（Talk）而不是强迫、诚实（Honesty）、互动（Interaction）管理、保密（Confidentiality），以及支持（Supportiveness）。

- 共情：处在关系中的人有道德上的义务从其他人的角度尝试理解这些人的感受及想法。
- 商谈：关系中的人需要做决定时应该通过商谈而不是强迫的方式，即说服对方，而不是胁迫对方。
- 诚实：关系沟通应该坦率而诚实。
- 互动管理：关系沟通应该是令人满意和舒适的，这是所有人的责任。
- 保密：人们有权要求他们私下里说的话不被透露给别人。
- 支持：关系中的人所建立的人际关系应以支持和合作的氛围为特征。

伦理道德抉择时刻

你是某团队的负责人，带领该团队为公司新的综合办公大楼选择一个建筑师。你遇到一个问题，团队成员杰克什么也没干，而且大多数会议都没参加。你和他谈过这件事，他说他正在办离婚，没法专心做项目。你为杰克感到难过，因此在过去的几个月里一直把他留在这个项目里，但现在你意识到，如果不找人替代杰克，你将永远无法按时完成这个项目。此外，你也不想因为杰克而得到负面的评价。

在这种情况下你会怎么做？

如果办公室恋情发展不顺，或者只是单相思，就会有更多的缺点。一个明显的问题是，曾经的恋人还得经常见面，或者一起工作，这就会产生压力。而且其他员工可能会觉得他们必须站队，支持其中一个而批评另一个，这很容易在整个公司里引起摩擦。此外，当办公室恋情破裂时，通常情况是更有能力和更容易找到工作的一方跳槽，这样，公司里留下的是能力较差的一方，于是需要重新培训他人替代恋人中离职的这位。更严重的问题是，可能一方会指控另一方性骚扰，尤其是当恋爱发生在主管和员工之间时，这种可能性更大。无论这些指控是合法的，还是不愉快的恋情导致的，与该公司并无关系，管理层都会发现自己夹在中间，面临诉讼，并因为调查和最终采取行动而损失时间和金钱。

管理层对办公室恋情普遍持消极态度，加上要处理工作和恋爱带来的正常压力，这就给这种关系和工作场所造成了重大障碍，因此管理层通常建议员工不要与同事谈恋爱。而友谊关系似乎更安全些。公司常通过组建运动队、聚餐、建休息室和运动区来鼓励员工发展友谊关系。事实上，研究发现，办公室友谊能增加员工的工作满意度，增强对公司的忠诚度，并降低人员流动率。友谊常常是建立良好师徒关系和社交网络的基础。

人际关系的阴暗面

在所有的人际关系中都有可能存在所谓的关系阴暗面。在任何人际交往中，不仅可能存在着有成效、有意义的交流，也可能存在着无成效、破坏性的交流。在这里，我们只讨论阴暗面中的两类：妒忌和家暴。

妒忌

妒忌与嫉妒相似，在这两种情况下，我们对自己的关系都产生一定的负面情绪，因此有时这两个词会互换使用，但实际上它们是有所区别的。嫉妒（envy）是一种情感上的感觉，当别人有而我们没有，或者别人拥有的比我们多，这时我们就会感到嫉妒。因此，如果一个朋友比我们朋友多，比我们恋人多，或者比我们有钱，我们就会嫉妒这位朋友。这时候，我们可能会觉得自己不如别人，或者没有别人那么重要。而妒忌与之不同，妒忌（jealousy）是一种愤怒感，是指我们感到自己的关系由于某些对手的出现而处于危险中，因而感到愤怒。妒忌是对关系受到威胁所做出的反应：如果你觉得有人正试图把你的伴侣夺走，你就会妒忌——特别是你觉得这个闯入者要得逞了，会更加妒忌。

妒忌并不少见，实际上妒忌被认为是关系受到威胁时的一种理性反应。通常，与你竞争的是恋情中的第三者，但也可能是一个亲密的朋友，或者一份占据了伴侣所有时间和想法的工作。当我们感到妒忌时，我们可能会感到愤怒和焦虑。如你所料，一段关系越密切，就越可能导致妒忌。我们都知道，妒忌是社交媒体的重要组成部分，随着脸书使用率的增加，妒忌也随之增加。其中的一个原因是，通过脸书，一方可以发现另一方面对面没有透露的东西。当然，这样的社交媒体网站还提供了大量机会，让人们能重新联系上前男友或前女友，这就很容易产生或增加妒忌。

妒忌的类别

妒忌有三类：认知上的、情感上的以及行为上的。

- 认知妒忌。认知妒忌指的是你的猜忌性想法、你的担心以及你的各种设想，设想你的伴侣可能对另一个人感兴趣。
- 情感妒忌。你看到你的伴侣与插足者有说有笑，亲密交谈、亲吻，这时你的感觉就是情感妒忌。或者，如果你的伴侣花太多时间发展各种网络关系，你也可能会妒忌。
- 行为妒忌。行为妒忌是指你对妒忌的感觉和情绪所做出的行动上的反应，例如，查看伴侣的电子邮件，在脸书上寻找“罪证”照片，或者用众所周知的细齿梳子把汽车后座仔细检查一遍。有时候，你之所以感到妒忌是因为怀疑有某个第三者要抢走你的伴侣。于是，你可能会隐藏你们的关系，独占伴侣的空闲时间，或者避开所有可能出现第三者的情况——这些方法被称为配偶守卫。

许多研究都认为，导致异性恋男性和女性产生妒忌的各种原因植根于人类进化发展过程中。总的来说，研究发现，男性会因其伴侣与另一个男人身体上比较亲密而妒忌，而女性则会因其伴侣与另一个女人情感上比较亲密而妒忌。所谓人类进化方面的原因指的是，早期人类是由男性为家庭提供食物和住所的，男性会憎恨他的伴侣与另一个男人有身体上的亲密接触，因为如果那样的话他就可能要为另一个男人的孩子提供食物和住所；而女性依靠男性获得食物和住所，当她们的伴侣在情感上与另一个女性亲密时，她们会特别妒忌，因为这可能意味着这个男人会离开她，而她将因此失去食物和住所。

并不是所有的研究都支持这一发现，也不是所有的理论都支持这一进化论的解释。另一个常见的性别方面的差异是男性更容易因妒忌而诉诸暴力。然而，这种说法似乎与事实不符，显然，男性和女性同样有可能做出暴力的回应。

应对妒忌

那么，当你感到妒忌时（还不至于暴力相向），你会怎么做？人际交流研究人员发现了几种人们普遍会做出的反应，这些反应基本上都是消极的。你可能会：

- 用非语言行为表达你的不满，例如，哭泣或表现出受伤。
- 威胁采取暴力手段，或实际上已经有暴力行为。
- 口头攻击对方，例如，讽刺或指责对方。

人际关系抉择时刻

应对妒忌

与你交往了六个月的恋人最近一直无缘无故地表现出妒忌的迹象，这让你感到很不舒服，也让你没法开心地与其他朋友交往，或独自去参加某些活动。你想继续你们的恋爱关系，但你也希望对方不要妒忌。你可能会说些什么？

a. 向对方解释没有什么可妒忌的，希望对方能相信你并做出改变。

b. 发出最后通牒——要么不再妒忌，要么你就离开。

c. 什么都不说，可能对方的妒忌心会慢慢减弱，最终不再妒忌。

d. 不再与你的其他朋友交往，也不再单独参加活动。

e. 其他。

- 不再有爱意或保持沉默，有时否认出了问题。

而比较积极的做法被称为整合式交流：传达出要与伴侣一起解决问题的信息，例如，把自己的感觉说出来，要诚实，采取有效的冲突管理策略，积极倾听——简而言之，就是本书中讨论的所有技能。

家暴

这一阴暗面在各种形式的关系暴力中也许最为明显。

关系暴力的类别

关系暴力有三类：言语或情感虐待、身体虐待以及性虐待。

- 言语或情感虐待包括：羞辱对方；在经济方面伤害对方，如控制对方的财务或阻止对方工作；孤立、批评或跟踪对方。这三种行为可能表现出一种，也可能同时表现出来。一些研究表明，使用言语或情感虐待的人比其他人更有可能将暴力上升到身体虐待的层次。
- 身体虐待包括威胁要使用暴力，以及推搡、殴打、扇耳光、脚踢、掐喉咙、朝对方扔东西、摔东西，等等。
- 性虐待包括违反对方意愿地触摸对方、无端指责对方性出轨、强迫对方发生性行为，以及提及对方时使用性秽语。

人们做了大量的研究以期识别关系暴力的警告信号。例如，这里有一些由纽约州立大学布法罗分校汇编的警告信号。你不妨用它来检测自己的关系或你所知道的关系。如果你的伴侣有以下表现，这可能是一个警告信号：

- 贬低、侮辱或忽视你。
- 控制你的部分生活，例如，你该如何穿着，或你可以和谁做朋友。
- 无缘无故地妒忌。
- 不发火就无法处理性挫败。
- 发脾气或威胁你，以致你不得不改变你的生活，以免引发对方更大的怒火。

如你所料，关系暴力有各种后果：身体伤害、精神伤害和经济“伤害”。一说到关系暴力，也许我们马上就会想到身体暴力，身体暴力当然是所有关系暴力的主要部分。从抓伤和瘀伤到骨折、刀伤以及中枢神经系统损伤都可以算是身体伤害。这种伤害导致的后果不同，可能是轻伤，严重的也可能是死亡。

然而，即使身体上所受伤害不大，但精神上可能会受到很大伤害。精神伤害包括以下例子：抑郁、焦虑、对亲密举动感到恐惧，当然还有自卑。事实上，关系暴力往往会伤害自尊，其程度之深常使受害者相信他们以前遭受的以及今后会遭受的暴力是合理的。

除了明显的身体和精神伤害，我们还应该考虑经济方面的影响。据估计，在美国，关系暴力导致的身体伤害方面的花费约为 62 亿美元，强奸方面的花费约为 5 亿美元。人与人之间的暴力行为也会导致工期损失。据疾病控制中心估计，在美国，关系暴力导致的每年工期损失相当于 32 000 个全职工作日。如果关系暴力使得女性无法继续工作或继续接受教育，就会产生更多的经济成本。

应对关系暴力

无论你是关系暴力的受害者还是施暴者，重要的一点都是寻求专业帮助（当然，合适的时候也应寻求朋友和家人的帮助）。此外，这里再补充几点建议。如果你的伴侣施暴，那么：

- 要明白你不是惟一遭受家暴的人，许多人也在遭受同样的痛苦，你是有地方寻求帮助的。
- 明白你自己并没有错。你不应该成为家暴的受害者。
- 为自己的安全问题做准备。家暴行为只要发生一次就很可能再次发生，因此你需要稍微考虑一下自己的安全问题。
- 知道你需要用到的东西在哪里——你求助的电话号码、钱和备用钥匙。

如果你是施暴者，那么：

- 要明白你也不是唯一有家暴行为的人，你是可以寻求帮助和支持的。
- 知道自己可以改变。改变不一定很容易，也不一定很快，但你一定可以改变自己。
- 承认自己的行为，负起责任。要做出任何改变，这都是必不可少的一步。

关系暴力并非人际关系中不可或缺的一部分，事实上，只有少数关系中存在暴力。然而，必须要知道，正如人际关系中可能会有友谊、爱、支持，以及所有我们在各种关系中寻找的积极因素一样，在所有的人际关系中也都可能发生暴力。要想拥有如你所愿的关系，最好的方法似乎是了解建设性人际关系和破坏性人际关系之间的区别。

第 11 章

人际冲突及冲突管理

冲突常可产生积极后果。运用恰当的冲突管理策略对此有所帮助。

本章讨论人际冲突，这是人际交流研究中最重要的课题之一。从本章中你将了解到，理解人际冲突以及掌握有效冲突管理的技能，对于所有形式的人际互动都是必不可少的。本章在介绍几个初步概念后，将重点介绍冲突的原理，以及有效管理人际冲突的策略。

人际冲突的基本知识

在考虑冲突管理的阶段和策略之前，我们需要准确地定义我们所说的人际冲突，厘清这一概念的相关谬见，并解释围绕冲突产生的一些问题。

人际冲突的定义

你想和伴侣一起去看电影，而你的伴侣想待在家里。你坚持一起去看电影就违反了伴侣待在家里的意愿，而你的伴侣决心要待在家里又违反了你一起去看电影的意愿。你们的目标是不相容的：如果你的目标实现了，伴侣的目标就无法实现；相反，如果你的伴侣的目标实现了，你的目标就无法实现。

如此例所示，人际冲突（interpersonal conflict）是相互关联的个体间的分歧，如朋友、情人、同事、家庭成员之间的分歧，他们认为各自的目标不一致。更具体地说，当人们符合以下几点时，冲突就发生了：

- 相互依赖（他们之间以某种重要的方式关联）。一个人所做的事情对另一个人有作用或有影响。
- 意识到他们的目标不一致。如果一个人的目标实现了，另一个人的目标就无法实现。例如，如果一个人想买一辆新车，而另一个人想偿还抵押贷款，冲突就发生了。请注意，如果这对夫妻很富有，这种情况就不会构成冲突，因为他们可以既买车又还贷款。
- 被认为为妨碍了对方实现目标。例如，你想学习，但你的室友想搞个聚会。实现这两个目标中的任何一个都会干扰另一个目标的实现。

所谓相互依赖，其含义之一是相互依赖程度越高，可能导致冲突的问题就越多，并且冲突以及冲突管理互动对个人和关系的影响越大。随着相互依赖度的增加，冲突的广度（谈论话题的数量）和深度（话题渗透到的层次）也会增加。若能这样思考，就很容易明白，理解人际冲突和掌握有效冲突管理的策略对你生活中的各种关系是多么重要。图 11-1 对这一观点进行了阐释，即随着相互依赖程度的增加，冲突的广度和深度也会增加。

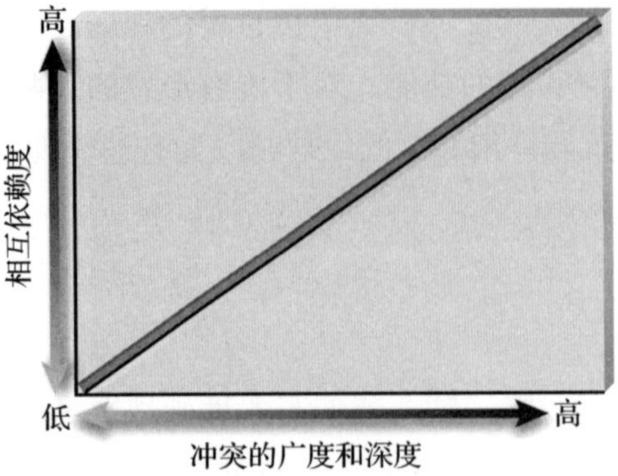

图 11-1　冲突与相互依赖

冲突的深度和广度，以及冲突的解决，都取决于个体间的相互依赖程度。

有关人际冲突的谬见

许多人在处理冲突时会遇到问题，而其中一个问题就是他们对什么是冲突以及冲突意味着什么有错误的看法。

思考一下你对人际冲突和小范围冲突有什么看法，你的这些看法可能来自你在家庭和社会互动中观察到的交流情况。你认为以下各说法是正确的还是错误的？

1. 最好避免冲突。时间可以解决任何问题；过一段时间，大多数困难都会随风而逝。
2. 如果两个人在关系中发生冲突，这意味着他们的关系出现了很大的问题——冲突是关系陷入麻烦的标志。
3. 冲突会破坏人际关系。
4. 冲突具有破坏性，因为它揭示了我们的消极自我——我们心胸狭隘，掌控欲强，有不合理的期望。
5. 在任何冲突中，一定会有赢家和输家。因为目标不一致，所以必定有人赢，有人输。

以上各说法都是错误的，这些谬见很容易妨碍你有效地处理冲突。我们简单地解释一下：（1）如果避免冲突，那么分歧就永远都得不到解决；（2）冲突是不可避免的，冲突只表示有分歧，不一定意味着关系出了问题；（3）如果能用适当的方法管理冲突，实际上可以使关系得到改善；（4）冲突可以是建设性的，当双方都理性地处理冲突并能考虑对方时更是如此；（5）冲突并不是非得一方赢一方输，双赢也是可能的。

与其说是冲突导致了问题，不如说是应对和处理冲突的方式不当导致了问题。有些处理冲突的方法可以解决困难和分歧，而且确实可以改善关系。而有些方法则会破坏关系，这些方法会打击自尊，制造痛苦，助长猜疑。因此，我们的目的不是试图建立没有冲突的关系，而是学习适当和富有成效的方法来管理冲突，这样任何人都不会在冲突中成为输家。

人际冲突问题

人际冲突涉及的问题很多。这些冲突可能因为追求的目标不同（例如，父母和孩子会在孩子上什么大学或与什么人谈恋爱方面有冲突）；可能与金钱或时间等资源的分配有关（例如，伴侣间在如何花钱上有分歧）；可能涉及要做出的决定（例如，配偶之间发生争论，领取奖金后是存起来还是花掉）；也可能与一些行为有关，一个人认为某些行为很合适，而另一个人认为这些行为不合适（例如，两人对其中一方是在调情还是在喝酒有不同看法，或者在一方是否投入努力维持这段关系方面产生分歧）。

我们可以从内容和关系的角度来看待冲突问题，这是一个很有趣的视角。内容冲突（content conflict）的焦点是世界上的物体、事件和人，它们通常与参与冲突的人关系不大，诸如你每天都会与人辩论或争吵的数不清的问题——某部电影的优点，看什么电视节目，最近的那次考核是否公平，谁应该升职，怎么使用积蓄，等等。

关系冲突（relationship conflicts）涉及的问题同样不少，主要围绕着个体之间的关系——谁说了算，双方在这段关系中是否平等，谁有权建立行为规则等。以下是一些关系冲突的例子：弟弟不服从哥哥，一对伴侣在制订假期计划时都希望有发言权，或者母亲和女儿在女儿的生活方式方面都想有最后的决定权。

关系冲突往往会被掩盖，以内容冲突的假象表现出来。因此，关于应该去哪里度假的冲突，如果是内容层面上的，那么冲突应该集中在去墨西哥还是去夏威夷的利弊方面；而如果是关系层面上的，那么冲突可能围绕着谁有更大的权利选择度假地点，谁会在争论中获胜，或者谁是关系中的最终决策者。

夫妻冲突

对于夫妻会因为哪些问题而争论，研究人员做了相关研究，他们发现有六个主要问题对所有夫妻来说几乎是相同的。在这里，我们把这些问题按顺序排列，排在第一位的是最经常被提到的，以此类推。阅读这些问题时请问问自己，这些问题中有多少会给你的生活带来人际冲突，特别思考一下你会如何处理。

- 亲密问题，如爱或性。

- 权力问题，如过度的要求或占有欲，关系中缺乏平等，朋友问题，或在如何打发休闲时光方面意见不一。
- 个人缺点问题，如饮酒或吸烟，个人装扮或开车方式。
- 人际距离问题，如经常不在身边，或者一心扑在工作上。
- 社会问题，如政治和社会政策，有关父母的问题，或个人价值观。
- 信任问题，如与前任的关系，或撒谎。

工作冲突

在工作场所，冲突问题显得特别重要，因为冲突可能产生负面影响，如人员离职（需要招聘新人重新培训），员工士气低落，员工不太愿意发挥最大工作效率，等等。在工作中，高层管理人员之间冲突的主要根源是行政责任和协调问题。其他冲突主要围绕什么是公司的目标、如何分配资源以及合适的管理方式是怎样的等问题。

而根据另一项研究，工作场所的冲突主要围绕以下这些问题：

- 个性差异及由此产生的冲突，86%。
- 领导不力，73%。
- 缺乏开放性，67%。
- 身体和情感压力，64%。
- 价值观差异及由此产生的冲突，59%。

社会过敏原冲突

另一类在任何关系中都可能导致冲突的问题是社会过敏原。社会过敏原（social allergen）指的是一个朋友或恋人的个人习惯，这些习惯让你觉得生气、不愉快、反感、不礼貌、不体贴、粗俗，或者仅仅就是讨厌。

就像毒藤这样的过敏原会刺激你的身体，社会过敏原会在心理上、情感上、人际关系上刺激你。身体过敏首先是在身体上出现轻微的反应，然后，由于反复接触，反应会越来越严重。同理，社会过敏原——例如，快要迟到了却不打电话告知对方——最初会被认为只是一种性格上的怪癖，但后来类似行为反复发生，这时这种行为就不再只是一个怪癖，而令人极度厌恶。

当然，哪些是社会过敏原，每个人都会有自己的一份清单。一位研究人员发现，男性和女性认为的过敏原是不同的。例如，男性抱怨女性的过敏原包括用沉默的方式应对，提及过去的委屈，过于挑剔、固执。而女性则会抱怨男性忘记了重要事件的日期，如生日或周年纪念日，工作不够努力，打饱嗝和肠胃胀气，老是看其他女性，等等。在许多讨论这一问题的网站上，还提到了其他表现：把湿毛巾留在浴室地板上，牙膏用好了不盖盖子，在餐桌上擤鼻涕，命令而不是询问，挖鼻孔，把脚趾甲剪在地板上，抽烟，喝酒，忙于在脸书上发帖、回帖，煲电话粥，等等。

线上冲突

在很大程度上，你在面对面的关系中经历的冲突同样会在线上交流中出现。然而，有一些冲突问题似乎只存在于线上，这些问题可以是通过电子邮件发送的，在脸书等社交网站上的，在短信里的，也可以是在博客文章中的。在大多数情况下，当人们违反互联网礼貌准则时，冲突就会产生。例如，向那些没有需求的人发送商业信息，就容易造成冲突。此外，未经同意就发送消息（垃圾邮件或垃圾短信），反复发送相同的邮件，或者即使消息与群无关也在许多群里发布同样的消息，这些也会造成冲突。在社交网站上发布一张不讨人喜欢的照片或一条令人讨厌的评论，是导致冲突的另一潜在原因。

一些线上冲突是由恶搞（trolling）引发的。恶搞指的是故意激怒某人的行为，如发布令人生气的文本、照片或视频。报复网站似乎是一个极端的例子，在这些网站上可以通过发布丑陋或令人难堪的照片和评论（可能是真的，也可能不是真的）来报复过去的关系伙伴。

另一个线上冲突问题——虽然肯定不限于线上——是霸凌，这个问题我们将在第 12 章详细讨论。而线上霸凌，或称网络霸凌（cyberbullying），采取的是与面对面霸凌相同的形式，如流言蜚语、以强凌弱、言语侮辱、过度指责。

掐架（flaming）在群组里比较常见，指的是某人发送信息攻击另一个用户，通常使用侮辱性语言或进行谩骂。掐架经常导致网络互掐，在这个过程中，群里每个人都加入进来攻击其他用户。一般来说，掐架和网络互掐会使我们无法实现目标，因此只会导致事与愿违。

视野：冲突问题

与现实生活中人们面临的冲突相比，通俗文化是如何描写人际冲突的？两者相似吗？如果不相似，那么有何不同呢？你如何比较人们在电视剧和情景喜剧中使用的冲突解决策略与人们在现实生活中使用的策略？

人际冲突的原则

如果我们能理解冲突这一特定形式的互动所遵循的一些基

本原则，就能明白冲突在所有人际关系中是何等重要，其影响是何等之大了。这里我们分几步来进一步了解冲突：（1）冲突的必然性；（2）冲突的积极和消极方面；（3）文化和性别对冲突的影响；（4）不同的冲突方式及其后果；（5）冲突管理。

冲突的必然性

对于任何人际关系而言，冲突都是其中的一部分。无论是父母与孩子之间，兄弟姐妹之间，朋友之间，还是情人或同事之间，都会发生冲突。人与人是不同的，有不同的过去，不同的目标，这一不可否认的事实导致差异必然会产生。如果个体之间相互依赖，如前面所讨论的（见图 11-1），那么这些差异就完全有可能带来冲突。这些冲突可以集中在各种各样的问题上，并且可能是非常个人化的。

当然，有些人对分歧容忍度高一些。于是，比起那些对分歧几乎零容忍的人，他们更容易听其自然，不易产生沮丧或敌对的情绪。

> **人际关系抉择时刻**
>
> **升级到关系冲突**
>
> 人际冲突通常是从内容冲突开始的，但很快就会演变成关系冲突。它从“你说你会打电话，可是为什么没有打电话”发展到“你显然对我们的关系毫不在乎”，这时候事情就开始不妙了。要使冲突及其解决集中在内容层面上，而不要升级到关系层面上，你会怎么做？
>
> a. 向对方解释内容冲突和关系冲突的区别。
>
> b. 对于关系冲突的问题不予理睬。
>
> c. 努力使冲突集中在内容层面。
>
> d. 听任冲突升级，你的伴侣不会改变的。
>
> e. 其他。

冲突的积极和消极方面

尽管人际冲突是不可避免的，但如何处理冲突至关重要，因为冲突产生的影响可能是消极的，也可能是积极的，这取决于你的处理方式。

消极影响

冲突的缺点之一是它常增加负面情绪。在许多冲突中，人们采用了不公平的争论方法，主要就是为了伤害对方。在这种情况下，负面情绪肯定会增加。冲突还可能耗费大量精力，特别是使用了毫无益处的冲突策略时，而这些精力用来做其他事情可能更好。

有时，冲突可能会使你将自己封闭起来，远离他人。你在伴侣面前隐藏你的感受，你与对方就无法进行有意义的交流和互动，而这反过来又会影响你们之间的亲密感。因为人们对亲密的需求是非常强烈的，于是一个可能的结果是一方或双方到其他地方寻求亲密。这往往导致冲突升级，你们相互伤害，彼此怨恨——所有这些都大大增加了关系的成本。随着成本的增加，相互回报可能就更难了。于是，在这种情况下，成本增加，回报减少，这将导致关系恶化，并可能最终解体。

积极影响

冲突的优点之一是它迫使你审视问题，并努力寻找可能的解决方案。如果你能采用富有成效的冲突策略，你们的关系可能会比以前更牢固、更健康、更令人满意。即使是愤怒的讨论，通过讨论你让对方知道了你不愿意接受某些行为，也是有益的。

冲突往往能防止敌视和怨恨愈演愈烈。例如，你对你的伴侣很生气，他下班回家，然后跟同事在电话里聊了两个小时，却不用这些时间来陪你。如果你一言不发，独自生闷气，那就会越想越气。而且，你什么都不说也就等于默许了这种行为，所以很可能对方以后还会继续这样。如果你们因此发生了冲突并将其解决，那么你们都让对方知道了自己的需求：你的伴侣需要检查一下一天的工作，确保已经顺利完成；而你需要伴侣的关注。如果你们都认为对方的需求是合理的，你们就有可能找到切实可行的解决方案。比如，你的伴侣可以先陪陪你，之后再打电话；或者你可以等你的伴侣结束工作，再要求他陪你；又或者你可以学会缓解伴侣的工作压力，这样的话，他需要人宽慰的需求得以满足，而你自己需要伴侣关注的需求也得到了满足。

而且，试想一下，当你试图解决人际关系中的冲突时，你其实是在告诉对方你们之间的关系值得这样的付出，否则你就直接走开了。尽管有时会有例外情况，比如你处理冲突只是为了挽回面子或满足某些自我需要，但总体而言，解决冲突往往意味着关心、承诺，以及保护和维持关系的愿望。

文化和性别对冲突的影响

与所有的交流过程一样，冲突也会受到冲突各方文化的影响（尤其会受到有关冲突的理念和价值观的影响），还会受到性别的影响。

文化影响

文化会影响所争论的话题、冲突的性质、冲突各方使用的策略，以及组织或机构所制定的与冲突相关的规范。

话题。为了什么话题而争论，以及哪些冲突处理方式合适哪些不合适，这些都会受到文化的影响。例如，在美国，18 岁的子女仍与父母同住，就有可能与其父母在生活方式上发生冲突；在瑞典就不会如此，因为瑞典人普遍接受 18 岁的子女与父母同住。同样，与南欧的夫妻相比，美国夫妻更容易因为男性出轨而发生冲突。冲突的话题还取决于文化是集体主义的还是个体主义的。在集体主义文化中，冲突有可能围绕违反集体或群体的规范和价值观。相反，在个体主义文化中，当个体标准被违反时，冲突更有可能发生。

冲突的性质。什么会引发冲突，其看法也因文化不同而有所不同。例如，在一些文化中，提及女性时使用负面的词语，或不平等地看待女性，这些是很常见的。对美国的大部分人而言，这很明显是引发冲突的因素。然而，对一些日本女性来说，这并不少见，她们也不会认为这是辱骂。此外，美国人和日本人对冲突的目的或意图也有不同看法。日本人从能否和解的角度看待冲突，而美国人则从能否获胜的角度看待冲突。哪些问题会引起和加剧冲突，冲突各方会采取什么策略，哪些策略是可接受的，对待冲突是什么态度，这些在不同的文化群体中都不相同。

冲突策略。每一种文化似乎都向其成员传授有关冲突策略的不同观点。一项研究发现，非洲裔美国女性使用的策略比白种人女性更偏向直接的控制（例如，在冲突中占据控制地位，并坚持主张自己的观点）。与非洲裔美国女性相比，白种人女性更多地使用解决导向的冲突应对方式。非洲裔美国男性和白种人男性在他们的冲突策略上比较相似，都尽量避免冲突或退出冲突，他们宁愿对差异保持沉默，或者使这些差异看起来微不足道。文化对冲突的影响还会在另一个例子中表现出来，即与个体主义文化的成员相比，集体主义文化的成员倾向于避免冲突，并且更重视面子。

组织或机构的规范。正如在广义的文化中一样，企业文化中的相关规范也会影响冲突的类型及其处理方式。例如，在某些工作环境中，与高级管理层发生冲突是不能容忍的；而在另一些工作场所，这可能是受欢迎的行为。在个体主义文化中，组织或机构内部对冲突有较大的容忍度，即使冲突各方地位悬殊，冲突也是可以接受的；而在集体主义文化中，就不太能容忍冲突。当然，如何解决冲突也会受到文化的影响。例如，美国的管理者（个体主义文化的成员）通过整合不同方面的需求来处理工作场所的冲突，因为每个人的需求都很重要；而日本的管理者（集体主义文化的成员）更有可能请求更高的管理层做出有利于整个集团利益的决定。

性别影响

研究发现，人际冲突中存在显著的性别差异。例如，男性比女性更容易退出冲突。有人认为，这可能是因为男性在冲突过程中心理和生理上都更容易感到兴奋（并能较长时间地保持这种高度的兴奋感），因此他们可能试图拉开与他人的距离，退出冲突，以防兴奋加剧。而另一种观点认为，男性退出冲突是因为文化告诉他们男性不应该参与冲突。还有一种观点认为退出冲突是掌握权力的表现。

而女性则更愿意靠近冲突，她们想谈论冲突并解决冲突。另外一些研究发现，发生争论时，女性更情绪化，而男性则偏于理性。女性被认为是冲突的“感受者”，男性则是冲突的“思考者”。另一个不同之处是，女性比男性更容易暴露自己的负面情绪。

然而，必须指出，对于在冲突方式上男女之差异的这种刻板看法，一些研究结果是不支持的。例如，针对大学生和商界人士所做的几项研究发现，男性和女性参与冲突的方式没有显著差异。

视野：性别差异

研究发现，当妻子讨论问题和寻找可能的解决方案时，解决冲突的可能性较大，结果也更可能令人满意。但是，丈夫似乎就不行，他们经常被指责没有全面考虑问题就提出解决方案。在你自己的经历中是这样吗？如果是，你认为原因是什么？

不同的冲突方式及其后果

参与冲突的方式会影响冲突的解决和冲突各方之间的关系。冲突研究人员发现参与冲突的方式主要有五种。以下是对这些冲突方式（conflict styles）的描述。

对抗型——我赢，你输

对抗方式（competing style）表示的是你极大地关注自己的需求和欲望，而对其他人的需求和欲望不太在意。只要你的需求得到满足，冲突就算是成功地解决了（对你而言是成功的）。在好胜心驱使下的冲突中，你很可能会在指责对方的同时，对其进行语言攻击。

这种方式表达的是“我赢，你输”的理念。在这种理念的指导下，你努力应对冲突，使得你最后胜出，而对方失败。显而易见，这种方式可能适合法庭辩论或购买汽车，在这两种情况下，一方失败才能使另一方受益。但在人际交往情境中，这种理念很容易导致失败者产生怨恨之心，而这种怨恨反过来又很容易演变成进一步的冲突。此外，你赢了，对方输了，这可能意味着冲突并没有得以解决，只是结束了而已（暂时结束）。

回避型——我输，你也输

使用回避方式（avoiding style）就说明相对而言你不太关心

自己或他人的需求或欲望。回避冲突的人在任何争论问题的交流中都会退缩，一旦有人提及问题他们就转换话题，无论在心理上还是生理上都常表现为从争论中退出。

如你所料，这种方式对解决任何冲突几乎都毫无作用，可以被看作是“我输，你也输”的理念。人际关系中的问题很少会自行消失；只要问题存在，就需要有效地面对和处理。回避的理念恰恰使得冲突加重，并可能升级，最终以另一种形式表现出来。

谦让型——我输，你赢

所谓谦让方式（accommodating style）就是你为了他人的需求而牺牲自己的需求。你的主要目的是在关系中或群体中维持和谐与和平。这种方式可能会帮助你达到维持和平的近期目标，而且也许能让对方满意，但它对满足你的需求几乎没有帮助——你的这些需求不会就此消失。

谦让方式代表了一种“我输，你赢”的理念。虽然这种方式可能会让你的伴侣快乐（至少当下快乐），但就解决人际冲突而言，并非长久之计。你最终会感觉到这种方式本身具备的不公平和不公正，于是你很容易就会开始怨恨你的伴侣，甚至怨恨你自己。

合作型——我赢，你也赢

在合作方式（collaborating style）中，你不仅在意自己的需求，也在意他人的需求。这常被认为是一种理想的方式。它需要付出时间，需要有沟通的意愿，特别是倾听对方的观点和需求的意愿。

理想情况下，合作方式可以让各方的需求都得到满足，这是一种“我赢，你也赢”的局面。显然，在大多数人际冲突中，你都会希望使用这种方式。用合作方式解决冲突可以使各方获益。

和解型——我有输有赢，你也有输有赢

和解方式（compromising style）是一种折中方式，既在一定程度上考虑你的需求，也一定程度上考虑他人的需求。和解是一种策略，你可以理解为各让一步，讨价还价，或者互惠互让。这一策略可以维持和平，但由于必须承受一些不可避免的损失，因此也会产生不满。

和解方式可以被称为“我有输有赢，你也有输有赢”的策略。很多时候，冲突双方不可能都得到自己想要的。例如，如果你们的钱只够买一辆新车，那你们就不可能各买一辆新车。不过，你们可以把各自的车弄得比原来更好些——因此你赢得了一些东西，但不是所有东西。你不会买一辆新车，你的伴侣也是如此。

冲突管理

将冲突看作是包含几个步骤的过程，才能更好地理解并处理冲突。虽然冲突各不相同，但图 11-2 中描述的步骤适用于大部分的冲突。在讨论每一步时，我们都提出了有效的冲突管理建议。本章后面将介绍更多的冲突管理策略。

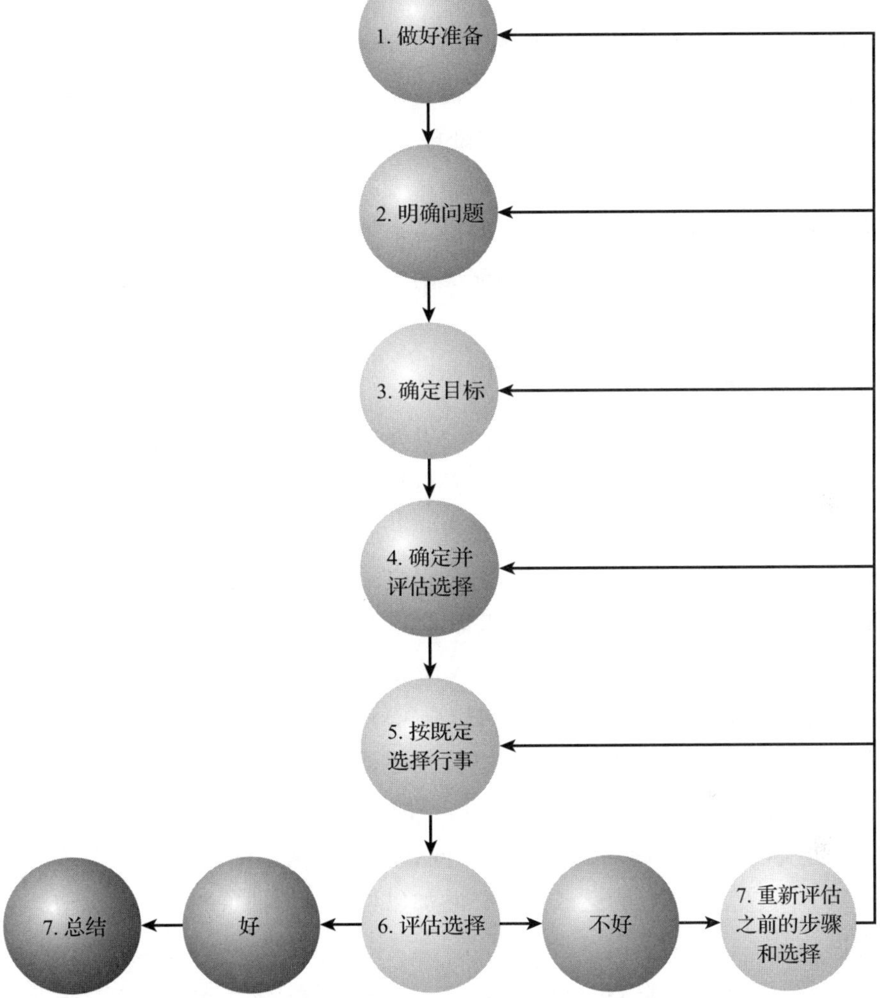

图 11-2　冲突管理的步骤

第 1 步　做好准备

首先，试着私下里争论。如果冲突在社交媒体网站上开始，则采取离线方式辩论。因为若是在别人面前公开你们的冲突，就会制造出各种其他问题。假如有第三方在场，或者有其他人阅读你的帖子，你可能就不太愿意实话实说。你可能觉得你必须保住面子，因此必须不惜一切代价赢得这场战斗，于是你就会采用让你赢得争论但不能解决冲突的策略。此外，你还可能让你的伴侣在别人面前难堪，而这可能会转变成怨恨和敌意。最后，在社交媒体上，你还会有其他风险，你的帖子可能被转发而传开，甚至在冲突解决很长一段时间后被引述给你。

其次，确保你们都做好了争论的准备。虽然冲突总在最不合时宜的时候出现，但你可以选择合适的时间来解决冲突。当你的伴侣辛苦工作了一天回到家，这可能不是解决冲突的合适时间。要确保你们都基本没有其他问题要处理，并且已经准备好应对当前的冲突。

最后，争论要围绕可以解决的问题。纠缠过去的行为，或者为你无法控制的家庭成员或情况而争论，不仅解决不了任何问题，反而会带来更多的困难。这样的话，任何解决问题的努力都将失败，因为这些问题是无法得到解决的。这种冲突只是表象，其下隐藏的是想表达沮丧或不满的意图。

第 2 步　明确问题

一旦做好准备，就需要明确问题。你们需要知道你们为什么而争论。有时候，处在某种关系中的人太伤心或太生气了，于是抨击对方只是为了给自己的懊恼找个出气口。这种冲突可能围绕着诸如牙膏用完没盖好这样的问题展开，这其实就是一个表达愤怒的借口。任何解决牙膏没盖好的尝试都将注定失败，因为正在解决的问题并不是导致冲突的原因。相反，需要解决的是潜在的敌意、愤怒和沮丧。这里你需要记住几个技巧。

- 明确内容层面及关系层面的问题。弄清楚相对明显的内容问题（谁负责清洗餐具），也要弄清楚潜在的关系问题（谁一直在逃避家庭责任）。
- 用具体的措辞将问题描述清楚。把冲突描述得比较抽象，就很难处理和解决冲突。一个丈夫说他的妻子“冷漠无情”，这是一种描述方式；而另一个丈夫说妻子在办公室从不打电话给他，回家后从不吻他，或在聚会上从不牵他的手，这又是一种描述方式。双方可以就具体行为达成一致，并加以处理，但抽象的“冷漠无情”实在令人难以捉摸。
- 关注当下。避免算旧账（gunnysacking）——把不满积累起来，并在之后某个时间一次性倾诉出来。通常，当一个人倾诉不满，另一个人也会倾诉不满。例如，你不止一次忘记了对方的生日，吃饭总是迟到，这些都可能用来针对你。其结果是两个人把各自积攒的怨气都一股脑地倒出来，却没有注意到眼下的真正问题。
- 共情。试图从对方的角度理解冲突的性质。一旦你感同身受地理解了对方的感受，就要在适当的时候认可这种感受。如果你的伴侣伤心或生气了，而你确实认为这种感受是合情合理的，那么可以这样说："你有权生气，我不应该那么说你母亲，对不起。但我还是不想和她一起去度假。"在表达认可时，你不一定是在表达赞同，你只是说你的伴侣有这样的感受合情合理。

- 不要揣测他人的想法。不要试图去猜别人在想什么，而应去询问对方，以确保你所理解的问题正是对方正在遭遇的问题。直接而坦率地问："我 9 点前必须要给 3 个客户打电话，你为什么非要我现在出去遛狗？"

第 3 步　确定目标

一旦你明确了问题，接下来就需要确定目标。问问自己通过这样的冲突管理互动你想达成什么目标。如果你把人际冲突看作是解决分歧或矛盾的机会，那么确定目标就很容易了。你是否不想和对方分手？你是否想有更大的自由与别人交往？你是不是想亲吻对方，与之和好？这些目标将帮助你进入下一步。

第 4 步　确定并评估选择

在大多数冲突中，用什么方式来解决问题，你可以考虑多种选择。确定并评估这些选择，比如，你可以自己思考或和你的伴侣一起讨论。在提出任何解决方案时，无论对你还是对你的伴侣，都尽量不要加以阻止或抑制。然后，在提出的各种各样的选择中，特别寻找那些双赢的选择——各方都能得到自己想要的。避免能分出胜负的解决方案，即一方胜利，另一方失败——这种结果会导致懊恼和怨恨，从而给双方的关系造成困难。仔细权衡每个选择所带来的成本和回报。大多数选择都会使一方或双方付出成本。要寻找成本和回报平均分配的解决方案。

这里用一个具体的例子来帮助我们完成冲突管理过程中的剩余步骤。在这个例子中，冲突的中心问题是帕特不想和克莉丝的朋友交往。克莉丝很喜欢这些朋友，但帕特很不喜欢他们。克莉丝认为他们是很棒、很有趣的人，而帕特认为他们很讨厌、很无聊。

例如，帕特和克莉丝确定了以下选择：

1. 克莉丝不再和这些朋友交往。

2. 帕特与克莉丝的这些朋友交往。

3. 克莉丝单独与这些朋友见面。

显然，选择 1 和选择 2 是有输赢的解决方案。在选择 1 中，帕特赢了，克莉丝输了；在选择 2 中，克莉丝赢了，帕特输了。选择 3 留有余地，二者都可能赢，而且二者都不一定输。因此，这一可能的选择需要更仔细地加以审视。

第 5 步　按既定选择行事

你不妨先在心理上将这一选择付诸“行动”。现在感觉如何？明天会感觉如何？你感觉轻松自在吗？在前面的例子中，克莉丝单独和这些朋友交往时，帕特会感到心情舒畅吗？克莉丝的这些朋友中有些很有魅力，帕特会嫉妒吗？克莉丝会不会贻人口实？克莉丝会感到内疚吗？接着，将这一选择真正付诸行动。按所做出的选择行事（如果愿意，可作为临时措施）。

第 6 步　评估选择

一旦将这一选择真正付诸实施，下一步就是对它进行评估。结果如何？冲突解决了吗？现在的情况比以前好吗？帕特和克莉丝现在需要交换他们对这一可能的解决方案的看法。这一方案每月实行一次双方是否都乐意？解决方案值得双方付出这些成本吗？成本和回报的分配是否平均？有没有其他更好的解决办法？

经评估，如果你们所确定的这个选择有用，那么就进入最后一步。如果选择不起作用，则需要找个时间把这一冲突解决过程重新走一遍——也许需要重新确定问题或寻找其他可能的选择。

批判性思维先驱爱德华·德博诺（Edward deBono）认为，在分析问题时，可以使用六顶“思考帽”作为寻求不同观点的方法。每顶“帽子”都能帮助你从不同的角度看待问题。

- “事实帽”把注意力集中在与问题相关的事实和数字上。例如，克莉丝从朋友那里能得到什么样的回报，对此帕特如何才能了解得更多一点？帕特不喜欢这些朋友，克莉丝怎么才能知道原因？
- “感受帽”将注意力集中在对问题的情感反应上。当克莉丝和这些朋友出去时，帕特感觉如何？当帕特拒绝见他们时，克莉丝是什么感觉？
- “消极观点帽”是故意唱唱反调。如果克莉丝一直单独与这些朋友交往，或者如果帕特拒绝与克莉丝的朋友交往，这种关系会如何恶化？
- “正效益帽”让你看到积极的一面。克莉丝单独去见朋友能带来什么机会吗？帕特和克莉丝可以从这个新的安排中得到什么好处？
- “创新思想帽”侧重于用新的视角看待问题。帕特和克莉丝还能以什么方式看待这个问题？他们还有哪些可能的解决办法？
- “思想控制帽”帮助你分析你所做的事情，让你反思自己的想法。帕特和克莉丝是否完全确定了问题所在？他们是否过于关注无关紧要的问题？他们是否对可能的负面影响给予了足够的关注？

人际交流技巧

平等

在人际交流中，平等（equality）一词指的是一种态度或方法，认为互动中的每个人都为交流做出了重要的、必不可少的贡献。当然，在任何情况下，都会存在一些不平等。例如，某个人在公司中职位更高些，知识更渊博些，或在人际交往中影响力更大些。尽管如此，要尽量避免居高临下的态度。在平等的气氛中进行的人际交流往往更有成效。

平等地交流

以下是一些建议，有助于你在所有互动中（特别是在涉及冲突的互动中）进行平等的交流：

- 不要用“应该”或者“必须”这样的词。比如，不要说“你真的应该多给你妈妈打打电话”或“你必须学会大声说话”。这样说话就把对方放在了低人一等的位置上。
- 请求而不是命令。你可以提出请求（特别是有礼貌的请求），而不要命令对方（特别是不礼貌的命令）。
- 不要打断他人。打断他人讲话是一种不平等关系的表现，表示你要说的话比另一个人正在说的更重要。
- 承认对方的贡献。在表达自己观点前先做这一点。例如，你可以说“我明白了”“我懂了”或者“对，没错”，让对方知道你在倾听，并且听明白了。
- 保持文化敏感性。要认识到不同的文化对待平等的方式极为不同。在高权力差距的文化中，地位差异对人际交往的影响非常大，而与之相比，在低权力差距的文化中，交流各方则更加平等。

第 7 步　总结

即使冲突得以解决，仍有事情可做。通常，双方以为冲突已经解决了，这时，另一场冲突就会出现。例如，一方认为自己受到了伤害，因此需要报复，这样才能找回自尊。因此，解决冲突，并避免因此而引发其他冲突，尤其是更严重的冲突，这一点很重要。

你可以从冲突中学习，从你试图解决冲突的过程中学习。例如，你知道是哪些争论策略反而加剧了冲突吗？你或你的伴侣需要冷静期吗？你知道什么时候小问题会升级为大的争吵吗？回避会使事情变得更糟吗？哪些问题特别烦人，可能造成困难？这些问题能避免吗？

还应该用正确的眼光看待冲突。不要夸大其词，认为你们的关系处处是冲突。不要认为分歧一定会导致大吵一架。在大多数关系中，冲突实际上只占据夫妻很少的时间，但回忆冲突，往往会把它放得很大。此外，不要让冲突伤害你或你伴侣的自尊。不要仅仅因为你们有争论，甚至有很多争论，就把你、伴侣或你们的关系视为失败的。

要努力消除消极情绪。经历人际冲突后，常会出现负面情绪。最常见的原因是一方或双方使用了不公平的争论策略来损害另一方，如当面拒绝对方，操纵或逼迫对方。今后要坚决避免使用这种不公平的策略，但同时对你和伴侣都不要感到愧疚，也不要加以责备。如果你觉得有用，可以与你的伴侣甚至治疗师谈谈这些感受。任何事情，做错了就要道歉，你的伴侣也应该如此；毕竟，在冲突中，双方通常都有责任。

相互间多表扬鼓励，多用行为表达你的珍惜，这样才能表露出你的积极情感，并表明冲突在你这里已经结束，你希望你们的关系继续下去，并能越来越好。

人际冲突管理策略

在管理冲突时，可以有许多种策略供我们选择，这些策略我们后面再谈。我们首先要认识到，所选择的策略会受到多种因素的影响，如要实现的目标、情绪状态、对情况的认知评估、个性和沟通能力、家族史以及文化。了解这些因素可能会帮助你选择更合适及有效的策略。研究发现，使用有效的冲突策略可以带来很多好处，而使用不合适的策略则可能会危害心理健康。

- 目标。你希望实现的是短期目标还是长期目标，这会影响你选择合适的策略。如果你只是想挽回今晚的约会，那么你“屈服”即可，基本无须正视问题。而如果你想建立一种长期的关系，就需要充分分析导致问题的原因，并寻求双赢的策略。
- 情绪状态。你的感受会影响你的策略。你伤心时选择的策略不太可能与你生气时选择的一样。你想道歉的时候和你想报复的时候，选择的策略肯定不一样。
- 认知评估。什么是公平公正，你对此的态度和理念会影响你是否乐意站在对方的立场承认公平。谁（如果有的话）导致了问题的产生，你对此的判断也会影响你参与冲突的方式。你也可以评估你的各种选择可能产生的影响。例如，如果你用指责或当面拒绝的方式与老板对抗，会冒什么风险？如果你使用强迫的方法，会不会让你十几岁的孩子疏远你？
- 个性和沟通能力。如果你羞涩且不自信，你就更有可能试图避免冲突，而不是积极抗争。如果你性格外向，有强烈的欲望要表明立场，那么你更有可能积极地抗争，有力地争辩。当然，有些人对分歧容忍度较高，因此，与对分歧几乎零容忍的人相比，他们更倾向于听其自然，不会感到难过或产生敌意。

- 家族史。你会选择什么话题进行争论，对人际冲突你是会深受其扰还是不会多想，这些会受到你的家族史以及你成长过程中冲突处理方式的影响。要防止事情往消极的方向发展，第一步就是要认识到这些影响。
- 文化。就像你成长的家庭会影响你应对冲突的方式一样，你成长的文化也是如此。后文会提到，有些文化比其他文化更强调面子的重要性，这自然会影响到你如何去思考和探讨人际冲突情况。

接下来讨论各种策略，我们将详细说明你需要避免的无效且具有破坏性的策略，以及你会愿意使用的有效且具有建设性的策略。重要的是，从一开始就要明白，你所做的策略选择（并且你应该真正意识到你确实是有选择的，这是人们经常试图否认的一点）会极大地影响人际冲突和整体关系。例如，表达拒绝的信息、侮辱、指责和命令可能导致冲突，或加剧现有冲突，从而拖延并可能妨碍冲突解决。

人际关系抉择时刻

应对问题

你的邻居从来不会在垃圾收集时间及时地把垃圾放到外面，所以垃圾通常在被小动物翻扒之后一直放到下次垃圾收取时间。垃圾引来的这些啮齿动物、垃圾臭烘烘的味道和乱糟糟的样子，真是让你受够了。你最有可能使用下列哪一种方式来处理这个问题？

a. 与邻居谈谈。

b. 向卫生部门举报。

c. 写一张匿名纸条给你的邻居。

d. 什么也不说。

e. 其他。

在阅读各种冲突管理策略之前，先考查一下你的人际冲突行为。

1. 我努力寻求对我们双方都有利的解决办法。
2. 我寻找能满足我需求的解决方案。
3. 冲突出现时我会直面冲突不逃避。
4. 我尽量避免冲突。
5. 我传达出的信息基本上是对导致冲突的事件的描述。
6. 我传达出的信息基本是我的主观判断。
7. 我考虑对方的面子需求。
8. 我提出我能找到的最有力的论点，即使这些是对对方的攻击。
9. 我把争论集中在事情上，而不是个性上。
10. 只要能使我在争论中获胜，我会使用攻击对方自我形象的信息。

这些问题旨在帮助你初步知晓本节将要讨论的一些冲突策略，你可通过图 11-3 先行了解。你将发现，如果你对奇数陈述（第 1、3、5、7 和 9 条陈述）的回答是正确，而对偶数陈述（第 2、4、6、8 和 10 条）的回答是错误，那么你就在遵循交流研究人员和理论家提供的指导方针。

有输有赢策略与双赢策略

正如在冲突方式的讨论中所指出的，如果从输赢的角度看待人际冲突，就会得到四种基本类型：（1）A 赢，B 输；（2）A 输，B 赢；（3）A 输，B 输；（4）A 赢，B 赢。

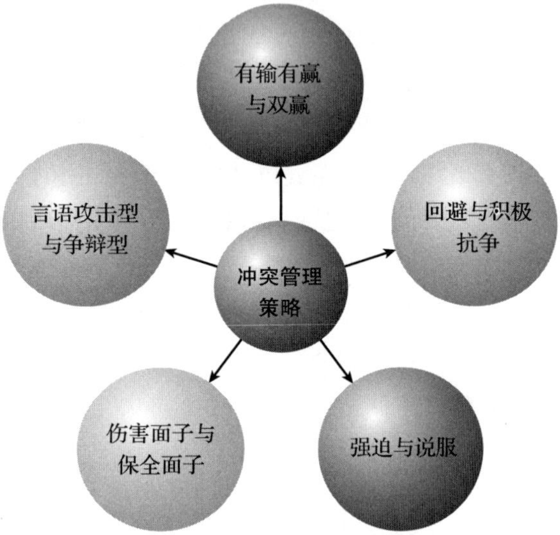

图 11-3　一些冲突管理策略

显然，双赢的解决方案是最可取的。也许其最重要的原因是这种方案可使双方都满意，不至于像有输有赢策略（win-lose strategies）那样常会产生怨恨。寻找和采用双赢策略（win-win strategies），下一次再发生冲突时就不会那么剧烈，而且通过双赢策略，我们更容易将冲突视为“解决问题”而不是“抗争”。双赢方案的另一个好处是双方的面子都能保全，双方都能自我感觉良好。最后，双赢的结果所产生的决定，人们更愿意遵守，而如果是有输有赢的决定或者双方都输的决定，就不那么容易遵守了。

在双赢的解决方案中，你和对方都赢了，这总归是最好的。只不过很多时候，我们甚至都不会去考虑可能有双赢的方案，不会去考虑怎样才能双赢。我们举一个人际关系的例子：假设你想用你们的钱买一辆新车（你的旧车没法开了），而她想用这些钱去度假（她实在太累了，需要放松），你们发生了冲突，并加以解决。其理想状况是，你们都知道对方真正想要什么，然后你们努力找到一个方案，让双方都能得到自己想要的。你可能会接受买一辆不错的二手车，而她可能会接受一个不太昂贵的假期。或者你们可能会买一辆二手车，然后来一次费用较低的自驾游。这两个双赢的解决方案都可以满足你们的需求，因此你俩都赢了，都得到了自己想要的。

回避策略与积极抗争策略

回避（avoidance）冲突可能表现为实际上的身体逃离，例如，离开冲突现场（走出公寓或去办公室的另一边），睡觉，或把音响声音放大以淹没对话的声音；也可能表现为情感上或心智上的回避，即对所提出的问题不予理睬，从心理上避开冲突。回避的增加会导致关系满意度降低。有时回避本身就是对对方所提要求做出的回应——这种冲突模式被称为要求—退出模式。在这种情况下，一方提出要求，而另一方不愿意接受要求，于是退出交流。这一模式显然不能解决问题，但任何一方都可以很轻易地打破这个模式——不提出要求或者不退出，而是积极参与到冲突管理中。

虽然回避通常无法解决问题，但并不意味着花时间冷静下来不是可采取的第一策略。有时候这确实是一种有用的策略。例如，有些冲突是通过电子邮件或一些社交网站展开的，这时，使用回避策略就很容易做到，且通常有效。通过推迟做出回应，你可以有时间冷静地对问题进行理性思考，这有助于你做出有建设性的回应，找到可能解决冲突的方案，并减少你们关系中的敌意。还有一些研究表明，随着夫妻年龄增长，尽管他们不断经历要求—退出模式，但他们避免了冲突，不需要直面冲突，这样做似乎对他们有用。同样，在许多文化中（以及在许多具体的冲突情境中），回避——特别是在公共场合回避冲突——可能是一种顾全面子的策略，而且可能对解决冲突和维持关系有一定的作用。

零协商（nonnegotiation）是一种特殊的回避方式，指的是拒绝考虑解决冲突或倾听对方的观点。有时，零协商采取的形式是反复强调自己的观点，直到对方让步。

另一种毫无作用的冲突解决战略是使用消声器。消声器（silencers）是冲突中采取的一种手段，基本可以使另一个人沉默。在各种各样的消声器手段中，很常用的一个是哭泣。当一方无法处理冲突或似乎不太可能获胜时，可能会用哭泣的方式使对方沉默。另一种消声器是佯装情感失控——大喊大叫，假装崩溃。还有一种是出现在身体上的反应——最常见的是头痛和呼吸急促。消声器带来的一个主要问题是，你永远无法确定这些表现是为了赢得争论所采取的策略，还是你应该小心的身体真实反馈。然而，无论是哪种情况，冲突都没有得到审视和解决。

与其避开问题或者使用零协商或消声器手段，不如想一下如何积极参与到人际冲突解决中去。如果想解决冲突，就需要以积极的态度直面冲突，让自己参与到双方的沟通交流中。你既是说话者，也是倾听者，积极地参与进来；说出自己的感受，并仔细倾听你的伴侣诉说他的感受。

积极抗争中很重要的一点是要对你的想法和感受负责。例如，当你不赞同对方，或要批评对方的行为时，你要对这些感受负责。例如，你可以说“我不同意……”或“我不希望你……”不要使用否认你自身责任的表达，比如“所有人都认为你不该……”或“克莉丝认为你不应该……”

强迫策略与说服策略

当面临冲突时，许多人不是去处理这些问题，而是强迫对方接受自己的立场。强迫可以是情感上的，也可以是身体上的。然而，无论哪种情况都避开了问题，而“获胜”的一方只是使用了最大武力的一方。这是敌对的国家之间、儿童之间甚至一些正常懂事的成年人之间发生冲突时使用的技巧。有些人对自己在某段关系中拥有的权力感到不满，他们似乎也会使用这种技巧。

在一项研究中，超过 50% 的单身人士和已婚夫妻报告说，他们在关系中遭受过身体上的暴力。如果我们加上象征性的暴力（例如，威胁要打对方或者扔东西），单身人士被施暴的百分比达到 60% 以上，而已婚者的百分比超过了 70%。另一项研究表明，在 410 名大学生中，有 47% 的人报告在约会关系中遭受过暴力。在大多数情况下，暴力是相互的——关系中各方都使用了暴力。

唯一能真正替代强迫的方法是说服。这首先需要具备开放、积极和共情的品质。此外，一定要主动而认真地倾听。在发生冲突的情况下，这可能特别困难，因为你当时脾气可能很不好，可能会发现自己受到了攻击，或者至少对方反驳了你。以下是一些建议，可帮助你在冲突中更有效地交谈和倾听。

- 扮演好倾听者的角色。要以倾听者的身份思考问题。关掉电视、音响或电脑，面对对方，全神贯注地听对方说话，确保你理解了对方所说的话及对方的感受。你可以用提问的方式检查你是否听懂了。另一种方法是解释对方的话，并要求对方确认是否正确，如：“你是说如果我们把钱合起来而不是分开存，我们的关系就会更加公平，你是这么感觉的吗？”

视野：暴力从来不是爱

在有关暴力的各项发现中，最令人费解的一项是许多受害者将其解释为爱的象征。出于某种原因，他们认为伴侣殴打或辱骂他们是完全爱上了他们的标志。此外，许多受害者把被施暴归咎于自己，而不是谴责他们的伴侣。

你认为为什么会这样？在你或你熟悉的人际关系中，强迫或暴力在冲突中扮演什么角色？

- 表达你的支持或与之共情。对对方所说的话或其感受表达支持或共情，如："我能理解你的感受。我知道我控制着财务，这会产生一种不平等的感觉。"如果合适的话，可以表明你赞同对方的感受："你感到焦虑是对的。"
- 说出你的想法和感受。尽可能客观地说明你对这个问题的看法和感受。如果你不同意对方所说的，那么你可以说："我的问题是，我们以前确实有过平等的用钱权利，可是你欠了那么多账，我们现在还没还清呢。老实说，我担心同样的事情会再次发生。"

伤害面子策略与保全面子策略

伤害面子策略（face-attacking strategies）是指攻击对方积极面子的策略（如批评对方对关系所做的贡献，或批评其某项能力）或攻击对方消极面子的策略（如对对方的时间或财力提出要求，或攻击其自主性）。而保全面子策略（face-enhancing strategies）则是支持和肯定对方的积极面子（赞扬，拍拍背部，真诚地微笑），或支持和肯定其消极面子（给对方空间，请求而不是要求）。

不同的文化对面子的重视程度也各不相同。在美国等个体主义文化中，面子一般而言是重要的，但没有在某些文化中那么重要。例如，在东亚等集体主义文化中，面子通常极其重要，比赢得争论或证明观点重要得多。

突破底线（beltlining）是人们经常使用的伤害面子策略，极具破坏性。就像竞技场上的拳击手一样，我们每个人都有一个"腰线"（此处指情感上的）。当你攻击这条情感腰线的下方时，可能会造成严重的伤害。然而，当你攻击腰线上方时，对方就可以承受。对于大多数人际关系而言，特别是对于那些长期的人际关系而言，你知道这条腰线在哪里。例如，你知道，用克里斯汀不能生孩子这件事攻击对方，那就打到了腰线的下方。又如，你知道，用杰克没有固定职业这件事来攻击对方，也是打在了腰线的下方。这种类型的伤害面子策略会使相关各方都

人际关系抉择时刻

应对面子损害行为

萨拉和玛格丽特都20岁出头，两人想结婚。然而，双方父母都坚决反对同性婚姻，并希望两人不再见面，并开始进行"修复性"治疗。萨拉和玛格丽特该如何应对这一冲突？

a. 弄明白父母为何反对，并着手应对具体的反对意见。

b. 向父母解释自己的感受。

c. 不顾父母的反对，结婚。

d. 摆出证据，证明"修复性"治疗就是个骗局。

e. 其他。

陷入更大的麻烦。

另一个类似的伤害面子策略是责备。有些人不是把重点放在解决问题上，而是一心将责任推给对方。不管你责备的是对还是错，这么做都是徒劳的。它使你无法关注问题本身，也无法寻找可能的解决方案。责备还会使对方产生怨气，而你又会用更大的怨气来回应对方的怨气。于是，冲突上升为人身攻击，结果双方及其关系比应对冲突前还要糟。

与攻击对方自我形象和剥夺对方自主权的策略相比，增强其自我形象和认可其自主权的策略不仅更有礼貌，而且更有效。即使你得到了想得到的东西，帮助对方保全积极面子也是明智的做法，这样以后发生冲突的可能性也变小了。

不要伤害他人的面子，相反，不妨尝试一些保全面子的策略：

- 传达能增强对方自我形象的信息。
- 传达认可对方自主权的信息。
- 即使正在发生冲突也要赞美对方。
- 尽量少提要求；尊重他人的时间；给对方空间，在发生冲突的时候更应如此。
- 只攻击“腰线”上方的区域。
- 不要谴责对方。
- 尊重对方的观点，即使你的观点与之迥异。

言语攻击型策略与争辩型策略

关于冲突有一个特别有趣的观点，这一观点源自对言语攻击型策略与争辩型策略的研究。理解这些概念有助于查明事情出错的原因，以及使用哪些方法可以利用冲突改善人际关系。

言语攻击

言语攻击（verbal aggressiveness）是一种毫无益处的冲突策略，指的是冲突中的一方试图通过造成对方心理痛苦和攻击对方自我概念的方式赢得争论。这是一种否定性的策略（与肯定性策略完全相反），因为它试图否定对方的自我看法。言语攻击型策略有以下特点：

- 具有破坏性；在各种交流情境中（人际交流、群体交流、企业交流、家庭交流和跨文化交流），都会导致不好的结果。
- 导致对关系产生不满，因为这一策略攻击他人的自我概念。
- 可能导致关系暴力。
- 妨碍企业生存，使各级员工士气低落。

- 使得有意义的亲子交流无法进行，并可能导致体罚。
- 降低该策略使用者的信誉，部分原因是它被视为一种诋毁对手的策略，而不是解决争论的策略。
- 降低该策略使用者的说服力。

最常用的言语攻击策略是人格攻击，这也许是因为它在造成心理痛苦方面非常有效。其他方式还包括抨击对方的能力、背景和外表，诅咒、取笑、奚落、威胁、辱骂以及使用各种非语言手段。

一些研究人员认为，“除非受到言语攻击，否则敌意就是一种未明说的愤怒，潜伏在那里”。有证据表明，与非暴力关系中的人相比，暴力关系中的人更经常使用言语攻击。言语攻击型策略无助于解决冲突，而且会使攻击者失去信誉，事实上反而增加了被攻击者的信誉。

与否定方式相比，以一种肯定的方式与对方交流（如微笑，愉快的面部表情，触摸，身体上的亲密，眼神接触，点头，温暖、真诚的声音，语调抑扬顿挫）会让其他人在沟通中感受到较小的言语攻击。人们似乎会如此设想：如果你的行为是肯定的，那么你传达的信息也是肯定的；而如果你的行为是否定的，那么你传达的信息也是否定的。

争辩

与日常用法不同，争辩（argumentativeness）一词在这里指的是一种需要培养而不是避免的能力。争辩指的是你愿意为一个观点辩论，愿意在重要问题上说出你的想法。这是替代言语攻击行为的最佳选择。与言语攻击不同，争辩有以下特点：

- 具有建设性；在各种交流场合（人际交流、群体交流、企业交流、家庭交流和跨文化交流），都能带来好的结果。
- 使人们对关系感到满意。
- 可防止关系暴力，在家庭关系中更是如此。
- 有利于企业生存；例如，下属会更喜欢鼓励大家争辩的主管。

视野：文化与言语攻击

不同文化的成员其言语攻击性也大不相同。言语攻击后，往往还会有身体上的和言语上的虐待行为，不同文化的人对这些行径的回应也大相径庭。例如，在亚洲和西班牙的一些文化中，由于太害怕丢脸或太担心使家庭蒙羞，人们受了虐待也不肯明言。就统计数据而言，乍一看似乎暴力在某些文化的家庭中很少发生。然而，大量的新闻报道让我们知道，殴打妻子在许多国家很常见，而且在许多国家，虐待配偶不会被认定为犯罪。

关于关系暴力以及是否该把这种暴力说出来，你的文化是如何教导你的？

视野：性别、争辩和言语攻击

男性在争辩和言语攻击方面的得分通常高于女性。人们（包括男性和女性）也较易认为男性的争辩性和言语攻击性强于女性。

你认为这是为什么？

- 加强亲子沟通，孩子也会表现得更加顺从。
- 提高争辩者的信誉；爱辩论的人往往被认为值得信赖、忠于职守、精力充沛。
- 在不同的交流情境中增加争辩者的说服力；人们更容易把争辩者看成拥有领导力。

人际交流中的伦理道德

抗争中的伦理道德

本节重点介绍冲突管理策略，并试图指出有效冲突管理和无效冲突管理之间的区别。但沟通策略也有伦理层面的内容，而且重要的是要了解冲突解决策略中的伦理含义。现在你已经阅读了本节的内容，请从伦理方面思考每一个策略，并说明你将如何回答以下问题。

- 回避冲突是否涉及道德层面？例如，其中一方拒绝讨论分歧是不道德的吗？
- 使用身体力量影响他人是否合乎道德？一个人凭借体力上的优势压制对方，迫使对方接受其观点，有些情况下，这么做是合适的，你能想出一个这样的情景吗？
- 有损颜面的策略其本身是否不道德，或者是否在某些情况下使用这样的策略是合适的？你能想出这样的情景吗？
- 言语攻击在伦理道德方面有何含义？

培养争辩能力的策略

以下是培养争辩能力的一些建议。理想情况下，这些指导原则中的大多数已包含在你的人际行为中了。如果你的人际行为中完全没有涉及，那么请考虑一下，如何才能将这些融入你的行为中。

- 尽可能客观地对待分歧。不要因为某人对你的立场或解释有异议，就主观臆断他是在攻击你个人。
- 对事不对人。即使能让你处于战术优势地位，也不要攻击对方这个人，而应该攻击对方的论点。把你的争辩集中在问题上，而不是对方的个性上。
- 认可他人的成就感。适当地赞美对方。
- 不要打断他人。做出回应前，让对方充分陈述他的立场。

- 重视平等。着重注意你与对方的相似之处（参见“人际交流技巧”专栏）。在反驳对方之前，先强调你们相似的看法。
- 表示出兴趣。对对方的立场、态度和观点表示有兴趣。
- 保持冷静。避免过于情绪化地陈述自己的观点。说话声音不要太大，也不要使用粗俗的表达，这会冒犯对方，而且最终并不能解决问题。
- 保全他人的面子。任何时候都不可羞辱对方。礼貌而恭敬地与对方争辩。

第 12 章

人际权力和影响

权力有各种形式。学会使用权力可让生活更加轻松和舒适。

本章讨论人际交流中的权力。权力可影响你做什么事情，什么时间做事情，以及和谁一起做事情。它还影响你选择朋友，影响你的恋爱和家庭关系，也会影响你的工作关系。权力能使男性在女性和其他人面前都显得“性感”。此外，你感觉你们的关系有多么成功，你个人对这些关系有多么满意，这些也会受到权力的影响。本章我们将考察权力的主要原则，关系中的权力、个人权力及信息权力的种类，以及三种滥用权力的表现：性骚扰、霸凌和强权行为。最后，我们将讨论亲社会交流。

权力和影响的原则

权力（power）是一个人影响另一个人的想法或行为的能力。你有能力控制和支配另一个人，以至于你可以影响这个人的想法或其所作所为。相反，另一个人也可以有能力控制和支配你，以至于他能影响你的想法或行为。以下几条原则解释了权力是如何在人际关系中运作的，并帮助你深入理解如何更有效地管理权力。你可通过图 12-1 先行了解这些原则。

有些人比其他人强大

在美国，法律面前人人平等，因此人们在受教育、受法律保护和言论自由方面是平等的。但是，在其他各个方面就不是所有人都平等了。有些人生于富裕之家，有些人则家境贫寒。有些人天生身体强壮，相貌英俊，身体健康；而另一些人天生虚弱，相貌平平，患有各种遗传性疾病。

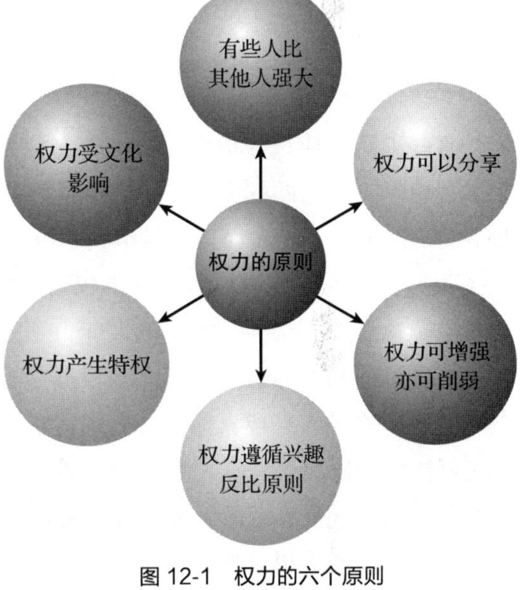

图 12-1　权力的六个原则

权力是不对称的：如果一方拥有较大的权力，那么另一方的权力就一定较小。如果你比另一个人强，那么这个人就一定比你弱。如果你比较富有，那么对方一定比较贫穷。在任何一方面，如果一方拥有的多，很明显，另一方必然就拥有的少（身体或财力较弱）。

有些人天生就有权力，而有些人天生没有权力，于是他们会学习如何使自己拥有权力。当然，世界并非如此简单：有些人在生活的某些领域有权力，而有些人在另一些领域有权力；有些人在许多领域都有权力，而有些人只在少数领域拥有权力。

如今，权力的一个重要组成部分是社交媒体影响力。而互联网上有大量网站，它们将分析和绘制你的社交媒体影响力。类似 Klout、Twenty Feet、Crowdbooster、Tweetstats 和 My Web Career 等网站，以及常规博客（还有脸书等社交媒体）上的分析，使得追踪社交媒体影响力非常容易。虽然这些详细的信息是为那些营销、广告或企业从业人员设计的，也是他们最感兴趣的，但也已变成了我们社会人际结构的一部分。这些网站的信息主要来自脸书、推特和领英账户的信息，不过新的来源也在不断开发，不断增加进来。它们能追踪到的信息多得吓人，许多人连想都想不到。这些网站所追踪的用于衡量权力和影响的标准有：

- 你有多少朋友？有多少人跟你的帖？
- 有多少人看了你的帖子？他们来自世界的哪些地方？
- 你多久发一次帖子？有多少人会在帖子下面发表评论或点赞？这些评论或点赞有多少是来自与你不同的人？有多少是来自有权力的人？
- 你多久发一次推特？你的推文有多少被转发了？有多少得到了他人的回复？有多少人专门 @ 你了？
- 你的这些数据是否随时间推移而发生变化？跟帖的人是增加了还是减少了？转发你推文的人是增加了还是减少了？

权力可以分享

有些人认为应该守护权力——若与他人分享，就削弱了自己的权力。因此，搞研究的科学家若想保持自己的权力优势，就不应该把成功的研究策略告诉自己的助手，因为这将提高助手们的能力——相对而言，科学家本身的能力就被削弱了。

而另一种观点认为，通过分享权力，提高他人的能力，你自己的权力实际上也在增加。赞同这一观点的人认为，提高他人能力不仅仅是诸如某关系伙伴或公司管理层的利他主义表现，更是一种基本的人生观理念。根据这种理念，能力得以提高的一方更有可能对关系或工作产生更多的个人兴趣。他们会表现得积极主动，会诉诸行动，而不仅仅是有所反应。他们更有可能承担决策责任，愿意承担风险，并愿意为自己的行为负责——这一切都能使关系和业务振奋人心，富有成效。在人际关系中（对跨国公司也是如此），大多数关系都会遇到挑战和困难，两个能力得以提高的伙伴更可能对此进行有效的应对。与双方权力不成比例的关系相比，如果在关系中分享权力，这样的关系会更令人满意，也不太可能破裂。

如果你希望帮助他人（如你的关系伙伴、雇员、同学、兄弟姐妹）提高能力，使他们能够更多地控制自己，掌控环境，以下策略会有所帮助。

- 提高对方的自尊。不要总挑他人的错，这不会使挑错的人真正受益，当然，也不会给对方带来什么好处。挑错找茬会削弱对方的能力，而我们提出的任何批评都应该是具有建设性的。要乐于提出自己的看法——当对方第一次尝试唱歌或者朗读一首新诗的时候，仔细聆听。同时，不要对他人进行言语攻击，不要出语伤人。不要试图用不公平的策略赢得争论——这些策略会伤害对方。

- 开放、积极、共情、支持。在平等的基础上尊重对方。聚精会神，仔细聆听，表示你非常重视。毕竟，还有什么赞美比得上把时间和精力都给予对方呢？
- 分享技能，共同决策。要乐于放手，给对方做决策的自由。鼓励各种形式的成长，包括职业方面和关系方面的成长。

视野：有权力的人

研究表明，与权力较小的人相比，权力大的人不太会对权力小的人遭遇困难表示同情。此外，那些权力较大的人（例如在谈话中）对那些权力较小的人关注也较少，而反过来则完全不同。

你认为原因何在？

权力可增强亦可削弱

任何时候，在任何领域，人们手中权力的多寡相差甚远，尽管如此，每个人都可以用某种方式增强自身的权力。你可以通过练习举重增强体力；可以学习谈判技巧，从而在团队中增加影响力；还可以学习交流的原则，使你更有说服力。

权力也可以被削弱。试图控制别人的行为但失败了，这是最常见的丧失权力的情况。例如，对方威胁要惩罚你，但并未将这一威胁付诸实施，于是便丧失了权力。另一种丧失权力的方式是允许别人控制你，如允许别人不公平地利用你。如果你对这一权力策略无动于衷，你就丧失了自己的权力。

人际关系抉择时刻

增强权力

在每周例会中，每当你暗示担任组长的主管你想发言时，对方总是不予理睬。而当你好不容易发言了，对你的发言似乎没人会做出任何反应，也没人记录。你决心要改变这种情况。你可以怎么做来提升你的人际权力和影响力？

a. 一有机会就对主管的观点表示赞同。

b. 减少发言次数，只说最精彩的部分。

c. 能力或权力不如你的人发言时，打断他。

d. 发言时站起来。

e. 其他。

权力遵循兴趣反比原则

在任何人际关系中，掌握权力的人对对方所能给予的回报或施加的惩罚既没有兴趣，也无所谓。例如，如果帕特不在乎克莉丝给予的回报，或者对克莉丝施加的惩罚无所谓，那么帕特就掌控着这段关系。而相反，如果帕特需要克莉丝给予回报，或者受不了或不愿意遭受克莉丝施加的惩罚，那么克莉丝掌控权力，控制着二人间的关系。或者也可以说，克莉丝掌控着关系中的权力，以至于对帕特所能给予的回报或施加的惩罚无所谓。

一个人对一段关系的需求越大，他在其中的权力就越小。一个人对一段关系的需求越小，他在其中的权力就越大。例如，在爱情关系中，拥有更大权力的人提出分手更容易，而不愿（或不能）分手的人之所以权力较小，正是因为他对这段关系依赖性大，也离不开对方给予的回报。

此外，需要补充的是，如果你认为你的伴侣比你的权力大，你就更有可能回避冲突，并避免批评对方。

视野：权力与共情

研究人员调查了权力对共情的影响，但得出了相互矛盾的结果。一些研究表明，一个人的权力越大，共情的能力就越大。而另一些研究表明了相反的情况：权力越大，共情能力越弱。

如果权力和共情能力之间存在什么关系的话，你认为是什么样的关系？你会如何调查研究权力和共情之间的关系？

权力产生特权

当一方有权力而另一方没有权力时，一般而言，人们会认为有权的人也享有一定的特权——其中许多是交流方面的特权。而且权力差异越大，拥有较大权力的人所得到的许可也越多。有时我们会注意到权力带来的特权或许可。然而，大多数情况下，我们似乎从不在意，没有一方会对权力结构提出质疑。

例如，主管或老板可以进入下属的办公室，但下属不能进入主管的办公室——至少不经邀请不得进入。很可能，这种权力关系在主管和下属的无意识间就形成了。

触碰则是另一种特权。一般来说，在任何等级分明的群体中，职位较高的人可以触碰职位低于他们的人。因此，主管可以触摸下属的手臂或帮下属翻好衣领，但在任何等级制的企业或文化中，相反的情况则显得很不自然。同样，将军可以触碰下士，但下士绝不敢触碰将军。医生可以把手臂放在病人身上，但病人绝不会对医生这样。如果这种触碰不太合适或过于亲密，往往可被解释为性骚扰。

此外，无论是发生争论还是讨论问题，那些有权力的人往往拥有最终发言权。例如，有权力的人通常能在争论中获胜，或者讨论问题时，他的想法和表态最受重视。

还有一种特权，其表现是有权力的人可以打破规则，而没什么权力的人必须遵守规则。无论是线下会议还是电话会议，主管都可以迟到，但下属必须准时，否则会被视为违反公司纪律。

权力受文化影响

人与人之间权力差距或差异的大小，人们对权力及其合法性以及合意与否的态度，都会因文化的不同而不同。例如，在许多亚洲、非洲和阿拉伯文化中（以及许多欧洲文化中，如意大利和希腊），男女之间权力差距很大。男性拥有更大的权力，而女性则被要求认可这一点并加以遵从。例如，重要的决定都由男性做出，出现任何不同意见时，男性说了算。

在美国，男女之间的权力差距正在发生巨大变化。在许多家庭中，男性仍然拥有更大的权力。比较重要的决定由男性做出，其部分原因是他们赚钱更多。然而，由于经济平等已不再是理想而是变成了现实，这种权力差距可能会改变。相比之下，在阿拉伯文化中，重要的决定由男性做出，并不是因为他们赚了更多的钱，而只是因为他们是男性。

有些文化赋予男性更多的教育机会，这就使权力差距长期存在。例如，在美国，女性虽然接受大学教育是理所当然的，但在世界各地的许多文化中，女性接受教育仍然比较少见。

在一些亚洲文化中，处在某种权威位置的人拥有不容置疑的权力，容不得反驳、批评或质疑。

关系中的权力、个人权力以及信息权力

为了方便起见，我们将权力分在三个小标题下加以讨论，这三个小标题特别适合从人际交流的角度分析权力：（1）关系中的权力；（2）个人权力；（3）信息权力。在本节中，我们将讨论抗拒权力和影响的问题，也就是通常所说的顺从获取。

关系中的权力

研究表明，关系中的权力可以简单地分为六种类型：参照型、法定型、专家型、信息或说服型、奖赏型以及强制型。每种类型的权力都提供了一种施加影响或获取顺从的方法。

在阅读各类权力之前，先考查一下你的人际权力情况。请衡量下面各条陈述是否准确地描述了你的情况，用 5 分制给各条评分（5 = 非常准确）。

1. 人们希望能像我一样，或者能得到我的认同。例如，高中足球运动员可能会钦佩其教练（曾经是职业足球运动员），想成为像他那样的人。
2. 我的身份使我经常得告诉别人该做什么。例如，作为母亲就得告诉孩子该做什么，作为管

理者就得告诉员工该做什么，等等。

3. 别人都知道我在某些知识领域有专长。例如，医生有医学上的专门知识，所以别人会求助于医生，以得到专业指导。同样，精通电脑的人拥有计算机专业知识。
4. 人们知道我的沟通能力比较强，我可以有逻辑地提出观点，使他人信服。例如，与能力和口才都较差的领导相比，能力强、口才好的领导会被赋予更大的权力。
5. 人们认为我有能力给予他们想要的东西。例如，雇主有能力给雇员更高的工资、更长的假期，创造更好的工作条件。
6. 人们认为我有能力实施惩罚或拒绝给予他们想要的东西。例如，雇主有能力减少自愿加班、缩短休假时间或拒绝改善工作条件。

这些陈述与本节讨论的六种主要权力类型一一对应。若你的评分较低（例如，1 分和 2 分），说明你认为你这些类型的权力极小；而高分（4 分和 5 分）则表示你认为你这些类型的权力相当大。记住你的评分，并继续阅读相关内容。

参照型权力

如果你能建立对他人的参照型权力（referent power）（陈述 1），使他人希望能与你一样，或希望得到你的认同，那么获得他们的顺从就比较容易了。参照型权力可以是哥哥对弟弟拥有的那种权力，因为弟弟想像哥哥一样。弟弟觉得如果他的想法和行动都能像哥哥那样，他就会更像他的哥哥。一旦弟弟这么认为了，哥哥就不需要花什么力气对弟弟施加影响，很轻易就能让弟弟顺从他。

参照型权力在很大程度上取决于吸引力和威望。一个人吸引力越大，威望越高，就越容易得到他人的认同，于是获得他人顺从的能力也就越强。得到对方的喜爱与尊敬，与对方的性别相同，与对方具有相同的态度和经历，这时候，一个人的参照型权力就特别大。

法定型权力

如果他人认为你对他们拥有法定型权力（legitimate power）（陈述 2），即基于你的身份和地位，你有权力影响或控制他们的行为，他们在理性上就会愿意顺从你的要求。法定型权力之所以存在，是因为我们相信某些人应该对我们拥有权力，他们的身份使得他们有权力影响我们。法定型权力通常与人们在社会中扮演的角色相关。例如，教师往往被认为有法定型权力，父母被视为对子女拥有法定型权力，雇主、法官、经理、医生和警察则在不同领域拥有法定型权力。

专家型权力

若他人认为你有专业知识或是某领域的专家，那么你对他们就拥有了专家型权力（expert power）（陈述 3）。你的知识给予了你这种权力。通常，专家型权力适用于特定领域。例如，当你生病时，如果某个人具有与你疾病相关的专家型权力，比如医生，你就会听从这个人的建议。但如果你认为某个人不具备与你疾病相关的专家型权力，比如邮递员或水管工，你就不会听从他们的。因此，在法律问题上你赋予律师们专家权力，在精神问题上你赋予心理医生们专家权力，但在观念上，你不会把二者互换。

如果他人认为你公正无偏私，并且不会通过影响他人而获得私利，那么你的专家型权力就会增加。反之，如果他人认为你有偏见，或者通过影响他人为自己牟利，那么你的专家型权力就会减少。

信息或说服型权力

若他人认为你在交流中逻辑性强，能令人信服，那么你对他们就拥有了信息或说服型权力（information or persuasion power）（陈述 4）。如果别人相信你有能力说服他人，那么你就具备了说服型权力——影响他人态度和行为的权力。如果别人认为你掌握着重要信息，并且有能力使用这些信息提出论证充分的观点，从而获得他人的顺从，那么你就拥有了信息型权力。

奖赏型权力

如果你有能力奖赏他人，你就对他们拥有奖赏型权力（reward power）（陈述 5）。奖赏可以是物质方面的（金钱、高级办公室、珠宝），也可以是社交方面的（爱、友谊、尊重）。如果你能给别人某种奖赏，你就能控制他们，只要他们希望得到你能给予他们的东西。你所拥有的权力大小与他们得到奖赏的意愿强弱直接相关。教师对学生拥有奖赏型权力，因为教师控制着分数、推荐信、社会认可，等等。反过来，学生也对教师拥有奖赏型权力，因为学生影响着社会认可、评教结果和各种其他奖励。父母可以控制给孩子的奖赏——食物、看电视的权利、使用汽车的权利、

视野：性别和影响力

研究结果表明，与男性相比，女性不太容易依靠能力和权威来影响他人。而另一方面，男性在使用参照型权力影响他人方面有更大的困难。

你认为男性应该怎么做才能增强参照型权力，而女性应该怎么做才能增强专家型和法定型权力？

视野：工作中的权力

当主管在工作中对下属行使强制型和法定型权力时，会产生负面影响。另有研究表明，优秀的领导不会采用威胁的手段，并尽量弱化地位上的差异；相反，能力低的领导则使用权力操纵他人，嚣张傲慢，飞扬跋扈。

在你的经历中是这样的吗？

晚上回家时间等，从而拥有奖赏型权力。

强制型权力

如果你有能力通过实施惩罚使得他人顺从，或者当他人拒绝受你影响时你有能力剥夺奖赏，那么你对他们就拥有了强制型权力（coercive power）（陈述 6）。通常，有奖赏型权力的人也会拥有强制型权力。教师不仅可以通过高分、有利的推荐信和社会认可来奖赏学生，还可以通过低分、不利的推荐信和剥夺社会认可来惩罚学生。父母给予孩子一定的权利，也可以剥夺这些权利，因此父母不仅拥有奖赏型权力，也拥有强制型权力。

人们很少只使用某一种类型的权力来影响他人，而经常使用多种类型的权力。例如，如果你拥有专家型权力，你很可能也拥有信息型权力，也许还拥有法定型权力。如果你想让对方顺从，你可能会使用所有这三种权力，而不是只用其中一个。如你所料，某些人拥有许多种权力，而另一些人则只拥有少数几种权力，甚至一种都没有，这就使我们回到了前述的第一条原则：有些人比其他人强大。

有时，试图通过使用这些权力让他人顺从可能会适得其反。反权力（negative power）时不时地会起作用，你使用权力只会产生与你的期望相反的结果。在这六种类型的权力中，每一种都可能产生相反的结果。例如，儿子拒绝接受父亲的影响，并变成了与父亲完全不同的人，这其中的反参照型权力就显而易见了。孩子被警告不要做某事，否则就会受到惩罚，结果这个孩子偏偏做了不许做的事情，我们从中就能看到反强制型权力。

个人权力

个人权力取决于多种因素。如前所述，在许多文化中，只有男性能拥有权力，而女性是没有权力的。某些文化实行等级制度（虽然法律已经基本上不允许了，但习俗中仍存在），在这些文化中，你生下来就归属某个等级，是否拥有某些权力由你所在的等级决定。在某些文化中，教育、职业和经济地位将决定你拥有什么样的权力，就像在美国，社会经济地位会决定一个人的权力一样。而且，正如本章开篇图片所示，身体强壮和特别能干的人可以比身体虚弱或能力一般的人获得更多的权力。

与人际交流最密切相关的是由你的信誉产生的权力。信誉（credibility）指的是他人认为你可信的程度，并因而具备的影响力的大小（不是你自己的看法）。信誉不是客观意义上有或没有的东西，而是取决于他人是如何看待你的。如果其他人认为你有能力、有知识、人品好、有魅力或有活力，他们就会认为你值得信赖，并认为你拥有个人权力。因此，你就更容易对他们的态度、信念、价值观和行为产生影响。

在继续阅读之前，先考查一下自己的信誉。判断以下这些陈述是对还是错。想象一下，在人际交流中，你认为重要的一些人（你的社交网络朋友、学校的朋友、家人、邻居或同事）是如何看待你的。

1. 人们普遍认为我知识渊博。
2. 人们认为我很有经验。
3. 人们认为我对于正在讨论的话题知道很多。
4. 当我谈论有争议的问题时，人们认为我是公正的。
5. 人们认为我关心他们是谁，他们想要什么。
6. 随着时间的推移，人们认为我是始终如一的。
7. 人们认为我是自信的。
8. 人们认为我充满激情。
9. 人们认为我积极主动而不是消极被动。

这些陈述强调了信誉的三个特点——人们认为你所具备的能力、人品和魅力。

能力

人们认为你具备的能力指的是别人认为你拥有的知识和专长（陈述 1 ～ 3）。这类似于专家型权力和信息型权力。别人认为你拥有的知识和专长越多，他们就越有可能相信你。同样，如果你认为某个老师或医生对当前的问题很了解，你就会相信他。

人品

如果人们认为你道德高尚、诚实守信，是他们可以信赖的人，他们就会认为你是有信誉的（陈述 4 ～ 6）。如果别人认为你是为了他们好（而不是为了自己的私利），他们会认为你有信誉，从而相信你。

魅力

魅力指的是他人眼中看到的你的个性和活力的总和（陈述 7 ～ 9）。如果别人认为你和善友爱、和蔼可亲，而不是冷漠高傲、寡言少语，认为你说话时充满活力，而不是犹豫不决、缺乏自信，他们就会认为你有信誉。

以下几种方法可有助于提高信誉。

- 在适当的时候展示你的专业知识。但不要太过分。

- 强调你的公正。每个人都喜欢公平行事的人，喜欢公正对待他人的人。
- 对他人表示关心。这展示了你高尚的一面，同时也表示你有良好的品德。
- 强调你对永恒价值观的关注。这能表现出你始终如一，具有良好的品德。
- 展示积极的人生观。与消极的人相比，人们更愿意相信积极的人，也更愿意尊重积极的人。
- 让自己充满激情。激情有助于展示你的魅力。

信息权力

你可以把你的权力传达给他人，就像你可以传达任何其他信息一样。现在我们来讨论信息中的权力，具体而言，我们将讨论如何通过语言信息、非语言信息和倾听来传达权力。

语言信息

关于通过语言信息传达权力的问题，人们进行了大量研究。结合这些研究工作，我们归纳出一系列可以做的和不可以做的。首先提出几点建议，帮助你施加权力或影响以说服他人。

- 直接提出要求。无论男性还是女性，这都是最常用的顺从获取策略，也是那些有权力的人常用的策略（“能给我倒杯咖啡吗”或“请打电话帮我订个餐”）。
- 讨价还价或做出承诺。例如，只要对方做了某件事，你就同意去做另一件事（“如果你做饭，我就去收拾”或“我们明天出门的话，那我今晚想看比赛”）。
- 巴结讨好。你表现得特别友善，试图通过讨好对方得到自己想要的（“你烧的饭菜太好吃了”[我今晚不想做饭] 或“你怎么写得这么好”[我希望你帮我修改学期论文]）。
- 用言下之意操控。通过这种方式，你让对方感到内疚或嫉妒，从而把你想要的东西给你（“别人都有 iPhone”[而你把我的拿走了竟然不感到内疚] 或“帕特打电话约我这个周末出去玩”[除非你愿意跟我一起共度周末]）。
- 威胁。警告对方，如果你没有得到你想要的东西，不愉快的事情就会发生（“如果你再吸烟，我就走”[所以，如果你不想让我走，就别再吸烟] 或“如果你不吃蔬菜，就别想吃冰淇淋”[所以，吃完你盘子里的西兰花]）。

迟疑（hesitations）、过度强调（intensifiers）、否认（disqualifiers）、反义疑问句（tag questions）、自我批评（self-critical statements）、俚语表达（slang expressions）和脏话（vulgar expressions），这些语言信息似乎会削弱权力和影响力。

- 迟疑的表达。比如“我，呃，想说；啊，呃，这个，呃最好；是不是啊”这种犹豫不决的表达让你听起来毫无准备，缺乏主见。

- 过度强调。使用太多表示强调的词（例如，“真的，这是最最伟大的；它确确实实太惊人了”），使一切听起来都一样，而你需要突出的内容却未得到强调。
- 表达否认的词。比如“我没有读过整篇文章，但是……”或“我实际上没有看到这次事故，但是……”这样的表达意味着你缺乏能力或者感觉不确定。
- 反义疑问句。比如“那部电影挺不错的，不是吗”“她很聪明，你不这么认为吗”，这样的问题要求别人同意，因此可能表明你需要得到他人的赞同，而你自己并不确定。
- 自我批评。例如“我不太擅长这个”或“这是我第一次参加面试”，这样的表达意味着你缺乏信心，并可能让他人知道了你的不足之处。
- 俚语表达和脏话。俚语表达和脏话往往标志着你来自底层社会，因此权力很小。

非语言信息

与说服和影响他人的能力相关的非语言因素有哪些，人们做了大量研究。例如，着装和其他象征权威的标志有助于增加影响力。研究表明，穿着令人尊敬的制服的人（如警察或医生）比穿着便服的人更容易影响他人。

表示肯定的点头、面部表情和手势都会帮助你表达你在关注对方，在关注你们之间的互动，从而有助于增加你的感染力——这是信誉的重要组成部分。摆弄自己（比如玩弄自己的头发或摸自己的脸）以及身体后倾则会降低说服力。

以下建议是使用非语言方式传达权力的常用方法，其中大部分来自刘易斯（Lewis）。阅读时，请针对各条建议提出具体例证，并思考这些建议是如何在商业、家庭和学校发挥作用的。

- 做出相似回应。例如，如果对方抬抬眉毛向你致意，你也应该用同样的方式表达致意。
- 避免下意识动作。自我下意识动作要尽量避免，如挠头。特别是你想表现出充满信心，处于控制地位时，更要注意。
- 传递一致的信息。要特别小心，不要让自己的语言信息与非语言信息矛盾。
- 保持舒适的姿势，随时可以走动。例如，坐着的时候，选择可以很容易坐进去并站起身的椅子；不要坐太软的椅子，以免陷进去起不来。
- 触碰。研究表明，与避免触碰相比，触碰他人（触碰上臂是比较安全的选择）可让你显得拥有更大的权力。
- 强有力的握手。如果要用握手来表达自信，握手时就要比平时多用些力，握手时间也要比平时长一点。
- 着装保守。如果想影响他人，那么当其他方面差不多时，你可以在穿着上相对保守一些。保守的衣服通常意味着权力和地位，而时髦和时尚的服装通常表示缺乏权力和地位。

视野：视觉主导

你也可以通过视觉主导行为来表示权力。例如，一般来说，倾听时与对方眼神交流较多，而说话时眼神交流则较少。但当有权力的人要表示其主导地位时，他们的做法可能正好相反。例如，他们可能在说话时与对方眼神交流较多，而倾听时眼神交流则较少。

在什么样的交流情景中，视觉主导行为是有效的？

- 适当使用面部表情和手势。这可以帮助你表达你关心对方，以及交流使你感到舒适，交流在你的控制中。
- 步伐缓慢而从容。匆匆忙忙就显得没有权力，仿佛你要急于去满足有权者的期望一样。
- 保持眼神交流。与回避眼神交流相比，保持眼神交流让人觉得你很放松，也并不害怕参与这一有意义的互动。不过要注意的是，在某些情境中，如果过度使用眼神交流，或眼神交流时间太长，他人可能会认为你在使用强制型权力。不与他人对视时，可以向下凝视，否则，你就会让对方认为你对他没兴趣。
- 注意距离。与对方保持合理的距离。如果距离太远，对方可能会认为你害怕或不想交流。如果距离太近，对方可能会认为你固执己见或咄咄逼人。

我们还可以从另一个角度来了解信息中的权力，即看一看使用语言、非语言和倾听技巧的顺从获取策略（compliance-gaining strategies）。如你所料，人们就这一话题已做了大量研究，这一话题对广告商、政客和任何想对他人施加影响的人来说都非常重要。其中一项最有趣的研究是由罗伯特·西奥迪尼（Robert Cialdini）所做的，他实际上在很多需要获取顺从的行业里工作过（如销售、广告和公共关系方面的工作），他分析了这些行业使用的方法，提出了顺从获取策略的六部分体系。

- 互惠。如果你能表明你帮过某人一个相似的忙，那么让这个人现在按你的要求去做就比较容易了。
- 承诺。如果你一开始就能让别人做出承诺，那么他们更有可能做出随后的承诺。
- 权威。如果你能让别人认为你具备权威性，那你基本上就已经获得他们的顺从了。
- 社会认可。如果你能让人们相信其他许多人已经按你的要求做了，他们就更有可能跟着做。
- 稀缺。如果你能让人们相信你所卖的东西很稀有，他们会更愿意购买。

- 喜爱。如果你能让他人对你有好感，你会发现获取顺从就比较容易；毕竟，每个人都更愿意去做朋友要求你做的事情，而不是敌人要求你做的事情。

倾听

正如你可以通过语言和非语言方式传达权力与权威一样，你也可以通过倾听来传达权力。在整个倾听过程中，你一直在向别人传达某些信息，这些信息以某种方式表达了你的权力。表 12-1 将传达出权力的倾听和不能传达出权力的倾听做了对比。

表 12-1　传达出权力的倾听和不能传达出权力的倾听

传达出权力的倾听	不能传达出权力的倾听
积极倾听。专注于正在说的话（无须特别费力），尤其注意对方表达出的需求和愿望	被动地听。假装在听，实际在想其他事情；而且就算做出回应，也与对方所说的无关
做出明显但适度的反应。时不时地点点头表示同意，或者用面部表情表示“这很有趣”，通常这就足够了	回应太少或太多。这很容易被认为是没有权力的表示。回应太少说明你没在听，回应太多说明你在不加辨别地听
给对方一些反馈暗示。适当的时候点点头，以及做出简短的口头回答，表示“我在听，我正听着呢”	没有任何反馈暗示。说话的人就会怀疑你到底有没有在听自己说话
保持更专注的眼神交流	几乎没有眼神交流。眼睛四处打量房间
尽量避免下意识动作。这样的话，可以显得倾听者在控制对话，而且感到很舒服	做出下意识动作。如果玩弄头发或铅笔，这表现出倾听者觉得不自在，因此显得没有权力
保持注意聆听的姿态。不要用手盖住腹部，也不要用手遮住面部	保持一种自我防卫的状态。如交叉双臂，这种姿势常表示脆弱，因此显得没有权力
别人说话时不要打断。无论是几人对话还是小组讨论，都要避免打断正在发言的人，这与礼貌准则相一致，因此可以传达出权力	替说话者把想法说完（或倾听者认为这是说话者的想法）。这违反了对话礼貌原则，从而无法传达出权力

抗拒权力和影响

比方说，你认识的某个人要求你做你不想做的事情，研究表明抗拒被他人影响有四种主要方式。

使用协商（negotiation）方式，你们试图相互迁就或以某种方式妥协。例如，在使用这种策略拒绝顺从时，你可以用某种妥协的方式满足对方的一部分要求（“我可以把报告给你看，但你不能抄”），或者你可以用另一种方式来帮助这个人（“如果你写了初稿，我可以帮你看看，提些建议”）。如果是个约会请求，比如，约你周末一起去滑雪，你可以跟对方说明你的感受，并提出一个替代方案，以此作为拒绝，如“咱们先来一次四人约会吧”。

人际交流中的伦理道德

顺从获取策略中的伦理道德

本章讨论的影响策略描述了人们经常使用的各种方法，这些方法可有效地影响他人。但是，使用其中一些方法是否合乎伦理道德呢？

1. 在让人们做出重大承诺之前（而且仅仅是为了能做出这个重大承诺），先让对方做出一个小承诺，这合乎伦理道德吗？先要求对方捐赠 1 美元，以便获得其承诺后要求更大数额的捐赠，这是否合乎伦理道德？

2. 为了影响他人而让自己表现得讨人喜爱，这合乎伦理道德吗？夸奖你脸书上的朋友只是为了让对方能在你更新的状态下点赞，这是否合乎伦理道德？

伦理道德抉择时刻

你赶不上项目的进度了，因此需要你的同事帮助你完成当前的项目。你的同事一直想要一块昂贵的手表，你想先送她一块这样的手表，过几天再开口请她帮忙，但你不知道这么做是否符合伦理道德。因为你认为，如果她接受了手表，就很难不回报你——帮你完成项目。

在这种情况下你会怎么做？什么样的行动方案才是合乎伦理道德的？

使用零协商（nonnegotiation）方式，你拒绝顺从对方，但不打算做出任何妥协；你就是直接拒绝按对方的要求做。你可以简单地说："不行，我不会把我的报告借给别人。"

使用解释（justification）的方式，你拒绝顺从对方，但给出理由解释你为什么不应该顺从——你为自己不能满足对方要求而找个合理的解释。例如，你可以指出顺从可能导致的不良后果（"我担心我会被抓住，那我这次考核就不及格了"），以此证明你拒绝对方是合理的，你也可以提出一个不顺从对方可能产生的积极结果（"这个报告题目挺有意思的，你写起来肯定会很开心的"）。

使用身份管理（identity management）方式，你通过控制提出要求者的形象来表达拒绝，这既可以是消极的也可以是积极的。在消极身份管理（negative identity management）中，你可以把这个人描述为是不明理或不公平的，例如，你可以说："你让我违背了我的道德，这真的不公平。"或者你可以告诉对方，他竟然认为你会做这种事情，这让你很痛苦。而在积极身份管理（positive identity management）中，你通过让对方自我感觉良好而拒绝顺从对方。例如，你可以说："这个话题你比我更熟悉，你自己轻轻松松就能写出一篇好报告的。"

人际关系抉择时刻

拒绝请求

你写了一篇年终报告，你的同事想大范围借用。你该怎么说才能拒绝这个请求，但不会导致你们关系疏远？

a."不行，我不能给你抄。对不起。"

b."那篇报告我找不到了，大概已经被我删掉了。"

c."你自己写对你更好，我的报告没那么好。"

d."你自己写能学到更多东西，这是我们需要掌握的有用技能。"

e.其他。

人际交流技巧

互动管理：顺利有效地进行人际互动的能力

互动管理（interaction management）技能指的是你控制、进行人际互动的技能和策略。有效的互动管理能使互动令双方都满意。谁也不会感觉被忽视，每个人都为这种交流做出贡献，也从中受益，并非常享受。

交流中的互动管理

当然，全书都在讲如何有效管理人际互动。但这里，我们提出一些与权力相关的具体建议。

- 保持你作为说话者或倾听者的角色，并通过适当的眼神、声音表达、手势和面部表情与对方互换说话的机会。这表明你在控制着你与对方的互动，且感觉舒服。
- 让对话能顺畅进行，不要有长时间令人尴尬的停顿。有权力的人总是有话可说的。例如，有人发现，病人与医生对话时，如果医生在病人说话后停顿很长时间才回复，病人就会对这种互动感到不满意。
- 交流时，既要使用语言信息，也要使用非语言信息，而且二者应该一致并相互促进。不要发送令人糊涂的信息或相互矛盾的信号，如与语言信息相矛盾的非语言信息。这样的信息显示出你的犹豫不决，是缺乏权力的表现。
- 对对方话语中的暗示要特别敏感，例如，对方可能暗示想结束谈话，想说些什么，或想让你详细论述你所说的事情。

权力的滥用

如果使用权力是为了维护所有人的利益，那当然最好，但在使用权力的过程中往往存在自私和不公平的现象。这里我们讨论三种不公平地使用权力的情况：性骚扰、霸凌和强权行为。

性骚扰

不公平使用权力的一种情况是性骚扰（sexual harassment)，这种行为违反了美国 1964 年的《民权法》第 7 章及 1991 年的《民权法》修正案。性骚扰可发生在各种环境中：工作场所、学校和一般社交场合。

虽然这里讨论的重点是性骚扰，但实际上骚扰还有多种形式。所有这些骚扰都是在权力的驱使下产生的，并且通过各种语言和非语言信息传达出来。表 12-2 中涉及的骚扰是最常见的类型，该表还特别指出了哪些群体最经常遭受骚扰。但是，这张表并不否认有时骚扰持续发生可归因于被骚扰群体。

表 12-2　性骚扰之外的其他骚扰类型

骚扰类型	例子
种族和肤色骚扰。因种族和肤色而骚扰对方，其对象常是少数民族或移民群体	使用贬损的称谓或种族蔑称；说话带有偏见；表现出优越感，自视高人一等（例如，对方没自己聪明，没自己道德高尚，或“文明”程度不如自己）
情感取向骚扰。由于某人的情感取向而对其进行骚扰，其对象常是同性恋者、异装癖者和变性者	使用贬损的称谓；模仿他人经常性的特殊习惯；威胁要公开挑明对方身份；重要的集会中排斥同性恋伴侣
年龄骚扰。其骚扰对象常是老年人，但年轻人也常会受到这种骚扰	因为对方的年龄（要么太大，要么太小）而不提升某人的社会地位，或不允许某人参加正式社交集会
宗教骚扰。因他人隶属某种宗教或信仰某种宗教而对其进行骚扰（有时亦称信仰骚扰），骚扰者一般是无神论者	讲冒犯对方或带有成见的宗教笑话；取笑宗教习俗、象征或服饰；能接受其他宗教却不能接受某个宗教
学术骚扰。表现为高级教职员工的言行妨碍了初级教职员工的发展，也可表现为教职员工的言行妨碍了学生有效发挥自己的能力	提供专业建议时歧视对方；对初级教员不关心、不支持；给学生打分不公平
地位骚扰。发生在组织机构中的骚扰，即有权力的一方对无权力的一方进行骚扰，常表现为管理人员对员工进行语言或行动上的侮辱	公开批评；加薪或减薪不公平；强迫员工做不道德的事情（例如，让员工给公款账户垫钱）；说侮辱或讽刺的话

（续）

骚扰类型	例子
残疾人骚扰。对残疾人进行骚扰，其对象往往是视力或听力受损者，或者有身体残疾或语言障碍的人	不能根据残疾人的需要调整自己的沟通方式；使用贬低残疾人的语言；妨碍残疾人使用辅助设备（例如，靠在残疾人的轮椅上）
吸引力骚扰。对没有吸引力的人进行的骚扰，常因对方的体重、对方在人际交往中不太受欢迎或外表一般而对其进行骚扰	使用贬损对方的语言，突出描述对方弱点，如强调对方太胖；因为对方吸引力不够而不让他们参加某些聚会或时尚俱乐部
公民权骚扰。与公民权有关的骚扰，其对象常是非本国居民	剥夺他人享有金融贷款和医疗福利的权利；使用贬损他人的语言
老兵骚扰。因服役状况而进行的骚扰，其对象既可能是退伍老兵，也可能是没有服过兵役的人	对老兵使用与战争行为相关的贬损性语言；对免服兵役者使用冒犯性语言

抗拒性骚扰

美国平等就业机会委员会（The U.S.Equal Employment Opportunity Commission，EEOC）对性骚扰做了如下定义：

不受欢迎的性挑逗、性服务要求以及其他本质上与性相关的语言或身体行为，若该行为对他人就业造成了显性或隐性的影响，无故干扰了他人的工作表现，或使他人的工作环境中充满恐吓、敌对和冒犯，则构成性骚扰。

从该定义中可以看出，性骚扰分为两大类：交换型性骚扰（quid pro quo，拉丁语，意思是“以物易物”）和敌意环境型性骚扰（hostile environment harassment）。

在交换型性骚扰中，就业机会（如聘用和晋升）取决于是否同意性施惠。交换型性骚扰也包括若不同意性施惠则可能招致对方报复，并可能产生其他消极后果。说得再通俗些，当就业后果（积极的或消极的）取决于一个人对性挑逗的反应时，就会发生交换型性骚扰。

敌意环境型性骚扰是一个更广泛的术语，包括所有使员工感到不舒服的性暗示行为（语言的和非语言的）。例如，在公告栏上贴出性暗示很明显的图片，使用明显与性相关的屏保画面，讲色情笑话和色情故事，使用性语言和粗鄙低俗的语言或手势，这些都构成性骚扰。一组研究人员指出：“性骚扰指的是这样一种行为，该行为在权力或权威不平等的人际关系情境中发生，是违反对方意愿的性挑逗行为，这种行为的本质特点是让对方感觉受到了侵犯。受害者遭受性相关的语言骚扰，未经同意被他人触摸，以及被要求性施惠。”律师指出，根据法律，“性骚扰指的是工作中任何不受欢迎的性挑逗或行为，其结果是使工作环境中充满恐吓、敌对和冒犯”。

辨识性骚扰

要确定某个行为是否构成性骚扰，并从客观上而不是主观情感上进行情况评估，可以问自己以下几个问题。

1. 是实际存在的吗？这种行为似乎有某种含义，而它是否确实有这种含义？

2. 与工作相关吗？这种行为是否与你的工作有关，或者是否会影响你的工作方式？

3. 你拒绝了这种行为吗？对方传达的信息令你讨厌，你是否让对方清楚地明白了你拒绝这样的信息？

4. 这些类型的信息是否持续存在？这些信息是否为同一模式，具有一致性？

如果你对以上四个问题都做出了肯定的回答，那么这一行为很可能就构成了性骚扰。

另外，还有三个常被误解的事实。第一，男女均可对他人进行性骚扰。虽然公众关注的大多数案件是男性骚扰女性，但女性同样也可能骚扰男性。当然，男性对男性以及女性对女性也可进行性骚扰。第二，组织机构中的任何人都可能犯下性骚扰的罪行。虽然大部分骚扰案例是下属被有权势的人骚扰，但并非一定如此。同事、供应商甚至顾客都可能犯下性骚扰的罪行。第三，虽然最常讨论的是工作场所的性骚扰，但性骚扰还可以发生在学校、医院以及社会、宗教和政治组织中，而且确实在这些地方发生着。

避免做出疑似性骚扰的行为

以下三个建议将帮助你避免做出性骚扰行为。

1. 首先，假设同事对你的性挑逗、色情故事、色情笑话以及性暗示不感兴趣。

2. 对任何与性相关的讨论所产生的负面反应，注意倾听并仔细观察。使用本书提及的建议和技巧（例如，感知检查和批判性倾听）使自己能意识到这种反应。

3. 想想你的父母、伴侣或孩子，如果他们的同事或同学的言行会被他们认为冒犯了自己，那么你也要谨言慎行。

应对性骚扰

如果你遭受性骚扰，并感觉你需要对此做些什么，请考虑以下建议，这些建议是相关领域的工作人员提出的。

1. 与骚扰者谈谈。非常肯定地告诉对方你不欢迎这种行为，你认为这一行为冒犯了你。只要告诉弗雷德，他的色情笑话不受欢迎、无礼且令人讨厌，这可能足以让他不再讲这样的笑话。但很遗憾，在某些情况下，这种批评不会引起对方的注意，而冒犯行为仍会继续。

2. 收集证据。也许别的同事也遭受过同一个人的类似骚扰，那么你可以寻求这个人的佐证，或者对骚扰行为进行日志记录，也可以同时做这两件事。

3. 先通过内部的适当渠道反映问题。大多数组织机构会有处理此类投诉的渠道。在大多数情况下，这么做可阻止对方进一步的骚扰。如果不行，你可以考虑采取下一步措施。

4. 提出申诉。你会发现你可求助的组织和政府机构很多，你可以通过网络向它们提出申诉。更进一步的反应是采取法律行动。

5. 不要责怪自己。就像许多遭受虐待的人一样，你可能也会责怪自己，觉得遭受骚扰你自己需要承担责任。你不需要。不过，你可能需要朋友或训练有素的专业人士为你提供情感支持。

人际关系抉择时刻

骚扰行为

你注意到你的同事在工作中受到主管的性骚扰，但她什么也没说。每次你看到这种情况都会异常愤怒。你怎么做才可能制止这种骚扰？

a. 与你的同事谈谈。

b. 与你们的主管谈谈。

c. 写封匿名信给骚扰者，威胁要将此事曝光。

d. 什么也不做，不然只会对自己不利。记住那句俗话："一切善举都要招致惩罚。"

e. 其他。

霸凌

霸凌（bullying），无论发生在亲密的关系中，发生在工作场所，还是发生在校园里，都是一个人（或群体）反复对另一个人（或群体）实施的虐待行为。霸凌是模式化的行为，它经常重复，而不是仅发生一次。校园里的霸凌往往涉及身体虐待，而在工作场所，霸凌通常是语言上的。

霸凌的类型

以下是在各种人际互动中存在的霸凌类型。

- 传播他人的流言蜚语，使他人成为笑柄。
- 用高高在上的姿态对待他人，例如经常打断对方说话，或对其想法不给予应有的关注。
- 排斥对方参加重要的社交集会。
- 用言语侮辱乃至辱骂对方。
- 消极的面部表情，冷笑，不与对方进行眼神接触。
- 过度指责。
- 比其他人受到更严密的监督（监视）。
- 遭受过度的批评，常表现为在公共场所被对方吼骂。

有时，霸凌是企业文化的一部分。例如，律师事务所的实习生第一年往往会遭受不公平待遇。有时候，这种行为是由一个团体实施的，他们欺负新来的人或不太从事创造性工作的人。

从雇主的角度来看，霸凌的问题在于它会降低工作效率，影响公司盈利。如果一个甚至几个员工遭受霸凌，他们的工作效率就不可能像之前那样高。而且，这还可能导致员工离开公司——公司培训了他们，但他们还没有成为建设性的团队成员就离职了，于是公司只能另外花钱再招聘和培训新员工（随之而来的诉讼也要花钱）。

霸凌的一种特殊类型是网络霸凌（cyberbullying），它可以通过任何电子通信系统实施——脸书、推特、电子邮件、即时信息、博客帖子，并且可以采取多种形式，如发送威胁信息或图像、发布负面评论、泄露他人隐私或造他人的谣。网络霸凌之所以不容忽视，其中一个原因是任何时候都可能发生，而且，信息、照片和视频常以极快的速度广泛传播开来。此外，霸凌者可以用假名掩盖自己的身份或一直匿名，而对他人的打击（由于是以电子方式传播的）往往比面对面攻击他人更残忍。

根据华盛顿州劳工部的一份报告，霸凌的受害者可能会遭受严重的精神和身体伤害，包括精神高度紧张、经济问题、自尊受损、睡眠和消化障碍等。最近的研究发现，即使 40 年后，这些人仍能察觉霸凌给他们造成的精神创伤。

对于遭受霸凌的员工，这显然会造成一种令人不适的气氛——也许他们期望能不去上班，也许他们满脑子想着霸凌之事而无心工作，而且这很可能会蔓延到个人的私生活中。虽然霸凌者可能从他们对别人的支配力中获得一些个人满足感，但他们也无法像之前那样高效地工作，而且也有可能陷入个人烦扰中。从伦理道德的角度来看，霸凌破坏了一个人拥有尊严和免受恐吓的权利，因此是不道德的。然而，在美国，霸凌本身并不违法，除非它涉及某种形式的骚扰，例如基于性别或种族的骚扰。

应对霸凌

以下是我们建议抗拒霸凌可采取的一些行动。

1. 员工和公司都要清楚他们应该反对霸凌，而且要明白霸凌对任何人都没有好处，是不能容忍的行为。对霸凌行为的指控应进行及时和公正的调查。

2. 如果可能的话，在不会造成危害（身体上或制度上）的前提下，有时坚定而自信地面对霸凌者（并非要与对方争斗）就足以解决问题——“我讨厌你因为我穿衣服的方式而取笑我，请下次不要再这样。这一点也不好笑，只会让我感觉很糟。”

3. 当你或他人遭受霸凌时，要采取行动。这并不容易做到，尤其是如果霸凌是企业文化的一部分，或霸凌者是你的老板，那就更难（某份报告指出，81% 的霸凌者是老板）。但是，将这些事件忠实地记录下来，即使是最不愿意相信此事的管理人员看了这样的记录也会相信眼下发生的事情。

强权行为

根据克劳德·斯坦纳（Claude Steiner）的说法，强权行为（power plays）是一种行为模式（不是孤立发生的事件），一方反复使用这一模式不公平地利用另一方。强权行为旨在剥夺他人做出选择的权利，可以有各种各样的形式。在应对这种强权行为时，人们通常有三种选择：

- 不予理睬。许多人采取这一策略，只是为了避免争论或对抗。这种做法的问题是，强权行为会继续发生，并成为一种更加难以更改的行为模式。
- 不把它看得那么严重。你只将其作为一个孤立的事件加以应对，而忽略这样一个事实，即这种行为经常重复，并且已经变成了一种模式。这种做法的问题是，它无法阻止强权行为再次发生。
- 合作。你把强权行为作为一种行为模式来面对，并试图完成三件事：（1）表达你的感受（例如，告诉对方他的行为令你气愤、烦恼或不安）；（2）描述你所反对的行为（例如，使用描述而不是判断或评价的语言，告诉对方具体哪个行为是你反对的，如阅读你的电子邮件或在脸书上贴出令你难堪的照片）；（3）用你俩都可愉快接受的合作回应方式表明态度（例如，告诉对方你想要什么："我希望你不要再在脸书上发布我的照片"）。

斯坦纳确立了强权行为的主要类型，让我们看看其中的几种，以了解人们会如何使用强权行为，以及我们应如何确认强权行为并有效应对。

装傻型

强权行为的一种类型是装傻型（nobody upstairs）。其表现为无论你如何提出请求，也无论你请求了多少次，对方都假装不明白。一种常见的形式是不许别人说不。有时，装傻型强权者会声称自己不知道某个普遍被社会接受的（但未明说的）规则，比如，类似不能发布有损他人形象的照片或不能看他人的电子邮件这样的规则，他们声称自己不知道，他们会说"我认为这照片很可爱"或"你难道不想让我读读你的电子邮件吗"。

对装傻型强权行为的合作回应可以这样说："你总是看我的电子邮件，我很生气（表明你的感受）。上周你已经四次进入我的邮箱了（描述你所反对的行为）。我希望你能同意我的邮件由我自己打开，如果有什么内容是与你有关的，我一定会告诉你的"（合作回应表态）。

欠我人情型

欠我人情型（you owe me）的强权行为表现为某人自作主张地为你做了些什么，然后就要求你回报。他们会提醒你他们为你做了什么，并以此要求你做他们希望你做的事。给你买一份昂贵的礼物，然后就要求你做出回报，这就是这类强权行为的典型表现。例如，约会时请你吃一顿昂贵的晚餐，然后希望你与之发生性关系作为回报。

对这种类型的强权行为做出合作回应时，可以这样说：“你这么对我，我很生气（表明感受）。每次你想让我干什么的时候，总是先提醒我你帮过我什么忙，这让我感觉很烦（描述你所反对的行为）。请你以后不要再为我做什么，然后期待我回报，我不想因此感到有压力或内疚”（合作回应表态）。

开什么玩笑型

开什么玩笑型（yougottobekidding）的强权行为表现为一个人用“你开什么玩笑”这样的话抨击对方，他们这么说不是由于感到惊讶（惊讶时这么说是正常的），而是想贬低你的看法。他们想表示的是：“你不可能是认真的。”“你不可能是这个意思。”“你说的不是我以为的意思，对吧？”“你不可能真的这么认为。”他们这样说是想表示完全不相信你的说法，而你这么说只能说明你没有本事或者很愚蠢。

对这类强权行为做出合作回应时，你可以说：“每次我发表意见，你就会说‘你不是认真的’或‘开什么玩笑’之类的话（描述你所反对的行为），对此我很生气，感觉自己就像个白痴（表明感受）。我希望你能与我进行争论，告诉我你为什么不同意我的观点，而不是简单地说我在开玩笑（合作回应表态）”。

比喻型

比喻型（metaphor）的强权行为有时候很难看出是在操纵权力。例如，设想这样一个情景，某团体的成员和某人约会，而团体内另一成员不喜欢这个人，于是会说：“你怎么能和她出去——她就是只狗”或“你怎么能和他约会——他是一头猪”。狗和猪都是比喻，目的是将这些动物最明显的特征（丑陋、懒惰或更糟糕的特征）与这个人联系起来。这么说的目的是羞辱这个人，不允许你有机会为其辩护。毕竟，你很难为自己和狗或猪约会辩解。

对比喻型强权行为做出合作回应的三步法如下：“我讨厌你把帕特喊成猪；帕特很吸引我，我认为我们在一起很愉快（表明感受）。你总是用那样的词说他（描述你所反对的行为），我希望你以后说到帕特时就叫他帕特”（合作回应表态）。

思想阻止型

思想阻止型（thought stopper）的强权行为旨在阻止你思考，尤其是阻止你把想法表达出来。这种类型的强权行为可以有许多不同的形式，最常见的可能是打断他人讲话。你还没把自己的想法说完，对方就打断你，然后要么接着你的话说，要么转移话题。另一种方式是使用极度强硬的措辞或脏话，或抬高嗓门儿，以压过其他所有人的话。无论哪种形式，这类强权行为都将说话者的角色从你转移到了另一个人。

对这类强权行为的合作回应可以是这样的："我还没把我的想法说完你就打断我，这让我很懊恼（表明感受）。你不止一次这样了（描述你所反对的行为）。下次请让我把话说完，那么我也会让你把话说完的（合作回应表态）"。

亲社会交流

我们在第 10 章讨论了人际关系的阴暗面（妒忌和关系暴力），在这一章中，我们又讨论了权力的滥用（性骚扰、霸凌和强权行为），也属于阴暗面的范畴。而与这些阴暗面相对应的，我们还需要强调人际沟通和人际关系中比较光明的一面，我们也可称之为亲社会交流。而且，以这样的内容结束一本有关人际交流的书似乎是很好的选择。本节我们将探讨亲社会交流的性质以及影响或抑制这种交流的因素，我们还将举出一些亲社会交流的例子，并讨论其可能造成的影响。

亲社会交流的性质

亲社会交流（prosocial communication）是指以某种方式使另一个体、群体、社会或全人类受益的交流。这种交流可以是语言的也可以是非语言的，或者如其他交流一样，是语言信息和非语言信息的某种组合。

一个微笑、一句赞美或一条有用的建议都是亲社会交流的例子，能帮助他人增强自尊或对其未来的行为选择有所帮助。发现犯罪行为，或发现某人需要医疗救助，于是打个电话或发条短信报告或求助，这些也是亲社会交流的例子。将自己的研究结果发表出来同样是亲社会交流的例子，因为它以某种方式更新了我们对某些主题的认知。对某种文化中公认的价值观表示支持的话语或帖子，都可被视为亲社会交流的例子，它们能使更大的社会群体受益。

你可能已经想到了，对于什么样的交流是亲社会交流，不同的文化会有不同的看法。因此，支持同性恋权利或妇女权利在某些文化中被认为是亲社会的，但在另一些文化中则未必。在各种各样的宗教、政治和社会问题上也是如此。

在互联网上，众包和众筹都是亲社会交流的例子。你帮别人找到合适的管道工，或者为某人报考不同研究生院提供建议（回应某些众包请求），你就在进行亲社会交流。同样，你为某一项目捐款（回应你认为合法的众筹请求），你也在进行亲社会交流。我们在评论他人的帖子、照片和状态更新时，也会涉及许多亲社会交流行为。

影响亲社会交流的因素

影响亲社会交流的因素非常多，有些因素鼓励亲社会交流的表达，而有些因素则阻止亲社会交流的表达。

因素之一是相似性。你更愿意与那些相似的人进行亲社会交流——他们在性别、年龄、文化或宗教上与你相似，而不太愿意与跟你不同的人进行亲社会交流。差异往往会降低亲社会交流的可能性。

你的关系纽带会影响你的亲社会交流。你更有可能与你的朋友或你爱的人进行亲社会交流。如果交流对象是你的敌人或你不喜欢的人，那么这种交流可能会受到阻碍。

当有人在进行于你有利的亲社会交流时，你更有可能报之以亲社会交流。这其实只是互惠法则的另一个例子——你愿意做出与他人行为相似的行为，你愿意对自己的所得给予回报。我们可以从另一个角度来看这条法则：你之所以做出亲社会行为是因为你知道互惠法则会起作用，你知道你帮助的人以后也会帮助你。

你的强化经历会影响你的亲社会交流，正如它会影响任何形式的交流一样。如果你因为亲社会交流而得到奖励，你就更有可能继续进行甚至增加这种交流。而如果你为此受到惩罚，或者这种交流被忽视，那么你可能会减少这种交流。

同样，对奖励的期望会影响你的亲社会交流。我们所生活的世界，至少从表面上看，是鼓励亲社会交流的。与没有亲社会交流行为的人相比，那些进行亲社会交流的人似乎更受欢迎。因此，你会愿意进行亲社会交流，因为你希望它能使其他人以某种方式奖励你，也许能更喜欢你。

你的个性也会影响你的交流，某些个性品质，如利他主义，会鼓励亲社会交流；而另一些个性品质，如自私，则会导致这种交流减少。

你的文化以及你接触的人对你的教导会影响你的亲社会交流。你的文化告诉了你亲社会交流的规则，于是你会无意识地遵循这些内化规则。除了文化的规则，你还从父母、老师和同龄人那里学习进行亲社会交流。你可能因为说了一些妹妹的好话而被父母称赞，或者你注意到那些进行亲社会交流的人似乎比没有亲社会交流的人更受欢迎。

此外，因为文化影响你对性别的认知，因此你的性别也会影响亲社会交流。一般来说，女性似乎进行更多的亲社会语言交流，而男性则进行更多的亲社会非语言交流。例如，男性更有可能冲入一座着火的房子去营救某人，或阻止一场争斗，而女性更有可能表达积极的感受并赞美对方。

还有一个因素也不应忽视，即你是一群人中的一员，而此时有人需要帮助。研究表明，在这种情况下，你不太可能提供帮助。这种倾向被称为旁观者效应（bystander effect）。其概念是，人们认为自己不需要提供任何帮助，因为人群中的其他某个人可能会提供帮助。而影响你是否愿意做出亲社会行为的一个相关因素是你对这群人的看法。当你决定行动或不行动（即帮助有需要的人或什么也不做）时，你会模仿人群中其他人的做法，如果其他人什么也不做，那么你就认为你也不应该做什么。更确切地说，这种倾向被称为多数无知（pluralistic ignorance）。

亲社会交流的例子

在整本书中，你可能已经发现了许多亲社会交流的例子。这里再举 10 个例子，以帮助你了解我们如何用各种方式遵循人际沟通原则，从而进行亲社会交流。

- 交流时要有文化敏锐感。当人们的文化信仰得到理解和尊重时，他们的自我观念就会得到提升。
- 带着共情倾听。能够感同身受地倾听他人诉说，是亲社会交流行为的表现，因为你在倾听时表达了你的支持和理解。
- 适当地回应他人的情感表达。对处于哀痛中的人表示安慰和支持，这就是一种亲社会交流行为。
- 肯定。在交流中认可他人的重要性和贡献，这会产生有益的影响，而否认他人的重要性和贡献则不会带来这样的益处，还可能产生各种消极的反应。
- 提供建议。他人询问你的看法时，你给出建议，你通过与对方分享你的所知所感而安慰对方，消除对方的疑虑，这就是一种亲社会交流行为。
- 赞美。称赞某人工作做得好，或赞美对方气色不错，这都能增强对方的自信，因此也是一种亲社会交流行为。
- 指导或分享。给他人以指导，就是与他们分享你的专业知识和经验——这也许能增强他们的工作效率，或者提高他们的交流水平，这就是亲社会交流行为。所有形式的教学都属于这个范畴。
- 礼貌地沟通。尊重对方积极面子和消极面子的需求，就是一种亲社会交流行为。
- 以积极而公正的态度参与争论。与对方发生冲突时，以积极和公正的态度面对，这表达了对对方的尊重和肯定。因此，有理有据地辩论，而不是气势汹汹地挑衅，这就是亲社会交流行为。
- 对人际交流的阴暗面做出回应。面对霸凌或性骚扰，积极（且安全地）应对，这也是在进行亲社会交流。

亲社会交流的结果

亲社会交流最明显的一点就是会给对方带来一定的影响。正如前文的例子所说明的，亲社会交流能给对方带来益处，使他们自我感觉良好，提高做事情的速度和效率。

而亲社会行为对本人也会有影响，你做了有益于他人的事情，你会因此而感觉愉悦。事实上，有相当多的研究都证明了个人的快乐与幸福往往源于给他人提供帮助。甚至有研究表明，助人者寿命更长，找到配偶的成功率更高。

而且，亲社会交流还在许多方面对整个社会有利，例如，你参加清洁水源保卫战，或者抗议不公正行为，这些都是有利于社会的交流行为。即使你只是指导一个年轻人，你也在影响着社会，因为你在帮助他更好地完成工作——使其成为更好的公共汽车司机（对乘客有利），或者优秀的教师（对学生有利），或者称职的商店职员（使疲惫的顾客生活更方便）。每个行为都有连锁反应，而亲社会交流带来的是积极的连锁反应。